포스트모던 문화교양과 여가교육

신태진 · 고요한 공저

학지사

머리말

포스트모던 교육학은 '평생계속학습, 여가경험, 자기주도적 구성주의 학습' 등으로 구체화된다. 그것의 핵심은 여가와 문화, 그리고 교육의 혼화(混化)에 대한 현상학적 고찰이다. 미래의 학습은 '유비쿼터스, 노마드, 하이브리드, 크로스오버, 퓨전, 컨버전스' 등으로 대표되는 삶의 조건 변화에 부응하는 형태로 급격하게 변화될 것이다.

이제 교수 혹은 교육이 아니라 학습의 시대가 도래한다. 이 같은 노마드, 유비쿼터스, 컨버전스 학습은 다차원, 탈시간, 탈공간적, 상황 중심-구성주의 양상으로 이루어질 것이다. 전통적 학교교육은 이 같은 평생계속학습의 패러다임에 의하여 해체되며, 그것은 대안적 삶살이를 위한 진지한 모색을 바탕으로 할 것이다.

여가와 문화는 포스트모던한 학습의 탁월한 도야재다. 오랫동안 여가-문화-교육의 단절적 고리가 하나로 융화(fusion)되면서 새로운 교육문화가 형성되고 있다. 그것은 평생계속학습이라는 형태로 드러나고, 그 목적은 '행복한 삶, 재미있는 삶'에 향해 있다.

이 책은 이 같은 문명사적 전환을 현상학적 · 해석학적으로 고찰하고, 미래 교육환경을 예측하며, 새로운 개념으로서의 문화교양에 대한 가능성과 필요성을 탐구하려는 의도에서 출발하였다. 기왕의 선발과 경쟁의 학교교육 메커니즘에서 전인교육의 미명하에 저질러진 반교육의 허구와 병폐를 반성적으로 성찰하고 즐거운, 행복한, 재미있는, 의미 있는 대안적 삶살이를 모색하고자 한다.

언제나 교육은 삶의 원 현상이다. 수태되는 순간부터 삶을 마치는 순간까지 교육은 늘 인간과 함께한다. '교육=학교태(schooling)' 라는 경직된 신화와 비인간적인 제도교육의 모순을 타파하려는 노력은 포스트모던 교육이론과 문화교양이라는 담론 속에서 새롭게 드러날 것이다.

이 책은 향후 미래학의 관점에서 볼 때 새로운 학문영역으로 떠오르는 여가학(레저스포츠학), 스포츠관광 및 마케팅학, 지역관광학, 문화교양학, 교육문화컨텐츠학 등의 학문 분야를 전공하는 사람들에게 유용한 읽을거리가 될 것으로 기대된다. 여가, 문화, 교육의 새로운 패러다임을 공부하거나 담론하는 학술구성체 구성원들의 적극적인 지적(知的) 공유를 기대한다.

2007년 3월

매지리 연구실에서

차례

C·O·N·T·E·N·T·S

Part 2 여가문화 인프라 / 89

Part 3 호모 루덴스 / 165

Part 4 휴먼 네트워킹 / 269

서 론

미래 교육환경을 예측해 볼 때 '교수학보다는 학습학이, 학령기 교육보다는 평생교육이, 인문교양보다는 문화교양이, 학교교육보다는 학교 외 교육(여가교육)이' 더 중요해질 것으로 보인다. 결과적으로 평생학습학–문화교양–여가교육의 연결고리가 자연스럽게 형성되며, 그 본질과 의의가 드러나고 있다.

이 책을 통하여 기왕의 학교 교수학–인문교양이 내적으로 안고 있는 반(反)교육성의 전모를 파헤치고, 이에 대한 진지하고 정직한 대안으로서 포스트모던 문화교양(여가교육/평생학습)의 필요성과 가능성을 탐구하고자 한다. 물론 교육현상이 대대법적 이항모형처럼 '학교–탈학교, 인문교양–문화교양, 학령–평생, 교수–학습' 으로 명쾌하게 구분되는 것은 아니다. 다만 논의의 편의상 가름하여 다루고자 할 따름이다.

패터슨은 『인문주의 교육(Humanistic Education)』을 통해 학교에서의 인문교양교육이 왜, 그리고 어떻게 변화해야만 하는가를 이분법적으로 설명하고 있으며, 이는 '모던 교육 대 포스트모던 교육' 의 대립구도로 파악할 경우 그 의미가 분명하게 드러난다(C. H. Patterson, 1973: 78-95).

특히, 포스트모던 교육은 '탈학교 학습환경–문화교양–여가교육' 을 위한

모던 교육과 포스트모던 교육의 비교

모던 교육	포스트모던 교육
• 닫힌 교수계획	• 열린 학습계획
• 조용하고 수동적인 학습	• 소란하고 자기주도적인 학습
• 장의존적 학습	• 장독립적 학습
• 인습적 사고	• 창의적 사고
• 개인 간 극한경쟁 조장	• 협동적 학습환경 조성
• 외적 평가와 귀인	• 내적 평가와 귀인
• 체제저항적	• 자아통정적
• 지적 잠재성 중시	• 비지적 잠재성 중시
• 표면적 교육과정	• 내재적 교육과정
• 과학적-논리적 사실 지향	• 생동감 있는 원리 지향
• 지식 습득을 통한 반복학습	• 의미발견을 통한 상황학습

방법, 이념, 내용에 시사하는 바가 크다.

조용하고 계획적이고 인습적인 사고를 통하여 획득되는 인문교양과 달리, 소란하고 무계획적이며 자기주도적으로 설계하고 부딪치는 모든 삶의 경험을 통하여 자아통정, 자아실현, 행복감과 성취감을 느끼며 배양되는 문화교양은, 우리의 삶을 즐겁고 기쁘고 재미있고 여유 있고 아름답고 인간답게 한다. 이제 탁상의 고전을 덮어 버리고 몸과 마음이 전일적으로 체험하는 다양한 문화 콘텐츠와의 만남을 통하여 자신의 진정성을 발견하고 행복감을 맛보도록 해야 할 것이다. 이것이야말로 포스트모던 교육환경의 진수며, 문화교양의 필요성과 가능성을 감지할 수 있는 중요한 단서(clues)가 된다.

이제 결론은 분명하다. 산업화 시대의 유산인 '여가 대 공부/직업' 의 분리를 극복하고, 지속 가능한 가치를 바탕으로 주체적 삶살이를 원한다면 우리는 무엇을 해야 하는가? 이는 도처에 널려 있는 다양한 문화의 '꺼리' 들을 보고 듣고 만지고 먹어 봄으로써 가능하다. 머리가 아니라 발로 읽는 역사, 텍스트가 아니라 실제로 보고 만지는 문화, 몸으로 체험하는 사람과 세상,

두뇌 소비를 위한 게임의 개발과 활용, 창의적이고 생산적인 놀이경험은 우리 문화교양의 폭과 깊이를 넓고 깊게 만든다.

미래의 참다운 교양인은 서가에 쌓아 둔 책, 머릿속에 단편적으로 저장된 지식의 양이 아니라 발로 뛰어 확인하고, 손으로 만져 보고, 마음속에 새겨진 문화체험의 깊이와 다양성을 준거 삼아 판단될 것이다. 지식주의와 입시제도를 통한 선발과 경쟁 메커니즘의 학교가 여전히 변하지 않는다면 이제 우리는 자조적인 삶을 설계해야 한다.

PART 1

여가-문화-교육

One

Postmodern
Leisure
Culture
Education

01 포스트모던 문화교양과 여가교육

1. 서 론

인간을 교육하는 최고의 목적은 여가를 올바르게 누리도록 준비시키는 것, 즉 일상의 실제적 문제를 다소간 해결하고 난 뒤에 영혼이 최상의 행복을 맛보도록 보장하는 데 있다. 즉, 교육은 한 개인으로 하여금 국가의 시민됨을 구유케 하는 공적 간섭작용이면서, 동시에 자아를 실현하게 하는 사적 형성과정이기도 하다. 그러나 우리 교육의 전통은 개인에 대하여 어떤 폭력을 가해 왔는가? 전인교육이라는 미명 아래 저질러 온 이 같은 폭력성은 이제 공교육을 의심의 눈초리로 바라보는 기업들에 의하여 여지없이 폭로되고 있다.

'깡, 끈, 끼, 꾀, 꿈 중에서 가장 중요한 것은 무엇인가?', '지금까지 당신이 여행을 다닌 거리를 마일리지로 환산하면 얼마나 되나?', '온라임게임의 수준은 어느 정도인가?', '지금까지 도토리는 어느 정도 구입하여 사용했는가?', '지금까지 당신이 사귄 사람들은 몇 명인가?', '지금까지 본 영화나 비디오, 읽은 만화책의 종류와 양은 얼마나 되나?', '템플스테이, 오지마을 체험, 농촌 스테이, 무전 및 배낭여행의 경험은 있는가?', '어느 문화원을 가 보았는가?' 이상의 물음들은 국내 굴지의 기업에서 신입사원을 채용하는 데 활용된 것이다.

우리는 면접이라고 하면 당연히 인문교양의 수준과 폭을 가늠하는 것으로 간주해 왔다. 예를 들어, '스미스(A. Smith)의 『국부론』은 오늘날 우리 기업에 어떤 시사점을 주는가?', '마키아벨리(N. B. Machiavelli)의 『군주론』이나 나폴레옹의 유럽통합의 꿈이 기업에서의 리더십에 미치는 영향은 무엇인가?', '헤겔(G. W. F. Hegel)의 변증법과 마르크스(K. Marx)의 변증법은 어떻게 다른가?', '『어린 왕자』가 개인의 성장에 시사하는 바는 무엇인가?' 등 고전에 대한 물음을 통하여 인문적 소양의 함량을 재는 것으로 개인의 교양수준을 가늠해 왔다.

그러나 미래지향적 비전을 지닌 인재, 유연하고 창조적인 사고를 하는 인재, 효율적인 의사소통망을 갖춘 인재의 조건은 이 같은 전통적 인문교양이 아니라, 다양한 삶의 경험 속에 축적된 문화교양의 깊이, 넓이, 높이에 의하여 가늠되고 있다. 다시 말해서 탁상의 '글 읽기'가 아니라 지상의 '삶 읽기' 혹은 '생활경력'이 개인의 성공적인 미래를 담보하는 중요한 자산이요, 개인적 교양이 되고 있다.

이 같은 문명사적 전환은 이미 포스트모던이라는 문화적 트렌드의 담론에 의하여 폭넓게 논의된 바 있다. 즉, 고전 혹은 텍스트에 제한적으로 닫혀 있던 교양의 콘텐츠가 삶 전체로 확대되어 '다양성, 복수성, 차이성, 실험성, 주관성, 상대성' 등을 기반으로 하는 문화교양까지 망라하는 것으로 이해되고 있다.

이것은 오랫동안 고상하지 못한 취미로 여겨져 교양의 영역에서 소외의 길을 걸었던 다양한 취미, 기호, 습관, 실험들이 개인의 교양을 형성하는 중요한 수단으로 전환되는 경향성을 잘 드러내고 있다. 고상하고 우아한 것, 고급스럽고 희귀한 것이 전통적인 교양이었다면 이제는 저급하고 속된 것, 개인적이고 주관적인 취미가 교양의 콘텐츠로 당당히 자리매김하고 있다.

이처럼 전통적 교양의 의미는 '인문, 지적, 정신적' 등의 이미지에 금고(禁

錮)되어 있었던 것이 사실이다. 그러나 포스트모던한 삶과 직업환경에서는 지적, 정신적 측면은 물론 육체적, 환경적, 사회적 측면까지 전일적(holistic)으로 아우르는 종합적인 교양이 요구되고 있으며, 이를 가장 먼저 간파한 곳이 바로 대기업이다.

모던한 학교는 이 같은 변화의 추세와 필요성에 반드시 주목할 필요가 있다. 즉, 근무조건의 변화(주 5일제), 웰빙 등 삶의 질을 추구하는 대중의 경향성, 창소적 인새의 빌굴 노력(기업체) 등은 전통적인 학교교육의 질(excellence)과 형태를 근본적으로 개조해야 하는 조건으로 수용되어야 한다.

2. 모던한 학교교육 속의 고상한 인문교양

인문교양이란 전통적인 학교교육과정을 통하여 형성되는 지적 형성의 결과다. 본래 '인문적'이라는 표현은 '자유교육'이라는 전통 속에 포함된 개념이었다. 고대 교육에서 'liberal'이란 용어는 자유주의, 인문주의로 혼용되거나 적절히 교환되어 사용되었다. 그러나 모던한 학교교육에서는 인문교양교육을 자유교육의 포괄적 선위(先位)개념으로 사용하고 있다.

'인문적'이란 말은 이미 '교육적'인 의미를 내포한다. 다시 말해 인문은 이미 교육을 포괄하는 개념이며, 나아가 교육을 강조하는 개념이다(H. Schofield, 2001: 214). 또한 이것은 직업을 준비하는 교육과 차별된다. 그리하여 인문적 교육은 교양교육으로, 직업을 준비하는 교육은 직업교육으로 구분되어 모던한 교육의 틀이 형성되었다. 스코필드의 논의에 의하면, 인문교양교육의 의미와 본질은 다음과 같이 몇 가지로 정리할 수 있다.

첫째, 고대와 중세를 거쳐 전승된 문예교육은 르네상스기에 고전학습의 부활로 이어져, 모든 개인으로 하여금 지적 해방을 가능하게 했고, 이것은 근대 학교교육을 통하여 급속하게 확대되었다.

둘째, 이 같은 이유로 인하여 고전교육은 이후 인문교양교육과 거의 동의

어로 사용되었다. 역사적으로 볼 때 교양이 단순히 고전적 지식만을 의미했던 시대가 꽤 길었던 것도 사실이다(立花隆, 2002: 147).

셋째, 인문교양은 유용성을 기준으로 하는 도구적 지식으로서의 '테크네(techne)'가 아니라 '내적으로 가치가 있는' 지식 그 자체를 의미한다. 나아가 그것은 최소한의 문해(literacy)를 바탕으로부터 확대되는 개인의 지적 확장을 의미한다. 이는 미텔슈트라스(J. Mittelstras)가 말하는 '지향적 지식'과 연계하여 논의해 볼 수 있다. 즉, 교양은 경험과 방법을 중시하는 원인, 영향, 실용적 지식이 아니라 다양한 지식을 정리해 나가는 가치체계를 의미해야 한다는 것이다(이정우, 1998: 424).

넷째, 오늘날 인문교양은 '영적(spiritual) 본성'으로 확대되어 '문학, 언어, 음악, 예술 등 고상한 고전을 통하여 민감성, 미적 평가, 도덕감 등의 능력을 의미하는 것'으로 정착되었다. 다시 말해 과학, 직업, 기술보다는 예술과 고전이 일반 문화에서 인문적이고 더욱 기본적인 것으로 간주되었다.

다섯째, 인문교양은 교육의 원형(protocol)이며, 그것은 바로 여가와 직접 관련되어 있다. 즉, 학교의 어원이 'schole'로서 이는 '여가, 놀이, 즐거움, 한가함'의 의미를 지니고 있기 때문이다. 결국 학교는 개인으로 하여금 물질적 안락의 관점에서뿐만 아니라 감정적 만족감, 행복감, 성취감 등의 관점에서 즐거운 삶으로 인도해야만 하는 의무가 부과되어 있다.

전통적으로 인문교양은 학교, 특히 대학교육의 전유물로 간주되었다. 즉, 대학의 전통은 곧 교양교육의 역사이며 동시에 전형이었다. 교양은 대학의 산물이며, 학문을 연마하는 과정에서 형성된다(K. Jaspers, 1997: 55). 결국 개인에게 형성되는 모든 인문교양은 대학교육과정을 통하여 대부분 이루어져 왔다. 야스퍼스는 『대학의 이념』에서 대학이 학생들로 하여금 전체 지식영역의 통합감각을 제고하는 데 관심을 두어야 함을 강조했다(K. Jaspers, 1997). 즉, 교양교육의 목적은 사회와 자연에 대한 폭넓은 이해를 통하여 바람직한 세계관을 확립하고, 분석적이고 창조적인 사고력을 배양하는 데 있다. 여기서 교양은 직업을 위한 전공교육과 극단적으로 대립되는 고립된 개념이 아니다.

교양교육은 궁극적으로 인간다움이 무엇이며, 왜 그래야만 하는가를 묻는 부단한 성찰의 과정이다. 따라서 인문교양교육은 어떻게(how)보다는 왜(why)라는 질문에 집중한다. 나아가 그것은 지적 영역뿐만 아니라 가치감각, 미적 감수성 등에 이르기까지 총체적인 의미를 지닌다. 인문교양교육은 '누구든 참된 인간이 되도록 개방시키는 교육'을 의미한다. 그러나 과연 이 같은 야스퍼스의 주장이 오늘날 학교교육을 통하여 적합하게 구현되고 있는지에 대하여는 다소 회의적이다.

오늘날 대학교육에서 교양은 철저히 수단적으로 기능한다. 즉, 고전과 문예는 전공의 가치 발견을 위한 단순한 도구로, 예술은 직업 준비를 위한 고상한 치장으로, 학교 밖의 체험교육은 요식적인 행정의 필요로, 다양한 세계의 언어는 자격 취득을 위한 담보의 의미로 간주되고 있다. 이제 교양은 지식공장에서 하나의 도구적 장식으로 전락하고 말았으며, 이 같은 상황에서 교양교육의 목적과 방법이 심각하게 훼손되거나 왜곡되고 말았다.

이제 우리는 교양교육의 의미를 삶과 여가의 교육으로 폭넓게 이해해야만 한다. 교양은 학교라는 시·공간적 울타리 안에서 제한적으로 이루어지는 텍스트 중심의 단순한 지적 단련이 아니라, 개인 삶의 전 과정에서 겪게 되는 경험의 총체를 의미하는 것으로 그 의미지평이 확대되어야 한다. 이는 교양의 의미가 이제는 전통적인 학교교육에서의 '인문교양'이 아니라, 생애발달에 있어 '문화교양'으로 전환되어야 할 필요성과 당위성을 잘 드러내고 있다.

3. 문화-교양의 연결고리 탐색

여기서 우리는 학술적 담론으로서 '교양'의 의미를 좀 더 진지하게 재점검해 봄으로써 그것의 본질을 해석학적으로 규명하고, 문화와 결합되는 새로운 개념으로서의 '문화교양'을 체계적으로 논의할 필요가 있다.

1) 인문교양의 실패

야스퍼스에 의하면, 교양은 이미 누구나 구비하고 있다. 여기서 '교양을 갖추고 있다.' 함은 특정 시대가 요구하는 이상적인 삶의 방식을 이미 알고 있음을 의미한다. 교양은 사고양식의 총체, 몸에 체현된 모든 행동, 가치, 표현방식 및 갖가지 능력 등 제2의 천성이 된 삶의 양식이다(K. Jaspers, 1997: 53).

역사적으로 고대 헬라의 미선성(kaloskagathia)올 갖춘 사람, 로마의 도덕적 인간, 중세의 경건한 신앙인, 르네상스기의 인문주의자, 영국의 신사 등은 교양의 전형이었다. 이러한 교양의 전형이 내적으로 함축하고 있는 공통된 이념은 바로 예의범절과 자아실현의 태도와 정신이다. 부챤(J. Buchan)에 의하면, 교양교육은 그 교육을 받은 사람들에게 '겸손함, 인간애, 해학적 태도' 등의 세 가지 특성을 부여한다고 했다(H. Rosovsky, 1996: 156). 벨에 의하면, 교양교육은 '공통학습의 경험, 문화적 전통에 대한 포괄적인 이해의 기회 제공, 지적 단편들을 다학문과정과 연계시키기' 등의 목적을 내포한다(D. Bell, 1994: 356). 대개 교양은 기관이나 제도를 통하여 체계적으로 형성되는 것으로 가장 대표적인 곳이 바로 학교, 특히 대학이다.

교양교육은 인간의 무지, 지식의 편협성, 편견, 판단의 오류 등에서 비롯된 모든 것으로부터 인간을 자유롭게 만들고자 하는 고대인들로부터의 유산이다. 교양교육을 받게 되면 마음이 합리적으로 발달하게 되어 지적으로 자유로우며, 그 결과 행복 또는 즐겁고 좋은 삶을 영위하게 된다. 여기서 마음의 합리적 발달은 지식의 넓이와 깊이가 동시에 충족되는 것을 의미하지만, 그것이 필요로 하는 지식의 범위는 이론적인 것에 한정된다(서울대학교 교육연구소, 1998: 2227). 결국 교양이란 '개인으로 하여금 온갖 오류로부터 마음을 자유롭게 하는 과정'으로 이해되어야 한다(H. Schofield, 2001). 그러나 많은 사람들은 이 같은 교양교육의 유산이 오늘날 대학교육을 통하여 심각하게 왜곡되었음을 지적하고 있다.

다치바나 다카시는 '동경대학교'를 적시하며, 지적 망국과 현대 교양교육의 문제점을 조목조목 지적하고 있다. 우선 그는 교양교육에 대한 정의의 어려움에도 불구하고 가설적으로 쉘러(M. Scheler)의 명제, 즉 '매크로코스모스인 세계를 마이크로코스모스인 인간의 정신적 인격중추에 주입하는 것'을 차용하여 '모든 인간활동을 포함하는 이 세계의 전체적인 모습에 대한 폭넓은 지식'이라 정의내렸다(立花隆, 2002: 134).

교양은 '빵을 위한 학문이나 기술'이 아니라 지적인 인간이 되기를 바라는 사람이 단지 그 이유만으로 갖추려고 의도하는 지식의 총체다. '빵을 위한 학문'은 실학(Brot wissenschaft) 혹은 직업교육이며, 여기서 교양은 그다지 쓸모없는 것일 뿐이다. 교양은 몸으로 체현되기도 하지만, 지적 구조 속으로 깊숙이 파고들어 자신이 공부하는 분야에 지적 바이러스처럼 영향을 미친다. 이것은 가식적인 교양의 흉내나 모방을 통하여 이루어지는 것이 아니다. 전인적, 총체적, 경험적 소산이며, 그것은 의식으로부터 독립되어 있지 않다. 그리하여 교양은 갖추는 것이지, 외우거나 시험 보는 것이 아니다.

다카시에 의하면, 교양은 실용적으로 크게 도움이 되지 않지만 세상에 대한 자신의 인식에 커다란 영향을 끼칠 수 있다는 점에서 매우 중요하다. '교양을 갖춘다.'는 것은 하나의 세트처럼 완벽한 형태의 지식체계를 두뇌 속에 입력하라는 것이 아니라, 머리를 사용하는 방법의 문제 혹은 정신조절의 문제인 것이다. 교양이라는 단어에는 폭넓은 일반적 지식이라는 평면적인 뉘앙스가 있어서 지식의 존재성, 역동성, 관계성, 체험성 등에 대한 뉘앙스는 배제되기 마련이다. 그러나 근본적으로 교양은 외우는 것이 아니라 몸을 통하여 구체적으로 얻어 가는 것이다.

오늘날 많은 대학에서 교양을 마치 암기하거나 시험을 대비하는 것으로 인식하게 되었고, 교양교육의 '포인트, 핵심, 족보, 시험요령' 등이라는 말이 나오게 되었다. 그리하여 '교양=학교교육'이라는 등식을 자연스러워하고, 어처구니없이 교양을 '공부하는 방법'을 배워 나갔다. 다음과 같은 다카시의 교양에 대한 진실되고 구체적인 명제들은(立花隆, 2002) 향후 학교교육은 물론 우리 삶의 전 경험과정에서 귀담아 들어야 할 내용이다.

- 교양은 단순히 아는 게 아니라 태도를 갖추는 것이다.
- 교양은 지(知) 자체가 아니라 그것을 다루는 종합적인 기술이다.
- 교양은 지식의 양이 아니라 경험의 폭과 깊이와 관련된다.
- 교양은 철학적 사색을 가능하게 하는 보편적 능력이다.
- 교양은 도덕적이며 인격적이다.
- 교양은 문화 그 자체이며, 그것은 인간의 모든 지적 기능을 발현시키는 것을 포함한다.
- 교양의 최소치는 상식이다.
- 교양은 머리로 배우는 에피스테메(episteme)가 아니라 몸으로 습득하는 테크네(techne)다.
- 교양은 사회의 거짓과 잘못(dark side)을 간파하는 능력이다.
- 교양은 커뮤니케이션 능력이다.

오늘날 대학을 졸업한 모든 사람이 교양 있는 사람도 아니고, 교양인의 전부가 대학을 반드시 졸업하는 것만은 아니라고 주장하는 로조프스키는 현대 교양교육의 표준을 만들고자 하였다(H. Rosovsky, 1996: 161-162).

- 교양인은 명료하고 효과적으로 사고하며, 그것을 말과 글로 표현할 줄 알아야 한다. 다시 말하면 사회, 인류, 세계, 자기 자신에 대하여 비판적으로 사고하도록 교육받아야 한다.
- 교양인은 우주, 사회, 세계, 자기 자신에 대한 지식과 이해를 획득하는 방법에 대한 비판적 안목을 체득해야 한다. 이를 위하여 방법적 지식은 물론 문학적, 예술적, 종교적, 철학적, 사회적 개념에 대한 지식을 동시에 지녀야 한다. 여기서 단지 '많이 안다'는 것은 그리 중요하지 않다.
- 다양한 문화와 시대에 대하여 무지하거나 편협해서는 안 된다. 과거, 현재, 미래에 대한 전체적인 조망능력을 바탕으로 현실적인 삶을 구가해야 한다. 즉, 교양의 유무는 자신 삶의 경험을 얼마나 폭넓은 맥락에서 보는

가에 달려 있다.

• 교양인은 특정 학문 분야에 대한 깊이 있는 이해와 지식을 학습해야 한다.

로조프스키가 제시한 이상의 표준은 지적 규준을 위한 것이 아니라 '몸으로 완성하는 것'에 대한 자극을 위한 것이다. 따라서 교양을 목적으로 하는 학교교육은 단순히 지식을 얻는 것이 아니라 기술, 습관을 몸에 익히도록 하는 것이다(H. Rosovsky, 1996). 구체적으로 '무언가에 관심을 기울이는 습관, 징확하게 표현하는 기법, 다른 사람의 생각에 빠져드는 기술, 비난이나 반박을 수용하는 습관, 찬성과 반대를 적절한 용어로 표명하는 기술, 미세한 점도 정확하게 관찰하는 습관, 주어진 시간 내에 가능한 일을 수행하는 습관, 분별력, 정신적 용기, 침착성' 등을 몸에 익히는 것이다. 그러나 로조프스키의 기대와 달리, 오늘날 대학의 인문교양교육은 여러 가지 이유에 의하여 실패하고 말았다. 이에 대하여 앨런 블룸은 다음과 같이 지적하고 있다(A. Bloom, 1989: 386).

> "인문교양교육의 내용을 긍정적으로 생각하려는 의지가 없는 결과 나타난 효과는 우선 대학 바깥 세상에 존재하는 모든 야비한 것들이 대학 내에서도 번창하게 되고, 다른 한편으로는 학생들에게 훨씬 더 냉엄하게 편협한 필수 사항을 강요하게 되는데, 이는 전문화된 분야의 오만하고 전제적인 요구에 직접 접하게 됨으로써 나타난다."

다니엘 벨에 의하면, 인간자본은 지적 자본 혹은 인문교양에 제한되어 사용되었다. 그것은 문화와 사회적 구조를 분리하는 모순에서 비롯되며, 대학은 이를 선도하는 꼴이 되었다(D. Bell, 1994: 397). 이제부터 이 문제에 대하여 논의하기로 한다.

2) 문화교양의 필요성과 의의

교양은 가장 근본적으로 '문화'의 문제다(立花隆, 2002: 139). 서양에서 교양은 곧 문화를 의미한다. 'culture, bildung, education' 등은 문화를 의미하며, 동시에 '형성, 생성, 육성, 체득, 교육, 실현' 등의 현상을 내포하고 있다. 결국 교양은 인류의 문화유산을 파악하고 즐길 줄 아는 능력이다. 그러나 앞서 벨의 지적처럼, 문화와 사회적 구조의 분리는 교양의 목표를 달성하는 데 한계가 된다. 그에 의하면, "지식과 문화를 결합시키는 사회적 제도인 대학에서 가장 두드러지게 나타나는 것은 사회적 구조와 문화 간의 근본적인 분리로서, 이것은 가장 심각한 지적 위기의 원천이다"(D. Bell, 1994: 387).

스코필드는 이 점에 대하여 다음과 같이 설명하고 있다. 즉, '문화와 교육을 연결하는 정당화가 존재해야 한다.'는 것이다(H. Schofield, 2001: 151-155). '문화인, 교육받은 사람, 신사'는 가치론적으로 볼 때 동일 개념들이다. 이것은 '가치', '수월성', '완전성의 추구', '자아실현' 등의 의미로 확대된다. 문화의 가치는 인간의 사고와 행동에 상당한 영향을 준다. 문화는 이것들을 바탕으로 하는 '삶의 상이한 방식들'이다. 이것은 크게 두 가지 방향으로 구분되는데, 하나는 필요한 삶(necessary life)이며, 다른 하나는 안락한 삶(comfortable life)이다. 문화교양으로서의 삶은 두 가지를 균형 있게 아우르는 세련된 삶이다.

결국 교육은 개인을 사회의 일반적 문화로 자연스럽게 이끌어 가는 과정이다. 그러므로 문화, 교양교육, 교육과정 사이에는 밀접한 관련성이 존재한다. 문제는 교육과 교육과정이 구조적, 제도적, 지속적 형태로 이루어질 때와 상황적, 구성적, 단속적 형태로 이루어질 때가 전혀 다르다는 점이다. 여기서 우리가 새롭게 탐구하려는 것은 철저히 후자의 교양교육으로서 이를 '문화교양'이라 부른다.[1)]

여기서 전통적인 인문교양을 대체하는 새로운 교양 개념의 출현은 불가피해진다. 즉, 교육이 문화를 적극적으로 끌어들이고 이들 간의 결합을 통하여

'문화교양' 이라는 새로운 경험체계를 생성할 수 있다. 궁극적으로 이것은 탈학교(de-schooling) 혹은 여가환경과 조건 속에서 더욱 활성화될 수 있다. 이를 통해 개인으로 하여금 능률적인 시민, 여가를 알고 활용할 줄 아는 능력의 배양, 원만한 가정생활, 효율적인 인간관계의 형성을 촉구하고, 개인적으로 삶에 만족하고 '재미' 를 느끼며, 경제적인 '소비' 를 하며, '행복하고 즐거운' 삶을 자기주도(self-directed)적으로 설계할 수 있을 것이다. 몽테뉴(Montaigne), 틱낫한, 베크(M. Beck)의 논의를 바탕으로 문화교양의 의의와 특성을 살펴보자.

(1) 재미와 즐거움

재미는 자유, 즐거움 또한 행복감이다. 재미는 즐거움의 주요한 동기이며, 즐거움의 질을 결정하는 요소다(손대현, 2001: 9). 몽테뉴는 『수상록』의 '고적(孤寂)에 관하여' 에서 즐거움의 쓸모에 대하여 상세히 논의한 바 있다(Montaigne, 1976: 291-303). 인문교양이 지적 희열과 에로스를 위한 일종의 강요된 노력이라면, 문화교양은 쾌락과 재미를 위한 자의적 도전이다. 몽테뉴는 전자를 활동적인 삶으로, 후자를 고적한 삶으로 구분하여 논의하고 있다. 그에 의하면, '고적한 삶' 의 목적은 모두 더 한가로이 편안하게 살고자 하는 목적으로 귀결한다.

몽테뉴는 인문교양에 찌든 일상을 다음과 같이 술회하고 있다. 즉, "우리는 쇠사슬을 우리와 함께 짊어지고 다닌다. 그것은 완전한 자유가 아니다. 호라티우스의 말처럼 우리들의 병은 심령 속에 우리를 가두고 있다. 그런데 그 심령은 그 자신을 벗어나지 못한다. 그러므로 우리는 심령을 끌어내어 제 자신에 돌려주어야 한다."

그에 의하면, 자기 재미에만 탐닉하고 있는 사람과 한밤중에 초췌하게 연

1) 예를 들어, 불국사의 역사와 다보탑, 석가탑의 제작 유래와 제작 기법상의 이론을 이해했다면 이는 분명 인문교양의 영역이다. 그러나 직접 눈, 손, 가슴으로 보고 만지고 느껴서 이것들이 다른 문화재와 어떤 차별성과 공통점이 있는가를 발견하는 경험과 안목은 다름 아닌 문화교양의 적절한 사례다.

구실 문을 열고 나오는 사람 중에서 누가 더 착하고 현명한지 우리는 가늠해야 한다. 잘못된 인문교양에 힘쓴 사람은 옛 시인들의 글귀나 외국어 몇 가지만을 알게 되어 남을 가르칠 뿐이며, 이는 결국 자기를 죽이는 짓이다.

물론 고적함이 삶의 전 과정에서 요구되는 것은 아니다. 젊은이는 교육을 받아야 하고 성인은 열심히 일을 해야 한다. 교육과 일은 즐겁고 행복한 여가를 위한 조건이다. 그러나 그것이 단순한 허영과 치레를 위한 도구로 기능할 때 삶의 즐거움은 사라지며, 쓸모없는 즐거움이 되는 것이다. 이에 대하여 그는 다음과 같이 설명하고 있다.

> "책들은 재미있다. 그러나 책들과 너무 친해져 우리들의 최선의 부분인 쾌활함과 건강함을 상실한다면 아무리 좋은 책이라도 과감히 버리자. 책들로부터 얻을 수 있는 열매보다는 책들로 인하여 생기는 손실이 더 클지도 모르기 때문이다. 우리는 누구나 자기 기분에 적합한 길을 택해야만 한다."

몽테뉴는 일상의 살림살이나, 공부함에 있어서나, 다른 모든 훈련에서도 재미나 즐거움의 극한까지 가 보아야 한다고 강하게 주장한다. 그러나 고통을 회피하되, 다만 게으름이나 빈둥거림이라는 극단에 이르는 불편을 경계하기 위하여 꼭 필요한 만큼만 공부나 일에 매달려야 한다. 현명한 사람들은 강한 의지를 지니고 있기 때문에 정신적인 휴식을 스스로 보낼 수 있다.

몽테뉴에 의하면, 거의 모두 세상 사람들을 위하여 만들어진 보람도 없이 까다롭기만 한 학문들이 많다. 그런 학문들은 오로지 세상에 봉사하는 일을 하는 사람들의 몫일 뿐이다. 그리하여 그 자신은 '나를 즐겁게 해 주거나, 즐겁고 쉬운 책이나, 나를 달래 주고 내 삶과 죽음을 가다듬도록 충고해 주는 책들만을 좋아할 뿐' 이라 토로했던 것이다. 이는 교육, 학교, 인문교양의 폐해들을 포괄적으로 지적하며, 재미와 즐거움을 겨냥하는 문화교양의 가능성을 이미 예견한 것이다.

산업사회가 형성되면서 재미나 오락을 타락이나 부도덕한 것으로 간주하려는 경향성이 나타났다. 산업화는 경쟁과 강자의 철학이 되었다. 그리하여 호모 파베르(Homo faber, Homo economicus)가 삶의 질을 가늠하는 준거가 되어, 즐겁고 행복하게 놀이하는 인간(Homo ludens)에 대한 곱지 않은 시선을 보냈다. 재미나 즐거움 같은 정서는 매우 포괄적인 의미를 내포한다. 이것들은 모든 종류의 놀이나 유희에서 발견된다. 산업사회는 이 같은 놀이와 노동을 철저히 분리하였고, 제도교육은 이를 더욱 심화시켰다. 이는 앞서 논의한 대로 문화와 사회적 구조를 분리하는 모순에서 비롯되었다.

이 같은 상황에서 우리는 재미나 즐거움을 획득하기 위하여 공부하거나 일을 하게 된다. 자본주의에서 학력, 재력, 권력은 재미와 즐거움을 위한 확실한 보증수표다. 이때 노동은 레저나 놀이 위에 군림한다. '노동천국, 게으름지옥'이라는 삶의 파노라마 속에서 살아야 한다. 언제나 선노후락(先勞後樂)의 강박증에 시달려야 한다. 고가의 보증수표를 얻기 위하여 자신의 모든 힘을 공부와 일에 쏟아 붓는다. 그것은 인간을 자유로움으로부터 멀어지게 하며, 결국 부도수표로 전락하고 만다.

재미나 즐거움은 근본적으로 자유의 이념과 실천을 바탕으로 한다. 다시 말해서 스스로 놀 줄 아는 사람은 스스로 공부할 줄 안다. 그것은 노동으로부터의 자유, 심리적 억압으로부터의 자유, 관계로부터의 자유를 의미한다. 손대현은 이에 대하여 다양한 예화와 경험을 바탕으로 다음과 같이 설명하고 있다(손대현, 2001).

첫째, 자연, 자유, 자존을 바탕으로 하는 행도락(行道樂), 즉 여행과 관광의 본질은 지식이 아니라 지혜를 형성시킨다. 그것은 관계 맺음, 비교, 체험, 열린 감각, 통찰(깨달음), 상호작용 등의 다양한 교육현상이 작용하고 있다. 여기서 재미와 즐거움은 일과 공부와 괴리되어 있지 않다. 이것이 바로 문화교양의 본질이다.

둘째, 몸을 다루는 다양한 공부들, 예를 들어 요가나 명상을 비롯하여 동양의학(대체의학)에 기반을 둔 다양한 형식의 건강 메커니즘은 궁극적으로 도덕적 건강에 이른다.

셋째, 자연의 소리, 아름다운 소리를 통하여 즐거움을 얻는 음도락(音道

樂), 즉 리듬과 움직임, 하모니의 경험은 심신이완은 물론 영혼의 청명을 위한 언어다. 리듬은 감동을 자아내는 경험의 원천이다. 사람의 몸과 마음은 리듬 그 자체며, 오직 인간에 의해서만 경험할 수 있다. 우리 몸의 안과 밖에 존재하는 리듬은 시간과 공간의 질서다. 이를 거스를 경우 몸과 마음은 반드시 피폐해진다.

넷째, 다반사(茶飯事)와 식도락(食道樂)은 인간의 가장 원초적인 즐거움이다. 그리하여 자유로움은 곧 먹고 마시고 즐기는 것을 의미하게 된다. 잘 먹고 운동하면 아무렇게나 죽지 않는다.

다섯째, 정신적인 쾌락을 위한 다양한 형식들, 예를 들어 학문, 신앙, 고행은 결백한 양심을 위한 순수한 노력이며, 이는 언제나 즐거움의 원천이 된다. 어느 종교, 어느 학문의 문을 두드리든 인간은 초월적 경험으로부터 정신적 안위와 삶에 감사하는 마음을 얻게 된다. 그것은 지고(至高)의 행복이며, 스스로 찾은 축복이다. 또한 이것은 다음에 논의하게 될 절정감(정상체험)이며, 고급스런 쾌(快)감각을 통한 자아실현에 이르는 길이다.

이상과 같은 재미와 즐거움은 인간다움으로 가는 형식이며 조건이다. 인간다움은 우울, 무기력, 원한, 분노, 경쟁에서 벗어나 있는 자연스러움이다. 그것은 인간적인 아름다움을 의미하며, 자기를 실현하는 구체적인 현상이다. 몽테뉴의 논의에서처럼 여유와 게으름에도 미학이 있다. 그것은 학습된 우울과 무기력과 다르기 때문이다. 집착하면 할수록 인간은 힘과 자유로부터 멀어진다(틱낫한, 2003: 132).

이처럼 인간다움은 자연스러움으로, 그것은 또다시 자유로움으로 이어지는 순환고리를 형성하고 있다. 이 고리가 온전할 때 문화교양도 온전할 수 있다. 문화교양은 물질적인 풍요로만 가능한 것은 아니다. 가장 고급스럽고 귀족다운 삶은 바로 교양을 잃지 않는 것이다. 오늘날 우리는 이 아름다운 고리를 망가뜨린 채 허둥대고 있는 자신을 직시해야 한다.

(2) 여유의 기술

여기서는 베크의 문화교양에 대한 아이디어를 여유라는 관점을 중심으로 해석학적으로 논의하고자 한다(M. Beck, 2005). 그녀에 의하면, 행복하고 멋있는 삶은 세련되고 능동적인 '여유의 기술'에서 비롯된다. 그것은 재미와 즐거움을 방해하는 우울, 무기력, 원한, 분노, 경쟁과 더불어 스트레스, 회의감, 허무감, 피곤함 등을 극복하는 방법이며 목적이다. 그녀는 문화교양을 실제적으로 경험하고 자신의 것으로 체득할 수 있는 적극적인 '여유의 기술'을 다음과 같이 설명하고 있다.

① **무위(완벽한 고요함)와 진실**: 혼자만의 시간을 확보하고, 일상적인 문제들에서 벗어나, 조용한 명상의 장소를 찾아, 가만히 자신의 마음을 들여다본다. 스스로에게 질문하고 답한다. 그리고 스스로를 돌본다. 지금까지 몰아(沒我), 망아(忘我) 혹은 타자(他者)화된 자기 자신을 솔직하게 드러내는 자구적인 노력을 통하여 자아실현의 계단으로 오르게 될 수 있다. 이것은 단순한 인문적 소양이나 지적 성찰만으로는 이루어지지 않는다.

② **아이디어와 마음의 스트레칭**: 정답을 찾는 반복적인 사고과정과 정형화된 문맥을 읽고 줄거리를 내는 학습경험은 재미나 즐거움과 거리가 멀다. 마음의 스트레칭은 장난, 실수, 험담, 비난, 조롱 등의 통로를 매개로 하여 이루어진다. 나아가 일상성의 탈출, 모순된 것에 대한 새로운 조합이라는 창조적 자기파괴를 통하여 아이디어는 솟아나며, 이는 우리에게 묘한 즐거움을 선사한다. 이것은 궁극적으로 철학적 사유나 성찰에까지 그 지평이 확대된다.

③ **위기와 모험**: '교육인간학'은 위기와 모험을 중요한 교육의 단속(斷續)적 형식으로 이해하고 있다. 베크는 신체, 감정, 직업, 사회와 관련된 모험으로 구분하고 있다. 어느 영역이든 두려움의 벽을 허물면 삶의 공간과 폭과 깊이가 넓어지고 깊어진다. 학습도 일종의 위기와 모험이다. 그러나 그것은 승패가 분명한 도전이다. 여유의 기술에서 요구하는 위기와 모험은 승

패의 공포로부터 자유로운 경험의 외연적 확대일 뿐이다. 기쁨은 단순히 경쟁에서 승리하는 것이 아니라 우리가 호기심과 흥미를 갖고 도전한 데서 비롯된다.

④ **놀이의 설계와 연습:** 프뢰벨(F. Froebel)로 대표되는 '낭만주의 교육이론'은 놀이 혹은 유희교육이론이다. 즉, 교육은 바로 놀이현상이다. 놀이는 무질서한 휴가나 방만한 시간 보내기와 구별된다. 베크에 의하면, 놀이경험은 개인의 진정한 '경력'이 된다. 이 같은 경력이 바로 각 개인이 경험한 문화교양의 중요한 내용이다. 이는 이미 서론에서 논의한 바 있다. 워드(C. Ward, 2004: 144)에 의하면, '놀이는 아나키즘의 비유(play as an anarchist parable)'다. 즉흥적이고 무질서하게 놀 수 있는 시설은 우리에게 낯설지만, 그것은 삶과 놀이의 진정성이 배어 있는 공간이며 시간이다. 예를 들어 '모험 놀이터, 쓰레기 놀이터, 과학 놀이터, 놀이마당' 등은 바로 아나키즘으로서의 놀이의 구체적인 형식들이다. 이곳에서는 이상적인 놀이의 조건, 즉 건축과 파괴, 발견의 과정을 거쳐 창조에 이르는 자기선택적 진화과정을 제공한다.

⑤ **유머와 웃음 바이러스:** 인본주의 심리학자인 매슬로우(A. Maslow)가 스스로 행복감을 느끼거나 사회적으로 성공한 사람들, 즉 자아실현한 사람들의 공통점을 조사한 결과 '유머'가 중요한 변인으로 드러났다. 유머는 재미와 즐거움의 또다른 형식이다. 그것은 언제나 적극성을 조건으로 한다. 즉, 스스로 밝은 웃음으로 세상을 대면하고, 웃음에 익숙한 환경을 스스로 조성하며, 유머 있는 사람과의 열린 네트워크나 커뮤니케이션을 유지함으로써 자아실현의 가능성이 열리게 된다. 그리하여 틱낫한은 "무조건 웃어라, 웃는 순간 힘이 붙는다."고 했다(틱낫한, 2003: 83). 그 힘은 분명 자아실현을 위한 추동력이 된다.

⑥ **의미 있는 휴먼 네트워킹:** 사회적 존재로서 인간은 우연적이건 의도적이건 관계를 맺을 수밖에 없다. 때로는 관계의 복잡성과 내용으로 인해 불행의 원인이 되기도 하지만 삶의 동기(動機)와 존재의 역동성은 동시에

관계 맺음에서 비롯된다. 누구에게나 의미 있는 타자(significant others)는 그로 하여금 '성장동기'를 부단히 자극하고 진정한 행복감을 제공하는 원인이 된다.

⑦ 몸의 축제(구체화된 행복과 열정): 베크에 의하면, 진정한 축제란 '사랑, 배움, 생각, 표현과 같은 정신적 양식을 통하여 자신의 마음을 자신의 몸에 머물게 하는 행위'다. 그것은 미각, 후각, 청각, 시각의 아름다움 등 다양한 기제를 통한 축제들이다. 이는 앞서 살펴본 식도락, 음도락, 행도락 등의 의미와 크게 다르지 않다. 베크는 이와 더불어 두뇌의 축제, 사랑의 축제, 선물의 축제 등을 통한 여유와 즐거움의 가능성을 구체적으로 지적하고 있다.

이상과 같이 베크가 '여유의 기술'을 통하여 우리에게 들려주는 '삶의 기술'의 핵심은 무엇인가? 그것은 경쟁의 강박증, 이중속박의 정신증, 아노미(anomie) 등에 짓눌려 버린 왜곡된 삶을 온전하게 복원하고, 진정한 자아실현의 가능성이야말로 자기성찰과 현실로부터의 자유로움 속에서 숨어 있다는 지혜를 깨우치는 것이다.

(3) 깨어 있는 소비

여가는 소비를 전제로 한다. 실질비용은 물론 기회비용의 측면에서 더욱 그렇다. 아무리 여유를 부린다 해도 육체적 움직임과 거리이동을 포함하는 무임금노동을 감수해야만 한다. 문화교양이 실효를 거두고 이를 통하여 가치 있는 경험이 이루어지기 위해서는 틱낫한의 지적처럼 '깨어 있는 소비'를 해야 한다(틱낫한, 2003: 136-154). 이를 좀 더 구체적으로 살펴보자.

① 깨어 있는 마음으로 먹고 마실 것: 모든 인간에게는 음식에 대한 강렬한 욕망이 있다. 그러나 섭식에 있어 음식의 본성을 깊이 들여다봄으로써 깨어 있는 소비를 할 수 있다. 다시 말해 깨어 있는 마음(mindfulness)으로 행하는

'먹기 명상' 은 해로운 독소들이 우리 몸과 의식에 침투하는 것을 막아 준다. 깨어 있는 마음으로 먹는다면 누구나 사물을 통찰할 수 있는 힘과 자제력을 배양할 수 있다. 깨어 있는 마음, 집중, 통찰은 상호 관련되어 있다. 이것은 문화교양의 핵심적 이념이다.

② **깨어 있는 감각적 소비**: 우리는 먹는 소비 이외에 다양한 감각, 즉 눈, 귀, 코, 혀, 몸, 마음 등을 통하여 소비한다. 다시 말해 감각의 문을 통하여 부단히 무언가를 소비한다. 그것이 긍정적이건 부정적이건 다른 사람과 대화를 나누는 것도 일종의 에너지 소비다. 인간의 감각은 부정적인 에너지를 발산하는 독소에 일방적으로 노출되어 있다. 따라서 몸과 마음이 폭력, 화, 분노, 공포, 쾌락, 절망, 우울 등에 중독되는 것을 방지하고자 원하면, 깨어 있는 마음으로 소비해야 한다.

③ **굳은 의지의 바른 소비**: 개인이 어떠한 의지를 갖느냐의 문제는 온전히 개인적인 선택에 달려 있다. 굳은 의지는 자신을 강하게 하지만, 동시에 삶을 병들게 할 수도 있다. 굳은 의지가 없는 사람은 방황하지만, 굳은 의지가 바로 서지 못한 사람은 불행하다. 우리의 굳은 의지가 자신과 세상을 행복하게 하는지, 아니면 어둡게 하는지 냉정하게 판단하고 의지를 소비해야 한다.

④ **자유를 위한 의식의 소비**: 좋은 음식이 육체의 강건함에 유용하듯, 건전한 의식을 위해서는 긍정적인 에너지를 섭취해야 한다. 이웃, 자연, 생명, 자신, 역사, 민족, 환경을 사랑하는 데 소비되는 의식은 곧바로 우리 삶의 실체가 된다. 그렇기 때문에 우리가 어떤 말과 행동을 선택하여 소비할 것인가는 매순간 중요한 일이다.

4. 포스트모던 문화교양(여가교육)의 필요와 가능성

깨어 있는 소비를 하든, 여유로운 마음을 누리든, 재미와 즐거움을 만끽하든 이 모든 것들은 일종의 기술이다(틱낫한, 2003: 173). 기술은 일정한 형식의 교육을 필요로 한다. 그것은 오직 재미, 행복, 즐거움을 위한 목적으로 구성되어야 한다. 그 결과 개인에게 체득된 모든 '경력'이 바로 문화교양이 된다. 본질적으로 문화교양은 탈학교의 조건과 환경 속에서 효율적으로 획득된다. 다시 말하면 학교 밖 여가교육의 형식을 통하여 가능성이 제고된다.

교육은 가정, 학교, 사회기관, 삶의 전 과정을 거쳐 다차원적으로 이루어진다. 인문교양이 학교교육을 통하여 학력으로 인정된다면, 문화교양은 학교 외의 개인적 경험을 통하여 경력으로 누적되어 나간다.

문화교양은 학교교육을 외연적으로 확대하여 학령기는 물론 생애발달의 전 과정에서 이루어지는 경험의 총체를 이른다. 시대의 흐름은 학교교육이라는 획일적이고 단조로운 형식을 통한 인문교양을 벗어나 교육의 다차원성, 다양성, 개별성 등을 지향하는 문화교양을 요구한다. 이제 문화교양은

표 1-1 인문교양과 포스트모던 문화교양의 비교

인문교양	포스트모던 문화교양
• 학교교육	• 학교 외 교육/생애교육/여가교육
• Pedagogy/교수학	• Andragogy/학습학
• 성취수준으로서의 교육	• 삶 자체로서의 교육
• 학습자의 미성숙을 전제로 함	• 개인의 성숙을 전제로 함
• 지도성과 순응성의 결합	• 호기심과 상상력의 결합
• 고전을 통한 지적 성장	• 경험을 통한 전인적 성장
• 연습과 반복에 의한 깨우침	• 경험과 각성을 통한 깨달음
• 객관주의 지식관을 바탕으로 함	• 구성주의 지식관을 바탕으로 함
• 공공재로서의 지식	• 사유재로서의 지식
• 동일성, 획일성	• 다양성, 개별성
• 결핍동기	• 성장동기
• 수렴적, 종합적 사고	• 확산(발산)적, 창의적 사고
• 교육의 지속적 형식	• 교육의 단속적 형식
• 몸에 의한 교육(being well)	• 몸을 위한 교육(well being)

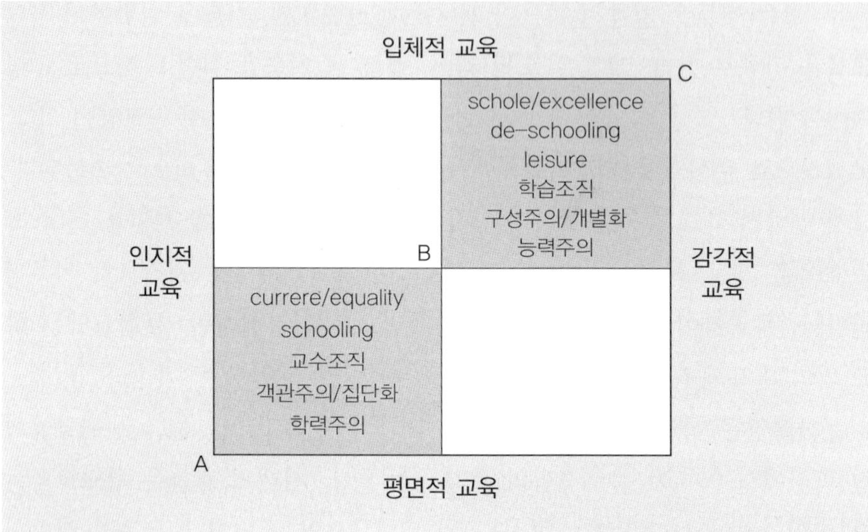

그림 1-1 포스트모던 교육의 복잡성과 다양성

모던한 교육을 통하여 이루어진 인문교양을 대체하는 포스트모던 교육이론의 중심에 위치하고 있다.[2)]

이 같은 포스트모던 교육의 복잡성은 [그림 1-1]에 잘 드러나 있다. 인문교양이 인지적-평면적 형태(A-B 영역)로 이루어졌다면, 문화교양은 이를 포함하여 입체적-감각적 형태를 망라하는 형태(A-C 영역)로 확대되었다.

우리는 여기서 '교육이란 무엇인가?' 에 대한 낡은 물음을 다시 한 번 제기하지 않을 수 없다. 다양한 교육이론을 통해 종합해 볼 때 교육현상은 문화화, 사회화, 조건화, 자아실현 등이 교직(交直)으로 얽혀 있으며, 특히 포스트모던 교육이론으로서의 문화교양(여가교육)은 문화화와 자아실현에 중점을 두고 있다. 그렇다면 문화교양을 통한 자아실현의 구체적인 조건은 무엇인가?

그것은 절정감(peak experience), 각성(enlightenment), 감동(impression), 자

2) 한국방송통신대학교에는 '문화교양과' 라는 다소 생경한 전공 분야가 있다. 이는 기왕의 학교교육학이 여가교육학, 생애교육학, 학습학에로의 패러다임 전환의 불가피성을 잘 반영하고 있는 것으로 볼 수 있다.

아통정(self integration), 수월성(excellence), 지속 가능한 생명가치(life value) 등을 전일적으로 종합하는 자기주도적 학습의 경험이다. 이 같은 자기주도적 학습경험은 구성주의 이론에 근거하고 있다. 포스트모던 문화교양(여가교육)의 이론적 기저로서 구성주의는 교육에 어떤 영향을 미쳤는가?

구성주의 학습이란, 지식에 대한 주관주의와 상대주의를 바탕으로 학습경험에 있어서의 주인의식, 자아성찰적 실천, 구체적 상황 중심의 학습 등을 제공하는 모든 내용과 전체적 과정을 의미한다(강인애, 1998: 20-25). 구성주의 교육이론에 기초한 포스트모던 문화교양(여가교육)은 '자기주도적 학습(SDL), 문제중심학습(PBL), 컴퓨터 기반의 유비쿼터스(ubiquitous)와 노마드(nomad) 사회에 의한 이-러닝(e-learning) 학습환경, 생애평생학습(life-long learning) 체제' 등을 통하여 다양하게 이루어진다.

이처럼 포스트모던 문화교양은 여가욕구에 대한 자기주도성을 강조하고 있다. 자기주도성이란 '자기결정의 욕구, 자기향상의 욕구, 자기표현의 욕구, 사회적 교류의 욕구, 자연과의 교류 욕구, 문화체험의 욕구'를 모두 포함하는 개념이다. 포스트모던 문화교양(여가교육)은 본질적으로 다음의 특성을 갖고 있다.

- 기본적으로 구성주의에 의한 지식관, 학습관, 세계관을 기초로 한다.
- 개인의 자연스러운 성숙과 자아실현(excellence)을 목적으로 한다.
- 인격의 도야와 도덕적 품성도 중시한다.
- 학습상황에서 자기주도적 문제해결력을 철저히 강조한다.
- 재미, 행복, 즐거움 등의 만족감(happiness)을 지향한다.
- 몸과 마음의 전인적 성장(holistic growth)을 도모한다.
- 자율성 및 창의적 사고를 스스로 계발하고 훈련한다.
- 대인은 물론 대사물 의사소통능력의 형성도 소홀히 하지 않는다.
- 재능 있는 소수가 아니라 모든 사람이 참여할 수 있는 대중민주주의 학습환경을 추구한다.
- 학습환경 및 경험과정에서 탈권위, 비정치성, 비표준화 등을 적극적으

로 추구한다.

• 이념적으로 다양성, 복수주의, 차이성, 개별과 통합성 등을 지향한다.

포스트모던 문화교양(여가교육)은 여가에 참여하는 개인들에게 적절한 여가유형에 대한 정보를 제공하고, 그에 대한 자율적인 의사결정을 원활히 하며, 여가문화와 시설을 적절히 사용할 수 있는 기술 습득의 과정을 바탕으로 한다. 개인적인 발달과 만족을 성취할 수 있도록 여가가 작용하고, 올바른 여가행동을 수행할 수 있게 하는 체계적인 학습과정이다. 이 같은 여가교육의 목적은 개인이 향유할 여가를 선택하는 자유와 내적인 동기를 향상시켜 여가 참여를 통하여 스스로 삶의 만족도를 향상시키는 것이다.

오랫동안 공교육, 학교교육을 통한 인문교양의 학습경험은 우리로 하여금 일과 교육을 여가로부터 분리하도록 암묵적으로 강요해 왔다. 그러나 대안적 삶살이로서의 문화교양은 공교육의 획일주의, 지식주의, 객관주의, 경쟁주의에 대한 반동으로 다양한 교육문화 인프라와 콘텐츠를 개발 · 활용함으로써 인간다움을 위한 제반 학습환경을 추구하고 있다.

5. 인문교양과 문화교양의 접점

1) 인문과 문화교양의 공존-다양성에로의 길

오늘날 인류의 지성과 삶의 모습은 '관념에서 현실로, 지식에서 지혜로, 모더니티에서 탈모더니티로' 그 패러다임이 전환되는 특징이 두드러지고 있다. 모더니티는 일과 여가, 일과 교육, 여가와 교육을 분리시켜 놓았다. 자본주의와 극단적 개인주의는 이 같은 현상의 이념적 토대가 되어 왔다. 그리하여 부(富)와 정치적 불평등은 여가, 취미, 교육, 일의 분화를 초래했고, 그것들은 자연스럽게 차등적 위계를 드러냈다. 그러나 이 같이 일-여가-교육이 서로 분리된 채 상호 간 수단적으로 기능했던 것으로부터 벗어나, 포스트모던한 삶의 환경은 이들이 서로 혼화(fusion)되거나 통합되는 경향이 짙다.

- 교양은 자본주의로 말미암은 부유층의 전유물이 아니다.
- 교육은 일(직업)을 얻기 위한 수단이 아니다.
- 여가는 일의 상대개념이 아니다.
- 모든 오락과 취미는 가장 인간적인 현상이며, 여가와 분리되지 않는다.

이것들은 문화교양이라는 이름으로 구체화된다. 그리하여 교양은 더 이상 고상하고 우아한 것이 아니며, 오랫동안 저급하고 속된 것으로 간주되어 온 취미도 당당히 교양으로 자리매김하였다. 이제 세상물정에 밝은 처세술과 사회적 차이를 뛰어넘는 사교술은 개인의 경쟁력이 되었다. 남을 감성적으로 설득하고, 협상에서 승리하고, 자신을 내세우는 것이 미덕이 되었다. 즉, 남을 이성적, 논리적, 합리적으로 설득하는 것도 중요하지만 감성적, 육체적으로 감화시키는 기술은 더욱 유용하게 되었다.

이것은 인문적 소양을 바탕으로 이루어진 고상하고 우아한 경험만으로 인간을 전일적으로(holistic) 성장시키거나, 남과 관계 맺기 어려움을 증명하는 것이다. 문화교양은 인문교양이 소홀하거나 무시했던 부분을 메우고, 나아가 급진적으로는 대체할 수 있는 가능성과 필요성을 담지하고 있다.

문화교양은 인문교양이 놓친 취향의 상대성과 문화의 민주주의를 가능케 할 것이다. 나아가 취미문화가 개인적 수평주의로 변모될 것이다. 문화다양성은 여가의 다양성에 영향을 미치고, 이 같은 다양성은 인간이 존재하는 이유이며 조건이다. 획일주의와 전제주의는 인간성을 궤멸시키는 최대의 적이다. 이것은 여가나 교육에 있어서도 예외가 아니다.

오랫동안 획일적인 인문교양이 인간의 지적 해방에 기여했다면, 문화교양은 인간의 전일적 해방을 가능케 할 것이다. 그러나 이것을 객관적-보편적-절대적 특성의 인문적 소양을 주관적-상대적-특수적 특성의 문화적 경험으로 완전히 대체하려는 의도로 이해해서는 안 된다. 인간성은 문리(文理)를 통하여 완성된다. 인간성을 위한 지식이 실질이라면, 경험은 형식이다. 교육은 도야재로서의 문화재와 교수학습이라는 활동경험이 어우러지는 총화다.

기왕의 학교교육이 지적 수월(intellectual excellence)만을 강조하고 훈련시켰다면, 이제 평생학습사회(lifelong learning society)는 개인의 주도성, 창의성, 사회성을 바탕으로 하는 삶의 전체적 경험이 교육이며, 동시에 여가가 된다. 그리하여 교육은 곧 여가(schole)가 됨으로써 고전 고대에 누렸던 인간 중심의 낭만주의를 부활시킬 것이다. 궁극적으로 여가는 일이 되며, 자아실현의 훌륭한 도야재가 될 것이다. 지식의 덩어리를 알고(know) 보는(see) 것이 아니라, 이제는 하고(do) 만지는(touch) 것으로 교육의 내용과 방법이 바뀔 것이다. 포스트모던 문화교양으로서의 여가교육은 바로 이 점에 주목하고 교육개혁의 선도에 서야 할 것이다.

2) 문화교양의 구체화-여가교육 이데올로기

『논어』에서 '학이시습(學而時習)' 을 화두로 삼고 있음을 보면 인간은 학습하는 존재자(homo eruditio)다. 물론 여기서의 학습이라 함은 자기주도적이며, 교육애를 바탕으로 하는 인성의 발현을 의미한다. 그 결과는 개인의 육체 위로 현현화된 교양으로 드러난다. 포스트모던 학습환경은 언제나 탈시간·공간적이다. 즉, 언제, 어디서, 무엇이든 배울 수 있다. 전통적인 학교는 학습을 위한 제한된 공간일 뿐이다.

문화교양은 이 같은 열린 학습환경을 전제로 한다. 따라서 삶의 모든 경험이 학습이며, 이것은 개인적 교양으로 체현된다. 볼르노우(O. F. Bollnow)의 지적처럼 모든 삶이 교육이며, 심지어 호이징가(H. Huizinga)의 논의처럼 놀이도 일종의 교육현상이다. 이것은 삶의 모든 단계에서 이루어진다. 그리하여 교육은 항상 전일적이다. 문화교양은 이 같은 인간의 전일성을 위한 구체적인 방법이며, 일종의 전인적 인간화를 위한 로드맵이다.

문화교양은 구체적으로 '자기주도성, 절정감, 각성, 감동, 자아통정, 수월성, 생명가치' 등을 통로로 하여 '깨어 있는 소비, 재미와 즐거움, 여유를 행하는 모든 경험'의 총체다. 그렇다면 이것은 어떻게 구체화될 수 있는가? 즉, 여가교육의 슬로건 혹은 이데올로기는 무엇이어야 하는가?

여가는 구성주의적 지식관, 학습관, 세계관을 바탕으로 이루어지는 개인의 성숙과 자아실현의 과정이다. 앞서 논의한 대로 자기주도성, 만족감, 전일성, 자율성, 창의성, 의사소통능력 등을 겨냥하는 모든 계획과 실천으로서의 여가는 곧 교육적 경험이 된다.

여가교육은 인간, 세계, 자아를 통정시키고 심신의 건강과 정서적 안정을 획득하게 한다. 미적 체험과 심미감을 몸소 체득하고 흥미와 즐거움의 영역을 무한적으로 확대할 수 있다. 나아가 기능과 관심, 적성과 자질을 새롭게 발견하는 기회를 포착하게 한다. 이때 교육은 문화화, 인간화, 다양화되며, 배움은 본질적으로 즐겁고 만족할 만한 것이 되며, 훌륭한 교육적 경험은 오락적인 성격을 띨 것이다. 결국 문자적 속성의 리터러시에서 인문문화, 역사문화, 과학기술, 디지털, 영상문화 콘텐츠로 교육의 이해지평이 무한 확대될 것이다. 그렇다면 이 같은 이해지평을 위한 인프라와 콘텐츠는 무엇인가?

문화원, 영화관, 박물관, 문화관, 백화점, 공공기관, 연수원, 서점 등은 강력한 문화교양의 인프라다. 축제, 전시 및 공연, 영상미디어, 여행, 캠프, 레포츠, 동호회, 휴먼네트워킹, 자원봉사 등은 의미 있는 문화교양의 콘텐츠들이다. 이제 학교에서 시험공부에 매달리는 '똘똘한' 학생이 아니라 다양한 문화체험을 자기주도적으로 설계하고 경험하는 '엉뚱한' 학생이 건강하고 유쾌한 삶을 누릴 것이다.

02

여가-문화-교육의 연결

삶! 어떻게 살 것인가? 최근까지 근대성(modernity)의 압력은 우리네 삶의 정체성을 혼란스럽게 만들었다. 근대성은 우리 삶을 아름답게 가꾸고 다듬는 것보다 단지 잘 먹고 출세하기 위한 존재자로 길들여 버렸다. 너도나도 외양만 폼 나게 꾸미는 '근대적' 삶을 꿈꾸며 자신도 모르게 생명을 죽여 갔다. 여기서 '행복, 만족, 자아, 멋'은 나와 거리가 먼 사치일 뿐이었다. 그러나 무너질 것 같지 않던 근대성도 포스트모더니즘이란 도도한 트렌드에 떠밀려 운명적 시효를 맞고 있다. 그 모더니티와 자본주의는 노동과 여가를 철저히 분리시켜 놓았다.

로젝은 이 같은 자본주의와 모더니티의 여가로부터 포스트모던 여가로의 이행을 현상학적으로 성찰하고 있다(C. Rojek, 2002: 346-347). 그에 의하면, 포스트모던 여가란 '그간 모더니즘이 위장해 놓았던 환상들을 깨치고 자유, 선택, 삶의 만족, 탈출 등의 본질을 구현하는 것'이다. 즉, 모더니티가 짓눌러 온 여가의 빈곤에서 탈출하여 진정한 만족감, 즐거움, 행복을 회생시키는 것이다. 모더니티에 쫓기던 삶이 탈출하고자 하는 곳은 '여유'가 지배하는 공간과 시간이다. 베크는 현대인들이 삶의 위기를 탈출하기 위하여 필요한 여유의 기술을 촉구하고 있다(D. M. Beck, 2005).

여유의 기술은 여가-문화-성인교육의 연결고리를 찾는 출발점으로 간주할 수 있다. 이제 오랫동안 인간에 의해 소외의 길을 걸었던 '행복'과 '멋스러움'이 재발견되고, 너도나도 대안적 삶살이를 꿈꾸게 되었다. 그것은 '풍류적 삶, 카니발적인 삶, 느리고 더딘 삶, 마음이 풍족한 삶' 등 다양한 스펙트럼으로 다가서고 있다. 이는 또한 '웰빙'이란 낯선 이름으로 우리를 설레게 하면서 동시에 강요하고 있다.

1. 풍류적 삶

조지훈은『한국문화사서설』에서 우리 민족성의 기본으로 '꿈, 슬픔, 힘, 멋, 끈기, 은근, 맵짬'을 들고 있다(조지훈, 1975: 20). 특히, '멋, 끈기, 맵짬, 은근' 등은 문화, 예술, 여가, 교육과 관련된 속성으로서 오늘날 널리 회자되는 웰빙의 원형(protocol)으로 보아도 손색이 없다. 이는 또한 교육의 원형인 '전인적(holistic) 휴머니즘'의 형식들이기도 하다. 그것은 인간이 자연을 완전하게 향유할 수 있는 권리, 건강한 문화를 창조하고 누릴 수 있는 권리, 자조적으로 스스로를 성장시키고 의미 있는 타자로서 남과 관계를 맺을 수 있는 권리를 망라하는 개념이다.

이 같은 '멋, 끈기, 은근, 맵짬'의 미학은 조선후기 일단의 실학파에 의하여 향유되었고, 이 장에서 일관되게 견지하게 될 입장이다. 이덕무, 박지원, 박제가, 유득공 등을 중심으로 하는 소위 '백탑파(白塔派)'는 당대의 선진적 학식과 더불어 고급문화를 창조하여 향유하는 삶을 구가하며, 여가-문화-교육이 서로 유기적으로 융화되는 전형 혹은 표상을 오늘날 우리에게 소중한 유산으로 남겨 주고 있다.

그들은 '윤회매'를 만들어 서로 감상하며 '삶의 꼴, 결, 깔'이라는 정성스럽고 감동적인 삶을 실천하였다(벌의 화정(花精)을 채취하여 꿀을 빚고, 꿀에서 밀랍이 생기고, 밀랍이 다시 매화가 되는데, 이를 윤회매라 한다.)(이덕무, 1995:

214). 이덕무는 그 제작의 방법과 순차(順次)를 세심히 관찰, 기록하여 『윤회매십전』을 지었다. 윤회매는 강인한 집착과 끈기로써 만들어지며, 완성된 윤회매를 감상하는 풍류는 지고(至高)의 미학과 심미감으로 이어진다. 그들은 세속의 공명과 일신의 영달을 위하여 고매한 윤회매를 만들며 감상하고 취하지 않았다. 그들의 정신은 바로 여가-문화를 관통하는 삶의 교육이었고, 스스로 전인적 인간됨을 실천하는 아름다움 그 자체였다. 이덕무는 "조용히 지내면서 무릇 3년 동안 매화를 주조하여, 독서하는 등불에 비치는 그림자를 취하였으니, 세속과는 어울리지 않는 운치이나, 다소 마음 붙일 즐거움이 되었다."(이덕무, 1995: 223)고 술회하였다.

후대의 교육학자들은 이 같은 풍류와 낭만을 창조하고 구가했던 선비들의 모습을 '교육적 인간상'으로 평가하고 있다(이창국, 1998). 그들은 과거에 급제하기 위하여 공부하지 않았다. 그저 무위도식하지도 않았다. 진정한 자아의 실현을 위하여 부단히 자각하고 도야하였다. 그것은 오늘날 형식적인 제도교육을 통하여 출세하고자 하는 왜곡된 교육과 거리가 멀다. 더욱이 상혼(商魂)에 매료되어 여가를 허송되이 보내지도 않았다. 또한 그들은 지고(至高)의 학문을 바탕으로 안빈낙도와 풍류를 몸으로 체득하여 스스로를 정위(定位)시키려는 수양의 노력을 게을리 하지 않았다. 이는 유교에서 강조하는 '수기(修己)'의 교육과 크게 다를 바 없다. 수기는 '애한(愛閑), 휴식(休息), 한유(閑遊), 유람(遊覽), 유휴(遊休), 상유(賞遊), 승상(勝賞), 완상(玩賞), 승람(勝覽), 풍류(風流)' 등의 다양한 여가형식을 통하여 이루어졌다. 이것이 바로 우리가 찾아가야 할 여가의 본질이며, 교육의 원형상이다.

2. 여가-문화-교육의 관계

그러나 안타깝게도 근대성이 지배하는 학교교육이 정착되면서 우리가 오랜 유산으로 물려받은 여가의 본질과 삶의 원형상이 송두리째 훼손되고 철

표 2-1 여가-문화-교육-노동의 패러다임

시 대	여가, 문화, 교육, 노동의 관계	삶과 사회의 모습
고대사회	• 여가-문화-교육-정치-노동의 전일성	• 한가로움 속의 개인적 수월성: 풍류, 제전(祭典), schole, politike arete
르네상스 사회	• 여가-문화-교육의 극성(極盛)	• 고급문화의 창조와 향유
산업사회	• 여가-문화-노동-교육의 분화	• 경쟁력, 생산성, 효율성, 평등성 • 집단주의, public mechanism
포스트모던 사회	• 여가-문화-노동-교육의 재구성	• 자조적 삶 • 개인의 자아실현/삶의 질

저히 왜곡되기 시작하였다. 노동과 여가를 나누고, 교육과 여가는 서로 멀어져 갔다. 더욱이 문화는 교육의 객관적 대상이며 여가를 위한 수단으로 전락하고 말았다. 여가-문화-교육-노동의 단절과 괴리를 선도한 전위대는 다름 아닌 학교교육이었다. 이 같은 대립의 기원은 어디에 있는가?

노동의 속박감이나 억압감은 여가에 의한 해방이나 자유에 대한 기대감을 고양시킨다(이천희, 1996: 259). 변증적인 통일을 도모하지 않는 한 둘 사이의 간극은 더욱 심화된다(S. Parker, 1995: 97). 듀이(J. Dewey)에 의하면, 교육은 유용한 노동을 준비시켜야 한다는 생각과, 여가생활을 준비하는 것이어야 한다는 입장으로 대립되어 있다. 그러나 여가에 더 직접적인 목적을 두는 교육은 될 수 있는 대로 일의 능률과 기쁨을 간접적으로 강화하는 방향으로 이루어지도록 하고, 일의 능률과 기쁨을 목적으로 하는 교육은 여가선용에 도움이 되는 정서적, 지적 습관을 형성하도록 해야 하는 것이다(J. Dewey, 1995: 388).

우리는 이제 그동안 학교/제도/공교육이 전인교육이라는 미명하에 저질러 온 비교육적, 비인간적, 반역사적 패행을 곰곰이 반성하며, 진정으로 '전일적 삶, 행복하고 유쾌한 삶, 공동체 속에서 아우르며 살아가는 온전한 삶'을 찾아보아야 한다. 그것은 모두가 정신을 잃고 매달려 온 산업화의 여정에

표 2-2 문명사적 전환

구 분	전통적 패러다임	새로운 패러다임
교 육	• Homo sapiens/Homo fabere • currere로서의 교육 • 이성주의/합리주의/객관주의 • 도구적 지식 • 두뇌의 교육 • 교수학/b-learning	• Homo eruditio/Homo ubiquitous/ Homo noeticus/Homo ludens • schole로서의 교육 • 감성주의/주관주의/구성주의 • 반(反)합리주의 • 몸의 교육 • 학습학/e-learning
사 회	• 계량적 도구주의 • 경제적 합리주의 • 수직적 신분주의 • 공적 힘(public power)/공적 자각	• 질적 상대주의 • 개인적 쾌락주의 • 수평적 능력주의 • 아나키즘(anarchism)/ 자조(P. Drucker, 1983)
삶살이	• being well • text oriented • T-factors • 의미를 강조하는 삶 • 효율성, 생산성, 경쟁력	• well being • context oriented/holistic/healing • E-factors • 재미를 추구하는 삶 • 개인적 수월성, 차별성

서 소득세로 치르며 상실해야만 했던 여가-문화-노동-교육의 연결고리를 다시 찾고 그 유산을 온전하게 복원하는 작업인 셈이다. 이것은 이미 문명사적 전환의 맥락 속에서 쉽게 확인되고 있다.

이 같은 문명사적 전환을 예리하게 진단하고 미래사회의 조건과 환경을 예측하는 많은 담론의 질서 속에 내포된 것으로 'holistic(J. P. Miller, 2000), nomad, ubiquitous, learning society(R. Hutchins, 1984), culture contents, excellence(Gardner), well being' 등을 들 수 있다. 이것은 다음의 두 가지 방편으로 해석할 수 있다. 즉, 전통적인 삶의 방식과 교육을 해체해야만 하는 불가피성과, 여가-문화-교육이 융화되는 트렌드라는 점이다. 이를 우리는 '새로운 교육문화 콘텐츠'라 이름 짓고 각각에 대하여 좀 더 상고(詳考)해 보자.

1990년대 후반부터 우리 삶의 무늬와 모양이 서서히 달라지고 있으며, 이는 인습적인 인간과 삶의 이해를 파격적으로 벗어나는 모습으로 각인되고 있다. 호모 에코노미쿠스에서 호모 루덴스로 급격히 이행하고 있다. 이는 '즐기던 낀 세대 하나 둘 떠난다-30대 엑서더스, 삶을 즐기며 배우려는 꿈꾸는 탈국자들' (J일보, 1996.12.7), '속도전은 싫다. 느리게 보람 있게 산다' (N주간지, 1998.9.24), '경험을 수집합니다. 여행, 운동 등 무형을 즐기는 노블레스 노마드들' (D일보, 2003.8.29), '다 버리면 삶이 가볍다, 새털처럼' (D일보, 2003.10.4), '쿨하게 살자-웰빙 속으로' (D일보, 2004.1.12), '적게 벌더라도 여가 있는 삶을 즐기자-유럽에 유유자적族 는다' (J일보, 2004.1.8) 등의 카피를 통하여 그 경향성을 짐작할 수 있다.

이상의 언표(言表)들 속에 내밀하게 자리하고 있는 공통점은 무엇인가? 그것은 한마디로 '행복하게 잘 사는' 것이다. 다시 말하면 '많이, 높게, 빠르게, 크게' 살기가 아니라 '쉽게, 편하게, 가볍게, 느리게' 살기다. 그것은 '위험하고 더러운 여가' 가 아니라 '능동적인 여가' 를 통해서 가능해진다(한준상 외, 2004: 63). 그렇다면 위험하고 더러운 여가란 무엇인가? 그것은 인류에게 무용(無用)의 단편적 지식과 과시 내지는 '돈' 의 그림자로 충만한 것들이며, 이를 얻기 위해서는 부정과 부패를 교묘하게 합리화한다. 위험하고 더러운 여가란 예를 들어 '사행적 놀이, 명품 모으기, 환경과 생명(생태)을 담보로 하는 고급 레저' 들이 대표적이다. 이것을 비껴 가고 생산적인 자아실현을 위하여 현대인의 삶의 꼴, 깔, 결은 어떻게 변모하고 있는가?

무엇보다 가장 큰 변화는 정보의 단식운동이다. 거대 기계 지식사회가 가져다주는 무한량의 정보를 과감하게 닫아 버리고 오직 자연이 주는 정보에 귀를 기울이는 삶의 태도를 말한다. 그것은 또한 '생존에서 생명으로, 채움과 얻음에서 비움과 버림으로, 유형의 가치에서 무형의 가치로' 삶의 패러다임을 이동하는 것이다.

노마드 사회는 궁극적으로 지식과 행동의 패턴을 'know how' 에서 'know where' 로의 전환을 도모하고, 전통적인 삶과 교육의 방식이었던 '속

표 2-3 삶의 변화

키워드	의미 및 경향성
neo humanism	새로운 교양인, 교양의 혁명, 신(新)인간형의 필요(P. Drucker, 1993; A. Toffler, 1995: 465)
media virus	절대권위의 교란 내지 해체, 탈인습주의, 구성주의
smart(flash) mobs	문화산업의 전사자들
nomad/ubiquitous	유목 및 목가적 삶, 탈시간 · 탈공간적 삶
open source	streaming, share, Blog & Cyber, collective intelligence
multi/hybrid	복합, 혼성, cross over, fusion
E-factors	digital being
hedonism	건전한 쾌락, 나만의 쾌락, chill-out, 라운지 음악
well being syndrome	health, education, liberty & quality in life

도의 신화, 출세의 신화, 지식의 신화, 경쟁의 신화' 로부터 벗어나 '더디고 마딘' 삶의 양식과 '느림의 건강학' 을 추구하게 된다. 이제 깊이 많이 아는 것보다 제대로 잘 찾는 능력이 요구된다. 그것은 '느리게 먹기, 느리게 생각하기, 느리게 운동하기, 느리게 숨쉬기' 등을 통한 삶의 구조와 기능을 송두리째 변화시키는 전략이다. 그것은 바로 지속 가능한 가치를 수반하는 '잘 살기' 다. 그것은 또한 '여유와 자연스러움, 생명(생태)적 삶, 정신적 가치의 소중함, 자아 혹은 자기의 실현과 만족감' 등으로 인도된다. 이것은 '스스로의 학습경험 및 구성' 이라는 형태를 통하여 구체적으로 구현된다.

미래 교육학자들은 교육과 관련된 패러다임이 17세기의 교수학과 18~20세기의 교육학을 거쳐, 이제 성인 평생학습학 시대가 도래할 것으로 진단하고 있다. 도구를 사용할 줄 알고, 놀이를 즐기며, 사고할 줄 알고, 배움을 좋아하는 동물은 바로 인간이다. 특히, 배움을 좋아하는 인간성을 일컬어 'Homo eruditio' 라 한다(한준상, 1999). 이것은 삶의 전 단계에서 전일적으로 이루어진다. 따라서 교육을 학교라는 울타리 안으로 협소화시킬 때(교육=학교) 호모 에루디티오의 본질은 왜곡된다. 호모 에루디티오는 학교를 뛰어넘어 삶의 전 영역에 걸쳐 탈시간 · 탈공간적으로 이루어지는 교육상을 의미한다. 그것은 지식이 아니라 지성을, 희생이 아니라 자아를, 암기가 아니라 체험을 추구하는 교육이다.

이제 교육은 전 생애를 통해서 이루어지는 과정이며, 이를 통하여 삶을 풍요롭게 만드는 과정이다. 여기서 여가와 교육은 만난다(한준상, 2004: 63-64). 즉, "여가를 새로운 삶의 형식으로 배우고 받아들여 자기의 것으로 일상화시키는 배움의 인간을 우리는 학습형 인간(Homo eruditio)라고 부른다"(한준상, 1999). 여기서는 '무엇을 가르치고 배울 것인가'의 문제가 아니라 '무엇을 보고 듣고 만지고 읽고 먹고 입을 것인가'의 문제가 더 중요하다. 또한 탈구조적인 경험과 비정형적인 지식이 중요시되고, 이것은 완고한 학교태(schooling)를 통해서 달성되지 않는다. 그것은 오히려 세련되게 프로그래밍된 여가계획과 경험을 통하여 가능하다. 따라서 학습학(새 교육)의 시대와 여가-문화는 자연스럽게 연결되는 것이다. 교육을 행한다는 것 자체는 이를테면 그것이 지식사회에 어울리는 높은 수준의 것일지라도 쉽다. 그러나 학생에게 졸업 후에도 지속적으로 학습하는 능력과 지식을 주고, 또한 그러한 욕구를 심어 준다는 것은 그리 쉬운 것만은 아니다(P. Drucker, 1994: 285).

전통적인 교육이 인지적-평면적이라면, 새로운 교육의 트렌드는 입체적-감각적이다. 그것은 '학습조직, 개별주의, 구성주의, 능력주의, 개인적 수월성, 여가-문화-교육'을 통하여 구체화된다. 후자는 학습의 다차원성, 학습의 자기주도성, 경험의 교육적 우위성 등을 지향한다. 전통적인 교수학 혹은 교육학은 개인들로 하여금 '평가목표 지향 행동'에 길들게 했다. 그러나 새로운 교육은 '학습목표 지향 행동'을 촉구한다. '평가목표 지향 행동'은 학교태(schooling)의 교수학적 장면에서 가장 효과적인 반면, '학습목표 지향 행동'은 탈학교(de-schooling)의 자기주도적 학습상황에 유리하다. '학습형 인간'은 '학습목표 지향 행동'의 환경과 경험을 제공하는 경우에 그 본질적 가치를 부여받을 수 있다.

'평가목표 지향 행동' 의 가치는 시험, 경쟁, 선발 등의 메카니즘을 통하여 빛이 나는 반면에 '학습목표 지향 행동' 의 가치는 게임, 스릴, 실패, 모험, 좌절, 위기, 도전 등을 통하여 제고된다. 여가-문화-교육을 연결하는 성인 평생학습학은 철저히 후자에 가깝다. 시험-선발-경쟁의 탁월한 메커니즘은 'school is dead' 라는 교육적 선언(doctrine)에 의하여 신랄한 비판을 받게 되자, 후자의 메커니즘에 관심을 기울이게 되었다. 이 점이 바로 여가-문화-교육이 융화(fusion)되는 결정적인 계기가 되었다.

3. 여가-문화-교육의 연결고리

문화에 대한 미래학적 담론에 의하면, '문화는 무한한 창의력과 상상력으로 미래를 선도하며, 삶의 질과 형식에 희망과 활기를 촉진' 시킬 것이다(원융희, 2002: 67). 인간은 문화의 수인(囚人)이면서 동시에 문화의 간수(看守)다. 또한 문화는 인간의 교육을 위한 중요한 교육재다. 문화와 교육은 본질적으로 인간화라는 통일된 구조의 이(異)형식인 셈이다. 교육의 형식이 다양하듯 문화의 형식도 다양하다. 예를 들어, 개논(Gannon)은 세계문화를 읽는 방법론을 '권위서열문화, 평등구현문화, 시장가격문화, 분열된 국가문화, 해체된 국가문화, 같은 상징 다른 의미의 문화, 국제적 문화' 등으로 구분하고 있다. 이는 전통문화 대 현대문화, 자국문화 대 이문화, 선진문화 대 미개문화 등으로 구분하는 편협한 방식을 이채롭게 재구성하고 있으며, 이는 우리가 세계문화를 이해함에 있어 중요한 틀을 시사하고 있다(M. J. Gannon, 2003).

모든 인간은 전 생애를 통하여 무수히 많은 세계 문화유산들과 접촉하면서 배운다. 현대의 여가상황과 교육재로서의 이 같은 문화재는 인간으로 하여금 학습의 기회를 무한대로 제공한다. 그렇다면 문화를 교육재로 파악할 때 인간의 배움과 삶의 궁극적인 목적은 무엇인가? 그것은 다름 아닌 '행복감' 과 '즐거움(재미)' 이다. 이제 인간은 흥겨운 상황에서 평생에 걸쳐 학습하고자 원하며, 실제로 그렇게 될 것이다. 이는 다음에서 쉽게 확인할 수 있다.

- 우리 사회에서 더 많은 사람들이 교육적이며 동시에 자신의 만족과 행복의 원천이 되는 여가활동을 삶의 한 양식으로 추구하게 될 것이다(S. Parker, 1995).
- 일상적인 여가와 그 문화는 삶의 구석구석, 그리고 그늘진 곳, 들어간 곳, 드러나지 않은 곳의 문화 속으로 골고루 파고들어 가는 문화 인프라이거나 일상적인 느낌들이다(한준상, 2003).
- 현대의 교육은 충분하고 만족스러운 여가의 영위를 교육목표에 포함시키는 경향이 강하다. 교육과 여가의 연계성에 대한 또 다른 측면은 배우는 활동 자체가 즐거움(행복)이 되는 현상에서 찾아볼 수 있다. 이 같은 행복을 위한 여가와 교육의 연계는 삶의 전 과정, 전 차원에서 무차별적으로 이루어질 것이다(S. Parker, 1995).
- 교육은 사고하고 학습하는 과정이다. 여가에 대하여 교육해야 하며, 이러한 여가를 건전하고, 정신을 고양시키며, 격이 높고, 창조적으로 활용하는 방안에 대하여 반드시 배워야 한다(C. K. Brightbill, 1960).

인간은 여가와 문화를 교육적으로 이용할 줄 안다. 여가-문화-교육, 즉 성인 평생학습학의 연결고리는 궁극적으로 '문화 리터러시' 의 제고를 목표로 한다. 그것은 인간이 창조한 문화, 문명의 전반을 다루는 능력이나 지성적인 활동을 의미한다. 또한 사회적이거나 문화적인 활동 혹은 비판적이거나 자성적인 성찰을 위한 활동에 적극적으로 참여할 줄 아는 능력이기도 하다.

따라서 문화 리터러시는 문화화, 사회화, 조건화, 자아실현 등을 아우르는 성인 평생학습학의 목표이기도 하다. 전통적인 리터러시가 3R' s, coding & decoding 능력 수준이었다면 현대의 문화 리터러시는 문화나 문명의 전반을 다루는 능력이나 지성적인 활동을 총칭한다(한준상, 1999: 2003). 구체적으로 '컴퓨터 리터러시, 사회(정치)참여적 리터러시, 기술공학적 리터러시, 정보통신 리터러시, 가족문화 리터러시, 건강 리터러시, 영상문화 리터러시, 자아성장 리터러시' 등을 들 수 있다.

이 같은 문화 리터러시를 조건으로 도야되는 전인적 성장(자아실현)은 구체적으로 어떠한 삶의 경험들을 포착하는가? 그것은 '절정감(peak experience), 각성(enlightenment), 감동(impression), 자아통정(self integratiom), 수월성(excellence), 삶의 가치(life value)' 등을 망라한다. 여가–문화–교육의 연결고리는 바로 이것들을 매개로 하여 단단해지는 것이다. 여기서 특히 여가와 교육은 다음과 같은 방식으로 연결되어 있다.

미래의 교육환경을 예측할 때, 극단적인 경우 학교교육학은 여가교육학으로 대체될 가능성을 배제할 수 없다. 이 점을 주목한 파운스(W. Faunce)는 학교교육학이 해체되지 않기 위해서는 학교의 책무성(accountability)과 커리큘럼이 변화해야 한다고 주장한다. 그는 '학교의 책임은 레저의 창조적 사용, 즉 직업기술교육, 지식교육이 아닌 레저를 지향하는 어떤 유형의 가치나 흥미를 주입시키는 것' 이라고 했다.

브릿빌(C. K. Brightbill)은 '우리가 많은 여가를 가질 수 있다면 사람들에게 그것을 위한 교육을 반드시 해야 한다. 새로운 여가를 건전하고 다양하고 고

표 2–4 여가와 교육의 만남

여가와 교육	내 용
여가에 대한 교육	삶의 질과 여가, 여가의 개념/의의/역사, 여가의 양과 질, 여가의 종류와 형태, 여가활용의 방법 및 문제, 새로운 여가대상의 발굴, 여가의 구성/조직/운영, 여가평가, 여가 프로그래밍
여가에 의한 교육	교육의 오락화, 교육의 문화화, 교육의 인간화, 교육의 다양화, 레저의 교육화, 여가교육 프로그래밍(여가 프로그램과 교육과정의 통합)
여가를 위한 교육	인간과 세계 및 자아를 이해함, 심신의 건강과 정서적 안정의 획득, 아름다움을 감상하고 표현함, 흥미와 즐거움의 영역을 확장함, 기능과 관심/적성과 자질의 새로운 발견, 잠재적 교육과정

상하고 창조적인 방법으로 사용할 수 없다면 우리는 결코 인간답게 살 수 없을 것' 이라 주장한다. 한편, 카슨(R. Carson)은 '배움은 그것이 본질적으로 즐겁고 만족할 만한 것일 때 더욱 빠르고 지속적인데, 가장 훌륭한 교육경험은 오락적인 성격을 띤다.' 고 함으로써 교육의 여가화를 강조하였다.

매슬로우(A. Maslow)의 이론를 적용해 보면 개인의 여가욕구와 여가설계는 바로 '자기주도성' 에 기인하는 '성장동기' 다. 자기주도성은 '자기결정의 욕구(perceived freedom), 자기향상의 욕구, 자기표현의 욕구, 사회적 교류의 욕구, 자연과의 교류욕구, 문화체험의 욕구' 를 두루 망라한다. 이 같은 욕구를 충족시키기 위한 모든 인프라와 소프트웨어를 교육문화 콘텐츠(eduware/courseware)라 부르고자 한다.

4. 교육 이해 지평의 외연적 확대

교육은 근본적으로 교육애와 인간애로부터 출발하며, 어떤 인간에게 감화적, 도구적, 사회적 영향을 끼쳐서 그로 하여금 가치 있는 모습으로 성장케 하는 정신적, 개인적, 사회문화적 기능이다. 교육적 작용은 인간이 존재한 이래 오늘날까지 행하여 온 원형적 작용으로서, 사회문화가 존재하는 한 부단히 이루어질 것이다. 근대 이후 가장 확대된 교육장소로 학령기 교육을 집중적으로 실시하는 학교가 있다. 학교에서 실시하는 수업은 일정한 교재를 통해 인지적 지식이나 숙련된 기술을 전수하는 체계적 교육활동으로서, 학교에서의 시간은 대부분 이를 목적으로 구성, 운용된다.

그러나 교육적으로 중요한 것은 학교 밖에서 맺어지는 인간관계를 통하여 이루어지는 조직화되지 않는 생활교육, 체험교육활동이다. 이들은 학교와 차별적이며 개방적인 교육의 마당이다. 미래의 노마드 사회에서는 이 같은 마당들이 평생학습사회의 새로운 교육공간으로 자리매김하게 될 것이다. 인간을 인간답게 만드는 것은 학습을 계속하도록 하는 사회를 구축하는 것이

표 2-5 교육문화 콘텐츠의 구성조건

교육문화 콘텐츠	내 용
탈학교태 (de-schooling)	교육=학교라는 신화의 붕괴, 교육의 재구성
교육의 확장	learning anywhere, anytime, anyway, anyone
학교에서 삶으로	교수학에서 학습학으로, not drill & kill, 개인적 학습기술
media의 확장	mass media-multi media-my media에로, E-factors(D. Bosshart, 2001)

다(R. Hutchins, 1984: 267).

전통사회에서 기술정보사회(단순정보사회-문자문명사회-영상매체사회-기계두뇌사회)로 급격히 이행하면서 과학/기술/정보두뇌사회의 다양한 구성요소들이 등장했다. 이 같은 정보의 구성요소들은 인간의 건강에는 물론 교육에 영향을 미치고 학습개선에 공헌할 것이다(M. L. Dertouzos, 1997: 268). 우리는 이를 콘텐츠(contents)라 부른다. 콘텐츠란 '단위문화의 유기적인 구성요소들'을 말한다. 이는 '인문학 콘텐츠, 역사문화 콘텐츠, 과학기술 콘텐츠, 영상문화 콘텐츠, 디지털(모바일) 콘텐츠, e-콘텐츠, 게임 콘텐츠' 등 다양하게 사용된다.

학교교육을 외연적으로 확대하면 삶의 교육이 되며, 이를 '교육문화'라 한다. 즉, 전통적인 교육이해 방식으로서의 '교육=학교'를 벗어나 '학습=삶

표 2-6 교육문화 인프라

교육문화 인프라	예
mega infra	학교, 평생교육시설, 사회교육시설, 인터넷, 영화관, 박물관, 사설학원, 대안학교, 각종 연구원, 예술의 전당, 문화원, 미술관, 종교기관, 도서관, 연수원, 수련원, 전문문화센터, 정부기관, 문화학교, 방송국, 신문사, 영상자료원, 체육관, PC방 등
sub infra	쇼핑몰, 백화점 문화센터, 대형서점, 공연장, 전통마을, 전통교육기관, 각종 전시장, 출판사, 놀이공원, 테마파크, 주말농원, 유스호스텔/게스트하우스, 도예원, 아트센터, 클럽, 선원(禪院), 스포츠센터, DIY 체험장, 위락시설(랜드), 고(古)문화거리, 찜질방 등

=노동' 으로 대체하는 모든 기능, 구조, 경험, 기초 등을 '교육문화' 라 한다. 이는 전통적으로 교육이 문화자본재로서 기능하고 비인간적인 교육력 경쟁을 조장하는 것에 대한 대안적 경향에서 비롯되었다. 다시 말하면 지속 가능한 가치를 바탕으로 하는 교육의 본질에 대한 새로운 시각, 즉 대안적 삶살이로서의 교육을 위한 전체를 '교육문화' 라 한다.

또한 '교육문화' 란 교육현상의 다양성에 대한 모색과 실천들이며, 인간다움을 형성하기 위한 경험을 제공하는 제반 인프라와 활동(콘텐츠)의 총칭이다.

표 2-7 교육문화 콘텐츠의 카테고리

교육문화 콘텐츠	예
축 제	지역문화제, 테마축제, 이벤트, 특산물축제, 대동제, 한민족 축전 등
문화전시 및 공연	미술, 국악, 대중음악, 클래식, 뮤지컬, 연극, 마임, 만화, 사물놀이, 난타, 서커스, 서예, 조각, 북아트, 사진, 사람의 몸(신체전), 댄스페스티벌, 패션쇼, 가족콘서트, 브랜드콘서트 등
영상 및 텍스트 미디어	영화, TV, 비디오, 신문, 잡지, DVD, 애니메이션, 기록사진, 테마신문(역사신문/세계사신문) 등
여 행	국내관광, 테마여행, 패키지투어, 시티투어, 국제여행, 캠퍼스투어, session tour, 무전(無錢)여행, 워킹홀리데이 등
캠 프	과학캠프, 자연캠프, 역사문화캠프, 레저캠프, 외국어캠프, 국제이해캠프, 병영캠프, 사찰수련회(명상), 창의성캠프, 금연/단주(斷酒)학교, 피정 등
레포츠 및 리조트	등산, 마라톤, MTB, 인라인스케이트, 스노우보드/스케이트보드, 스킨스쿠버, 제트스키/수상스키, 요트/윈드서핑, 호버크래프트, 웨이크보드, 카이트서핑, 게이트볼, 퓨전스키, 패러글라이딩/행글라이딩/패러세일링, 래프팅/카약/카누, 윈드크루저, 아이스다이빙, 이종격투기, 철인경기, 트래킹, 우슈, 카레이서, 인공암벽등반/볼더링, 인라인슬라럼, 볼룸댄스/댄스스포츠/포크댄스/밸리댄스/파워댄스, 헬스/에어로빅, 생활체육, 요가/기체조, 스포츠클리닉, 동굴탐험, 서바이벌게임, 삼림욕, 사격, 승마, 사냥, 무술(Hip Hoop(힙훕), 프리러닝, 스트릿댄스 등
취미/오락/게임	낚시, 음악감상(라운지/뉴에이지/재즈/국악가요/명상음악/태교), 전자오락, 공예, e-sports(바둑/장기/체스), 사진, 종이접기, 보드게임, 예술당구, 패션디자인, 음식체험, 미디어모니터링, 플로리스트, 파티플래너, 허브(herb), 아로마테라피, 음악치료, 다이어트, 문화예술강좌, 리폼, 쿠킹, 거리마술, 비즈공예 등
디지털 콘텐츠	인터넷, 모바일, e-sports(온라인게임), e-learning 등
국제이해	국제규모의 공연(아가씨와 건달들/투란도트/라보엠), 홈스테이 등
휴먼네트워킹	학회, 동문회, 가족회/종친회, 클럽, 파티, 향우회, 각종 온라인 커뮤니티, 개인 홈페이지 및 블로그, 자원봉사, 사회참여, 팬덤(fandom), 동호회 등

여기서 교육의 최대 적은 공교육의 획일주의와 지식주의다. 그렇다면 이 같은 교육문화 콘텐츠의 구성조건은 무엇인가? 지속 가능한 가치를 추구하고 대안적 삶살이를 효율적으로 지원하는 학습경험의 촘촘한 그물망(network)은 어떤 것들이 있는가? 즉, 풍성한 교육문화를 가능하게 하는 구체적인 인프라와 콘텐츠는 무엇인가?

공교육을 위한 국가수준의 교육과정은 국가를 부유하게 했지만, 개인은 불행하게 만든 탁월한 기제(excellent mechanism)였다. 그렇기 때문에 정상적 교육이 공적 권위를 배제하는 아나키즘을 지향하고 개인의 수월성(individual excellence)과 행복을 겨냥한다면, 교육문화는 당연히 그 지평을 외연적으로 확대해야 한다. 여기서는 탈학교의 교육 인프라와 콘텐츠들 중에서 몇 가지만 예를 들어 성인 평생학습론적 의의를 조망하고자 한다.

1) 문화원

문화원은 교육문화의 개방성, 문화의 다차원성, 보편성을 구현하기 위한 최적의 인프라다. 즉, 교육의 본질을 객관적 지식의 단순한 저장이 아니라 개인적으로 체험과 비교를 통하여 지식을 구성해 나가는 것으로 파악한다면, 문화원은 구성주의 학습의 최적 시간과 공간이 되는 셈이다. 그곳은 학교교육과는 차별적인 교육 프로그램이 준비되고, '현실적, 실용적, 문화적, 즉시적, 통합적' 인 평생학습 프로그램을 계획, 운용, 평가함으로써 지속적인 구성적 학습을 가능하게 한다. 교육이 범우주적 지혜인을 기르고 인류문화의 이해와 공헌을 위한 경험을 목적으로 한다면 문화원은 가장 유용한 인프라다.

2) 영화관

영화관은 교육문화의 외연적 확대를 위한 출발점이다. 즉, 영화관은 교육의 공간과 내용을 확산하고 가르치고 배우는 또 다른 형식의 교육적 경험을 할 수 있다. 즉, 영화관은 개방적, 자기선택적, 비경쟁적, 비형식적 토대로서의 교육적 경험을 제공한다. 영상미디어는 기본적으로 투영(projection)과 반성(reflection)의 변주곡이라 할 수 있다. 또한 영상미디어는 호소, 감정이입, 간접경험, 감동의 교육학 그 자체이기도 하다.

3) 여행

로크(J. Locke)는 '교육에 있어 마지막은 여행이며, 이 여행은 개인을 신사로 완성시키는 것'이라 했다. 코메니우스(J. A. Comenius)는 청년학교(3학년)의 마지막을 여행학년으로 규정하여, 여행이라는 개별체험의 형식을 통해 교육의 완성을 적극 강조했다. 기본적으로 여행의 본질은 차이의 발견과 비교의 능력을 제고하는 데 있다. 다양한 언어, 습관, 민족성, 생활방식을 가진 사람들과 직접 피부로 만나고 대화를 나눔으로써 비교와 구성능력은 형성되어 나간다.

여행은 자연, 자유, 자존의 철학을 경험토록 한다(손대현, 2001: 26). 비구조적 형식으로서 여행이 추구하는 교육목적은 언어, 지혜, 인내심이다. 또한 여행은 자기성찰의 학습경험이다. 그것은 자기주도성, 대상 및 방법의 합리적 선택, 분명한 목적의식 등을 거치면서 확대되고 치밀해진다. 교육은 궁극적으로 자기주도적 성찰의 연속이며, 여행과 동종(同種)의 형식인 것이다.

4) 초월경험

인간은 기본적으로 영적(holistic) 존재자다. 어떤 형식이든 초월경험은 세속적 경험과 욕망으로 인해 망실(亡失)한 영적 존재자로서의 특성에 대한 교육적 치유력과 복원력을 내재한다. 즉, 'discipline as education'은 개인으로 하여금 삶의 방향성을 재조명하게 하고 실제적인 통찰력을 얻게 한다. 또한 삶의 황홀경을 경험하게 하고 생(生)의 깊은 세계로 안내한다.

초월경험은 학습의 방법론에 있어서도 유의한 시사점을 준다. 즉, 반복적 경험, 집중, 통찰적 이해, 반성적 사고를 지속적으로 경험하게 함으로써 학습을 극대화한다. 우리가 교육의 궁극적 목적을 자기주도적 성찰의 연속으로 합의한다면 깨달음, 깨우침, 각성 등의 경험을 통하여 개인들로 하여금 외적 생활은 물론, 내면적 정신세계의 질적인 변화를 촉구하거나 이를 위한 기회가 부단히 제공되어야 한다.

5) 놀이와 축제

워드(C. Ward)에 의하면, 놀이 혹은 놀이터는 아나키즘의 비유이며, 자유로운 사회의 축소판이다(C. Ward, 2004: 150). 여기서는 노동과 여가, 그리고 교육이 분리되지 않는다. 그것은 제전(祭典)이라는 이름으로 행해진 수많은 의식들을 통하여 쉽게 확인된다. 고구려의 동맹, 부여의 영고, 동예의 무천, 아테네의 올림픽과 아고라(agora) 정치, 로마의 대전차 경주 등은 가장 풍성하고 다채로운 제전의 단면들이다(물론 현대에 이르러서도 다양한 이름의 제(祭)와 전(典)들이 전승되거나 부활하고 있다). 고대는 그들의 달력이 축제의 이름에 의하여 지칭되었다. 축제는 그들에게 삶 자체이며, 공동체에 대한 교육현상이었다.

이 제전들 속에 내포되어 있는 교육적 이상은 바로 'politike arete'이었다(자신의 행복과 자유의 원천을 자신이 숨 쉬고 타자(他者)와 관계 맺고 살아가는 공동체에 귀인(歸因)시키고, 이를 위하여 기꺼이 희생을 감수하는 정신(얼)이야말로 우리 교육이 최후로 추구해야 할 이상적 인간의 모습 아닌가?). 이것은 '안빈, 낙도(食도락, 行도락, 音도락, 氣도락, 視도락 등), 풍류, 재미' 라는 적극적인 참여의 형식들을 통하여 스스로 인간됨, 즉 자유, 자연, 자족을 만끽하는 감동과 열정의 무대였다. 여기서 여가와 교육은 결코 분리되지 않는다. 이상의 고찰에서 우리는 여가-문화-교육이 이상적으로 어우러지는 융화(fusion)의 모델을 확인할 수 있다.

고래로 축제는 그 자체가 교육이었다. 사람은 본래 축제하는 동물이다(손대현, 2001: 265). 호이징가(J. Huiginga)는 '인간의 삶이란 본래 카니발을 바탕으로 문화를 발전시켰으며, 인류 역사의 종언도 역시 카니발일 것이다. 이 같은 카니발은 모든 인간을 교육하고 정치적으로 결속시킨다.' 고 주장한다. 또한 그는 '문명의 발전 자체에 놀이는 최대한의 공헌을 했다.' 고 보았다. 축제와 놀이의 교육적 의의는 무엇인가?

축제와 놀이는 철저히 비정치성, 비권력성, 탈구조성을 바탕으로 한다. 이는 교육적으로 우연적 학습, 비수의적 학습, 관조와 참여로서의 학습으로 이어진다. 어찌 보면 축제와 놀이는 삶의 카오스적 실체다. 파괴와 질서, 형식과 난장(亂場), 열광과 몰입, 긴장과 해방을 넘나들며 참여하는 인간으로 하여금 감각-지각-의지를 전일적으로 성장하게 한다. 인지적-사회적 구성 및 재구성의 과정을 거쳐 가며, 의식을 확충하고 의지를 단련한다.

그러므로 놀이와 축제는 교육의 원형상이다. 이 같은 놀이와 축제는 기본적으로 적극적 개입을 통해 이루어진다. 알랭(Alain)에 의하면, 놀이는 인간에게 기쁨을 준다. 그러나 할 줄 알아야 한다. 남들이 맛보고 있는 기쁨을 자기도 갖고자 간절히 원하면서 배워야 하는 것이다(Alain, 1998: 107). 사람은 놀이할 때만 완전한 인간이다(곽노의, 1989: 115). 현대의 기계화된 생산과 노동의 경감 추세 속에서, 유희는 여가의 중요한 부문을 차지하여 체육적 의의를 보충하고 있다. 즉, 유희의 오락성은 여가의 가장 중요한 부분이다. 그것은 본질적으로 자유를 지향한다(胡小明, 1992: 149). 그런데 교육도 본질적으로 인간의 해방과 자유를 추구한다.

6) 움직임(춤)

플라톤에 의하면, 교육의 모든 출발은 인간의 영혼을 위한 음악과 몸을 위한 움직임(체육)에서 출발한다. 교육은 본래 몸을 통하여, 몸에 대하여, 몸을 위하여 이루어진다. 여기서의 몸은 두뇌로 제한하여 이해하는 협소성을 배제한다. 움직임(춤)은 영성과 신체성의 조화를 이루는 원초적 교육현상이다. 또한 움직임은 창의성, 상상력, 구성력, 심미감을 극도로 고양시킨다.

움직임은 에너지의 소진(消盡)과 재생을 반복하면서 절정감을 경험하는 기회를 무한대로 제공한다. 궁극적으로 '건강하고 인간중심적인' 움직임은 창조적 예지(叡智)와 표현력, 긍정적인 신체이미지를 발굴하고 세련되게 다듬어 준다. 매슬로우(A. Maslow)의 욕구위계론에 의하면, 최상의 욕구는 바로 심미감이다. 움직임은 심미감의 주관성과 객관성을 동시에 체험하게 하는 적절한 기제다. 움직임으로서의 춤은 교육의 형식이며, 동시에 목적이다.

춤은 인간이 선천적으로 지닌 예술적 소질을 의도적인 신체활동을 통하여 신체적, 정서적, 지적 및 사회적으로 가치 있는 인간을 육성한다. 또한 원만한 인간 형성을 위한 가장 기본적인 교육으로서 그 기능적인 면을 평가받고 있다. 그리고 다른 학습에서는 이루어질 수 없는 신체활동, 즉 춤의 경험을 통해 사상과 감정을 예술적으로 표현하고 적절히 조절함으로써 원만한 성격 형성에 기여한다.

라반(R. Laban)에 의하면, 춤교육의 목표는 예술적인 완전함이나 창작, 그리고 선풍을 일으키는 공연이 아니라 창의적인 춤이 사람들의 인성에 미치는 유익한 효과에 있다고 하였다. 그것은 곧 춤을 통해서 신체와 운동능력의 발달은 물론이고 리듬감, 즉흥력, 표현력, 상상력, 창의력, 협동력 등을 향상시키고 발휘할 수 있게 하여 사람들에게 지적, 정서적인 면에 대한 교육효과를 부여할 수 있다는 것이다.

춤은 교육의 한 요소로서 창작능력을 길러 주고, 풍부한 운동감과 아름다운 자연운동의 능력을 가진 신체를 육성하며, 리듬감과 질서감을 가지게 하는 능력도 육성하여 전인적 인간 형성을 목표로 하고 있다. 라반은 인생의 현실적인 면과 몽상적인 면의 조화와 발달이라 하여, 춤에서 인간성의 조화로운 발달을 강조하였다. 그에 의하면, 춤에 의한 교육은 일상생활에 직접 활용되는 실용적 활동이나 지식을 위해서 그 목표를 세울 수는 없다. 춤을 통한 교육은 인간의 상상력을 무한히 개방하고 창의적인 세계로 안내한다. 또한 균형 잡힌 생활로 인도하는 조화로운 인간성의 발달을 도모하며, 심미적 가치 고양 등을 내재하고 있다.

7) 미디어

맥루한(M. Mcluhan, 2001)은 '미디어는 메시지다. 미디어는 다양한 문화양식을 창출하는 가장 강력한 무기다. 또한 미디어는 교육행위다.' 라고 정의 내렸다. 사회의 변화는 미디어의 확장을 불가피하게 만들었다. 미디어는 어떤 교육적 기능을 내포하고 있는가? 교육의 목적을 분석, 종합, 비판하는 사고와 의사소통능력의 도야로 규정한다면 미디어는 이미 교육 그 자체가 된다. 스폴딩(S. Spaulding)이 설명하는 교육적 스펙트럼에 의하면, 미디어는 '개방적, 자기선택적, 비경쟁적, 비형식적' 교육의 형태를 띠고 있다.

이 같은 미디어를 통하여 정치사회화, 문화사회화가 이루어지고 우리는 사실과 허구를 분별하는 능력을 고양시킬 수 있다. 미디어는 일종의 통합교과로서의 성격, 자기주도적 학습자원으로서의 성격, 무형식 교육행위로서의 성격을 지닌다. 그러므로 각 개인은 나름대로 미디어와의 부단한 의사소통과정을 통하여 스스로 학습되어 나간다.

이 점이 바로 미디어의 공적 교육력에 대하여 각별한 주의를 요구하는 이유가 된다. 특히, 다음의 언설에 귀를 기울여야 한다. "교육이 평등화의 주요한 실행자인 데 비하여 기술은 불평등의 새로운 원천이다"(F. Rötzer, 2000: 225). 또한 "이젠 노예가 아니라 기계가 보다 많은 사람들에게 여가를 주고 있지만, 그것이 인간을 보다 인간답게 가치 있는 존재로 만든다는 보장은 없다"(R. Hutchins, 1984: 267). 더욱이 미디어에 의하여 자아가 매몰되는 것은(강준만, 2003: 164) 보약 먹고 죽는 셈이다.

8) 봉사활동

최근의 방송광고 중에 '자원봉사, 세상에서 가장 아름다운 교육입니다.'라는 문구가 이채롭다. 사회참여(봉사)는 이미 그 자체로서 교육이다. 교육이 궁극적으로 인간과 사회의 가치를 지향한다면, 이는 학교 안에서의 단순한 지식에 머무는 것이 아니라 사회에 올바로 투영함으로써 완성될 수 있기 때문이다. 이 같은 사회참여(봉사)의 목적은 무엇인가?

그것은 공동체의식을 적극적으로 표현하는 문화적 행위요, 정의와 인권을 확립하기 위한 희생적 행위다. 또한 그것은 문화의 보편성과 특수성에 대한 이해를 점증시킨다. 사회참여(봉사)는 객관적인 사회관련 지식을 대중적으로 활용하고 검증하기 위한 탁월한 메커니즘이다. 교육의 궁극적인 목적이 도덕적 민주주의자, 참여적 민주주의자, 행동하고 희생하는 이타주의자를 만드는 데 있다면, 학교는 오직 참여와 봉사의 프로그램 개발에 골몰해야 할 것이다. 사람들은 자발적으로 사회활동에 참여함으로써 즐기며 배우기도 한다.

9) 모바일(mobile)

우리는 이미 교육이 오직 학교에서만 이루어진다는 기존의 고정관념에서 벗어나, 삶살이로서의 삶으로 시각을 돌려 교육의 본질에 대한 새로운 이해 지평을 논하고 있다. 이제 여가도 따로 시간을 내어서 즐기는 문화의 한 종류가 아니라, 언제 어디서든지 쉽고 편하게 이용할 수 있는 노마드 문화로 자리 잡았다. 아날로그 시대에서 디지털로 전환되면서 불가피하게 삶의 방식과 트렌드가 노마드적, 유비쿼터스적인 삶(P2P/P2M/M2M)으로 변화했다. 아날로그 시대가 토지, 노동, 자본이라는 유형의 자산시대였다면 디지털 시대는 지식, 기술, 정보라는 무형의 자산시대다.

노트북과 휴대전화, PDA 등 각종 디지털 장비를 이용해 언제 어디서든 외부와 접촉하며 이동하고 일정한 직장과 주소에 얽매이지 않는 노마드족, 유비쿼터스족은 자유로우면서 창조적인 인간형으로 각광받고 있다. 이러한 21세기 인간형은 수년 내에 전 세계적으로 보편화할 것으로 보인다. IT 산업이 발달할수록 시간과 공간의 개념은 점차 사라지는 것이다. 이 같은 시대변화는 복합미디어의 확장을 가져왔다. 복합미디어는 다양한 문화양식을 창출하는 가장 강력한 무기이며, 그 자체만으로도 교육의 효과를 지닌다고 하겠다.

10) 클럽/카페문화

'클럽' 이라는 단어를 들었을 때 대부분의 사람들의 머릿속에 떠오르는 이미지는 음지(陰地)문화의 성격이 강하다. 문화원, 축제, 여행 등과 같은 주제들은 이미 어느 정도 사람들의 인식 속에 '교육적' 이라고 생각되고 있다. 그러나 클럽의 교육적 효과라는 부분에 있어서 과연 이것을 수긍하는 사람들이 얼마나 될까? 클럽에 자주 가는 사람들조차 의도적으로 교육효과를 생각하고 가는 사람은 그다지 많지 않을 것이다.

손톤은 클럽문화를 "성인의 하위문화에 부여된 일상적인 표현으로서 '댄스클럽' 과 그것의 1980년대적 파생물인 'rave' 가 상징적 축이자 사회활동의 중심이며, 사운드와 스타일을 끊임없이 제시하고 변화시키는 특정 공간과 관련된 문화" 로 규정하고 있다. 또한 그는 클럽문화의 중요한 속성으로서 취향문화(taste culture)를 들고 있다. 즉, 클러버들은 그들의 공유된 음악취향, 그들의 공통된 미디어 소비방식, 자신과 비슷한 취향을 가진 사람 등이 있는 장소로 모인다는 것이다. 결국 클럽문화란 고유의 음악과 춤, 사람과의 대화가 공존하는 복합 문화공간인 클럽공간을 매개로 생성, 공유, 변화되는 독특한 스타일의 성인 여가문화라고 할 수 있다.

한편, 카페는 오늘날 도처에서 발견되는 여가공간 중의 하나가 되었다. 이러한 카페는 동시대인들과 호흡하며 동시대의 문화를 담론하는 곳이 되었다. 다수의 카페들이 'pup' 으로 변질되었지만, 예전의 카페처럼 흥겨운 분위기를 재현해야 했다. 이른바 주제가 있는 카페가 등장하게 되었다. 철학을 논하는 카페와 시를 낭송할 수 있는 카페가 생겼다. 심지어 서점과 같은 카페도 생겼다.

국내에서 테마카페가 본격화된 시기는 1990년대 후반으로 볼 수 있다. 테마카페의 키워드는 '기능성' 이다. 사주카페, 보드게임카페, 마술카페, 인형카페, 골프카페, 플라워카페 등 주제가 있는 곳은 우리에게 특별한 즐거움을 제공한다. 이제 우리는 레저를 즐기고 좋아하는 것을 공유하며 색다른 체험을 위해 테마카페로 간다. 도심에서 단순히 차만 마시거나 먹고 즐기는 공간이 아닌, 독특하게 쉴 수 있는 공간이 지속적으로 등장하고 있다.

이들은 취미나 레크리에이션을 즐기며 기존의 틀을 거부하는 성인들의 취향에 맞춰 새로운 문화코드로 자리매김하고 있다. 잠재적 성인 소비자들의 욕구가 다양해지면서 기존의 카페들과 차별화된 이른바 테마카페들이 각광받고 있다. 카페를 이용하는 소비자는 단순한 여가공간으로서만이 아니라 관심사에 대한 지식 및 정보습득의 장으로 활용하고 있다. 쇼핑을 즐길 수 있는 카페, 연극과 영화를 감상하거나 스포츠를 즐길 수 있는 카페, 전원을 만끽할 수 있는 산속의 전원카페도 있다.

또한 애견카페, 과일카페, 커플카페 등 하나의 아이템으로 특정 고객을 유혹하는 이색카페들이 최근 잇따라 문을 열고 있다. PC 보급과 인터넷 열풍에 따라 사이버 세대를 겨냥한 사이버카페, 인터넷카페가 신종 문화 콘텐츠로 등장하는 추세이고, 21세기 게임세대를 겨냥한 3차원 게임카페도 등장하고 있다. 이제 클럽과 카페는 교육문화 콘텐츠의 확장을 선도하고 있다.

11) 무예

쿵푸(工夫)는 본래 몸의 단련을 통한 전일적 인간교육의 형식이었다. 그것이 교육인 이유는 단순히 몸의 외양을 단련하는 것이 아니라 마음의 수양을

동시에 지향하기 때문이다. 문화의 다양성 혹은 특수성에 기인하여 각 나라마다 전통무술이 있다. 예를 들어, 우리나라의 택견, 태국의 무에타이(Muyathai), 필리핀의 아르니스(Arnis), 브라질의 카포에라(Capoeira) 등을 들 수 있다. 이것들은 각각 고유의 민족성을 담지하고 있는 전통적인 교육의 형식들이다.

무예의 정신은 예(禮)와 자아성찰이다. 이것은 오늘날의 학교교육이 놓쳐 버린 교육의 본질적 측면이다. 몸과 마음의 조화로운 성장, 즉 전인적 성장은 제한된 울타리 속에서 형식적으로 움직이거나, 인지적으로 조작하는 학교체육을 통하여 이루어지지 않는다. 철저한 자기관리의 뛰어난 형식으로서 무예는 이미 그 자체로 교육이다. 쿵푸는 결코 머리로 이루어지는 것이 아니라, 몸과 마음을 전일적으로 일치시키는 연마와 도야라는 형식을 통하여 성취된다. 따라서 무예체험은 성인 평생학습을 뛰어넘어, 의지와 감정을 훈련하기 위하여 모든 연령단계에 걸쳐 이루어져야 하는 중요한 교육형식인 셈이다.

아탈리(J. Attali)는 현대의 레저를 다음과 같이 정의함으로써 그 영역의 이해 지평이 무한대로 확대되고 있음을 잘 암시하고 있다. 즉, "여가란 노마드인의 주요한 소일거리로서 기분전환, 오락, 스포츠, 게임, 볼거리, 관광 등을 포괄하는 개념이다. 기존 형태를 제외하고는 앞으로 가상 유목인 중심으로 레저가 이루어질 것이다. 야생동물과 직접 대면하거나, 동화 같은 이야기들을 직접 체험하고, 더 나아가서는 오지관광으로도 갈 수 없는 곳을 가상으로 돌아볼 수 있는 놀이공원으로 '모의여행'을 떠나게 될 것이다. 시간이 더 흐르면 복제이미지를 대동해 과거 혹은 미래의 특정 시대나 장소를 여행하고 직접 생활해 볼 수 있을 것이다. 시뮬레이션의 무한한 미래가 펼쳐지는 것이다"(J. Attali, 1999: 97).

5. 프로그래밍: 여가-문화-교육의 질서

앞에서 세련되게 프로그래밍된 여가계획과 경험을 통하여 교육적 수월성을 기대할 수 있다고 논의한 바 있다. 개인에게 무관한 채 방치되어 있는 문화의 편린들은, 교육을 목적으로 하는 세련되고 조직화된 프로그래밍에 의하여 질서 있는 모습으로 재인식된다. 그렇다면 성인 평생학습을 위한 여가 프로그래밍의 구성요인을 살펴보자. 기본적으로 여가 프로그램은 쌍방향 교류를 통해서 구성되어야 한다(이철원, 2002: 203).

여가-문화-교육의 프로그래밍이란 '각종의 여가-문화 콘텐츠를 성인 평생학습활동으로 구조화하는 것, 참여자들에게 교육적인 경험을 제공하는 활동 프로그램을 구안하는 것'이다. 다시 말해서 참여자가 프로그램에 참여하여 만족할 수 있는 교육가능성(edu-possibility)을 최적화하도록 학습환경을 조성하고 기획하는 것이다. 세련되고 교육적으로 유의(有意)한 프로그래밍은 '여가-문화의 카테고리, 프로그램 포맷, 내용, 시간, 가용시설 및 물적 토대, 홍보(촉진), 평가, 안전관리' 등을 망라하여 고려해야 한다. 다음은 한손(Hanson, 1992)이 제시하는 세련된 여가-문화-교육의 프로그래밍 기법(technique) 중 가장 기본적인 내용이다.

첫째, 영역으로서 '예술, 문학, 스포츠-게임-레포츠, 사회참여, 자기발전, 건강증진, 취미, 여행, 봉사활동' 등이다. 둘째, 포맷방식으로서 '경쟁, 자유,

강의, 회원제, 이벤트, 워크숍, 이해집단, 도달(outreach)' 등의 방식으로 조직화할 수 있다. 셋째, 시간적 범위로서 상황 및 조건에 부합하도록 ongoing 프로그램과 terminal(long/middle/short range) 프로그램으로 구분한다.

이를 고려하여 체계적이고 세련되게 구안된 여가–문화–교육 프로그램은 첫째, 여가의 질적인 차원을 향상시키고, 둘째, 문화가 개인으로 하여금 각인되는 동시에 구성주의 학습을 위한 효율적인 도야재로 재구성되며, 셋째, 여가–문화–교육의 연결고리를 더욱 치밀하고 조직적으로 만드는 데 공헌한다.

미래사회의 트렌드에 대하여 다양한 하문영역에서 김지, 탐구, 대비하고 있다. 토플러(A. Toffler), 드러커(P. Drucker), 게이츠(B. Gates) 등 저명한 미래학자들은, 특히 미래사회의 교육문화 환경에 대하여 집요하리만치 천착하고 있다. 그들이 공통적으로 견지하는 점으로 미래 환경에서 가장 중요한 것은 교육이라는 것이다. 여기서 말하는 교육은 형식적인 것이 아니라 다차원적, 탈공간 · 시간적 특성을 내포하는 것이다. 즉, 미래의 교육은 삶의 전 영역에서 무차별적으로 이루어지게 된다. 특히, 고도의 IT 산업 발달에 기인하는 노마드 환경은 교육에도 지대한 영향을 미치리라 예견된다.

아리스토텔레스(Aristoteles)에 의하면, '우리의 삶 전체는 일과 여가, 전쟁과 평화의 두 부분으로 구분되어 있으며, 우리의 모든 행위는 유용한 것과 고상한 것의 두 가지로 구분된다.' 또한 '이 두 가지 종류의 행위 중에서 어느 쪽을 선택하는가의 문제는 우리가 영혼의 고귀한 부분과 비천한 부분, 그리고 각각의 활동 중에서 어느 쪽을 더 선호하는가에 따라 결정된다.' 나아가 '만약 우리가 전쟁을 선택한다면 그것은 평화를 위한 것이어야 하며, 일을 선택한다면 여가(schole)를 위한 것이어야 하며, 유용한 것을 선택한다면 그것은 고상한 것을 위한 것이어야 한다. 어느 나라의 아이건 어른이건 교육받아야 할 사람들을 교육할 때 우리가 목적으로 삼아야 할 것이 바로 이것이다.'

다시 말하면 인간을 교육하는 최고의 목적은 여가를 올바로 누리도록 준비시키는 것, 즉 일상의 실제적 문제를 다소간 해결하고 난 뒤에 영혼이 최상의 행복을 맛보도록 보장하는 데 있다는 것이다. 결국 교육은 한 개인으로 하여금 국가의 시민됨을 구유케 하는 공적 간섭작용이면서, 동시에 각 개인으로 하여금 자아를 실현하게 하는 사적 형성(formung)의 과정이기도 하다.

희랍어로 여가는 'schole' 이며, 이는 '조용함, 남는 시간, leisure, 한가함, 놀이(play), 담론(談論)' 의 의미로 해석되고 있다. 이는 또한 'schola, school' 의 어원이기도 하다. 이를 본다면 교육은 곧 의미 있는 담론이며 질서 있는 놀이임을 알 수 있다. 이 같은 담론과 놀이는 교육재로서의 일정한 문화를 매개로 한다. 즉, 놀이는 곧 문화이며 문화는 교육의 대상이며 목적이다. 자연스럽게 여가–문화–교육은 분화와 통합의 과정 속에 놓여 있다.

이 장은 우리 삶의 현상 속에 포착되는 모든 현상(시간적으로 삶에서 죽음까지, 공간적으로 학교에서 학교 밖까지)을 교육으로 보는 관점에서 출발하였고, 특히 여가와 문화를 교육현상의 핵심적인 도야재로 간주하였다. 우리는 여기서 여가–삶–노동–교육의 은밀하고도 절묘한 연결고리를 찾아내고자 했다. 오늘날 노동, 여가, 그리고 교육에 대한 사람들의 경험에서 큰 변화가 일고 있음은 주지의 사실이며, 누구나 공감하고 있다. 노동, 교육, 그리고 여가 사이의 중복은 사실상 우리 사회에서 그런 활동들을 묘사함에 있어서 나타나는 지배적인 특징이다. 이 상황에서 평생학습의 개념은 전통적 학교교육의 그것보다 확대된다(C. Griffin, 1987: 127).

결론적으로 여가를 영위하는 삶과 평생학습의 목적은 충만한 행복감과 무한한 재미이어야 한다. 행복한 사람들은 행복을 무엇으로 정의하든 행복한 감정을 자기들의 삶 속에 듬뿍 담고 살아가는 사람들이다(한준상, 2003: 17). 나아가 무언가를 배워야 한다는 생각으로부터의 자유가 오히려 행복일 수 있다는 사실도 함께 고려해야 한다(이승헌, 2001: 13). 이것을 염두에 두고 향후 여가와 교육에 대한 담론을 펼쳐야 한다.

03

교육문화 콘텐츠의 개념

그 내용의 진위를 떠나서 유대인의 '시온의 의정서'에는 미래 교육환경 예측과 실현의 묘한 관계를 암시하는 대목이 있다. '제16의정'에는 다음과 같은 구절이 나온다. 이는 오늘날 만연하는 시청각교육(기술)의 실체를 예견하고 있음을 알 수 있다.

> "그들의 사색력을 예속화시키는 것이 이미 '시청각교육'이라고 일컫는 방법에 의하여 시작되고 있다. 이러한 시청각교육의 주된 목표는 비유태인 모두를 뇌를 움직이는 것만으로는 사물을 생각할 수 없고, 그림을 보지 않고서는 아무것도 이해할 수 없는 유순한 동물로 만드는 것이다. 이미 프랑스에서는 시청각교육에 바탕을 둔 완전한 교과과정을 만들고 있다."

위의 언설은 이미 오래전부터 교육의 기술주의를 예단하고 그 구체성까지 적시하고 있음에 놀라지 않을 수 없다. 이제 그 예단은 도처에서 구현되고 있다. 가장 두드러진 것이 바로 미디어 영역이다.

역사적으로 인쇄술이 발명되었을 때 이를 적극적으로 활용한 문화, 전화가 발명되었을 때 곧바로 채택하여 광범위하게 사용한 문화 등이 시대를 앞서 갔음은 주지하는 바다. 이것은 다음 상황을 어렵지 않게 예측할 수 있는 증거들이다. 이제 인터넷 등 다양한 정보관련 미디어의 발명과 진화를 선도하거나 적극적으로 채택하지 않는 문화는 도태되지 않을 수 없다. 결국 과학기술은 인간의 문화와 절대적으로 유기적이며, 이는 곧 교육과 필연적인 교호과정을 거치게 된다.

아탈리에 의하면, 기술의 진보는 인간의 생활양식을 완전히 교란시킬 것이다. 기술의 진보와 더불어 교육에는 시장원리가 도입되고, 교육은 많은 볼거리 사업으로 전락하여 수익법칙의 지배를 받게 된다(J. Atalli, 1999). 그가 설명하는 '볼거리'란 가상현실, 컴퓨터 TV, 복제이미지와 관련되는 개념이다. 즉, 3차원의 가상세계에서 모든 사람은 주인공이 되고 영광과 반항으로 점철된 모의(模擬)인생의 저자가 되고자 할 것이다. 이때 교육은 전통적 측면이 송두리째 철폐될 수도 있다.

한편, 시장법칙이 지배하는 경우 교육은 단순히 서비스로만 그치지 않는다. 교육은 생산성을 높이고 가치창출을 증대하기 위하여 산업화될 것이다. 그런데 이것을 가능하게 하는 것은 첨단의 과학기술이다. 특히, 인터넷을 매개로 하는 가상교육은 지식의 상대화, 교육의 오락화, 교육의 개별화 등을 촉구할 것이다. 기술과 인간(교육)의 관계문제에 관한 담론은 다양하다(Jaspers, 1960; Heidegger, 1993; Ortega, 1989; Spengler, 1998; Rötzer, 2003; Toffler, 1992; M. Poster, 1994). 특히, 야스퍼스(K. Jaspers)는 기술일반에 대하여 다음과 같이 규정하고 있다(M. Heidegger, 1993).

첫째, 기술은 목적을 달성하기 위한 수단을 용납할 때 비로소 이루어진다. 호흡과 운동, 영양섭취 등과 같은 직접적인 활동은 아직 기술이 아니다.

표 3-1 미디어의 발전과정

발전단계	특 징	매 체	접근대상 선별
매스미디어	브로드캐스트(broad cast)	종이, 전파, 신문, TV	인간 스스로 선별
멀티미디어	다양한 정보의 선택적 수용	전파, 자기매체	컴퓨터가 매개되어 인간이 선별
마이미디어	브로드캐치(broad catch)	전파, 자기매체	컴퓨터가 선별

둘째, 자연을 지배하는 힘은 인간의 목적을 통해서만 그 의미를 지닌다.

셋째, 기술은 동력을 생산하는 기술과 재화를 생산하는 기술로 나눌 수 있다.

넷째, 기술의 의미가 인간의 생존목적을 위한 생활환경의 통일에 있다면, 이탈의 문제는 도구와 행위의 수단성이라는 성격이 독립해 있는 곳이라면 어디든 가능하다.

또한 그는 기술을 인간학적으로 환원함에 있어 다음과 같이 규정하고 있다(M. Heidegger, 1993).

첫째, 기술은 지성의 작용에 근거하고, 또한 예감과 추측이 가능한 것과 관계 있는 계산에 근거한다. 기술은 기계장치 내에서만 생각될 수 있고, 관계와 수량에 따라서 변화한다. 기술이란 대체적으로 합리화과정의 일종이다.

둘째, 기술은 일종의 능력이고, 그러한 능력의 수행은 목적에 관계해서 외화된다. 이러한 능력은 만들고 처리하는 데 있지, 창조하거나 스스로 성장하는 것은 아니다.

셋째, 기술은 인간이 발명해 낸 수행방식과 형성물에 존재한다. 그러한 수행방식과 형성물은 임의적 반복가능성을 지니며, 많은 경우에 실현될 수 있다. 그러므로 기술적인 발명을 낳는 창조적인 행위와 동일행위를 반복하는 작업성취 간에는 근본적인 차이가 내재한다.

위와 같은 기술의 인간학적 논의는 슈펭글러에 의하여 재확인되고 있다(O. Spengler, 1998). 그는 다음과 같이 설명하고 있다.

> "기술이란 전체적 삶의 전략이다. 기술이란 삶 그 자체와 동일한 의미를 가지는 싸움에서의 수법이 가지는 내면적 형식이다. 기술이란 도구에 의해서는 절대로 이해될 수 없다."
>
> "기술의 본질을 이해하려면 기계기술, 즉 기술의 목적이라는 그릇된 통념에서 출발해서는 안 된다. 기술은 특수한 것이 아니라 매우 보편적인 그 무엇이다. 기술은 인간을 뛰어넘어 모든 동물에 확대 적용될 수 있다."

그런데 여기서 과학기술과 교육의 관계를 고려할 때 반드시 유념해야 할 사실이 있다. 즉, 슈펭글러가 논의하는 기술은 도구적 · 과정적 요소일 뿐이라는 점이다. 예를 들어, 인터넷은 교육을 풍성하게 하는 도구적 · 과정적 변인일 뿐 절대로 목적적이어서는 안 된다. 즉, 교육의 효율성은 개별화된 '학습의 기술'이지 '인터넷의 기술'이 아니다. 그것은 학습내용을 발명하고 제작하며 응용하는 것으로서, 단지 전체적인 학습수행과정의 요소로서만 타당할 뿐이다. 오르테가(E. G. Ortega)는 '기능으로서의 기술–기술인의 기술'이라는 논제에서 인간과 기술의 관계를 다음과 같이 설명하고 있다.

첫째, 기술적인 행위의 계열은 상당히 증대했다. 인간이 모든 기술적 안락을 즐기면서 영위하는 삶과 그 반대의 삶은 근본적으로 차이가 없다. 다시 말해서 삶의 유지에 있어 기술적인 것이 비기술적인 것보다 우위에 있다고 볼 수 없다. 이는 교육에 많은 시사점을 던져 주고 있다.

둘째, 기술이 독립적이며 원리상 무제한적 기능이라는 것은 기술이 진보하는 방식에 의하여 드러난다.

셋째, 모든 기술은 두 가지 특성, 즉 행위의 계획과 행위의 실행이다. 엄밀히 말하면 전자는 기술이고 후자는 수행과 제작이다. 그런데 인간은 지금까지 실행할 수 없는 모든 것에 대한 부족과 한계에 대해서만 주로 의식해 왔다. 우리가 교육의 목적과 내용을 설정함에 있어 이 같은 기술에 대한 논의를 주목해야 한다.

한편, 토플러는 미래주의적 관점에서 기술주의가 교육을 어떻게 포섭하고 주도하는가를 잘 설명하고 있다. 미래를 위한 학습에서 보면, 미래주의적 관점에서 기술과 교육의 전략적 제휴와 방법론을 구체적으로 예시하고 있다. 교육은 본질적으로 과학기술을 여는 개척의 길과 기왕의 과학기술을 이용하는 적응의 길을 동시에 걸어가고 있다. 그중에서 오늘날 주목하고 있는 것이 바로 디지털 혁명이다(A. Toffler, 1992).

불, 문자, 인쇄술, 그리고 컴퓨터 발명 이후 과학사회로 향하는 과정에서 중심적인 사건은 바로 '디지털 혁명'이다. 이는 과학기술–인간–교육의 유기적 연계성을 혁명적으로 전환시킨 조건이며, 결과로 드러나고 있다. 디지털 혁명과 더불어, 인간은 예전의 구두상 혹은 텍스트에 기초한 지식의 가공 및 전달방식에 대하여 지식을 스스로 움직이게 함으로써, 지식이 연쇄적으로 전달되는 많은 상황에서 사람이 더 이상 개입할 필요가 없게 하는 기술이 창조되었다(B. Breuel, 2003). 이 같은 기술의 진보에 가장 영향을 받을 수 있는 영역은 교육이다. 브로이엘은 다음과 같이 설명하고 있다.

> "개인들의 기여와 기술적으로 지지된 이 지식을 가능하게 하는 것 사이의 경주과정에서, 우리는 교육받은 인간들이 한층 고성능화된 기계와의 상호작용을 통하여 더 높은 부가가치를 생산한다는 사실을 경험하게 된다. 인간의 기여는 점점 더 기계들과의 상호작용 속에서 이루어지게 되는 것이다. 확실히 이러한 발전의 결과로 인하여 교육이란 테마의 중요성이 전 세계적으로 한층 더 강력하게 증대되고 있다. 동시에 교육받은 사람들은 이러한 기간시설들을 통하여 범세계적으로 더 나은 고용기회를 갖게 된다."

결국 교육수준의 지속적 상승이 이루어져야 한다는 당위성과, 교육에 있어 기술이 결정적인 새로운 가능성을 제시하리라는 것은 자명하다. 고래로 교육은 주로 특정의 장소에서, 특정 시간에 가르치는 사람과 배우는 사람들의 집중적이고, 따라서 비용이 드는 상호작용의 형태로 이루어졌다.

오늘날 기술의 발전은 교육의 방법, 시간, 내용, 목적까지도 변화시키는 강력한 동인으로 작용하고 있다. 가장 큰 변화는 교사 중심에서 학생 중심의

표 3-2 기술정보사회의 변천

구 분	단순정보사회	문자문명사회	영상, 화면사회	기계두뇌사회
정보매체	가족 및 촌락	활자, 인쇄	TV, 통신위성	인간로봇
	혈연관계	제2차적 집단에서 표출	사무자동화, 컴퓨터 등	thinking computer
정보형태	독점	정보의 배분	정보의 평등	정보의 과잉 개인정보사회(블로그)

교육과정으로의 변화이며, 과학기술의 그러한 교육과정에서 기술이 적극적으로 도입되었다는 점이다. 철학적으로는 구성주의가, 경제적으로는 신자유주의가 교육과정을 설계하고 운용하는 기반으로 작용하고 있으며, 그 기반의 핵심은 바로 과학기술이다.

교육의 영역에서는 처음으로 네트워크에 의하여 지원되고 상응하는 국제평가 및 학점제도를 갖춘 범세계적 교육기관에 대한 전망이 가능하게 되었다. 다시 말해 질 높은 교육단위들을 환경친화적이고 저렴한 비용을 통하여 무한대로 활용하게 된 것이다. 이 같은 사회적 환경 및 체제를 우리는 '정보사회' 라 이른다. 산업사회를 넘어 형성된 기술정보사회는 교육의 패러다임을 본질적으로 변화시키고 있다.

기술정보사회에서의 교육의 패라다임은 재가(在家)교육, 학술 및 연구자료의 공유, 개별화된 교육, 교육의 비동시성, 교육의 다차원성, 교육공간의 개방성 등을 기초로 하고 있다. 이는 단순한 교육의 영역이 아니라 다양한 사회의 측면과 종횡으로 연계되고 있다. 이 같은 상황에서 지식의 종류와 학습, 교육공간, 방법, 이념들이 다양화되거나 극단적으로 획일화되는 경향을 보이고 있다. 런드벌과 존슨(Lundvall & Johnson, 1994)은 지식사회에서의 지식과 학습을 다음과 같이 구분하고 있다.

첫째, 사실적 지식과 학습으로서 단순한 사실에 대한 것들에 한정된다.

둘째, 이론적 지식과 학습으로서 인간과 사회의 심리, 자연현상 속에서의 법칙이나 규칙에 대한 과학적 지식을 의미한다.

셋째, 방법적 지식과 학습으로서 경제활동 등 특유의 지식을 말한다.

넷째, 인격적 지식과 학습으로서 대중 속에 놓여 있는 개인의 특성을 다룰 수 있는 사회적 기술을 의미한다.

여기서 지식은 단순한 객관적 대상으로 존재하는 것이 아니라 마치 생명체처럼 인식된다. 이때 지식은 코드화된 지식, 암묵적 지식, 네트워크화된 지식, 지식의 스톡(stock)과 플로우(flow), 가상교육체제 등의 개념과 함께 고려되어야 한다. 특히, 가상교육체제는 지식의 공유와 플로우라는 측면에서

혁신적인 변화를 가져왔다. 이는 과학기술과 교육의 관계를 고려할 때 가장 주목해야 할 부문이다.

뢰처는 지식사회에서는 지금과는 전혀 다른 일상지식이 요구되는데, 이러한 지식은 무엇보다도 미디어 상품을 통하여 스스로 학습해야 한다고 주장했다(F. Rötzer, 2000). 일반 교양교육에 대한 고전적인 모델은 기술혁신을 특징으로 하는 환경에서는 낡아 버렸다. 또한 드러커의 지적처럼, 지식사회는 어떤 형태의 사회에서보다 경쟁압력이 거세다. 지식에 접근하는 기회는 개방적, 보편적이지만 그 결과는 누구도 공평하게 분할시키지 않는다. 그래서 정보사회의 가장 큰 특징은 부단히 배워야 한다는 점이다. 이는 전통적인 교육환경과 풍토로는 한계가 있다.

'가상교육' 은 이러한 학습자의 다양한 요구와 정보기술의 발달로 말미암는다. 가장 큰 교육적 전환은 공급에서 수요로, 동시(동일)성에서 비동시성으로, 텍스트에서 컨텍스트-전자텍스트로, 획일성에서 다양성으로 이행되는 제 측면이다. 한편, 하타웨이(Hataway, 1993)에 의하면, 전통적 교육은 정보, 경험, 지식, 학생, 교육소비자 등의 힘이 획일적으로 교사에게 집중되어 있었다. 여기서 학생과 학생 간, 지식과 학생 간, 정보와 학생 간 직접적 교호는 원천적으로 차단되어 있었다.

그러나 과학기술 기반의 새로운 교육 패러다임은 경험, 지식, 학생, 지식, 정보, 학생, 교육소비자가 서로 유기적으로 상호작용하고 있다. 학습자는 다양한 지식기반(knowledge databases)에 접근할 수 있고, 학생 상호 간, 학교 밖의 사람들과 교호하면서 지식과 경험을 스스로 구성해 나간다. 탭스콧(D. Tapscott, 1998)은 이에 대하여 마마미디어팀의 학습법 개발을 예로 들어 설명하고 있다. 마마미디어팀의 기본적인 교육 이해는 다음과 같다.

> "웹페이지, 샌드위치, 집, 마을의 공통점은 무엇인가? 그것은 바로 쌓아서 만들 수 있다는 속성을 지닌다는 점이다. 여기에 하나 더 추가할 것이 있다. 그것은 바로 지식이다. 마마미디어팀은 인터넷이 지식의 집을 지을 수 있는 자재를 제공한다고 믿는다."

이 같은 교육환경 속에서 아이들은 정보자체가 아니라 정보를 생산, 처리하는 기술을 배운다. 결국 아이들은 미디어의 소비자이면서 동시에 창조적 기술의 소유자가 된다. 그렇다면 이를 실제적으로 가능하게 하는 교육환경 속의 지식기술 인프라는 무엇인가? 그것의 근간은 바로 인터넷과 하이퍼텍스트다. 처음에 인터넷은 지식네트워크였다(F. Rötzer, 2000). 그러나 상업화, 오락화의 길을 걸으면서 문화의 단일화, 즉 에듀테인먼트(edutainment)라는 환경이 설정되었다. 그것은 교육, 오락, 지식 등이 융합되는 과정에서 탄생되었다.

한편, 하이퍼텍스트를 만들어 낸 넬슨(Nelson)은 제너두 프로젝트를 진행한다. 그것은 마치 유목하는 지적 생활자(job nomad)들을 위하여 거대한 전자네트워크를 구성하는 것이다. '제너두(Xanadu)' 의 구조는 전 세계에 있는 서버에게 문서, 음성, 영상 등의 다큐물을 축적하고, 정보를 요구하는 경우 하이퍼텍스트 형식으로 호출하면서 정보를 검색, 송출하는 것이다.

그 반대로 이 시스템을 통하여 출판할 수도 있다. 결국 넬슨의 구상은 세계 속의 모든 정보를 하나의 거대한 하이퍼텍스트로 만드는 것이며, 모든 지식의 덩어리와 체계는 사용자의 '참조' 라는 작업에 의하여 조절되고 통제되는 것이다(坪田知己, 1994). 이 같은 흐름 속에서 과학기술의 발전은 반드시 학교의 담장을 허물 것이다. 교과서를 없애고 극단적으로 교사를 배제할는지도 모른다. 그렇다면 이 같은 교육적 황폐화를 대체하는 도구나 기능은 무엇인가? 그것은 바로 '학습네트워크' 다.

결국 수천만의 학습자가 학습네트워크 조직으로 변할 것이다. 학습네트워크란 가정, 사회, 직장, 학교, 국가, 세계가 정보통신망으로 연결되어 시간 · 공간적 제약을 극복하고, 쌍방향적 의사소통의 과정을 거쳐 지식을 생산, 유통, 공유, 처리하는 개방적 교육시스템을 말한다. 이는 교육을 제도교육(학교)으로부터 해방시키게 된다. 이 같은 학습네트워크는 가상교육현실이라는 새로운 '공간' 을 열어 놓았다.

이 가상공간에서는 전자매체가 주인이다. 전자매체의 잠재적 가능성은 많은 것을 암시하고 있는데, 교육도 이러한 발전과정의 일부가 될 것이다(T. Schwartz, 1994). 이 공간에서 교육은 즉시적이며 간단하고 더욱 참여적이게 된다. 기본적으로 전자매체는 조절이 가능하다. 그리고 인간은 커뮤니케이션의 제 요소를 자율적으로 통제할 수 있다. 그러나 우리가 전자매체를 조절할 수는 있지만, 우선 이러한 매체들의 효과를 관찰하고 무엇이 그러한 효과를 유발시키는가를 결정해야 한다.

근본적으로 과학기술의 총아라 할 수 있는 가상공간에서의 교육은 어떤 역할을 하는가? 그것은 첫째, 다양한 교육내용의 제공, 둘째, 교육기회의 무한 확대, 셋째, 교육적 수월성의 제고, 넷째, 교육방법의 다양화, 다섯째, 지식상대주의의 구현 등을 들 수 있다. '지식상대주의' 는 절대적 지식의 존재를 부정하며, 개인이 스스로 지식을 '선택, 변형, 구성, 경험, 생산, 공유, 재구성' 하는 철학적 태도를 말한다.

결국 지식은 자본이 되며, 궁극적으로 과학기술과 교육의 결합은 '지식사회' 의 형성을 촉진하게 된다. 여기서 우리는 심각한 질문을 하나 제기할 수 있다. 그렇다면 문명사적으로 지식사회 이후의 사회는 어떻게 될 것이며, 기술-지식-교육의 관계는 어떤 모습일까?

이 점에 대하여 보스하르트(D. Bosshart, 2001)는 정보사회 이후를 '이야기와 꿈의 사회' 로 규정하고 있다. 이는 곧 감성의 세계이기도 하다. 꿈의 사회는 여러 다양한 분야에서 인간을 꿈꾸게 해야 한다. 커뮤니케이션에 있어서 더 이상 과학기술주의는 통하지 않는다. 결국 감성의 영역에 관심을 집중하게 되고 꿈, 단순하고 열광적인 신화, 놀이, 감정세계 등의 가치와 연결된 세계를 창조해야 한다.

드러커에 의하면, 기왕의 제도교육은 대부분 교과지식을 전달하는 데 실패하였다. 그러나 향후 '학습사회' 혹은 '지식사회' 의 출현은 교육의 본질에까지 영향을 미치고 있다. 미래형 교육은 그물망 같은 정보네트워크 시스템을 통하여 다차원적으로 이루어질 것이다. 카프라(F. Capra)도 현재 우리의 정보 및 교육제도를 재구성하여 새로운 지식이 적절히 제시되고 토론될 수 있는 새로운 사회패턴에로의 변화를 이미 제안한 바 있다.

토플러는 그의 방대한 미래환경 예측과 전제에 대한 논의에 있어 늘 교육부문을 주시하였다. 그에 의하면, 산업화 시대에 걸맞은 숙련공을 단순히 배출해 내던 학교교육과 교사의 역할은 미래사회에서 반드시 사라질 것이다. 그 대신에 학교교실마다 교사를 대신하는 마이크로 컴퓨터가 배치되고, 이에 따라 거시적으로 교육제도는 물론, 미시적으로 기왕의 교사 양성-현직연수-수업 프로그램 등에도 변화가 불가피하다.

나이스비트(J. Naisbitt)의 표현대로 컴퓨터는 비단 교육에 있어서뿐만 아니라 엄청나게 탄력적인 도구다. 드러커는 단지 이러한 강력한 도구의 출현만으로도 학교를 변화시킬 수 있다고 보았다. 그에 의하면, 인쇄매체가 3, 4백년 전 학교교수법에 영향을 미친 것과 마찬가지로, 컴퓨터는 새롭고 엄청난 영향을 미칠 것이다. 즉, 인쇄매체 중심의 교수(teaching)가 노동집약적이었다면, 컴퓨터 중심의 교수는 기술집약적으로 바뀔 것이다.

오랫동안 교과용 도서는 마치 성경처럼 학교교사가 누리던 권위의 소산이었다. 그러나 이제 컴퓨터를 이용한 수업과 학생들의 계획된 경험(contrived experience) 추구는 전통적 교수법을 대체할 것이다. 학생들은 컴퓨터 프로그램을 도구로 이용하여 스스로 교사가 될 것이다. 더욱이 기술의 혹독한 발달로 인한 기술과 교육의 유착화는 기능적 문맹교사들을 만들어 내며, 따라서 미래 교육환경에서 요구되는 유자격교사 비율이 떨어질 것이다.

산업사회는 대중사회를 창출했고, 구조적으로 획일성이 조장되거나 부과되었다. 이러한 산업주의는 교육문화마저도 표준화해 버렸다. 여기서 교사의 역할은 산업주의에 적합한 엄격하고도 표준화된 교육방법에 단순히 숙달되는 것이다. 또한 학생의 역할은 커리큘럼과 제도에 늘 수동적이거나 종속적이었고, 이것은 학생의 보편적인 미덕으로 간주되었다. 아직도 효율성 지향의 강의법이 교실을 지배하고 있으며, 이것은 구태의 하향식 산업위계구조를 상징한다. 이에는 산업사회적 관료제도에 토대를 둔 교육행정구조도 영향을 끼쳤다. 여기서는 교사와 학생의 역할이 분명하고 엄격하며, 상호교환이 절대로 불가능하다.

그러나 이제 산업사회의 전반적인 위기, 즉 산업주의 시대의 낡은 역할구조들인 교사-학생의 역할에 관한 의문과 도전이 제기되었다. 미래 교육환경에서 교사의 역할은 학생들을 개별화된 방법으로 대하고, 교과과정과 교육방법의 다양화를 증대시키고, 또한 수업자체를 변화시킬 것이다. 왜냐하면 교육은 단지 생산기반을 확보하기 위한 노동력의 기술적 재무장(retooling)이나 전문계급 출현 이상의 의미를 지니기 때문이다.

이제 교실에서도 시너지(synergy)를 시도하게 된다. 시너지 효과는 교사와 학생들 전체가 각 부분의 총합보다 훨씬 더 크다는 원칙에 입각하여, 어떻게 시너지적 커뮤니케이션을(교사의 학생에 대한 평가나 비판보다는 창의성, 상상력, 지적 교류가 이루어지는) 수행하느냐에 달려 있다. 이러한 시너지는 마치 낡은 교수법의 패러다임을 버리고 새로운 방향으로 변화되는 것이다. 이는 기왕의 수업계획표, 강의교재, 과제계획 등을 버리고 새로운 교수환경을 설계함으로써 가능하다. 케네디(P. Kennedy)의 표현처럼 교육은 철학적으로나 실제적으로 많은 것을 함축한다.

각급 학교와 대학자체가 초산업주의 변혁의 추세에 의하여 흔들리고 있으며, 교육지도자들은 미래의 교육목표와 조직형태에 대하여 리더십을 상실한 듯 보인다. 그러나 예견되는 미래환경에 적응하기 위한 변화는 필연적이다. 그것은 분야를 초월하여 교육도 예외일 수 없다. 이제 모던한 제도교육을 믿지 못하는 유수한 기업들은 자체적인 교육 프로그램을 개발할 것이다. 궁극적으로는 탈학교(de-schooling)와 탈학습의 경향에 대비해야 할지도 모른다.

이러한 경향 속에서 최근 미래학적 연구법을 바탕으로 하는 학교교육에 대한 담론이 비등하고 있다. 교육에 대한 미래학적 조망은 첫째, 미래에 관한 비전을 기존의 교과과정에 삽입하는 것, 둘째, 기존 교과목의 주된 초점을 미래연구에 맞추는 것, 셋째, 학교운영방식을 미래개념에 따라 재정립하는 것을 포함한다. 대부분 미래주의 교육론자들의 관심사는 커리큘럼, 교수법, 학교재정, 교사역할, 학생의 인구학적 특성, 교육매체 및 기술, 교육의 정치적 통제, 교육의 국제화, 다양한 학습환경 등으로 나타난다.

히플(M. Hipple)이 진단하는 미래 교육환경의 특징은 다음과 같다. 즉, 공교육재정의 확대, 지속적인 교사의 경제적 혜택, 대안학교 운영, 학교 외 교육 프로그램의 개발, 컴퓨터에 의한 교육과정의 통합, 교수법의 획기적 변화 등이다. 아이빈(Irvine)에 따르면, 학생 수 증가, 탈학교적 학습화, 생태학적 교수, 학습자 중심의 교육 프로그램, 일과 놀이의 통합 등이 예견된다. 한편, 코헨(Cohen)은 교사문제와 관련지어 교사자격의 대체, 교사의 지속적인 잉여소득 증가, 학부모의 교육적 관여 증대 등을 지적하고 있다. 교육에 있어서의 미래예측은 광범위한 영역에 걸쳐 다양한 연구방법이 지원되어야 한다.

여기서 교육환경 변화에 대한 미래주의적 접근에 있어 주목해야 할 사실이 있다. 즉, 미래지향적인 교육개혁의 추세에 반하는 낡은 대중교육 모델에 필사적으로 매달리는 교육자들도 있다는 점이다. 그리하여 교육을 포함한

표 3-3 미래 교육환경 예측

학 자	차별적 논의들	공통된 예측
토플러 (A. Toffler)	교육의 탈표준화, 교육의 개별화, 교육 서비스의 다양성, 교육 바우처플랜, 자유학교, 개방학교, 탈동시화, 이동식(mobile) 교육형태	• 정보화 네트워크 • 지식사회(지식경제학) • 대안학교의 붐 • 평생학습사회 구축
나이스비트 (J. Naisbitt)	하이테크-하이터치 교육, 교육자치, 자조교육 프로그램	
드러커 (P. Drucker)	지혜로운 인간에로의 교육, 자조적 교육, 구성주의 교수법, 바우처시스템, 새로운 학습기술(학습법의 학습), 학교의 최저성과기준제, 교육의 경쟁력	
폴케네디 (P. Kennedy)	교육의 역할 재고, 경제와 여성교육	
빌게이츠 (B. Gates)	컴퓨터를 통한 대량개성화(mass-customize), 정보고속도로화, 홈스쿨링(home-schooling)	

사회의 전 분야에 있어 변화를 위하여 투쟁하는 집단과, 산업사회적 생활방식을 고수하려는 집단 간에 갈등이 점증하게 된다.

그러나 충격적인 '메가트렌드' 혹은 '제4의 물결'은 교육을 변화시킬 것이고, 이에 따른 교육제도의 변화는 교사의 역할과 위상변화를 수반할 것이다. 이것은 곧바로 교사양성체제의 변화로 파급될 것이다. 후기산업주의 교육은 시대적 편견을 극복하고 앞으로 이행시킬 때에만 가능하다. 향후 각급 학교 교사임용에 있어 과목시험에 수업기술을 추가하려는 최근 정책도 이러한 추세를 적극적으로 반영한 결과다.

21세기 교육개혁 기조의 한 축은 분명 교육문화질서의 재구성이다. 교육정보화는 곧 지적 정보공유의 세계화를 의미하고, 교육세계화는 정보 인프라의 구축 및 운용을 내포함으로써 내연관계에 놓여 있다. 모든 국가들이 세계화와 정보화의 교육전략에 부심하고 있다.

이상과 같은 기술과 교육의 관계 및 미래 교육환경에 대한 예측 논의는 우리에게 어떤 시사점을 주고 있는가? 교육문화에 가장 강력한 영향력을 끼치는 멀티미디어는 대안적 교육문화로서의 구성주의 학습조건을 자극하고 있다. 구성주의는 컴퓨터 등 다양한 학습매체를 적극 이용한 자조적 교육 프로그램을 가능하게 하는 이론적 기초를 제공하고 있다. 기왕의 구조주의적 교수-학습모델은 새로운 '학습방법의 학습'을 요구하게 되었고, 졸업장제가 아니라 교육 바우처, 학점은행, 교육구좌제 등의 대안적인 교육문화를 등장시켰다. 이 모든 것들이 교육문화 콘텐츠의 관심대상영역들이다. 예상되는 교육문화 콘텐츠의 관심 및 연구영역을 살펴보자.

- 교육 인프라 구축 및 효율적 운용
- 학교 교육과정상의 교과 콘텐츠 개발 및 활용
- 개인 학습환경에서의 학습용 코스웨어 개발/유통/보급
- 학교 교과교사 양성 및 재교육 프로그램
- 평생교육전문가(독서지도사/청소년지도사/평생교육사) 양성 및 재교육

- 홈스쿨링 프로그램 개발 및 보급
- 다양한 학습환경 개발(공부방/인터넷 학습 시스템 등) 및 운용

우리가 교육을 단순히 교수-학습의 측면으로 파악할 때 그 문화의 범위는 제한적이다. 즉, 학교나 학원 등으로 극히 단순해질 수 있다. 그러나 교육을 삶의 원현상으로 이해할 때 그 깊이와 폭은 확장될 수밖에 없다. 전통적으로 '교육=학교태' 라는 이해방식이 지배적인 교육문화의 풍토 속에서 다양한 '교육적 상황' 은 부수적인 것으로 소외의 길을 걸었다. 이 같은 전통적 교육문화의 이해방식은 산업사회와 더불어 더욱 강화되었고 획일주의, 경제주의, 기술주의, 업적주의, 전문주의 등과 더불어 공고한 기반을 유지했다.

그러나 교육을 '사람됨' 을 위한 삶의 모든 현상으로 이해할 때, 교육문화는 학교교육이 아닌 삶의 교육으로 연장된다. 전통적인 학교 중심의 교육을 통하여 구현된 교육적 이념은 '문화자본(culture capital)' 의 획득과 사회적 지위 형성을 위하여 기능해 왔다. 이 같은 탈인간적 교육의 정서와 실천은 인간성의 궤멸과 반생태적 경쟁과 문화를 양산해 왔다. 개인이 얻은 교육의 수혜량은 오히려 비인간화의 양과 비례하고, 극한 경쟁의 틈바구니에서 수많은 학생들이 소외되거나 도태되어 나갔다.

이제 교육문화는 획일주의의 틀과 운용을 벗어나, 학습의 질을 고양하고 교수의 효율성을 제고하기 위한 다양한 방법론이 요구되고 있다. 가장 대표적인 경향이 바로 탈학교운동, 대안학교운동, 생태 및 환경교육운동, 반공교육운동, 홈스쿨링 등이다. 이들이 공통적으로 담지하고 있는 교육학적 이상과 이상적인 교육된 인간상은 무엇인가? 그것은 학교로부터의 거리두기 혹은 학교 파괴하기와 다를 바 없다. 이에 대한 전통적 교육문화의 대응은 어떠한가? 교육의 수월성과 생산성을 오직 학교라는 제도의 틀에서 추구하는 모습에서 크게 벗어나지 못하고 있다.

다시 말해 전통적인 교육문화 속에서 차세대의 교육을 책임지는 교사를 양성하는 프로그램은 구태를 답습하고, 가장 비효율적인 프로그램으로 재

정, 인적 자원을 낭비하고 있지는 않은가? 전통적인 교직(관련)양성 프로그램과 교육문화 콘텐츠 전공과정 프로그램상의 차이는 무엇인가? 기왕의 교사양성 프로그램은 전체적으로 이론지향적인 특성이 있다. 그러나 미래 교육환경은 이론보다는 실무 내지는 기술지향(techno-centered)적 특성을 지니고 있다. 우리가 미래 교육환경을 예측하고 이에 부응하기 위한 교육변화의 필요성을 공감한다면, 새로운 교육전문가 양성과정의 필요성도 동시에 고려해야 한다. 이는 다음과 같은 몇 가지 측면에서 성과를 기대할 수 있다.

첫째, 미래 교육환경을 예측하고 이에 부응하도록 대하의 교육관련 프로그램을 개선하도록 자극할 것이다.

둘째, 새로운 학과(전공) 영역의 개설을 통하여 기왕의 단순한 교사양성을 지양하고, 교육문화전문가를 양성하는 체계적인 과정의 연구와 적용을 가능하게 할 것이다.

셋째, 평생학습사회에서 개인의 학습역량과 자아실현(수월성)을 설계하도록 통합적이고 효율적인 교육문화환경을 조성할 수 있을 것이다.

넷째, 교육문화전문가 양성을 위한 치밀하고 조직적인 학술연구와 실험들을 도모할 수 있을 것이다.

이제 교육문화의 변화는 문명사적 전환의 중심부에 놓이게 되었다. 이제 교육은 시대변혁의 전위대, 사회재건의 조직자가 되어야 한다. 교육에 이 같은 책무가 부과되었다. 전통적인 교육문화로는 이러한 미래교육의 변화에 부응하지 못한다. 교육문화에 대한 이해, 교육문화의 다양성에 대한 합의, 교육의 본질에 대한 진지한 성찰, 인간을 중심에 두는 전인교육, 기술과 인간을 조화롭게 연결하는 교육 프로그램의 개발 등이 서둘러 이루어져야 할 것이다.

오래전이지만 한국산업은행(1994)은 미래의 정보사회를 주도할 산업 분야로 '교육문화사업'을 들었다. 구체적으로 CAI, CMI, 교육문화 전문인력 양성, 상담 또는 소개 시스템, 학술연구 정보시스템 산업 등이다. 사실은 이보다 더 다양한 교육문화관련 산업을 고려할 수 있다. 미래의 학습환경은 단순한 학교를 벗어나 다차원, 멀티시스템, 자기주도적, 인프라, 학습조직 등의 특성을 지닌 것으로 변화되리라 예측된다. 여기서 교육 콘텐츠의 다양화를 지적하고 있음을 알 수 있다.

기왕의 교육관련 콘텐츠는 '교과교육 콘텐츠'에 제한적으로 사용되었다. 즉, 단순히 멀티미디어를 이용한 다양한 코스웨어(course-ware) 개발 및 운용을 이르는 말이었다. 그러나 미래의 새로운 학습환경은 이 같은 편협한 이해로부터 탈피하도록 만들었다. 즉, 교육 콘텐츠 개념이 교과교육 콘텐츠로부터 교육문화 콘텐츠로 확대되지 않을 수 없다. 이 같은 변화 촉진을 가능케 한 것은 교육문화의 다양화, 인터넷의 개발, 평생학습사회에로의 구조적 변화, 여가와 레저문화 확대 등을 들 수 있다.

교육학적 측면에서 미래사회를 조망하는 학자들의 견해에 따르면, 미래 교육환경의 특징은 한마디로 '평생학습사회(life-long learning society)', '지식기반사회', '구성주의 학습환경' 등이다. 이 같은 교육환경은 기왕의 제도(학교)교육을 포함하는 학교 외 교육, 가정교육, 사회교육, 자기학습, 교육 인프라, 교수용(교과) 콘텐츠 등을 망라하는 '교육문화'의 개념과 같다. 향후 학습사회, 지식기반사회, 정보사회에서 삶을 영위하는 모든 사람은 스스로 교사이면서 동시에 학생이어야 한다. 이제 미래사회에 적응하고 자신의 삶을 능동적으로 꾸려 가는 미래지향적 인간은 스스로 지도능력과 학습능력을 동시에 지녀야 한다는 것이다.

이 같은 교육문화의 환경에서 다차원적인 교수상황, 학습환경, 학습자료 등이 상정될 수 있다. 박물관이나 영화관이 하나의 학습공간이 되고, 다양한 학습용 코스웨어가 개발될 것이다. 학교를 벗어나 가정이나 공동체 학습환경에 대한 실험적 노력들도 증가할 것이다. 교육문화 콘텐츠란 이 같은 환경에 있어 '교육 인프라, 학습 코스웨어, 가정학습 프로그램, 교사양성 프로그램 등에 관련되는 유·무형의 모든 것'을 의미한다.

교육에 대한 전통적 개념은 철저히 제도(학교)를 중심으로 하는 학습환경을 의미한다. 여기서 '학교=교육'이라는 인식과 대중적 합의는 학교교육의 획일성과 제도적 폭력을 간과하거나 무시해 버렸다. 학습은 오로지 상급학교 진학을 위한 수단으로 기능하고 교사들도 이에 부응했다. 그러니 학습환경이 인간적이거나 개인의 수월성을 보장하기 위한 배려나 운용이 부족했던 것이다. 이 같은 전통적 학교교육의 폐해와 부작용이 미래 교육환경에로의 변화 촉구와 부딪히며 시너지 효과를 나타내면서 교육문화의 당위성을 재촉하고 있다. 이 같은 시대변혁의 트렌드를 교육적 안목에서 관찰하고 주목하면서, 미래의 학교교육에 대한 대안적 교육문화를 조망하고 설계해야 할 필요성이 제기되었다.

이제 교육은 편협한 교수학적 측면을 벗어나고, 학교에서 교과 중심으로 구성되어 온 프로그램을 벗어나, 다양한 학문영역, 문화영역 등과 종횡으로 연합하여 각 개인으로 하여금 가장 효과적으로 자기성장을 도모할 수 있는 프로그램을 개발, 보급, 활용하는 것으로 변화시켜야 한다. 기왕의 교직 프로그램을 통하여 단순히 학교교사를 양성하는 것이 아니라, 교육문화 콘텐츠의 체계적인 교육과정을 통하여 학교 이외의 다양한 교육문화에서 활동하는, 그야말로 교육전문가를 양성하는 과정의 설치가 요원하다. '교육문화 콘텐츠학' 이란 이 같은 미래의 교육환경에 있어서 교육과 관련되는 제 요소들(하드웨어, 소프트웨어, 코스웨어, 인프라 등)을 체계적으로 연구(research), 개발(develop), 통합(integrate)하는 전 영역을 의미한다.

오늘날 '인문문화 콘텐츠, 역사문화 콘텐츠, 과학기술 콘텐츠, 디지털 콘텐츠' 등 다양하게 사용되는 콘텐츠는 우리 교육과 어떻게 관련되는가? 최근 대중적 개념이 된 '디지털 콘텐츠' 는 주로 디지털 영상(M/V, M/G, 애드, 방송제작), 오디오(영화음악, 방송음악, 대중음악, 전통음악, 효과음), 애니메이션(인터넷애니, 플래쉬애니, 웹애니, 모바일애니), 게임(콘솔, 패키지, 머그게임), 콘서트(기획, 제작, 운용, 개발), 캐릭터(게임, 모바일) 등에 광범위하게 적용되고 있다.

여기서 우리는 앞서 논의한 교육문화를 디지털 콘텐츠와 어떻게 연결시킬 것인가? 교육문화 콘텐츠는 전통적 측면은 물론 과학기술사회가 창출한 디

표 3-4 교육문화 콘텐츠의 영역

대분류	소구분	예
교육공간	학 교	교수-학습용 콘텐츠(교과서, 참고서, 학습용 코스웨어)
	사 회	개인학습용 콘텐츠(전문학습지, 입시학습지)
	가 정	교수-학습용 콘텐츠(전문학습지)
	사이버	인터넷 학습방
	대안교육공간	대안학교 교육 프로그램
텍스트(매체) 형태	활자본(本)	교과서, 참고서, 학습지
	전자 텍스트	웹(web)상의 모든 텍스트
활용방식	on-line	인터넷 콘텐츠
	off-line	도서 및 학습재료
교육 인프라	학교(제도)	학교 경영
	학교 외 교육잠재시설	박물관, 영화관, 문화원 등의 시설
	교육행정기구	교육부, 교육청, 교육위원회, 유네스코
	학 원	각종 학원 기획, 설립, 운용, 프랜차이즈, 과외, 기숙학원
	가 정	공부방, 홈스쿨링 기획 및 운영
교육 프로그램	학 교	학교 교육과정
	디지털	인터넷 콘텐츠, 모바일 학습 서비스
	교육 이벤트	유학박람회, 문화센터, 정보박람회, 교육박람회, 경시대회, 검정시험, 캠프, 교육용 레저 등
	가 정	홈스쿨링 프로그램
인적 자원	학교교사	교원 양성
	사회교육 담당자	평생교육사 등 양성
	학습지 운영자 및 교사	방문교사, 독서지도사 등
	학원 운영자 및 강사	
	교육문화 콘텐츠 기획, 제작, 유통, 분석가	교육용 영상편집 포함
	학습 및 입시 컨설턴트	입시분석가
	교육행정 인프라 종사자	교육행정 고시, 교육전문직
	부모교육 전문가	
교보재 (기자재)	교수지원	전자북(e-book)
	학습지원	전자사전, 자동번역기, 전자북, 교육용 게임
	기능지원	엠씨스퀘어, 교육용 가구 등

지털 콘텐츠를 활용한 교육관련 콘텐츠까지 망라하는 포괄적인 개념이다. 그렇다면 교육문화 콘텐츠와 기타 콘텐츠와는 어떤 차별성이 있고 또한 공통점이 있는가? 그것은 미래의 교육환경 예측에서 이미 잠재적으로 논의된 바 있다. 즉, 미래 과학기술사회는 전통 교육문화에 많은 영향을 미치게 될 것임은 자명하다. 그것은 콘텐츠라는 매개변수로 말미암아 더욱 확장되거나 고도화될 것이다.

포스트모던한 교육환경에서 우리는 전통적인 교사양성을 벗어나 교육문화전문가를 양성하는 방안을 구체적으로 모색해야 한다. 미래 교육환경에서 교육담당자는 교사에서 외연적 확대과정을 거쳐 다양한 양태의 교사상(教師像)을 창출할 것이다. 극단적으로는 학교교사의 역할을 정보화 기기가 대체하는 경우도 예견된다. 미래형 교사는 다양한 학습환경을 조성할 것이고, 이 같은 학습 네트워크는 향후 교육문화 콘텐츠 개발에 많은 시사점을 제공할 것이다.

우리는 '교육문화 콘텐츠학'이라는 새로운 학술구성체에 대한 담론을 해석학적-현상학적으로 고찰하고, 실현가능성에 입각하여 그에 부합한 커리큘럼을 구안해 볼 수 있다. 당장 대학 전공과정과 커리큘럼으로 정착되는 것은 무리일는지 모른다.

만일 대학에 교육문화 콘텐츠학이 개설되고 이를 전공(혹은 기존의 교직과정과 연계전공)하면 다양한 진로를 선택할 수 있게 될 것이다. 예를 들면, '학교 교과교사, 학교 상담교사, 학습 플래너(learning planner), 진로 코디네이터, 평생교육사(독학학위지도사), 독서지도사, 교수학습용 코스웨어 개발 및 유통업자, 교육인프라 행정가, 청소년지도사, 학교 외 전문상담교사, 교육관련 행정기관의 실무자, 교육학술정보 시스템 개발자, 다양한 교육환경 개발, 특수교육교재 개발' 등의 분야가 있다.

표 3-5 교사양성과정과 교육문화 콘텐츠학 전공과정 비교

과 정	주요 커리큘럼	비 고
학교교사	교직이론(교육학개론, 교육철학 및 교육사, 교육사회, 교육심리, 교육행정 및 교육경영, 교육방법 및 교육공학, 교육과정 및 평가), 교과교육(교과교육론, 교재연구 및 지도법), 교육실습, 교과내용학(전공별)	4년
평생교육사	평생교육론, 평생교육경영학, 성인학습 및 상담론, 원격교육활용론, 인간자원개발론, 평생교육방법론, 산업교육방법론, 평생교육프로그램개발, 청소년교육론, 여성교육개론, 노인교육개론, 경영학개론, 산업복지론, 기업교육론, 직업과 윤리, 지역사회교육론, 장애인교육개론, 환경교육론	2년
청소년지도사	1급(청소년수련활동관, 청소년인권과 복지, 청소년정책론, 청소년기관 운영, 청소년지도자론), 2급(청소년심리, 청소년문화, 청소년복지, 청소년육성법규와 행정, 청소년수련활동, 청소년지도방법론, 청소년정책론, 청소년문제, 청소년상담, 청소년교류, 청소년환경, 프로그램개발과 평가)	2~3년
전문상담교사	심리검사, 성격심리, 특수아상담, 집단상담, 가족상담, 진로상담, 상담의이론과 실제, 상담실습 및 사례연구, 아동발달, 이상심리, 학습심리, 행동수정, 생활지도연구, 청년발달	1년
교육문화 콘텐츠학 전공		2~4년

PART 2 여가문화 인프라

제4장 국제화 교육의 교두보: 문화원

제5장 토털 미디어 교육: 영화관

제6장 반(反)교육 담론의 공동체: 도시공원

제7장 평생학습 마당: 문화센터

제8장 공동체적 삶: 문화마을

04

국제화 교육의 교두보: 문화원

1. 국제이해 교육의 필요성

정보화, 고도기술화의 본격적인 발전과 함께 세계화, 국제화에의 대응이 주요한 교육적 과제로서 제기되기 시작한 것은 비교적 최근의 일이다. 즉, 오늘날에는 국제사회에서 다른 나라의 이해와 협력 없이는 존속할 수 없는 시대가 되었으며, 국제이해를 위한 평생교육 차원의 노력이 경주되어야 할 시기인 것이다. 그러나 세계화의 대응을 강조하는 정책적 제언이 성행하고 있음에도 불구하고, 현재 평생교육활동이나 행정에 있어서는 세계화에 대응하는 조건정비와 실천이 제대로 이루어지지 않고 있는 실정이다.

무엇보다도 세계화에 대응하는 교육은 학습자가 직면하는 생활과제나 지역과제가 학습자의 제한적인 문제해결과정의 수준에서 벗어나, 학습자 자신이 글로벌 수준에서의 학습주체임을 자각할 수 있어야 한다. 또 그러한 과제를 해결하기 위해 '지구규모에서 생각하고 지역에서 구체적으로 행동할 수 있는(think globally and act locally)' 주체의 형성을 목적으로 하는 것이어야 한다.

이러한 목적을 바탕으로 글로벌 시대에 적합한 평생학습 프로그램이란 세계적 차원의 인식수준에서 구성되어야 하지만, 지역단위의 구체적 · 실제적인 프로그램의 개발로 이어져야 할 것이다. 따라서 중요한 과제는 프로그램의 세계화를 위한 지방화 전략이라 할 수 있다. 이 경우 프로그램의 내용은 지역만의 고유성과 지역성을 유지하여야 하며, 지역단위의 사회교육 시설 및 모임의 세계적 교류로 이어져야 진정한 의미의 세계화된 프로그램으로서의 가치를 가지게 될 것이다.

일반적으로 개방화된 세계화 시대의 교육과제로는 ① 세계와 외국에 대한 지식을 깊게 하는 일, ② 국제감각과 국제적으로 열려진 마음을 함양하는 일, ③ 이문화(異文化)를 이해, 존중하는 것과 더불어 자국문화에 대해 올바로 인식하는 일, ④ 국제적 책임성과 외국에 대해서 적극적으로 공헌하는 태도를 육성하는 일, ⑤ 국제적인 의사전달 기능을 습득하는 일 등을 들 수 있다.

국제사회에서 살아가기 위해서는 개인에게 이와 같은 다차원적인 자질 및 능력을 균형 있게 갖추도록 해야 하는데, 이것이 앞으로 국제국가로서 한국교육의 중요한 과제라고 할 수 있다. 이것들은 일반적으로 국제성의 함양으로 총괄되며, 국제사회에 있어서의 교육이념이 되는 것이다. 그러므로 세계화와 평생교육과의 관계의 맥락에서 성인교육을 포함한 학교 외 교육은 다음의 관점에 바탕을 둔 것이어야 한다.

첫째, 가능한 한 세계적 시야를 가진 교육방법이 모든 학교 외 교육에 적용되어야 한다. 그것은 국제교육의 적절한 도덕적, 공민적, 문화적, 과학적인 요소를 포함해야 한다.

둘째, 적절한 지식을 개인에게 전달하기 위해, 좋은 태도와 적극적인 행동을 하는 마음가짐을 육성하기 위해, 그리고 이 권리의 제 목적에 따라 계획적인 교육상의 모든 관계기관은 독학(獨學)과 상호학습 및 정보전달을 위한 매스컴의 이용, 박물관, 공공도서관과 같은 기관의 이용에 대해서 상호 협력하에 활용하도록 노력해야 한다.

셋째, 공사를 불문하고 관계자는 청소년센터, 청소년클럽, 문화센터, 지역사회센터 또는 노동조합의 사회적 · 문화적 활동, 청소년 집회와 축제, 스포츠 행사, 외국으로부터의 내방자, 학생 또는 이민과의 접촉 및 인물교류 일반과 같은 시의적절한 상황 및 기회를 활용하도록 노력해야 한다.

이와 같은 점들을 고려할 때, 우리의 지난 교육개혁과정에서는 열린학습사회를 위한 사회교육 개혁방안으로 범국가적인 사회교육 추진체계의 다양화, 사회교육 추진체계와 전담기구의 설치, 지방 사회교육 기능 및 활동체의 유기적 통합, 전국을 국민의 평생학습장으로 개방, 사회교육법을 '평생학습법'으로 확대 · 개편하는 등의 개혁과제들을 제시한 바 있다. 정부 차원에서도 산업화 시대의 교육체제를 평생학습사회를 바탕으로 하는 지식기반시대에 맞는 교육운영체제로 전환하기 위한 설계도를 마련하여 국가의 재도약 기틀을 구상하고 있다.

평생학습사회의 정착을 위해 추진되는 사회교육 개혁과정에서 사회교육기관들이 담당해야 할 사회교육적 기능과 역할은 결코 적지 않다. 넓은 의미의 평생교육의 장을 제공하기 위해 문호를 개방하는 것이 이들 기관의 주요 기능 중의 하나라면, 이에 반해 평생교육법의 제정, 학점은행제의 확대, 시간제 등록제 시행 등 급변하는 사회교육 환경변화에 대응하는 기관들의 교육내용, 방법 및 운영체제 등은 아직 많은 개선점을 포함하고 있다고 할 것이다. 이에 대처하기 위한 제반 조건은 현재의 사회, 경제적 상황에 비추어 볼 때 결코 좋은 편이라 할 수 없다. 더욱이 현재 추진 중인 대학과 학원을 포함한 교육시장의 개방으로 비롯될 우리의 교육환경 변화도 하나의 변수다.

그러나 이러한 조건에도 불구하고 다가올 21세기의 국가경쟁력을 고려할 때 다음의 과제는 필수적이다. 즉, 세계화 과정에서 일어나는 광범위한 변화들을 다른 문화권 사람들과의 상호이해 및 교류, 세계전반에 대한 진취적인 이해를 요구하는 국제이해 교육 및 문화발전을 위한 교육의 차원에서 우선적으로 고려하는 '국제화를 위한 평생학습기관의 구축과 이에 대비한 프로그램'으로 편성하여야 할 것이다.

21세기의 문화정책 수립을 위한 '문화비전 2000보고서'는 문화적 차원에서 교육의 중요성을 강조하고 있다. 오늘날 우리 사회에서 나타나고 있는 입시 위주의 교육과 상업주의적 대중문화의 확산 속에서 심각한 갈등과 자아의 분열을 경험하고 있는 청소년과 성인들을 위한 교육의 문화적 회복을 요구하고 있는 것이다. 갈수록 거대해지는 현대문명의 기술력과 자본력에 지배당하지 않고, 그 힘을 관리해 낼 수 있는 문화적 주체를 기르는 것을 미래 교육의 목표로 규정하고, 문화적 역량을 갖춘 창조적 인간을 위한 문화교육의 방향을 제시하고 있다.

문화와 교육 또는 교육과 문화와의 관계는 '충전(charge)으로서의 교육'과 '방전(discharge)으로서의 문화'를 일컫는다. 즉, 교육에 의하여 문화는 생성되고, 교육하고자 하는 내용은 문화의 요소에 의하여 이루어진다. 문화와 발전, 그리고 문화적 발전을 위한 교육이라고 할 때, 교육은 생애 전체에 걸쳐 이루어지면서 지적, 육체적, 정서적, 도덕적, 그리고 영적인 차원에서 완전한 자아실현을 목표로 하는 인간존재의 모든 범위에 걸친 발전과정을 뜻하는 역동적 장치로 이해되어야 한다.

또한 교육의 과제는 지식, 방법론, 가치, 그리고 개인들이 귀속되는 문화 요소들을 전수하는 것만이 아니라 독립성과 함께 창조성을 기르는 것이어야 한다. 수용성과 통찰력을 발전시킴으로써 그것은 자신의 문화와 함께 다른 문화를 풍부하게 만들 개인들의 잠재능력을 증가시킨다. 그것은 또한 개인들을 문화, 사회, 그리고 경제생활에 있어 좀 더 낫게 통합시키며, 정신적이든 물질적이든 모든 발전을 뒷받침할 인적 자원을 훈련시키는 데 기여한다.

교육은 그것이 수많은 형식들을 상정한다 할지라도, 무엇보다도 문화와 역동적인 상호관계를 유지하지 않으면 안 된다. 즉, 문화발전의 수행자로서의 역할을 효과적으로 실행하기 위해, 그리고 서로 다른 문화들에 의해 풍요롭게 되는 사회 속에서 개인들로 하여금 좀 더 나은 삶을 준비할 수 있게 하기 위해, 교육은 표현의 자유, 참여의 자유, 사람들 간의 자유로운 교환, 과학적 지식, 그리고 문화적 창조성을 필요로 한다. 이렇게 해서 교육은 학습과정과 민주적 문화생활에의 동등한 접근을 요청하는 동시에, 그 삶을 창조하고 개선하는 가장 중요한 수단들 중 하나가 된다.

이러한 맥락에서 볼 때, 학교 외 교육을 통하여 정보와 지식과 이해와 기능, 그리고 태도의 변화를 갖게 하는 계열성 있고 조직적인 활동을 수행하는 교육의 과정으로서 사회교육은 문화와 별개로 이루어질 수 없다. 사회교육 프로그램 자체가 문화에 의하여 이루어지며, 사회교육에 의한 교육이라는 단어는 문화요소에 의하여 구성된다.

문화를 사회교육에 받아들일 수 있는 접근방식의 하나로 문화교육을 선호해야 할 이유는 그것이 국가들 간의 상호이해와 평화에 공헌할 수 있는 기여 때문이다. 교육의 역할은 여러 차이점들을 설명하고 알려 주는 동시에 보편적인 가치들, 열망들, 필요들, 각 개인의 인류문명에 대한 공헌을 강조하는 것이다. 그렇게 해서 각 개인은 다른 사람들에 대한 존경의 정신을 발전시키며, 따라서 사회적 · 국제적 평화를 향한 주요한 첫 걸음을 표상하게 될 것이다.

문화에서의 국제화와 연관된 최근의 논의에서 자주 등장하는 용어들, 예컨대 문화적 동일시(cultural identification), 지구적 · 문화적 문해(global cultural literacy), 문화생태학(cultural ecology)이 모두 이와 연관된다. 동일시를 위한 탐색이 주로 이른바 제3세계에 속하는 나라들의 주요 관심사라고 한다면, 문화적 문해는 서로 다른 지식영역들에 관한 지구적인, 전반적인 정보제공을 뜻하면서, 각 나라의 서로 다른 문화들에 대한 균형 잡힌 주목을 뜻하는 문화생태학과 더불어 주로 산업화된 세계의 관심사라고 할 수 있다. 이 세 단어들은 모두 문화적 다원성(cultural diversity)이라는 관념으로 수렴될 수 있다.

문화발전과 연관된 교육의 목적을 달성하기 위해서 교육은 문화적 다원성을 전제로 해야 한다. 문화의 시대, 지방의 시대, 비문화와 반문화를 유추할 수 있는 문화경제의 시대에서 문화발전을 위한 사회문화교육은 그것이 지방, 국가, 지역 또는 세계적 차원 중 어느 것에 해당하든 문화적 사건들에 다양하게 접근할 수 있게 하는 기회를 증진시켜야 한다. 또한 문화와 관계된 기구들과 비정부조직(NGO)들은 학교 및 사회의 공동체들이 가능한 한 광범하게 그들의 자원을 활용할 수 있도록 스스로를 개방해야 한다.

이러한 점에서 볼 때 교육, 문화개방과 더불어 국제이해와 문화교육의 관점에서 성인 · 사회교육의 성격과 기능을 지닌 새로운 사회교육관련 기관으로서 주한 외국문화원을 주목할 필요가 있다. 현재 우리 사회 일반인에게 이들 기관의 인지도, 이용자층, 프로그램 등에 대한 정보 등은 아주 낮게 나타나고 있는 편이다.

그러나 본격화되고 있는 국제사회의 문화, 교육과 관계된 교류의 물결 속에서 주한 외국문화원이 갖는 성격과 기능, 프로그램 측면 등의 개방성(openness), 사회교육 계획, 목적 설정, 방법 및 프로그램 개방과 사회교육 방향성 측면에서 한국의 사회교육기관들이 현실적으로 갖는 어려움과 제 특성을 고려할 때 특기할 만하다고 할 수 있다.

2. 주한 외국문화원

주한 외국문화원은 국가 간 문화교류의 장으로서 세계 각국의 문화정보를 찾아내는 '문화수집체' 로서의 역할을 담당하고 있다. 이들 기관을 통해 외국의 문화를 단순히 접하는 것만이 아닌 서로의 문화를 교류하면서 공감대를 형성하는 역할을 담당하고 있는 것이다. 문화란 수출 가능한 대상이며, 해외에의 홍보가 자국의 발전과 직결됨을 인식하여 각 나라마다 문화원을 설립해 운영하고 있다.

현재 우리나라에도 미국, 영국, 독일, 프랑스, 일본 등 다수의 외국문화원이 자리하고 있으며, 이들은 자국의 문화 보급에 적극적인 활동을 펼치고 있다. 이들 기관들은 일반적

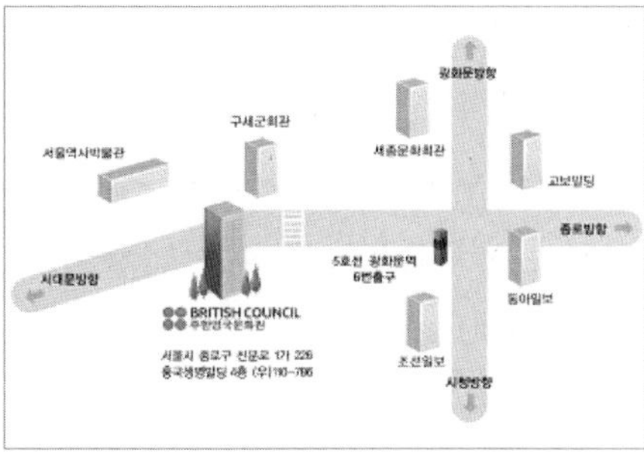

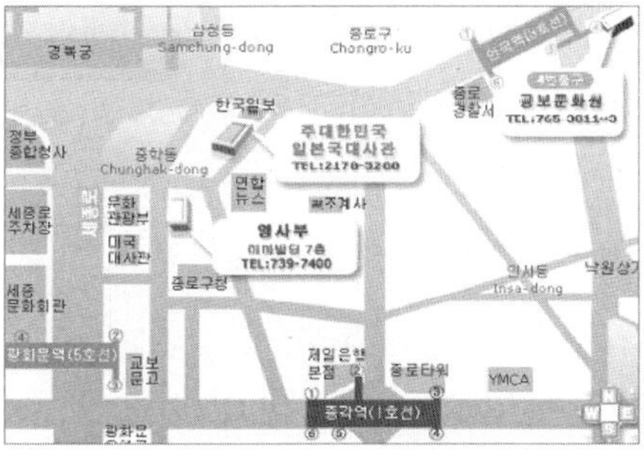

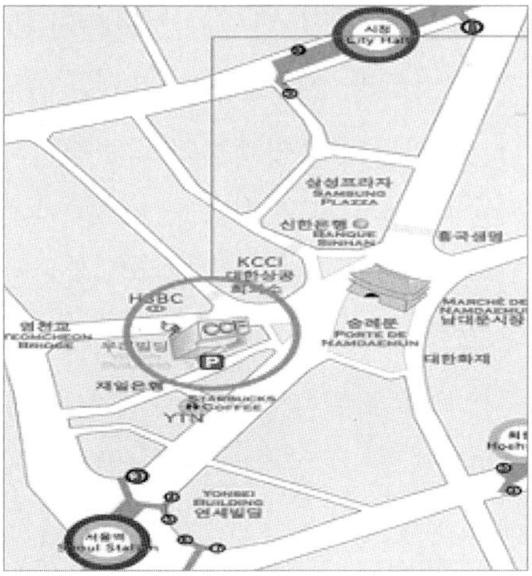

으로 문화 보급을 통한 국제 간의 문화교류는 물론 도서실, 어학강좌, 유학상담 등의 기능을 갖추고 있다. 또한 강연회, 전시회, 연주회, 무대공연, 영화, 비디오 상영 등 다양한 활동으로 한국의 젊은이들을 포함한 사회 일반인들에게 풍부하고 유익한 정보를 제공하고 있다.

그러나 특별히 이들 기관들의 기능과 프로그램 등에 관심 있는 사람들을 제외하고, 많은 사람들이 위에 언급된 사항과 같은 사회교육적 기능과 활동을 수행하고 있는 외국문화원의 존재성을 잘 인식하지 못하고 있고, 이곳을 이용하려는 의식 또한 아직은 미흡한 실정이다.

미국, 영국, 독일, 프랑스, 일본, 이탈리아, 포루투갈 문화원 등 주요 외국문화원들은 각각 자신들의 문화와 전통, 언어 등을 다른 나라에 보급하는 하나의 전진기지로서의 역할을 담당하고 있다. 각각의 프로그램들이 보여 주고 있는 내용들은 물론 각기 고유한 자신들의 문화와 전통을 담고 있지만, 이들 문화원에서 행해지는 사회교육의 전체적인 틀은 몇 개의 공통된 영역으로 요약될 수 있다.

즉, 문화행사영역과 어학교육영역, 그리고 정보센터영역으로서 큰 유형을 이루고 있다. 문화행사영역에는 학술행사, 전시회, 영화상영, 음악회 등이 포함되며, 어학교육영역에는 각국의 어학교육과 어학시험, 그리고 유학상담 등이 포함된다. 마지막으로, 정보센터영역에는 각종 서적과 시청각자료들을 가지고 있는 일종의 도서관이 해당된다.

이러한 문화행사영역과 어학교육영역, 정보센터영역은 독일, 영국, 프랑스, 일본 문화원 등이 가지고 있는 공통된 특징이었다. 이 외에 각 문화원이 가지고 있는 독특한 점들을 살펴보면, 미국 공보원의 경우 많은 지역단위 문화원을 두어 한 국가의 수도권에만 소재가 치중되어 있는 다른 문화원들 보다 지방민을 위한 서비스가 폭넓게 이루어져 있다. 그러나 이전과 달리 도서관계 기능을 축소하여 공보 및 정보 서비스 기능에 중점을 두고 있다.

독일 문화원은 어학교육에 있어서 다른 문화원을 능가하는 프로그램들을 가지고 있었다. 특히, 영리를 추구하는 문화단체들이 다루지 않는 분야와 교육적인 목적을 가진 행사 중심으로 이루어져 있다.

그리고 영국 문화원은 정보센터 내에 영국항공, 관광청, 어학센터, 유학상담실, 영화관 등을 모두 포괄하는 'one-stop shop' 개념의 서비스가 다른 외국문화원들의 운영체계와 차별적이다. 특히, 장학생 선발, 영국대학 동창 찾기 캠페인 등 한국의 고등교육과 관계된 학술교류 측면을 엿볼 수 있다.

프랑스 문화원은 영화상영, 전시행사 등을 통한 활발하고 비중 있는 문화적 흡입력이 인상적이다.

일본 문화원은 무엇보다도 한·일 간의 인적 교류 및 자국의 문화 홍보에 주안점을 두고 있다. 다른 문화원에서도 물론 인적 교류와 자문화 홍보를 시행하고 있지만, 유달리 일본 문화원에서는 이를 특히 강조한다. 이는 한·일 간의 역사적 경험에 기인한 기획이라고 해석할 수 있고, 다가올 두 국가 간의 문화개방을 위한 준비된 기능과 역할을 갖춘 기관으로서의 성격을 주시할 수 있겠다.

이탈리아 문화원은 학제설명회, 한국 대학의 평생교육원과의 대학강좌 연계 운영, 우수학생 선발로 유학기회 제공 등 한국 고등교육기관과의 인적·프로그램 교류 등이 활성화되어 있는 점이 두드러진다.

남미문화권의 포르투갈 문화원 역시 잘 알려져 있지 않으나, 양국 간의 교류 역사와 관련된 서적을 한국 대학에 배포, 홍보하는 등 문화교류 협력에 주력하고 있다.

우선적으로 영국, 독일, 프랑스, 일본 등의 선진국들이 문화원의 운영을 통해 자신들의 문화 및 교육관련 홍보에 매우 적극적이라는 사실을 인정해야 할 것이다. 이들 모두는 자문화의 독특함과 정체성을 충분히 자신들의 문화원에서 표현하고 있다. 이곳에 모여드는 한국의 젊은이를 포함한 일반 사회인들이 비록 제한적이지만 현장의 문화를 간접적으로 접해 보는 경험은, 책에서 혹은 학교교육에서는 맛볼 수 없는 생생한 문화체험이 될 수 있는 것이다. 이제 자본의 논리는 문화라는 상품을 통해서 타국을 지배하게 된다. 군사적 지배, 경제적 지배를 넘어서 문화라는 포장을 하고 새롭게 변신한 자본이 침투하는 것이다.

우리의 '문화비전 2000보고서'를 통한 문화정책 수립과정에서는 창조적 인간을 위한 문화교육, 문화예술 창작에 대한 지원 확대, 지역문화의 활성화 등을 주문하고 있다. 그러나 문화부문 예산이 전체 국가예산의 1%도 안 되는 등 국가 전체의 발전계획에서 문화적 차원의 중요성을 과소평가하고 있는 상황에서 이에 대비한 기관 차원의 준비는 충분하지 못한 실정이다. 이러한 점에서 일반 사회인을 위한 사회문화교육적 기능을 담당하고 있는 사회교육기관 간의 상호 협력방안이 더욱 확충될 필요가 있다.

또 하나의 방안으로 제시될 수 있는 것이 외국문화원과 같이 사회문화교육적 기능과 역할을 수행할 수 있는, 아직 탐색되지 않은 기관들에 대한 기능과 성격 등을 학술적 차원에서 규명하고 적극 홍보하는 일이다. 이러한 사안은 평생계속학습 환경 제공 측면에서 사회교육자료원, 성인학습자를 위한 계속학습의 시안적 기초가 부족한 실정에서 타당성을 지닌다고 할 수 있다.

3. 평생학습 인프라로서의 문화원

실제적으로 21세기를 목전에 두고 본격화될 교육 및 문화시장 개방의 시기에 우리의 학원이나 일반 사회교육기관과 같은 비정규 교육기관들의 경우 국내 교육시장의 규모와 교육여건 등의 국제경쟁지표가 거의 파악되고 있지 않아, 교육시장 개방에 대비한 가장 기초적인 자료조차 구비하고 있지 못한 실정이다.

이러한 점을 감안하면 주한 외국문화원의 프로그램 분석을 통해 살펴본 이들 기관의 국제이해, 협력관련 프로그램 및 협력체제, 여건 등은 아직 국제화의 전환과정에 있는 한국의 고등교육기관들의 국제협력과 학술, 인적 교류 차원에서 적극 고려해 볼 긍정적 영향력을 지닌다고 할 수 있다.

현재 우리의 다양한 사회교육기관 간의 상호협력을 위한 필요성은 높게 제기되고 있으나, 그 실효성 있는 협력체제는 뚜렷하게 드러나 있지 않은 상황이다. 이러한 측면을 고려할 때, 외국문화원이라는 사회교육적 기능과 성격을 지닌 새로운 관련 기관과 대학 등의 고등교육기관과의 협력체제를 살펴보는 것은 상호관련성 있는 프로그램의 연계성을 고려할 수 있는 기관 간의 협력체제 구축을 위한 접근방안의 하나로 볼 수 있다.

평생교육 또는 사회교육은 학교교육과 같이 매우 체계적인 학습과제를 통해 이루어질 수도 있고, 비형식교육이나 무형식교육 프로그램을 통해서도 달성될 수 있다. 또한 평생교육의 이념을 지향하는 사회교육은 무엇보다 대학 등의 고등교육기관을 통해 효과적으로 달성될 수 있다. 왜냐하면 대학은 우선 다양한 분야의 전문가를 이미 확보하고 있는 전문기관으로 학습사회 건설에 충분히 일조할 수 있기 때문이다. 또한 대학은 여러 가지 시설을 확보하고 있기 때문에 이를 활용한 다양한 교육과정의 운영이 가능해지기 때문이다. 이러한 점에서 대학은 평생교육의 체계화를 다져 주는, 즉 학습사회 건설을 위한 토대기관의 성격을 지닌다.

한편, 외국문화원과 같은 기관과의 발전적인 협력체제 구축은 프로그램 및 행사 운영 연계 등에서 개방성과 각 기관이 갖추어야 할 자율성과 창의성을 전제로 해야 할 것이다. 그러므로 기관 간의 발전적 연계를 위한 사전 준비과정에서 운영, 조직관리 등 능률 요인에 대한 신중한 계획이 요구된다.

이러한 맥락에서 볼 때 다행스러운 것은 정부의 일반 행정이나 다른 각급 학교수준의 경직한 관료제적 구조와는 달리, 대학은 이완체제(loosely coupled system)라는 특수성이 있다. 때문에 평생교육 활성화를 위한 대외기관과의 사회교육 프로그램 구축 등 발전적 협력체제를 위한 평생교육체제로의 행정의 중심이동은 타 부서의 기능에 큰 영향을 주지 않으면서도 가능하다는 점이다.

그러나 여기에도 그 기관의 교수뿐만 아니라 대학 경영자의 의식구조의 전환이 필요하다. 따라서 외국문화원과 고등교육기관과의 협력체제 유도에서 고려되어야 하는 이러한 기관적 특성과 함께, 앞서 살펴본 외국문화원의 사회교육관련 프로그램의 성격과 다양한 문화행사를 포함한 활발한 사회교육적 기능을 고려할 때, 외국문화원과 고등교육기관 간의 협력체제는 다음과 같은 면에서 발전적인 시사점을 갖는다.

첫째, 두 기관이 지닌 일반 사회인을 위한 사회교육적 기능을 고려할 때 두 기관 간의 시설 및 설비 이용, 프로그램 운영 등의 상호교류 및 제휴는 고등교육인구를 포함한 성인학습자를 위한 고등교육기회의 보완 접근이라는 면에서 장점을 가진다. 대학에서 운영하는 사회교육 프로그램 개발과정에서는 성인학습의 특성을 충분히 반영해야 할 필요성을 지닌다.

성인학습층이 즉각적으로 지식 기능을 활용하기를 원하는 수행 중심 학습자(competency-based learners)인 점을 고려하면, 그에 관계된 프로그램은 실생활에의 적용과 관련하여 조직하고 학습자의 요구에 따라 계열화되어야 한다. 이러한 점을 고려할 때 두 기관 간의 협력, 제휴 영역의 하나로 국제화, 세계화의 과정에서 성인학습자의 요구분석을 통해 우선적으로 드러나는 외국어 프로그램 및 관련 정보제공을 들 수 있다.

외국문화원은 프로그램의 수준, 강사진, 비용 등의 제 측면에서 높게 인정될 수 있다. 이들 기관의 외국어 강좌 과정 및 세미나, 본국으로부터 외국어 시험의 공식적 주관, 어학박람회 등의 개최는 타산성, 수익성을 위주로 하는 국내 대학부속 어학기관의 프로그램 운영 등과 비교할 때 비용, 수준, 신뢰성, 인정도 등 프로그램 경쟁력 측면에서 우위를 가지는 영역이라 할 수 있다.

그러므로 양기관 간의 상호 학점교환 및 인정, 상호 수강제도, 수강생의 교차등록, 특수목적 프로그램의 공동 개설, 신규 프로그램의 공동 개설, 개발 및 기존 프로그램의 상호 조정, 프로그램의 공동 평가 등 상호 기관의 협력체제 방식을 통해 학습자의 요구에 우선적으로 응할 수 있는 프로그램 운영의 발전적 전략을 기획할 수 있다.

둘째, 외국문화원이 펼치는 다양한 문화예술관련 행사영역은 현재 관심있는 학생들만의 참여 · 이용하는 개인적 수혜 차원에서 나아가, 한국 고등교육기관과의 행사 교류로 그 프로그램의 의미가 확대될 수 있다.

대학의 교양교육 차원에서 이들 국가들의 음악, 미술, 영화, 연극 등 문화예술행사 등의 프로그램에 대학생층의 이용을 폭넓게 하기 위한 고등교육기관 측으로부터의 적극적 홍보가 필요한 사항이다. 상대적으로 외국문화원의 경우 자국의 특징적인 문화소개창구로서, 또 양국가 젊은이들 간의 문화교류 기획 등의 기능 확대의 기회로 프로그램화할 수 있다.

셋째, 외국문화원이 갖추고 있는 도서관 및 정보센터의 시스템은 현재 한국 고등교육기관이 주력을 두는 학문발전영역인 국제학, 지역학연구의 부족한 자료, 정보 보완의 창구로서 두 기관 간의 협력체제 방안의 시사점을 지닌다. 외국문화원이 갖추고 있는 각 분야의 서적 및 자료와 그들 국가와의 긴밀한 정보교환 시스템을 학술적 차원에서 국내의 고등교육기관과 공유함으로써 국제학술, 정보교류의 측면에서 상당한 긍정적 효과를 얻을 수 있을 것이다.

특히, 이들 국가들의 언어, 문화, 역사 등의 전공 실제와 관련된 고등교육인구의 외국문화원 이용 빈도가 높아짐에 따라 부족한 현장실습 프로그램의 대체, 보완 접근이 될 수 있다. 또한 학술, 인적 교류 차원에서 관계된 국가와 한국 고등교육기관과의 포럼, 세미나 개최, 학술문화서적 공동출판 및 번역, 대학강좌 등의 공동 운영, 학제 설명회, 정보통신 시스템의 합동 운영 등의 지적 교류 사업, 교수, 학생, 연구자의 교류 및 파견, 해외 견학 실습의 공동 추진, 장학생 선발, 유학생 상담 및 교류, 교육매체의 상호교환, 학술문화행사의 공동 추진 등 국가, 기관 차원의 학술적인 인적 · 물적 교류가 더 활발해질 수 있는 토대가 가능할 것이다.

이러한 양기관 간의 협력체제 구축을 위한 구체적인 방안들 이외에도, 각 문화원의 독사석, 차별적인 특성이 자율적인 방향에서 협력대상 고등교육기관과의 다양한 협력체제 발전계획을 통해 교육의 질 향상, 기관 간의 상호이해 증진 등의 실질적인 부대효과를 가질 수 있다. 그러나 이와 같은 기관 상호 간의 협력, 제휴방안은 언급한 외현적인 긍정적 효과와는 상대적으로, 내재적 측면에서는 앞으로 본격화될 국가 간의 교육 · 문화시장 개방의 움직임과 맞물려 있다.

그러므로 한국 고등교육기관의 측면에서 볼 때는 국제적 전문성 강화, 대학 경영의 합리화와 교육 서비스의 수월성, 교육 프로그램의 국제화 및 차별화 등, 긍정적 측면의 효과를 기할 수 있는 고등교육시장 개방에 대한 전략까지도 염두에 둘 필요가 있다. 이런 맥락에서 대학시장 개방에 대비한 선도적인 정보기지로서의 외국문화원의 성격과 위상도 그들 기관의 발전계획 수립과정에서 상호 협력, 제휴가능 기관 범주에 두어야 할 것이다.

평생교육과 세계화의 맥락에서 국제이해 교육, 문화교육 등의 성격과 기능을 포함하고 있는 사회교육관련 기관이 외국문화원이다. 교육 · 문화시장 개방기에 세계화, 국제화의 취지에 적절한 정보, 문화 및 다양한 사회교육관련 문화행사 등의 활동공간을 제공하는 기능을 갖춘 사회교육의 장으로서 아직까지는 사회일반인들에게 이들 기관의 성격, 이용방식 등이 폭넓게 알려지지 않았고, 생소한 것이 사실이다. 현실적으로 관련 국가의 언어, 문화, 역사 등의 전공 분야 학생이나 외국계 기업 회사원, 상사원 등 소수가 이들

기관에서 제공하는 프로그램의 주요 이용고객이자 수혜자다.

그러나 외국문화원이 갖는 프로그램의 내용 및 외국 문화교류 및 전파의 첨병으로서 기관 자체의 개방성(openness)을 고려할 때, 우리 사회의 일반인들에게 유익하고 필요한 사회교육관련 프로그램과 그에 필요한 공간을 제공하는 기관으로서의 역할은 결코 작지 않다. 이러한 점에서 문화시설 중심의 주요 사회교육기관으로서, 기존의 문화원 및 문화센터 등이 갖는 제반 기능을 갖춘 기관의 하나로서, 국제성 함양을 위한 평생교육기관으로 외국문화원의 성격과 위상 및 역할, 기능 등을 재인식할 필요가 있다. 즉, 이들 기관들이 갖는 사회교육적 영향력의 잠재가능성은 개방화 · 국제화로 인해 다른 나라의 언어, 문화 등에 대한 관심의 폭이 확대되어 가는 현실에서 우리의 일반 사회교육기관들과 비교할 때 결코 과소평가할 수 없다.

외국문화원은 분명 우리의 사회교육관련 법규의 관할 아래 법규적 적용을 받는 사회교육기관은 아니다. 그렇기 때문에 더욱 신축성 있고 다양한 사회교육의 활동과 기능을 발휘할 수 있는 성격을 지닌 대안적 사회교육기관으로 볼 수 있다. 역설적으로 이러한 성격의 사회교육기관의 홍보를 우리의 사회교육행정 쪽에서 더 적극적으로 할 수 있는 개방성이 요구되는 것이다.

지금까지 학술적 차원에서조차 이러한 성격의 기관들에 대한 관심의 깊이가 저조하고, 이에 관한 선행연구는 물론 '교육인적자원부', '문화관광부' 등 관련 부처의 이들 기관에 관한 현황조사 및 행정적 관심 또한 거의 전무한 상태라고 볼 수 있다. 그러므로 사회교육관련 연구기관이나 학회 차원에서 이들 기관들에 대한 적극적인 연구가 요청된다.

설립주체가 내국인에 의한 사회교육기관이 아니라도, 또한 사회교육 관계법규 아래 지도 · 관리되는 대상기관이 아니라도, 넓은 의미에서 사회교육적 영향력을 갖는 기관이라면 사회교육관련 대상기관 탐색의 영역에 포함할 필요가 있다. 지금껏 사회교육기관의 기존 분류방식에 의해 논의되지 않은 것이 사실이므로, 같은 성격의 상대적 기관인 '해외 한국문화원'과 함께 새로이 사회교육기관의 범주에 포함시킬 수 있을 것이다.

지역단위 문화원의 활동이 많은 개선점과 함께 활발히 드러나지 않는 점을 고려한다면 21세기 문화경쟁력의 시대에 앞서 교육 · 문화시장 개방의 시점에서 이들 기관에 대한 본격적인 연구조사 활동이 요구될 수 있는 것이다. 특히, 수혜자의 측면이나 프로그램의 내용, 영역, 홍보 등의 측면에서 한국의 고등교육기관과의 협력, 제휴방안은 성격을 달리하는 고등교육기관과 문화기능 중심 기관과의 교류, 협력 차원에서 특기할 만한 사안이고, 지금보다 더욱 활성화될 충분한 여지가 있다.

시설 및 설비, 프로그램 개발 및 운영, 교사·강사 교류 등의 영역에서 두 기관 차원의 상호 협력방안을 더욱 강구하여 문화적 다원성과 개방성의 관점에서 국가 간, 기관 간의 우호적인 문화·정보교류의 장으로서의 역할을 증진·확대해 나갈 필요가 있다. 내부적으로 시·공간을 초월하는 정보혁명의 시대에 한국 내에 소재한 세계화 성향을 띤 기관으로서의 특성과 관련 국가와의 외교, 문화, 교육 등 국제경쟁력에의 대응방식 접근이 용이한 점 등의 장점을 최대한 고려할 수 있을 것이다.

05

토털 미디어 교육: 영화관

1. 교육과 미디어

현대 사회의 급격한 변화는 사회변화 발전과정의 새로운 패러다임을 재구성할 만큼 혁신적으로 나타나고 있다. 과거의 산업사회가 가지고 있는 전형적인 특징에서 나아가 급진적인 과학기술의 발전과 경제 발전, 기술혁신과 정보화 지식사회로의 이행 등은 사회체제 전반적으로 많은 변화를 가져오고 있다. 그리하여 점점 더 전문화되고 특수화되며 조직화되어 가는 현대 사회체제에 개인이 기능적으로 적응하기 위해서 평생교육과 관련된 필요성은 이제 '평생학습사회의 구현'이라는 국가 · 사회적 캠페인까지 낳기에 이르렀다.

이러한 교육은 인생의 초기단계에서만 일어나는 일시적 현상이 아니라 전생애를 통해 이루어지고 있는 과정임을 고려할 때 교육은 여가와 밀접히 관련되어 있고, 생애주기의 각 단계에서 교육은 각 개인이 여가시간을 가장 잘 활용할 수 있도록 하는 역할을 맡고 있다. 생활 가치관의 변화, 산업구조의 변화, 정부의 여가정책 등 전반적인 사회변천과정에서 여가를 통해 자아실현을 추구하려는 경향이 확대되고 있다. 이로 인해 여가는 자기실현, 자기능력 발휘, 잠재력 개발뿐만 아니라 새로운 기술을 배우며 즐거움을 주는 사회활동으로서 배움의 과정 자체를 경험할 수 있는 많은 기회를 갖게 한다.

이런 맥락에서 평생교육은 전 생애를 통해 개인의 성장을 목표로 하며, 모든 연령의 성인에게 이르는 교육 및 여가활동의 선택범위를 넓혀 주기 위해 사회경제적 정책을 요구하는 탄력적 삶의 양식을 지향하는 광범위한 사회운동의 일부분이다. 그러기에 모든 나이에 배우며 미래의 소용을 위해 교육한다는 사고는 모든 사람에게 평생을 통해 교육한다는 사고로 바뀌어야 한다. 이러한 사고에서 무형식적 교육(informal education)이 차지하는 비중과 중요성이 점점 커지고 있다.

여가활동을 통한 무형식적 교육 형태의 하나가 이 장에서 거론하고 있는 영화다. 영화는 현대 사회에서 인간을 영상미디어 매체와 분리될 수 없는 시각적 존재로 변화시켜 놓았고, 영상을 통한 형식으로 인간의 삶과 관련된 교육적 경험을 교류하는 평생교육의 역할을 수행하고 있다고 할 수 있을 것이다. 이러한 영화를 상영하는 곳이 영화관이다.

영화관이라 함은 영화를 상영하여 관객에게 보이는 상설 오디토리엄(auditorium)이 있는 건축물이다. 그래서 설계에서는 스크린이 잘 보이게 하는 것이 가장 중요하며, 다음은 음(音)이 스피커에 의하여 장내에 균등하게 배분되도록 하는 일이다. 이러한 시설 측면도 변화하고 있다. 단순히 영화만을 상영하는 스크린이나 음향도 중요하지만 부가적인 시설 또한 중요하게 부각되고 있다.

오늘날 공간적 형태에 따른 다양화와 고급화, 첨단화되어 가고 있는 영화관의 변화는 현대 사회의 급격한 시대적 흐름과 맥을 같이하고 있다. 이러한 영화관의 현대적인 변화과정의 중요성과 함께, 한편으로 비교적 짧은 발전과정을 겪은 영화와 역사적으로 오랜 전통을 가지고 있는 극장(영화관을 포함하는)이라는 문화형태는 예술적 유희뿐만 아니라 교육적으로 중요한 사회화 기능을 가지고 있다.

2. 호모 비디오쿠스

고대 교육의 마당은 연극을 상영하거나 토론마당이었던 아고라(agora)였다. 현대에 와서는 과거의 극장의 의미는 퇴색되었지만, 영화라는 장르가 영화관이라는 대중예술공간의 전통적 배경을 바탕으로 사회·문화적 교육기능을 직·간접적으로 담당하고 있다. 하지만 자본주의의 상업적 유입으로 인해 영화의 사회교육적 기능이 본유(本有)의 성격보다 약화된 것이 사실이다. 또한 영화라는 유형의 대중문화매체가 인터넷이라는 새로운 무형의 매체에 의해 대체되고 있는 현실도 감안하지 않을 수 없게 되었다.

이러한 현실에서 영화관의 현재를 살펴보고 앞으로 영화관이 대중예술매체 및 공간으로서의 기능뿐만 아니라 평생학습의 하나의 새로운 장으로서 사회·문화교육적 기능을 적극적으로 유지시켜 나갈 방안을 강구해야 한다. 나아가 문화정책과의 발전적 연계가능성에 대해서 접근해 봄으로써 교육적으로 활용할 수 있는 가치와, 새로운 성격의 평생교육기관으로서 갖는 의미에 대해 진지하게 접근해 볼 필요가 있다. 그러므로 우선적으로 영화관은 인간의 평생학습과 어떠한 관계가 있으며, 현재의 영화관들은 이러한 맥락에서 어떤 역할과 기능을 수행하고 있는지 살펴보자.

교육의 형태에 관한 가장 넓은 개념으로 평생 동안에 걸쳐 모든 장소에서 이루어지는 평생교육은 크게 학교교육과 학교 외 교육으로 구분할 수 있다. 학교교육에서는 비교적 장기간에 걸쳐서 체계적인 교육과정이 제공되는 반면, 학교 외 교육은 대부분 단기간에 걸쳐서 피교육자의 필요나 흥미를 최대한으로 반영시키는 교육과정이 제공되거나, 또는 비조직적인 교육환경에 의한 우발적인 학습까지도 포함한다.

데이브(Dave, 1976)는 '개인적 및 사회적 삶의 질을 계속적으로 향상시키기 위하여 평생 동안에 걸쳐 연장, 실시되는 모든 형태의 형식적, 비형식적 학습활동'으로 평생교육을 규정하고 있다. 한편, 유네스코(UNESCO)에서는 '평생교육이란 평생을 통한 계속적인 교육을 의미하며, 급변하는 현대 사회에 있어서 한편으로는 조직화되지 못한 채 비효율적 상태로 방치되어 있는 제반 교육자원을 효율화함으로써 교육역량의 극대화를 지향하려는 총체적 노력' 으로 파악하고 있다.

다양한 평생교육의 개념에 비추어 볼 때, 평생교육의 이념은 교육개념의 광역성과 통합성, 교육시기의 계속성과 향상성, 교육대상의 평등성과 전체성, 교육 접근방식의 다양성과 상대성, 그리고 교육체제의 개방성과 탈정형성이라 말할 수 있다.

이 가운데 특히 주목해야 할 내용이 교육체제에 있어서의 개방성과 탈정형성이다. 이는 기존의 학교교육제도가 안고 있는 폐쇄성과 경직성을 극복하고, 각 교육체제 간의 상호 유기적이고 탄력적인 연계성과 개방성을 확대시켜야 함을 강조하는 것이다. 정형적이고 폐쇄 내지 경직적인 체제로부터 탈정형적 요소가 가미되어 보다 융통성 있고 다양한 체제로 변화해 나가는 교육체제를 의미한다.

이제 이러한 이념을 어떻게 우리 사회에서 하나의 보편적이고 발전적인 현상으로 발전시켜 나갈 수 있는지를 강구해 보아야 한다. 절대적으로 부족한 상태에 있는 평생교육의 인적, 물적 자원을 활용함으로써, 평생교육의 성과를 극대화하기 위해 먼저 학교와 평생교육기관 및 일반 지역사회 자원을 망라하여 각 교육관련 기관들이 어떠한 교육자원을 보유하고 있는지 조사하고 발굴하여야 할 것이다. 그런 다음 이에 기초한 교육자원을 추출하여 공유할 수 있도록 '교육자원 공동 활용망' 을 구축하며, 각 기관 간에 상호보완적으로 평생교육 교육자원의 공동 활용과 교류를 극대화한다.

보다 중요하게는 학교자원뿐 아니라 지역사회의 교육문화자원(도서관, 박물관 등)과 문화시설(극장, 미술관, 연극관 등), 그리고 각종 사회공공기관, 산업체 등의 사회자원을 실습이나 견학, 기자재 임대 활용 등의 형태로 학교교육에 적극 활용할 뿐만 아니라 그 기관 자체를 평생학습의 중요한 공간으로서 개발시켜 나가야 한다.

평생교육기관들은 조직의 이념, 투입정도, 조직의 규모, 최고 관리책임자의 평생학습에 대한 태도 등에 따라 목표의 규모나 교육의 폭이 다양해질 수 있다. 따라서 이들 기관 상호 간의 정보교환 및 협조를 가능하게 하는 협의체의 구성은 물론, 평생교육기관의 적극적인 사회교육 참여를 위한 국가, 지역, 기관수준에서의 조정 및 협의기구의 역할을 강화할 필요 또한 제기된다. 참여하는 사회기관의 유형별로 볼 때 아직도 적극적으로 평생교육활동을 벌이고 있지 않은 기관이나 단체들이 많이 있는 것이 사실이다.

도서관, 극장(영화관 포함), 병원, 문화원, 고아원, 양로원, 은행, 증권회사 및 각종 보험회사, 각종 연구기관 등을 그 예로 들 수 있는데, 이들 기관들의 적극적 참여를 위한 행정적이고 정책적인 유도가 필요하다. 동시에 위의 기관들 이외에도 아직 파악되지 않은 평생교육기능을 하고 있는 기관의 탐색을 위한 연구 및 조사활동을 더욱 활발히 수행하여야 할 것이다.

평생교육은 현대 사회의 시대적 요청에 의하여 교육개혁의 한 영역으로서 본격적으로 대두되었고, 최근에 학습사회를 지향하면서 등장된 '평생학습' 이라는 용어는 이런 맥락에서 많은 의미를 갖는다. 평생교육과 관계된 많은 유형 가운데 정규학교가 아닌 장소에서 행해지는 비형식적 교육과 함께 가정교육, 전시회, TV, 라디오 등 특정한 형식이 없는 무의도적, 무계획적 교육을 지칭하는 무형식교육이 평생교육에서 차지하는 비중은 점점 커지고 있다.

이러한 무형식 교육의 또 하나의 유형이 영화다. 영화는 사회 및 그 구성원들에 대해 그 어느 대중예술매체보다도 강력한 영향력을 가지고 있다고 할 수 있다. 그것은 영화가 시각적이면서 청각적인 매체일 뿐 아니라, 한 장소에서 많은 사람들을 집단적으로 감동시킬 수 있는 막강한 전달력을 지니고 있기 때문이다. 이런 영향력을 고려하여 영화의 사회적 기능에 대한 올바른 인식의 확산을 위해 진지한 노력이 계속되고 있으며, 상업적인 시스템의 테두리 밖에서 가능한 한 자유롭고 자주적인 영화를 제작하기 위한 시도 또한 활발해지고 있다.

그렇다면 영화관은 이러한 영화를 상영하는 '공간' 으로서의 의미 이외에 어떠한 사회적 기능과 성격을 지니고 있으며, 인간의 삶과 관계된 평생교육과는 어떻게 연계될 수 있는가? 이것은 스폴딩(S. Spaulding)의 평생교육 개념 모형([그림 5-1] 참조)의 이론에 의해 부분적으로 설명될 수 있다. 그림에 의하면, 성격상 윗부분으로 올라갈수록 교육목적, 교육과정 및 교육방법이 탄력적이고 비형식적이며, 또 하위체제로 갈수록 비탄력적이고 형식적 특성을 지니고 있다. 스폴딩은 평생교육이란 다양한 수준의 교육을 하나의 우산 아래 병렬적으로 통합하려는 것임을 강조하고 있다.

여기서 극장은 '타입 VI' 에 속하는 것으로 개방적, 자기선택적, 비경쟁적, 비형식적 교육내용의 성격을 가진다. 이 타입에는 매스미디어 및 정보제공 시설이 해당된다. 예를 들면 TV, 신문, 잡지, 도서관, 서점, 정보센터, 클리어링하우스 등이다. '타입 VI' 의 기관 및 관련대상은 평생교육뿐만 아니라 삶의 질을 추구하는 현대 복지사회에서 차지하는 비중이 점점 커지고 있다.

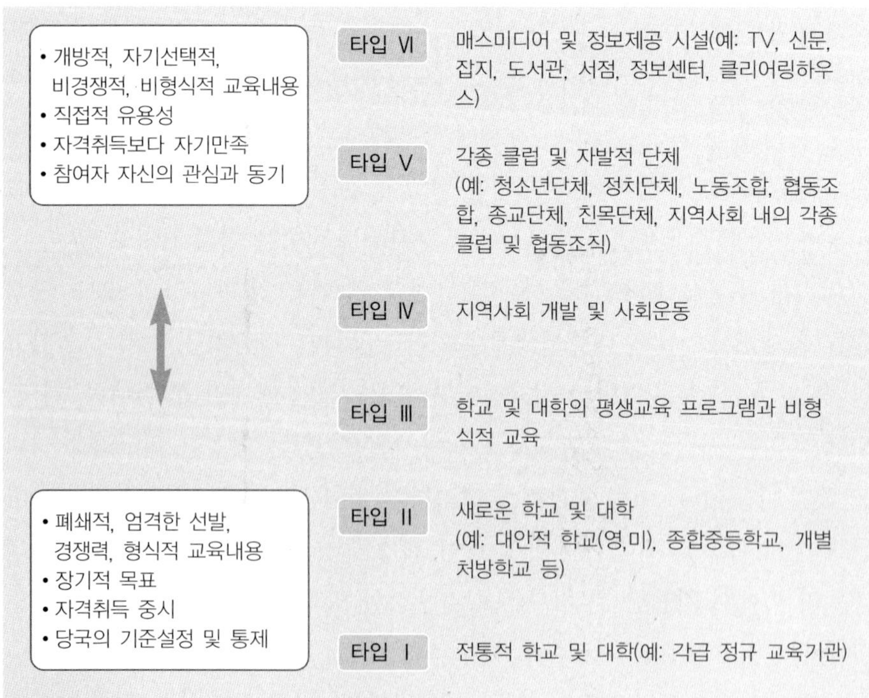

그림 5-1 스폴딩(S. Spaulding)의 평생교육 개념 모형

이제까지의 사회 진행과는 달리, 현대 사회의 생활과정에서 사람들은 여가 추구에 활용될 수 있는 새로운 기술을 배우며 즐거움을 주는 사회활동으로서 배움의 과정 자체를 경험할 수 있는 많은 기회를 갖게 된다. 이러한 이유로 위에서 언급된 대상 및 기관들뿐만 아니라 영화관도 단순히 영화를 상영하는 장소 및 공간이라는 개념에서 벗어나, 사회 · 문화적 기관 성격 이외의 다른 기능을 수행해야 하고 그 이상의 역할을 담당해야 하는 이유도 위에서 살펴본 것과 그 맥락을 같이 하는 것이다.

3. 문화의 교육화, 교육의 문화화

오늘날 영화관은 영화 이외에 여가를 활용할 수 있는 공간적 구성과 계획을 통하여 주위 지역권의 사람들뿐 아니라 먼 곳에서도 일부러 찾아오는 공간이 되었다. 많은 볼거리를 제공하기 때문이다. 볼거리를 제공한다는 것은 생활습관의 변화를 가져오는 계기가 된다. 생활습관의 변화로 인해 사람들의 사고 및 가치관의 변화를 준다는 점에서 영화관은 평생학습의 장의 역할을 하고, 그 역할을 수용하는 공간으로서 현대 사회에서 가장 매력적이고 대중적인 장소의 하나로 꼽힌다.

그러나 현재 우리 사회에서 영화관의 제반 상황을 살펴볼 때 평생학습의 장으로서 역할과 기능을 충실히 담당하기에는 아직 미흡한 것이 사실이다. 영화를 보고 여가생활을 즐기고 또 그곳에서 서점, 인터넷 등을 이용할 수 있는 공간까지 제공하여 좀 더 많은 여가의 여유 및 교육적 기능까지 제공해 준다고는 하지만, 모든 연령층을 대상으로 하기보다는 젊은층의 수요를 따르는 경향이 주가 되고 있다. 더욱이 소비를 중심으로 만들어진 공간이기 때문에 경제적 측면에서 모든 사람들에게 균등하게 기회가 주어지지 못한다는 점에서 문화혜택 및 학습의 격차가 더 커질 수도 있다는 단점이 있다.

오늘날 사회 · 문화적인 급격한 변동과 과학기술 및 의학의 발달, 지금까지의 산업형태 및 직업구조의 전환, 도식화된 제도권 교육의 한계성으로 인한 학교교육의 위기 등과 같은 사회적 요인들은 새로운 시대에 맞는 평생교육의 필요성을 역설하고 있다.

데이브(Dave, 1979)는 '평생교육이란 성인교육 또는 사회교육에 국한되는 것이 아니라 유아교육, 초등교육, 중등교육 및 고등교육 등 모든 수준의 교육을 포괄하고 통합하는 체제' 라고 정의하며, 교육을 하나의 전체로서 파악하지 않으면 안 된다고 주장하였다. 다시 말해 학교교육 안에 있는 사람이나 학교교육 밖에 있는 사람 모두에게 평생교육은 적용된다고 볼 수 있는 것이다. 이에 따르면, 우선 청소년들을 위한 모든 교육을 평생교육의 일환으로 보아도 무방할 것이다.

가치관의 갈등, 자아개념의 혼란, 무능력, 결손가정으로부터 오는 위기의식, 급격한 사회변동 등은 앞으로의 미래를 짊어질 우리 청소년들로 하여금 자아정체성에 혼란을 가져올 것이다. 이러한 문제점들에 대한 대안들이 제시되고 있지만 현실과 맞지 않는 것이 대부분이다. 그렇지만 그중 가장 주목할 만한 것이 바로 청소년들의 여가를 건전하고도 신나게 보낼 수 있는 대책 마련이다.

청소년들을 둘러싸고 있는 사회의 비교육적 환경(각종 유흥시설, 불법매체)들을 정화한다는 대안이 있기는 하지만, 이것은 현실적으로 그리 수월히 해결될 수 있는 방안은 아니다. 현실을 부정하기보다는 다른 새로운 돌파구를 열어 주는 바람직한 방향으로 제시될 수 있는 것이 바로 청소년들의 여가를 유익하게 활용할 수 있게 해 주는 것이다. 오늘날 청소년들이 문화적 기호와 영상문화산업에 대한 직업적 선호도가 높은 점을 고려할 때 여기에 효율적으로 대응될 수 있는 매체가 바로 영화이고, 그 장소 및 공간이 바로 영화관이 될 것이다.

또한 직업을 갖고 있는 성인의 입장을 고려했을 때에도 마찬가지다. 기계적인 직장생활은 급격히 변화하는 세계에 발맞출 수 없는 무능력자로 낙오시킬 가능성을 배제할 수 없다. 이로 인해 사내교육개발 프로그램이 시행 중인 이때 영화와 영화관의 매체로서의 기능이 직장사회와 연계되어 그 교육개발 프로그램의 원활한 진행을 도울 수 있을 것이다.

한편, 산업구조의 변화나 직업의 세분화 등에 의해 가족제도 역시 대가족에서 소가족 중심으로 변화되어 감에 따라 가족의 제 기능 약화가 문제되고 있다. 사회적으로 노인문제가 심각하게 대두되고 있으나, 평생교육의 일환으로 영화관의 현대화와 영화의 새로운 발전적 개혁으로 이러한 문제점들을 조금씩 해결할 수 있게 될 것이다.

이제 노인들이 안정적으로 정착할 수 있는 공간과 스스로 자립할 수 있는 복지관련 제도가 마련되어야 하는데, 우리나라에서도 연금제도의 도입과 더불어 제도문제는 이제 조금씩 자리 잡아 가고 있다고 할 수 있다. 그에 대한 노인들의 여가 및 취미활동이나 사회활동 분야의 주된 공간과 대상매체의 하나가 바로 영화관과 영화가 될 수 있을 것이다.

교육은 일정한 시기, 일정한 장소에서 형식적으로만 이루어지는 것이 아니라 인간이 생활하는 모든 공간에서 평생 동안 이루어진다. 우리 생활 가까이에서도 여러 가지 다양한 형태를 지닌 교육의 모습을 찾아볼 수 있는 것이다. 영화관 또한 무형식교육의 성격을 띠는 하나의 평생교육 유관기관으로서 개방적, 자기선택적, 비경쟁적, 비형식적 교육내용을 제공하게 된다.

사회 · 문화적 활동을 중심으로 한 지역사회 문화시설의 하나로서 영화관은 기본적으로 영화를 상시 상영하는 시설이지만 또 전시공간, 영화관련 자료 및 작품전시장, 연극회장, 전람회, 관련 정보의 제공 등 사회교육과 관련된 다기능을 담당하며 다양한 평생학습기능을 수행하는 곳이기도 하다. 그러므로 '문화지표에 기초한 종합적 기능의 사회교육기관'으로서 영화관과 같은 기관이 수행하는 역할과 기능은 사회가 발달하고 사회구성원들의 삶의 질이 중요시됨에 따라 평생교육의 맥락에서 그 성격이 새롭게 탐색되어야 할 필요성이 증대하고 있다.

이와 함께 평생학습의 '교육적, 기능적, 공간적' 성격 면에서 차지하는 비중이 점점 커지고 있다. 아직까지 우리 사회에서는 영화를 상영하는 공간이라는 의미의 영화관과, 영화관이라는 공간이 갖고 있는 사회교육 기능과의 상관성에 대한 인식이 거의 없다고 할 수 있다. 앞으로 이 분야에 대한 연구가 체계적으로 이루어져 전 국민을 대상으로 한 보다 효율적인 평생교육기관의 성격을 지닌 영화관으로서 개념이 정착될 필요가 있다.

국가는 영화관이 갖고 있는 평생교육의 의미에서 수행되는 고유한 기능을 인식하고, 영화관 발전을 위한 정책적 차원의 구체적인 계획을 수립하여, 영화관이 영화상영 등의 본유의 기능뿐만 아니라 사회교육의 의미를 지닌 다각적 기능을 올바로 수행할 수 있도록 그 여건을 보다 확장하고 조성해야 할 것이다. 또한 문화혜택의 지역적 균형 및 안배를 고려하여 소외되거나 낙후된 지역에 행·재정적 지원을 하는 방안도 모색해야 할 것이다.

지역에 따라 영화관들은 변화의 과정에 있어 여러 차이를 보이고 있다. 서울 등의 대도시지역들은 복합영화상영관이나 여러 가지 편의시설을 갖춘 양질의 영화관들로 변모하는 데 비해, 지방 중소도시 영화관들은 아직도 그 운영에 있어 영세성이나 낙후된 시설을 면하지 못하고 있어 심한 지역적 불균형을 나타내고 있다. 중소도시지역의 영화관들은 타 문화권과의 문화교류 개방은 물론 문화경쟁력 시대의 급격한 조류와 영화관의 공간적, 물리적 변화를 인식해서 기존 시설의 개선 및 경영마인드의 인식전환이 시급히 요구된다.

또한 신세대 위주의 영화관 경영에서 나아가 기성세대를 이끌어 내는 장치를 마련해야 할 것이다. 그들의 향수를 불러일으킬 수 있는 유익한 영화들을 상영하거나, 그들이 직장에서 받는 스트레스를 해소할 수 있는 공간적 구성을 영화관의 부가시설로 만들어야 할 것이며, 주부 및 자녀가 있는 부모들이 좀 더 자유롭게 영화관에 접근할 수 있도록 편의시설을 포함한 제반 체제를 확충해야 할 것이다.

영화관들 또한 자신들이 국민들의 평생교육과 관련한 중요한 기관임을 인식하고 관객들과 함께 나아가야 할 것이다. 영화를 상영함에 있어서는 상업적이고 흥행 위주의 작품도 중요하지만, 삶의 의미를 느끼게 하고 예술적 가치를 인정받는 영화를 함께 상영함으로써 관객에게 양질의 서비스로 보답해야 할 것이다.

특히, 영화의 내용에 있어 지나친 폭력성 등이 나타나 청소년 및 일반 국민들의 감성에 악영향을 미치며 교육적으로도 유해한 작품 등은 상영할 영화 프로그램 선택과정에서 더욱 신중해야 한다. 고객들이 영화 한 편을 접하더라도 편안하고 안락하게 여가시간을 가질 수 있도록 하고, 상업성에 치우친 상영시간 편성을 위하여 영화내용 및 프로그램 시간들을 자의적으로 편집하는 종래의 구습부터 없애는 일이 평생학습을 위한 문화향유 및 교양교육의 장으로서 영화관이 가져야 할 기본적인 책무다.

4. 필름 페스티벌-문화콘텐츠로서의 영화제

영화의 생산자와 소비자 모두에게 영화 자체 이외에 또 다른 볼거리에 관심을 갖는 것이 바로 영화제다. 소위 대중적 스타들의 축제라고 불리는 영화제는 각종 부문에 관한 시상을 하며 영화인들뿐 아니라 일반관객들까지도 축제분위기로 몰아넣는다. 우리나라의 경우 '대종상 영화제', '청룡영화제', '부산 국제영화제', '부천 판타스틱영화제', '전주 국제영화제', '광주 국제영화제', '한국영화축제', '제천 국제영화음악제' 등이 있고, 인디영화, 독립영화만을 대상으로 하는 영화제들, 예를 들어 '서울 여성영화제', '인디포럼', '부산 아시아단편영화제', '서울 독립영화제', '서울 퀴어영화제', '인권영화제', '서울 국제청소년영화제' 등을 만날 수 있다. 우리가 보통 세계 3대 영화제라고 하면 프랑스 '칸 영화제', 독일 '베를린 국제영화제', 이탈리아 '베니스 국제영화제'를 꼽는다.

1) 칸 영화제(Cannes Film Festival)

1946년에 시작하여 매년 5월 프랑스 남부지방 칸에서 열리는 영화제로서 국제 영화제의 본산으로 불리며, 거대한 필름마켓을 자랑한다. 위의 칸 영화제 로고는 역사가 가장 오랜 베니스영화제에 대항하기 위해 만들어졌다. 칸 영화제의 심벌은 도시 칸을 상징하는 종려나무 잎사귀다. 종려나무 잎사귀는 프랑스의 유명 영화감독이자 시인인 장 콕토가 디자인하였다. 수상분야나 상황에 따라 필름 모양으로 바뀌기도 하지만 하단에는 'FESTIVAL DE CANNES' 이라는 글귀가 반드시 들어간다. 1955년부터 대상 명칭 또한 '황금종려상'으로 바뀌었다.

2) 베니스 국제영화제(Venice International Film Festival)

1932년부터 매년 8월 말부터 9월 초에 열리는 이탈리아 베니스의 영화제 로고는 날개 달린 사자로, 이는 바로 영화제 개최도시인 베니스를 상징하는 동물이다. 베니스의 심벌은 성경의 '성 마르코와 사자'에서 성 마가를 상징하는 동물인 바로 날개 달린 사자다. 사자는 베니스를 지켜 주는 성스러운 동물이 되었고, 베니스 영화제의 심벌이 되었다. 칸만큼 화려하지 않지만 예술영화를 옹호해 오며 명성을 유지해 오던 베니스는 1980년 칸에 밀리며 예전의 화려한 명성이 조금 퇴색한 느낌을 주고 있다. 특히, 1990년대 이후 베니스 영화제가 개최되는 시기에 열리는 북미 지역 영화제들의 위상이 급격히 높아지고, 베니스 대신 이들 영화제에 관심이 쏠리기 시작하면서 이러한 현상은 가속되었다. 이에 베니스 영화제는 다양한 변화를 시도하며 예전 명성을 찾기 위해 안간힘을 쓰고 있다.

3) 베를린 국제영화제(International Berlin Film Festival)

1951년서부터 독일 베를린에서 매년 2월 중순에 열리는 영화제로서 영화

비평가와 감독 위주의 영화제다. 베를린 국제영화제의 로고는 빨간 혀와 발톱을 가지고 있으며, 황금 잎사귀 무늬가 새겨진 방패를 들고 서 있는 곰의 모습으로 이는 베를린을 상징하는 동물이다.

현재 우리나라에서 개최되는 각종 국제영화제도 국제적 위상을 쌓아 가며 세계 영화문화의 질적 향성을 선도하고 있다. 이 같은 영화제가 단순히 영화인과 영화마니아들만의 축제가 아니라 성장하는 세대를 위한 세계, 문학, 여가교육의 마당이 되도록 다양한 노력을 강구해야 한다. 다시 말해서 이제 영화관과 영화축제는 그 자체로 하나의 교육을 위한 텍스트가 되어야 한다.

06

반(反)교육 담론의 공동체: 도시공원

도시의 삭막한 공간 속에 살아가는 사람들에게 삶의 고단함을 달래고 이웃들과 교류의 장이자 휴식처의 기능을 하는 공원은 일상 속에서 자연스럽게 이용할 수 있는 소중한 문화공간이다. 최근에는 친환경적인 설계를 바탕으로 도시공원들이 전국적으로 많이 건설되고 있다.

예를 들면, 서울에서는 인공하천 시설물과 생활하수로 오염되었던 양재천을 자연생태하천으로 복원하여 많은 시민들이 즐겨 찾는 명소가 되었다. 선유 정수장 자리에 친환경 소재와 폐기된 산업시설물을 재활용하여 에너지와 자원의 낭비를 최소화하여 만들어진 선유도공원은 색다른 도시공원의 멋을 보여 주고 있다. 이렇게 점차 도시공원은 우리 생활의 일부를 차지하게 되었고, 공원 내에도 각종 공연을 준비하여 단순한 쉴 공간만이 아니라 배움의 자리도 마련하고 있다.

공원이란 공공녹지로서 자연지나 또는 인공적으로 조성한 후생적 조경지를 말하며, 전자를 자연공원, 후자를 도시공원이라 한다. 자연공원은 국립공원과 도립공원으로 분류한다. 국가 또는 지방자치단체가 자연풍경지를 보호하고 국민이나 주민의 보건휴양 및 정서생활의 향상에 기여할 목적으로 관리한다. 근대의 공원은 중세 이후 영국의 귀족이 소유하며 독점적으로 사용하던 수렵장이나 대규모 정원을 19세기 중반에 일반에게 공개한 것에서 비롯된다. 이 경향은 점차 유럽 전체로 확대되었다. 런던의 하이드파크, 리젠트파크, 베를린의 티르가르텐 등이 그 예다.

또한 공원 조성은 산업혁명 이후의 불결한 도시환경에서의 구제조치였으며, 깨끗한 공기와 푸른 녹지의 중요성을 인식하게 된 결과라고 할 수 있다. 그 후 대도시의 시민에게 쾌적한 자연환경을 만들어 주어 심신의 휴양을 할 수 있도록 계획적으로 공원을 설치하기에 이르렀다. 뉴욕의 센트럴파크가 그 좋은 예인데, 340ha의 광대한 넓이로 조성되어 있다. 그 후 다른 여러 나라에서도 도시 내부 또는 주변에 공원을 설치하게 되었다. 현대의 도시계획에 의한 공원이 확립된 것은 20세기에 들어와서다.[1)]

도시공원은 도시계획법에 따라서 도시계획시설로 설치되는 녹지지역, 풍치지구 등의 공원 및 녹지를 말하며, 도시내부 또는 주변에 조성하는 후생적 조원으로 시민의 레크리에이션을 위하고 도시생활자에게 생활의 윤택함을 주기 위한 것이다. 처음에는 도시의 미관적 시설로서 설치되었으나, 최근에는 시민의 일상생활에 한층 더 밀착하여 휴식 · 운동 · 행락 등에 이용되는 경향이 있다. 도시공원은 도시 내의 오탁된 공기를 정화하고, 화재가 번져나가는 것을 방지하며, 재해 발생 시에는 피난장소로도 이용된다.

또한 도시의 미관을 더하게 하고 어린이들의 놀이터, 청소년의 교화대책에도 도움을 주며, 가각녹지(街角綠地)와 가로수 등의 도로공원, 도시주변의

---

1) 우리나라도 세계적인 공원조성 추세에 따라 공원법이 1967년 3월 3일 법률 제1909호로 제정 · 시행됨으로써, 1967년 12월 29일자로 지리산 일대 438.92㎢를 국립공원으로 처음 지정 · 공고했다. 1988년 국립공원은 대소 20개소에 6,097.04㎢(육지 3,757.67㎢, 해상 2,339.37㎢), 도립공원은 1970년 6월 최초로 지정된 경상북도의 금오산도립공원을 비롯하여 대소 21개소에 면적 799.190㎢에 이른다.

2003년 오대산국립공원 계방산 지역(12㎢), 설악산국립공원 신선봉 지역(24㎢), 한라산국립공원 천연보호구역(5㎢) 등이 새로 지정되었고, 한려해상국립공원 및 다도해해상국립공원 내 읍 · 면소재지(14개소, 16.8㎢), 설악산국립공원 설악동 일원(4.9㎢), 속리산국립공원 청천면 송면리 일원(2.2㎢) 등은 해제되었다. 현재 국립공원 면적은 총 6,580㎢로, 국가 또는 지방자치단체에서 관리 · 운영하고 있다.

경승지를 이용한 시외공원 등 현대 도시계획에서 중요한 시설로 되어 있다.

도시공원은 그 기능에 따라 다음과 같이 세분된다(도시공원법 제3조).

① 어린이공원: 어린이의 보건 및 정서생활의 향상에 기여할 목적으로 설치된 공원(예: 어린이대공원)

② 근린공원: 주로 근린주민의 보건 휴양 및 정서생활의 향상에 기여함을 목적으로 설치된 공원(예: 청량리공원, 서소문공원)

③ 도시자연공원: 자연경관지를 보호하고 시민의 건강 휴양 및 정서생활에 기여함을 목적으로 설치된 공원(예: 남산자연공원)

④ 묘시공원: 묘지 이용자에게 휴식처를 제공하기 위하여 일정 구역 내에 묘지와 공원시설을 혼합하여 설치한 공원

⑤ 체육공원: 주로 운동경기나 야외활동 등 체육활동을 통하여 건전한 신체와 정신을 배양함을 목적으로 설치된 공원

1. 휴식공간으로서의 공원

1) 월드컵공원

월드컵공원 전체를 대표하는 공간인 평화의 공원은 평지 13만 5천 평에 조성되었다. 이곳에는 8,700평의 유니세프 광장과 7,400평의 난지연못을 비롯해 평화의 공원, 희망의 숲, 월드컵공원 전시관 등이 있다. 연못 주변을 따라 둥근 형태로 조성된 유니세프 광장은 물가의 경치를 감상할 수 있는 산책 및 휴식공간으로 서울 시민들의 각광을 받고 있다. 한강 물을 끌어 와 만든 난지연못은 아이들이 발을 담그고 놀 수 있도록 꾸며져 있고, 멋들어진 여울목으로 장식된 실개천은 시골의 정취를 그대로 담고 있어 도시생활에 익숙한 아이들의 정서 함양에 많은 도움을 주고 있다.

2) 올림픽공원

몽촌토성을 중심으로 43만 평의 올림픽공원에는 호반의 길, 토성의 길, 추억의 길, 연인의 길, 그리고 젊음의 길로 산책 및 조깅 코스가 구성되어 각 코스마다 올림픽공원의 참모습을 즐길 수 있다. 마음의 평화와 삶의 여유를 느낄 수 있어 주변에 있는 직장인들이 아주 좋아하는 코스 '호반의 길', 깔딱고개가 있어 조금 힘이 들지만 확 트인 백제유적과 잔디밭을 내려다볼 수 있어 가족 간의 사랑을 느낄 수 있는 '토성의 길', 몽촌토성의 중심을 기점으로 두 개의 원을 그리는 '추억의 길'은 조용히 사색하면 산책할 수 있는 늦가을에 잘 어울리는 코스이며, 88호수 주변과 몽촌토성 주변을 도는 연인들이 다정하게 거닐기 좋은 코스 '연인의 길', 마지막으로 '젊음의 길'은 올림픽공원 외곽을 돌아보는 코스로 각종 마라톤대회나 달리기대회의 장소로 널리 쓰이고 있기 때문에 땀을 내며 달리는 사람들이 좋아하는 코스로 알려져 있다.

음악분수는 140여 곡의 멜로디에 따라 약 14,000가지의 다양한 표정을 지으며, 최고 30m 높이까지 물을 뿜어올린다. 햇빛을 받아 반짝이는 물줄기와 무지개를 즐기고 여름밤에 조명과 함께 음악에 맞춰 춤추는 음악분수는 그 자체가 예술이다.

88마당은 약 10,000평 규모의 넓은 잔디광장으로 전통 민속놀이가 가능하고, 중앙에는 노천무대가 있어 대규모 야외공연 등을 할 수 있으며, 주변의 느티나무숲은 가족단위의 휴식공간을 제공하고 있다. 지구촌공원은 사생대회 및 단체 야외모임 및 야외공연장으로 적지인 5,000평 규모의 잔디공원이다. 피크닉장은 자연경관이 잘 조성된 도심 속의 가족단위 놀이동산으로서 총 면적은 약 1만 1천 평이다.

3) 일산 호수공원

일산신도시 택지개발사업과 연계하여 조성한 근린공원으로서 국내 최대의 인공호수를 만들어 도시인이 접할 수 없었던 자연생태계를 재연하고, 다양한 주변경관 및 호수를 이용한 레크리에이션 공간을 제공하고 있다. 특히 호수를 중심으로 한 4.7km의 자전거도로와 5.8km의 산책로는 시민들에게 산책과 운동장소로 각광받고 있다.

산책 및 관람을 위해서는 출입구~주제광장~전시관~선착장~인공폭포~청평지~무궁화동산~전망동산~자연학습장~조류사~약초섬~달맞이섬(월파정)~장미원~석계산~조형계단이 추천 코스로 되어 있다. 그중에서도 해질 무렵 조형계단쯤에서 보는 노을, 월파정과 석계산 사이 잔디광장에서 보는 호수의 풍치가 뛰어나다.

호수공원의 새로운 명물로 떠오른 노래하는 분수대는 스페인 바르셀로나의 몬주익 분수대를 본떠 만든 것으로, 완공 이후 매일 한 시간 동안 음악에 맞춰 다양한 형태의 물을 쏘아올린다. 노래하는 분수대는 많은 사람들에게 휴식공간을 제공하는 동시에 음악과 분수라는 청각적이고 시각적인 즐거움을 제공한다. 그래서 일상생활에서 받는 스트레스를 해소할 수 있을 뿐만 아니라 가족과 함께 어울릴 수 있는 장소로 각광받고 있다.

2. 문화공간으로서의 공원

1) 월드컵공원

월드컵공원 중 가장 하늘 가까운 곳에 위치한 하늘공원은 난지도 제2매립지에 들어선 초지공원이다. 하늘공원은 자연천이가 진행되는 생태적 환경을 갖추고 있다기보다는 쓰레기 매립지 안정화 공사의 결과로 형성된 인공적인 땅이다. 따라서 이 공원은 척박한 땅에서 자연이 어떻게 시작되는가를 보여줄 수 있는 공간이다. 또한 매년 가을이 되면 억새꽃이 장관을 이루어 도심에서 억새를 구경할 수 있는 새로운 명소로 자리 잡고 있다. 이곳의 많은 억새가 자생한 것이 아니고 한 포기 한 포기 심어졌다는 사실은 많은 사람들로 하여금 자연을 보호해야 하는 의미와 중요성을 일깨워 줄 것이다.

2) 올림픽공원

빌딩과 아스팔트, 자동차 매연으로 가득 찬 서울 도심에서 자연의 푸름과 함께 문화의 향기를 맛볼 수 있는 43만 평에 이르는 올림픽공원에는 총 205점의 조각작품과 8점의 조형물이 들어서 있어, 세계 5대 조각공원 중의 하나로 명실상부한 위치를 차지하고 있다. 또한 일반인들이 보다 친숙하게 작품을 감상할 기회를 가질 수 있어 누구나 쉽게 접근할 수 있는 예술의 장으로 자리매김하고 있다.

올림픽공원은 도심 속에 위치해 시민들에게 휴식공간을 제공할 뿐만 아니라 각종 경기, 대형 콘서트, 이벤트 등을 위한 시설과 장소를 대여하고 있다. 88올림픽경기가 열렸던 체조경기장, 펜싱경기장, 역도경기장, 수영장, 그리고 테니스장은 그 규모가 국제적이며 다목적 시설을 갖추고 있어 각종 스포츠와 행사 및 공연을 하기에 적합하다.

국내 최초의 엑스게임 전용경기장인 이곳이 개장하기 전에도 올림픽공원은 엑스게이머들의 천국이었다. 특히, 주말에는 '평화의 광장'을 중심으로 인라인스케이트와 스케이트보드를 즐기는 젊은이들로 발디딜 틈이 없을 정도이며, 올림픽공원을 자신들만의 아지트로 삼은 동호회 수도 만만치 않다. 엑스게임이 갖는 특성상, 실제로 묘기를 펼치는 사람들은 10, 20대가 다수를 차지하지만, 어린이와 함께 손을 잡고 인라인스케이트를 즐기는 부모들도 심심치 않게 볼 수 있다.

3) 일산 호수공원

호수공원에서는 국내외의 어려운 경제여건과 자유무역협정(FTA) 등 농산물 수입개방의 변화 속에서 고부가가치의 화훼상품을 개발, 육성하여 수출 시장을 확대 · 다변화하고, 첨단지식과 접목된 화훼산업의 지속적인 성장을 이루어 농업경쟁력을 높이고자 꽃박람회가 개최된다. 이 행사는 꽃의 아름다움을 수준 높은 전시예술로 표현하여 시민의 정서 순화와 자연환경의 소중함 속에 풍요롭고 건강한 삶을 누리는 계기를 제공한다.

또한 임진왜란 3대첩의 하나인 행주대첩의 승전을 기념하고 권율 장군을 비롯한 순국선열들의 정신을 기리기 위한 문화제를 개최한다. 잊혀 가는 선조들의 멋과 슬기를 계승 · 발전시켜 새로운 시민정신으로 승화하기 위해 1986년부터 '시민의 날' 행사와 함께 개최되던 것을 1993년부터 분리하여 매년 5월 1일부터 3일까지 행주대첩 승전굿, 향토역사기행, 고양 송포 호미걸이 등 지역의 전통문화를 주제로 한 각종 행사를 개최한다. 또한 불꽃축제, 남사당놀이, 다도(茶道) 시연, 청소년 민속놀이 체험 등 각종 문화공연과 시민참여 중심의 행사가 열린다. 이 행사는 주민들이 거주하는 곳에서 가까운 공원이 축제의 장으로 활용되어, 멀리 가지 않고도 다채로운 행사를 직접 체험할 수 있는 기회를 제공한다.

3. 학습공간으로서의 공원

1) 월드컵공원

월드컵공원에서는 시민들에게 쓰레기 산이었던 난지도가 어떻게 변화하고, 그 속에서 피어난 꽃과 나비, 새 등 동물들의 삶을 통하여 자연의 중요성을 느낄 수 있도록 생태학습 프로그램을 운영하고 있다. 또한 '환경교실' 에서는 난지도의 어제와 오늘, 쓰레기 매립지의 환경오염 실태, 매립지 발생 오염물질 처리시설 등의 강의와 현장견학 등의 교육과정을 통해 환경보전의 중요성을 다시 한 번 생각하는 기회를 마련하고 있다.

2) 올림픽공원

몽촌토성은 오래전부터 한성 백제시대의 토성으로 전하여 왔을 뿐, 그 정확한 내용을 모르고 있었다. 1980년대에 들어와 주변 일대가 88서울올림픽 체육시설 건립지로서 확정됨에 따라 이 성의 성격파악과 아울러 유적공원으로 복원키로 결정하고, 고증자료를 얻기 위해 서울대학교 박물관에서 1983년부터 1988년까지 5차에 걸쳐 발굴조사를 실시했다. 그 결과 얻어진 자료를 토대로 현재의 모습으로 복원 정비가 이루어지게 되었다.

이 토성은 한강지류에 해당하는 이곳의 자연지형을 이용하여 진흙을 쌓아 성벽을 만들었고, 특히 북벽의 단을 이룬 곳에는 나무울타리를 세웠으며, 그 외곽에는 해자가 둘러져 있었음이 확인되었다. 북쪽 방향으로부터의 침공에 대비한 방어 성격을 많이 띠고 있는 한성 백제시대의 토성으로 성 내부에서는 움집터, 독무덤, 저장 구덩이 등 유구와 함께 백제시대 토기를 비롯하여 무기, 낚시바늘, 돌절구 등 각종 유물이 출토되어 한성 백제시대 연구에 귀중한 자료를 얻게 되었다.

몽촌 역사관은 한강유역을 포함한 백제문화의 대표적인 유적 및 유물을 한곳에 모아 전시함으로써 서울이 2천 년 고도(古都)의 역사적 중심지였음을 조명하고자 1992년 1월 개관하였다. 이 역사관에는 옛 주거지, 고분군, 몽촌토성의 유적모형과 유물을 전시함으로써 찬란했던 백제의 역사와 문화를 볼 수 있다. 특히, 몽촌토성은 초기 백제의 도성인 하남 위례성으로 추정되는

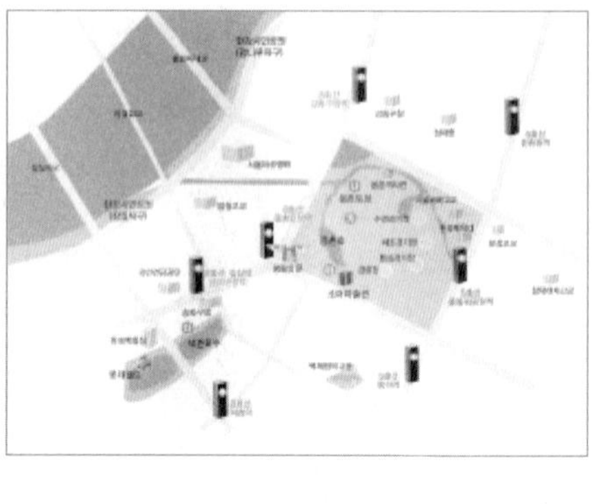

중요한 유적으로 이곳에 역사관이 위치함은 역사의 산 교육장으로서 그 의미가 매우 크다.

3) 일산 호수공원

한울광장, 미관광장, 주제광장은 인라인스케이트를 즐기기에 최적의 조건을 갖추고 있다. 실제로 많은 시민들과 동호회에서 이 장소를 이용하고 있다. 인라인이라는 체육활동을 통해 새로운 기술을 배움으로써 개인적으로는 자율성과 도전의식을 기를 수 있고, 동료집단과 함께 어울림으로써 사회성을 기르는 데 도움을 준다.

선인장 전시관에는 다양한 종류의 선인장이 전시되어 있어 관람하는 사람들의 심미적 욕구를 충족시켜 준다. 또한 주변 선인장을 키우는 농가에서 직접 재배된 선인장들이 전시되어 소비자가 원하면 구입을 할 수 있는 시스템이 구축되어 있다. 무엇보다 많은 종류의 아름답고 희귀한 선인장들이 사람들을 즐겁게 해 준다는 것이 가장 큰 장점일 것이다.

도시에 거주하는 사람들은 자연과 잦은 접촉을 할 수 없다. 특히, 야생동물이나 조류 또는 물고기 등은 특별한 장소에 가지 않는 한 구경하기 힘들다. 그러나 호수공원에 있는 두루미 사육장에 가면 언제든지 두루미를 볼 수 있다. 흔히 볼 수 없는 동물을 자연관찰함으로써 그 동물의 생태나 습성을 알 수 있다는 점에서 교육적 의의가 있다.

주 5일제가 본격적으로 시작되면서 더 풍요로운 삶을 살 수 있는 기회가 주어졌다. 주말이 되면 자가용을 몰고 다양한 볼거리를 찾아다니는 사람들이 눈에 띄게 늘었다. 먼 거리에 있는 이름난 곳을 여행하는 사람들이 있는가 하면, 집 가까이에 있는 공원에서 가족들과 어울리며 재충전을 하는 사람들도 있다. 특히, 도심에 있는 공원들은 멀리 갈 수 있는 형편이 되지 않는 사람들에게 다양한 볼거리와 휴식공간을 제공한다.

도시공원은 도시민들에게 휴식공간을 제공한다. 일주일 동안 바쁘게 살아오던 가족구성원들이 한자리에 오붓하게 모여 앉아, 그동안 나누지 못했던 이야기들을 나누면서 다시 한 번 가족애를 확인할 수 있다. 핵가족화 사회에서는 가족 간의 대화가 자연스레 적어지게 된다. 공원은 이 점을 극복하게 해 준다. 서로의 삶을 신경 써 줄 여유가 없어지게 되어 쌓인 스트레스를 풀며 가족과 대화를 나눈다면 가족 간의 의사소통 단절문제는 쉽게 해결될 수 있을 것이다. 또한 조용하고 평화로운 분위기에서 자연과 하나가 되는 경험을 할 수 있는 공원은 인간에게 더할 나위 없는 휴식공간이 된다.

또 다른 도시공원의 장점을 꼽는다면 근접성과 경제성이 있다. 굳이 멀리 가지 않아도 다양한 볼거리를 체험할 수 있다. 주말에 많은 사람들이 멀리 있는 곳을 여행하기 위해 차를 이용하게 되는데, 이것은 교통체증을 유발하게 되어 또 다른 스트레스의 원인이 된다. 반면에 집 근처에 있는 공원은 걸어서 가기에 부담도 없고 교통체증을 염려할 필요도 없다.

또한 경제적 부담 없이 충분한 교육적 효과를 얻을 수 있는 곳이 공원이기도 하다. 공원 안에 있는 대부분의 시설이나 전시장은 무료이기 때문이다. 게다가 일 년에 수차례 축제행사가 열리는 곳이 바로 공원이기 때문에, 사람들은 굳이 돈을 들이지 않고도 많은 것을 경험할 수 있다.

공원은 근접성과 경제성 때문에 어른들에게 각광받는 장소일 뿐만 아니라 다양한 학습공간이 존재하기 때문에 아이들에게도 유익한 곳이다. 공원 안에 있는 자연체험 학습장은 평소 자연과 접촉이 적었던 아이들에게 자연생태를 직접 눈으로 보고 체험할 수 있는 기회를 제공한다. 이것은 학교 안에서 공부를 하는 것뿐만 아니라 탈시간, 탈공간적으로 어디서든 학습이 가능함을 말하는 것이다. 공원은 노마드 사회(nomad society)로서의 특성을 반영한다고 볼 수 있다.

도시공원 안에서는 정적인 것뿐만 아니라 동적인 활동도 즐길 수 있다. 그 대표적인 예가 인라인스케이트다. 대부분의 공원에는 넓은 광장이 있어 원하는 사람은 누구든 인라인스케이트를 즐길 수 있다. 인라인스케이트를 타게 되면 전신을 움직여야 하기 때문에 고도의 집중력이 필요하다. 특히, 슬라럼이나 어그레시브를 즐기는 사람들은 집중을 하지 않고 타면 실수를 하거나 다칠 수 있다. 그런 맥락에서 인라인스케이트는 정신력과 집중력을 높이는 데 도움을 준다고 볼 수 있다. 또한 많은 동호회가 있어 자신이 원하는 곳에 가입을 하고 활동할 수 있다. 이러한 활동은 개인의 사회성을 신장시키는 데 도움이 된다.

공원은 다양한 콘텐츠를 제공하는 문화공간임에 분명하다. 점차 도시공원은 우리 생활의 일부를 차지하게 되었고, 공원 내에서도 각종 작은 공연이나 전시관을 준비하여 단순한 쉴 공간으로만 그치지 않고, 배움의 자리로서 인식되고 있다. 사람들에게 다양한 볼거리를 제공하는 도시공원은 앞으로 더욱 발전하여 여러 가지 여가활동을 가능하게 하고 문화와 교육의 공간으로 높이 평가받게 될 것으로 기대된다.

07

평생학습 마당: 문화센터

1. 교육의 외연적 확대

세상은 언제나 변한다. 이제 갇힌 사고와 정형성만으로는 세상과 올바로 만날 수 없다. 늘 열려 있고, 끊임없이 변화하는 교육내용만이 올바른 세상을 만나게 할 수 있다. 배울 곳이 넘쳐나고 있다. 그 많은 배움터 속에 문화센터라는 평생교육시설이 있다. 평생에 걸쳐 누구나 언제든지 원하는 교육을 자유로이 받을 수 있어야 한다는 평생교육의 이념이 널리 확산, 보급된 이래 최근 들어 사회교육의 의미와 중요성이 더욱 부각되고 있다. 또한 평생교육이 지향하는 교육의 수직적 통합과 수평적 통합은 곧 사회교육과 학교교육의 상보적 균형 · 발전을 통해서 이룩될 수 있기 때문에 사회교육 부분의 성장 · 발전이 더욱 중시되고 있다.

1980년대 이후 사회교육의 기회가 증대되면서 사회교육기관이 크게 늘어났고, 사회교육에의 참여율이 증가하면서 사회교육 저변 인구가 확대되는 등 양적 성장이 가속화되고 있다. 양적 성장과 더불어 질적 측면에 있어서도 사회교육의 유형이 크게 다변 · 다원화되고 사회교육의 전문성이 과거에 비해 상대적으로 크게 제고되었다. 사회교육의 질적, 양적 성장에 따라 사회교육에 대한 인식과, 사회교육의 이수 결과에 대한 사회적 인정 또한 상대적으로 향상되어 가고 있다.

이러한 양상은 오늘날의 사회가 사회구성원들에게 현대 사회의 새로운 변화에 적응하도록 많은 기술이나 지식, 태도 등을 요구한다는 사실과 관계 있다. 현대 사회의 특성은 기술과 지식의 급증, 직업구조의 변화, 교육수준의 향상 및 교육기회 평등사상의 보편화, 생애주기의 변화, 여가증대와 의식의 변화, 사회구조와 기능의 전문화 및 정보화 현상이다.

따라서 현대 사회의 특성 및 변화는 남녀노소 혹은 도시인이나 농촌인을 불문하고 누구에게나 영향을 미치고 있으며, 변화에 대처해 나가기 위한 새로운 교육을 필요로 하게 되었다. 1980년대 이후 우리 사회는 어느 정도의 경제적, 사회적 안정을 찾았다. 기술이 발전하고 여가시간이 늘어나면서 사람들의 배움에 대한 욕구는 더욱 커졌다.

학교만이 교육을 하는 기관이라고 생각하던 가치관에 변화가 생겼다. 살아가면서 언제 어느 곳에서나 무언가를 배우고 있는 것이다. 가정, 학교, 사회 등에서 원하든 원하지 않든 무언가를 배우게 된다. 즉, 삶을 살아가는 동안 어디서든 교육을 받는다는 것이 평생교육의 기본 개념인 것이다.

평생교육의 중요성이 대두되면서 학교부속의 평생교육원이나 국가에서 운영하는 평생교육시설이 등장하게 되었다. 하지만 그러한 평생교육시설은 교육을 원하는 사람들에 비해 그 수가 현저히 부족했다. 모든 사람이 언제 어디서나 교육을 받을 수 있다는 평생교육의 이념에 적합하게 다가오지 못했고, 일부 사람들의 전유물로 여겨졌다. 사람들은 좀 더 많은 교육기관과 다양한 프로그램을 원했고, 그러한 욕구는 문화센터라는 새로운 공간을 탄생시켰다.

백화점, 여성회관, 시민회관, 구청, 신문사, YMCA, 대학 등 우리 주변에서 쉽게 찾아볼 수 있는 곳에 문화센터라는 이름으로 교육의 기회를 주는 장소가 많이 생겨났다. 다양한 사람들이 배우고자 하는 다양한 내용의 강좌를 개설하고 교육기회를 제공한다. 사람들은 가까운 곳에서 저렴한 가격으로 원하는 교육을 선택하여 수강할 수 있게 되었다.

문화센터는 1980년대에 들어서면서 새롭게 등장한 평생학습 사회교육기관으로서, 주로 대도시의 중산층 시민을 대상으로 여가 및 교양교육 위주로 운영되고 있는 기관이다. 문화센터는 1970년대 후반부터 개설되기 시작하였는데, 초기에는 언론기관부설로 설립되는 경우가 많았다.

이후 신문사를 중심으로 큰 규모의 문화교실들이 문화센터라는 명칭으로 개설된 것이 1980년대 초반이다. 신문사 문화센터는 1980년대 언론 통폐합이라는 정치, 사회적 배경하에서 유휴공간의 장소 활용목적도 있었으나, 사회적 문화사업이라는 취지로 시작되어 독자에 대한 신문사의 이미지 선양이 주된 목적이었다.

1980년대 후반부터 최근까지 언론기관뿐 아니라 백화점, 비영리단체, 기업체 등에서 문화센터를 운영하고 있으며, 그 교육내용도 매우 다양하게 구성되었다. 일반적으로 문화센터들은 교육이념 및 목표로서 수강생의 교양증진 및 자질 향상, 효율적인 여가선용능력의 함양 등을 제시하고 있다.

백화점부설 문화센터의 경우 이윤추구를 목적으로 하는 백화점의 이미지를 불식하고, 사회사업의 한 형태인 문화사업을 전개하면서 많은 고정고객을 확보하기 위하여 개설되었다. 그러나 백화점 본연의 목적이 이윤추구이므로 고객 서비스 및 조직화를 위해 다분히 상업주의에 입각한 목적들이 추가되는 경우도 적지 않다.

문화센터는 팽배해져 가는 교육적 욕구와 상업적인 이해관계 속에서 창출된 '평생교육법'에 의해 지역 교육청에 등록되어 운영된다. 또한 앞으로 입법 개정될 평생교육기관 현황 조사에 의하면, 문화센터는 학원과 같이 지역교육청에 일반 사회교육시설로 등록되어 운영해 왔는데, 향후 사업장부설 평생교육기관으로 인정하여 운영할 계획이다. 따라서 백화점 문화센터는 현대 사회의 평생학습기관으로 자리 잡아 가고 있다고 할 수 있다.

하루가 다르게 사회가 변화되고, 정보의 유통량도 기하급수적으로 늘어남에 따라 나라별, 지역별 문화의 통합과 차별화가 나타나고, 가치의 기준과 대상이 변화되고 있다. 따라서 문화가 보다 더 중요한 삶의 가치로 등장하는 계기가 되었으며, 문화센터는 이러한 문화를 지역주민들의 적극적인 참여와 활동으로 학습하게 함으로써 문화적 역량을 키워 나가도록 하여 평생교육의 궁극적인 목적을 달성하는 데 기여한다.

학교에서 배운 지식을 수년 내지 수십 년간 활용하던 시대에는 평생교육의 필요성을 절감할 수 없었다. 그러나 오늘날 평생교육의 경험은 개인적으로나 사회적으로 문화적 삶의 질을 향상시키는 데 많은 도움을 주고 있다. 문화센터는 우리가 학교에서 배워 왔듯이 획일적이고 모든 사람이 해야만 했던 것들을 배우는 것이 아니라, 자신이 배우고 싶은 것을 찾아서 능동적으로 배우고 느끼는 공간이다. 거기서 개인은 자신의 삶의 질을 향상시키고 실제적으로 평생교육이라는 것을 수행할 수 있는 것이다.

2. 평생교육의 대상

평생교육의 일환으로 실시, 운영되고 있는 문화센터는 일반 학생뿐만 아니라 교육의 기회가 적은 여성과 노인을 대상으로 운영되고 있다. 각 계층의 프로그램의 현황과 특성에 대하여 알아보면 다음과 같다.

일반 학생의 경우 교육기회를 놓친 미취학 청소년을 대상으로 하는 준(準)학교 형태와 학교교육에서 배울 수 없는 교육과 보다 심화할 수 있는 보완형 형태의 교육이 주류를 이루고 있다. 일반 학생을 대상으로 하는 문화센터 프로그램은 공연음악, 체육학습, 문화정보시설, 교양강좌시설, 편의시설 등을 바탕으로 하는 대규모 행사, 공연장소를 제공하고 있다. 다양한 장르의 음악을 영상과 함께 감상함으로써 건전한 정서를 함양하며, 수영 등을 통하여 신체의 균형적인 발달과 심폐기능을 향상시키고, 각급 학교 및 체육활동을 지원하여 건전한 스포츠 문화환경을 조성한다.

학생 개개인의 운동 욕구를 충족시키고, 다양한 운동 종목을 통해 방법과 규칙을 이해하며, 건전한 놀이문화와 평생체육교육의 기틀을 마련하고, 학생들이 자유롭게 즐길 수 있는 공간을 제공하여 자기 표현의 기회를 갖게 한다. 다양한 도서자료를 통한 자율학습의 기회 제공으로 스스로 학습하는 창조적인 학습활동 및 독서기회를 제공하고, 컴퓨터 교육을 실시하여 인터넷 및 다양한 소프트웨어 활용을 통한 정보화 교육 및 문화예술작품 감상의 기회를 제공한다.

우리나라는 2000년에 이미 65세 이상 노인인구가 전체 인구의 7% 이상인 고령화 사회(aging society)에 진입하였고, 2005년 이후 노인인구가 전체의 8%를 넘어 2019년에는 14.4%에 도달하여 고도의 고령사회가 될 것으로 전망된다. 이 같은 고령화의 진전은 그 속도 면에서 세계적으로 유래가 없는 것이다. 평균수명의 연장도 매우 급속히 이루어졌고, 무엇보다도 출산율의 급격한 하락이 빠른 고령화의 진전으로 나타나게 된 것이다. 이에 노인에 대한 사회복지정책이 필요하며, 문화센터 또한 노인을 위한 프로그램으로 고령화 시대에 이바지하고 있다.

노인을 위한 문화센터는 사회복지 이념을 바탕으로 어르신들을 위한 각종 사회복지 서비스를 제공하여 삶의 질 향상과 편안한 노후생활을 영위토록 하며 신체적, 정신적 노화 및 사회환경적 요인으로 가정과 사회에서 소외를 겪는 무의탁노인, 영세노인, 재가노인들의 심신건강 유지와 노후의 생활안정을 도모한다.

또한 노인성 질환이나 기능장애로 인하여 심신이 허약하거나 거동이 불편한 노인들이 낮시간 또는 일정기간 동안 가족으로부터 보호를 받을 수 없는 경우, 센터에 입소하여 통합적인 재활사회복지 서비스를 제공받음으로써 노후생활 안정과 심신기능 유지 및 향상을 도모함은 물론, 부양가족의 부양부담을 경감시킴으로써 가족의 복지증진을 도모한다. 또한 노인의 존엄성을 유지하여 지역사회의 경로효친의식 함양으로 건강하고 행복한 복지사회를 구현하는 데 기여하고 있다.

문화센터는 노인들의 다양하고 건전한 여가문화를 즐길 수 있도록 준비하고, 일반적으로 생각하는 노인의 모습이 아닌 활동적이고 적극적인 노인들의 참모습을 발휘할 수 있도록 다양한 프로그램을 만들기 위하여 노력하고 있다.

한편, 사회교육 실시 기관들이 제시하고 있는 여성 사회교육의 이념 및 목적은 기관의 설립 이념 및 목적과 상당한 연계를 지닌 유사한 내용으로 제시되고 있다. 각 기관들의 설립 이념 및 목적으로 제시되고 있는 여성의 자질, 지위, 복지 향상과 여성 전문인력의 확보, 사회전반의 시민의식 향상 및 평생학습사회와 복지사회 구현은 교육목적 및 이념에 있어서도 여성교양 및 자질 함양교육과 전문성 함양 및 기능인력 양성교육, 사회참여 및 시민의식, 지도성, 공동체의식 함양 교육 등의 3대 부문으로 제시되고 있다. 이는 여성 사회교육 실시기관들이 여성의 개인적인 자질 향상과 자아실현을 도모하고, 사회적 인력수요에 부응하는 여성 전문인력을 양성하며, 사회적 참여와 사회 공동체의식 구현에 기여함을 여성 사회교육의 주된 목적으로 삼고 있음

표 7-1 기관 유형별 여성 사회교육의 이념 및 목적

여성단체 및 여성교육 전담기관	• 여성 교양의 증진 • 가정복지 향상 위한 부모역할교육과 건강 보건 증진 • 여성의 사회참여의식 및 지도성, 시민의식 함양 • 여성자립기반 위한 전문성 함양, 직무수행능력 향상 • 불우여성 소득증대 능력, 의식 계발 • 여가 선용
문화센터 및 일반 사회교육기관	• 지역사회인의 교양 증진 및 자질 함양 • 효율적인 여가선용능력 함양 • 사회참여의식 및 시민의식 계발 • 전문성 함양 및 기능인력 양성
대학부설 사회교육기관	• 2차 교육기회로서의 보충, 보상교육 제공 • 교양 증진 및 자질 함양
종교기관	• 종교정신의 실천보급, 종교문화 구축의 저변 확대 • 이웃과 함께하는 공동체의식 강화 • 평생교육 실시를 통한 민주시민의식 함양

을 보여 준다.

여성 사회교육 프로그램을 실시하고 있는 여성단체 및 여성교육 전담기관들의 경우는 특히, 여성 사회교육 실시의 목적이 여성학습자 개인적 차원에서의 교양 증진 및 가정복지 향상을 위한 학습기회 제공에 있다. 또한 사회적 차원에서의 사회참여의식 및 지도성, 시민의식 함양과 여성 경제자립 기반 확보를 위한 여성 전문인력 양성교육, 그리고 특히 경제력이 열악한 여성집단의 경제력 확보와 의식계발 교육 등으로 다양하게 제시된다.

문화센터 및 일반 사회교육기관들의 경우 이 같은 목적들과 함께 특히 효율적인 여가선용능력 함양의 교육목적이 포함되어 있는데, 이러한 여가교육의 주 대상은 지역사회 주민 중 특히 주부 및 여성 학습자들인 것으로 나타나고 있다.

문화센터에서 운영하는 프로그램들은 주로 여가선용 및 교양증진에 관련된 것이다. 여가선용 및 교양증진형 사회교육은 1980년 이후 크게 증대되기 시작한 사회교육 분야다. 1970년대 이후 가계마다 경제안정이 이루어지게 됨에 따라 많은 사람들이 무의미한 삶에 대한 회의와 함께 보다 질 높은 삶을 추구하게 되었고, 이를 위한 프로그램을 실시하는 교육기관으로는 사회교육단체, 대학부설 사회교육기관, 여성교육기관 및 단체, 노인교육기관 및 단체, 문화원, 문화센터, 사회복지관, 도서관, 박물관 등이 있다.

각 기관별로 특성과 대상에 맞는 프로그램을 실시하고 있으며, 이용 대상에 따라 프로그램의 내용을 달리하고 있다. 예를 들면, 대학부설 사회교육기관의 경우 대학특성에 따라 교육내용에 차이를 보이나, 대체로 심도 있는 교양증진형 요소가 강하다. 반면에 문화센터의 강좌는 문학, 어학, 사업, 전통, 음악, 미술 등 다방면에 걸쳐 다양하며, 교육대상을 주부들이 주요 대상이나 유아, 어린이, 청소년에 이르기까지 다양하다. 문화센터의 경우 개설한 프로그램은 기관별 프로그램을 상호 간 참고함으로써 대체적으로 유사하며, 뷔페식으로 호객성의 오락 위주 강좌나 기능성 참여 위주의 강좌로 구성되어, 그 결과 오락이나 실용적 목적에 의해서 선택되는 강좌가 주류를 이루고 있다. 그리하여 수강생이 상대적으로 적은 강좌는 자연히 폐강된다.

문화센터의 프로그램은 지역주민들의 요구를 인도해 나가기보다는 그것을 반영하는 편이다. 즉, 자체적인 교육철학이나 이념보다는 수강생의 수요와 그에 따른 수강료에 의해 영향을 받는다. 문화센터의 경우는 지역문화를 선도하기보다 고객의 문화욕구를 반영하는 수준이므로 유행성, 일회성 강의로 편성되는 경우도 적지 않다.

3. 평생학습 프로그램(예)

평생학습 프로그램의 내용과 형식은 무궁무진하며 이것이 바로 이 프로그램의 장점이기도 하다. 평생학습 프로그램은 주변 일상사의 사소한 것으로부터 전문적인 지식기반의 것에 이르기까지 실로 다양하다. 다음은 그중에서 참여자들로부터 가장 많은 수요와 관심을 얻는 것들을 소개한다(이들은 다음의 웹사이트를 참고하였음 : http://www.pulib.com,http:// hanc.co.kr,http://kin.naver.com/open100/db_detail.php?d1id=11&dir_id=11&eid=W3Fcj9SbBBOV/rjYtnjcDN05FwT3hKSv,http://www.jikbbang.com, http://www.busanilbo.com/news2000/html/ 2006/1209/0L0020061209.1017163607.html, http://100.naver.com/100.nhn?docid=55061).

1) 컬러믹스

PVC소재인 천연고무에 색소를 배합하여 나온 고무찰흙을 흔히 '컬러믹스' 한다고 한다. 컬러믹스의 기본색은 검정, 파랑, 노랑, 빨강, 흰색의 다섯 가지로 서로를 배합하여 자신이 원하는 다양한 색상을 만들 수 있으며, 짧게는 20분 길게는 1~2시간에 한 가지 소품을 만들 수 있어서 손재주가 없는 사람도 쉽게 배우고 즐길 수 있으며, 인체에 해가 없어 어린이 감성 발달에 좋

다. 간단한 냉장고 액세서리부터 풍경화 등과 같이 전문화된 분야까지 폭넓은 표현을 할 수 있는 공예다.

기본적으로 만드는 방법은 다음과 같다.

① 공 만들기() – 점토를 부드럽게 주물러 손바닥에 놓고 힘을 주면서 여러 번 굴려 주고 주름이 없어지면, 부드럽게 굴려 동그랗게 만든다.

② 물방울 만들기 – 공을 굴린 다음 손바닥을 V자 모양으로 벌려 밑 부분만 비벼서 한쪽 면을 뾰족하게 만든다.

③ 양쪽 물방울 만들기 – 물방울을 만든 다음 뒤집어서 반대쪽도 똑같이 물방울을 만든다.

④ 선 만들기() – 공을 굴린 다음 바닥에 놓고 손가락 끝으로 위아래로 여러 번 굴려 가면서 길게 늘려 준다.

2) POP

POP(Point of Purchase) 광고란 손으로 직접 쓰는 광고물로, 일반적으로 '구매시점광고' 라고 일컬어지며 소비자가 제품을 구매하는 장소에서 이루어지는 모든 형태의 광고를 말한다. 백화점이나 할인점, 슈퍼마켓 등에 가면 가격표와 함께 신상품 소개, 깎아 팔기 행사 등을 알리는 아기자기하고 다양한 손 글씨 광고문을 쉽게 볼 수 있는데 이것이 바로 POP광고다. 손으로 직접 쓰는 광고물이므로 소자본투자로 창업이 용이하며 그 매장에서 판매하는

물건이 무엇인가를 직접적으로 나타나게 해 주는 장점을 가지고 있다. POP의 효과는 ① 고객의 쇼핑행위에 도움을 주며, ② 판매원의 접객 판매활동을 도와주며, ③ 광고 · 전시 · 기타 다른 판매촉진 활동과 시너지 효과를 꾀할 수 있으며, ④ 비교적 만들기 쉽기 때문에 비용이 적게 든다는 점이다.

3) 퀼 트

라틴어인 'Cultita(메워진 자루, 속을 채운 봉투)'에서 유래된 말로 조각 잇기(piecing)와 누비기(quilting)를 한꺼번에 하는 작업을 의미한다. 퀼트의 종류에는 크게 조각을 연결하는 패치워크와 천 위에 천을 덧대어서 문양을 만들어 내는 아플리케로 나누어진다. 퀼트를 시작하려면 우선 작품 도안이 있어야 한다. 작품의 도안대로 천을 자르고 바느질을 하게 되는데 기본바느질은 박음질로 작품을 튼튼하게 만들 수 있다. 천과 천 사이에 얇은 솜을 넣어 누벼줌으로써 작품 모양을 온전하게 만들고 실용성 있게 만들어준다. 이때 바느질은 홈질이 사용되고 이를 퀼팅(Quilting)이라 부른다. 또한 천과 천을 연결하는 것을 패치워크(Patchwork)라 부른다.

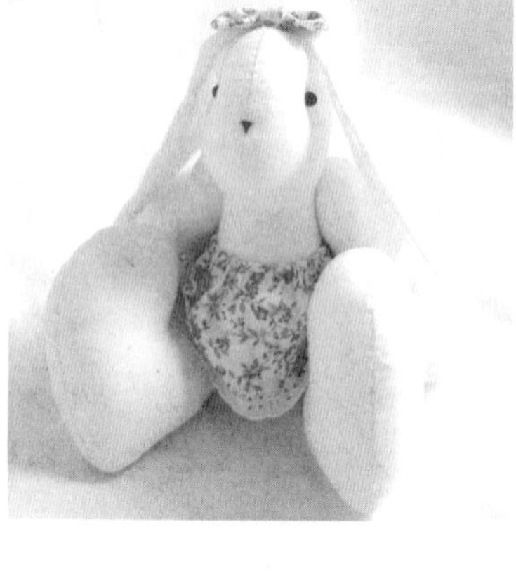

또한 퀼트는 크게 일본식과 미국식으로

나눌 수 있다. 일본식은 재봉틀을 사용하지 않아 시간이 오래 걸리고 힘은 들지만 정교하고 섬세한 반면, 미국식은 재봉틀을 사용하여 보다 짧은 시간에 견고하고 많은 작품이 나올 수 있다. 우리나라의 경우 물자가 풍부하지 않았던 시절 조각 천들을 모아 상보, 옷가지, 이불들을 만든 것이 바로 퀼트의 시작이었다. 오늘날 장식적인 요소가 가미되어 지금은 예술품으로까지 발전하게 되었다.

4) 네일아트

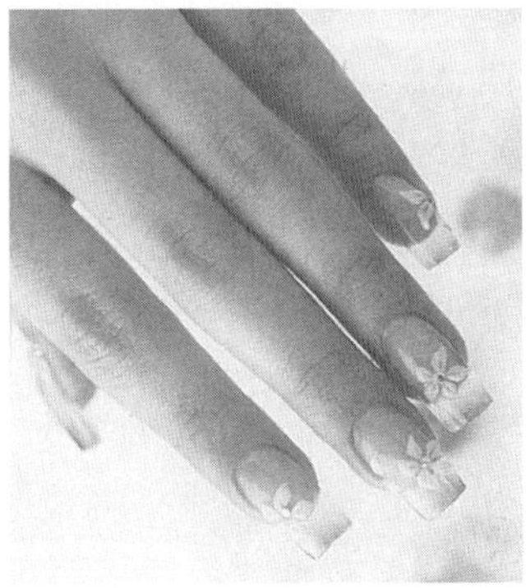

매니큐어(Manicure)라고 하면 일반적으로 손톱에 색을 칠하는 것을 의미한다. 그러나 엄밀한 의미에서 매니큐어란 '손톱의 손질 및 관리법'이라고 해야 한다. 네일 아티스트는 손톱과 발톱의 건강과 미용을 책임지는 전문가로 오늘날 가장 빠른 속도로 성장하고 있으며, 종종 고소득 직업으로 떠오르고 있다. 국내에서 네일아트는 연예인과 같은 특별한 사람에게만 해당하는 고급미용 또는 사치스러운 것으로 인식되었으나, 요즘 들어 여자 대학생, 사회생활을 하는 직장 여성 등 젊은 층 사이에서 큰 인기를 얻기 시작하여 네일 아티스트는 21세기 유망직종으로도 뽑힌다. 왜냐하면 네일아트는 패션의 마무리로 일컬어지며 패션, 미용 다음으로 빼놓을 수 없는 부분으로 자리 잡아 가고 있기 때문이다. 네일아트를 하기 위해서는 '손톱 관리 위생학, 네일개론, 핸드마사지, 네일 케어' 등을 배우게 된다.

5) 토피어리

라틴어로 'Topia(가다듬다)' 가 어원으로, 식물을 사람의 손으로 다듬을 것을 토피어리라고 한다. 고대 로마시대부터 식물을 기하학적인 동물모양으로

전정하여 왕궁장식이나 길을 안내하는 이정표 등 여러 형태로 사용된 것이 그 시초다. 19세기에 이르면서 정원사들이 가정에서 설치할 수 있는 작은 프레임을 개발하여 전해져 내려왔다.

토피어리의 종류로는 수목을 가위와 손으로 잘라 만드는 '전정형', 드라이플라워, 전하, 포트식물을 와이어나 오아시스에 꽂아 제작하는 '꽂는 형', 원하는 프레임을 제작한 뒤 프레임 전체의 형태에 식물을 심거나 일부에 심는 '심는 형', 다양한 형태로 만들어 화분에 꽂아 식물을 유인하여 형태를 따라 감기도록 만드는 '유인형' 등이 있다.

6) 노래교실

현대인에게 여러 사람들과 어울리는 자리가 많아지면서 모임자리에서 자신 있게 노래 부르고 싶어 하는 사람들이 늘어난다. 노래교실을 통하여 여럿이 함께 흥겹게 노래를 배우고 나면 자신감도 생기고, 친구도 생기며, 저절로 흥이 난다. 지나간 명곡으로부터 최신에 유행하는 노래까지 노래전문가의 강의를 통해서 배워 볼 수 있다. 이러한 노래연습을 통하여 자신의 감정을 적절히 표현하고 스트레스를 효율적으로 해소할 수 있다.

7) 댄스교실

사교댄스는 사교를 목적으로 연회 따위에서 남녀 한 쌍이 추는 춤으로, 반주 음악에 따라 왈츠, 탱고, 폭스트롯, 블루스 따위의 모던계와 룸바, 탱고 따위의 라틴계 댄스로 구분된다. 문화센터에는 특히 노인이나 주부를 위한 사교댄스 강좌가 인기가 있다. 그 외에도 라틴댄스, 탭댄스, 재즈댄스, 나이트댄스, 밸리댄스 등 다양한 댄스 강좌가 열려 취미로 춤을 배우려고 하거나 건강을 찾으려는 사람들의 발길을 이끈다.

8) 부모동반 학습프로그램

최근 문화센터에는 엄마와 아이가 함께 즐길 수 있는 강좌가 많이 개설되고 있다. 먼저 '생각을 그리는 아이' 라는 프로그램은 국내 최초의 독서, 미술 통합 프로그램으로, 책을 잘 이해하기 위해 동화를 읽고 아이 자신의 감정과 생각을 퍼포먼스, 미술활동 등으로 자연스럽게 표현할 수 있는 수업이다. '모래놀이 교실' 은 델타 샌드라는 모래를 이용하여 아이의 상상력을 펼칠 수 있도록 하는 놀이로, 미세한 모래를 손으로 직접 만지면서 다양한 놀이를 하거나 재미있는 형태를 스스로 창작하여 두뇌발달과 과학적인 지식 습득이 가능하다. '컬러믹스 공작놀이' 는 아이의 상상력을 표현하기에 좋은 컬러믹스를 이용하여 자유롭게 색을 섞고 형태를 만들어 창의력과 감성을 발달시켜 미술에 대한 기본 이해력을 높일 수 있다. '동화구연을 통한 말놀이 교실' 은 동화를 다양한 시청각 교재로 듣게 되어 집중력, 사고력이 확장되어 동화와 연계된 말놀이로 확장된다.

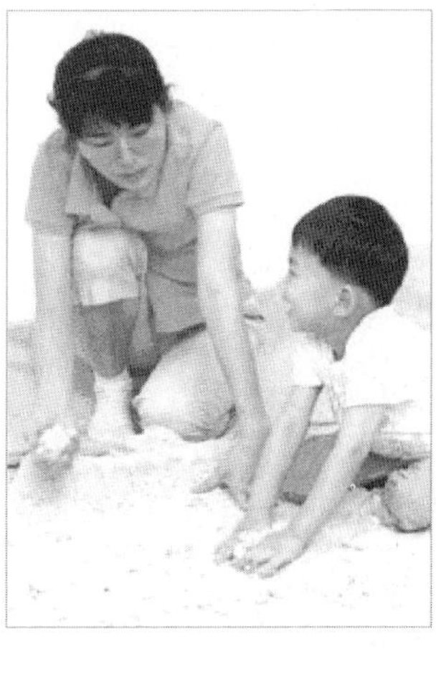

9) 제과/제빵

제빵은 라틴어 panis와, 스페인어 pain, 이태리어 pane, 독일어 brot, 네델란드어 brod, 영어 bread 등에서 유래되었다. 빵은 배(germ), 내배유(endospern), 껍질부위(barn) 등의 세 부분으로 구분되는 밀알을 제분 과정을 거쳐 가루 상태로 만든 후 제조 공정을 통하여 만들어진다. 한편 제과에서 '과'는 나무 가지에 열매가 있는 모양의 상형문자에서 유래되었다. 제과/제빵을 위한 계량, 계측 도구로는 스푼, 온도계, 저울 등이 있으며 핸드믹서 오븐 등이 사용되기도 한다. 재료로는 밀가루, 이스트, 설탕, 우유, 계란, 과일 등이 사용된다. 오늘날 자신만의 독특한 것을 만들려는 사람들의 욕구가 늘어감에 따라 독창적인 케이크가 등장하기도 하고, 가족건강을 위해 Well-being빵을 만들려는 많은 사람들이 이 강좌를 찾는다. 이 강좌는 어느 정도 숙련이 되면 창업으로 연결되는 경우가 많아 가장 인기가 높다.

4. 문화센터의 교육적 기능

이제 문화센터의 교육적 기능에 대하여 논의해 보자. 여기서 '교육적 기능'이라 함은 여러 가지 경험을 제공하고, 생활 속의 보람을 확대하며, 끊임없는 자기발전을 위한 능력과 기회를 제공해 주는 것을 말한다. 물론 이 같은 기능수행의 최적지는 학교다. 그러나 대부분 학교교육은 학령기에 정해진 공간(교실), 정해진 교육과정으로 일상생활과 너무 괴리되어 이루어지고 있다.

또한 현대 사회는 사람들로 하여금 과학적 지식과 기술 획득을 주요한 교육목적으로 강조하는 반면 학교교육은 여전히 입시 위주 교육, 암기 위주 교육 등 형식적으로 진행되고 있다. 이러한 학교교육의 문제점은 문화센터에서 그 해결의 실마리를 찾을 수 있다. 다시 말해 문화센터는 학교교육에서 실패한 교육적인 기능을 하고 있다는 것이다.

루소(Rousseau)에 의하면, '교육은 자연에 의해, 인간에 의해 또한 사물에 의해 이루어진다.' 고 함으로써 교육이 한정된 시기나 장소 또는 시설 속에서 특별히 행하여지는 것이 아님을 시사하였다. 즉, 교육이란 인간이 태어나면서부터 시작되며, 죽을 때까지 도처에서 행하여진다는 것이다. 교육은 올바른 습관이나 지식만을 단순히 전달해 주는 것이 아니라, 미성숙자가 지식과 정보를 습득한 후 실생활을 통해 경험하면서 참다운 교육적 결실이 맺어진다는 것이다.

루소의 교육에 대한 정의처럼, 문화센터는 학교교육 이외의 사회교육 경험으로서 사람들로 하여금 단순한 지식의 습득이 아니라, 지식과 정보를 경험과 행위를 통해 얻음으로써 실생활에서 유용하게 사용할 수 있도록 만든다. 개인이 기왕의 교육을 통해 얻은 것들을 재구성하여 자기주도적으로 새로운 상황에 적용하도록 도와주는 것이 문화센터 프로그램을 통한 교육적 기능이며 특성이다.

사람들은 문화센터의 프로그램을 통하여 획득한 경험들을 살면서 새로운 상황을 맞아 다시 변화시키고, 다시 조직하고, 다시 통합하면서, 사물을 관찰하거나 다루는 과정에서, 지식 혹은 신념을 이해하거나 검토하거나 분석하거나 비판하는 사고에서, 그리고 무엇을 조작하거나 창조하는 활동에서, 더욱 능률적이고, 더욱 깊고, 더욱 넓게 적용되는 새

로운 힘으로 작용할 수 있게 된다.

문화센터에서의 교육은 전체적으로 '문화교양' 교육이라 할 수 있다. 학교교육에서 부족했던 교양교육은 문화센터 프로그램을 통해 보완되고, 이는 인간의 전인적 생활에 충분히 기여할 수 있다. 학교교육은 의무사항으로 규정된 커리큘럼과 무한(無限)학습만 수행하고 있다. 즉, 철저히 계획적 · 피동적 학습형태인 반면, 문화센터는 자기에게 필요한 부분, 그리고 배우고 싶은 부분, 즉 정해지지 않은 교육과 학습을 선택하여 능동적인 학습을 한다. 이 같은 문화센터의 자기주도적 · 능동적인 학습을 통해 개인들로 하여금 주체성 확립 및 주체적인 선택에 의한 자기결정능력 형성에 기여할 수 있다.

문화센터에서는 교과지식에서 얻을 수 없는 폭넓은 경험과 삶에 필요한 기술과 덕목을 배우고 인간과 인간, 인간과 자연의 조화와 협응력을 배양하며, 다양한 기관, 다양한 프로그램으로 진행되는 다양성을 바탕으로 각각 다른 가치와 세계관을 지닌 인간을 길러 낼 수 있다.

사회 일각에서는 문화센터가 진정한 인간성의 계발을 추구하는 사회교육으로서의 역할을 다하고 있는지에 대한 의문을 제기하고 있다. 그러나 여성전문지인 〈여성신문〉이 문화센터의 교육적 효율성에 관해 조사한 결과는 이를 부정하고 있다. 즉, 문화센터는 프로그램의 실용성을 추구하고 있으며, 수강료는 큰 문제가 되지 않는다. 또한 여성들의 경제적 자립요구를 채울 수 있는 발판을 마련해 주며, 생산적인 여가생활의 기회를 제공해 준다는 긍정적인 반응이 있다는 것이다. 물론 부정적인 견해로 너무 실용성만을 강조하고 과대광고, 여성들의 경제적 독립의 욕구만을 부추기기 위한 얄팍한 상술이 주가 되는 경우도 있다는 점을 지적하고 있다.

그러나 그동안 문화영역에 대한 국가의 정책적 배려나 문화시설의 열악한 지역기반의 실정을 고려할 때, 문화센터의 문화적 역할과 기능은 평생학습의 장으로서 그 역할을 톡톡히 해내고 있는 것이 사실이다. 특히, 우리의 기간 교육 시스템이 기혼여성을 위한 문화적 공간과 프로그램의 부재라는 '문화적 불균형'을 고려할 때 더욱 두드러진다. 그것은 일체의 사회적 활동으로부터 차단되면서 초래되는 심각한 정체성 위기와 소외감을 느끼게 만드는 원인이 된다. 별다른 여가나 문화활동의 기회가 극히 제한적인 30, 40대의 주부들은 문화센터의 주요한 고객층이 된다. 결국 대부분의 프로그램이 주부대상이며, 실제 수강생 중 80% 이상이 주부들임을 감안할 때, 여성 사회교육에 있어서 문화센터가 차지하는 비중은 그만큼 크다고 할 것이다.

따라서 문화센터 프로그램은 여성의 침체된 일상생활에서 활력을 되찾고 사회참여의 기회가 적은 여성들에게 다양한 사회참여의 기회를 제공해 주는 중요한 역할을 하고 있다. 또한 새롭게 직업을 갖거나 재취입하고자 할 경우 이를 위한 교육기관으로서의 역할을 해내고 있기 때문에 문화센터의 여성교육 기능은 쉽게 무시할 수 없다. 문화센터가 노마드 사회, 유비쿼터스 사회 환경에서 교육경험의 확대와 개인적 능력개발을 위한 최적의 인프라로 기능하도록 정부에서도 적극적인 정책적 배려를 해야 한다. 노인, 청소년, 주부는 물론 모든 국민들이 참여할 수 있는 저렴하고 실용적인 프로그램의 발굴과 운용이 절실히 요구된다. 미래사회의 경쟁력은 바로 이 같은 교육 인프라의 보편성에 달려 있다.

08

공동체적 삶: 문화마을

1. 공동체적 삶

개인적 삶으로서의 여가와 일, 국가적 삶으로서의 정치와 교육이 일치되어 있던 고대의 공동체적 삶의 목적은 당연히 행복이었다. 이때는 여가, 일, 교육 등이 서로 분리되지 않아 일종의 전일적(holistic) 삶을 구가함으로써 누구나 행복을 담보 삼아 즐거움을 만끽할 수 있었다. 그리하여 개인을 확대하면 국가가 되고 그 반대의 논리도 성립되었다. 누구나 개인에 대한 국가의 선위성(先位性)을 지극히 당연한 것으로 여기며 교육받음으로써, 국가가 개인의 자유와 행복의 원천임을 자발적으로 승인했다.

이 같은 정치적 미덕(politike arete)은 가장 이상적인 공동체적 삶의 원형이었다. 물론 이러한 개인과 국가이해의 패러다임이 오늘날까지도 유효한 것은 아니다. 이제 가장 온전한 공동체적 삶은 꿈이 되어 버렸다. 오히려 개인과 국가는 철저히 분리되어 있고, 이로 말미암아 국가는 개인을 억압하는 합리적 기제가 되고 말았다.

결국 개인과 국가의 분리는 사람들로 하여금 다양한 형태의 대안적 공동체를 꿈꾸게 했다. 고대의 공동체적 삶의 이상을 구현하고 각 개인의 경험을 재구성하도록 설계된 '마을' 들이 속속 등장하고 있다.

오래전 서울의 '기자촌' 은 기자들을 중심으로 하는 언론문화인의 공동체적 공간이면서, 당대 우리 언론문화 창달의 자양분이 되었던 시간적 공간이었다. 최근 들어 이 같은 '마을문화' 가 새롭게 주목을 받으며 지속 가능한 가치를 담지하는 공동체적 삶의 대안으로 떠오르고 있다. 기왕의 전통적인 '하회마을, 민속마을' 등을 넘어서 국제적 삶의 방식을 체득하기 위한 교육, 문화, 여가를 아우르는 공간으로서 '영어마을, 문화마을' 들이 속속 건설되고 있다. 이미 안산, 파주, 용인 등지에 건설되었고, 지속적으로 확대해 나갈 방침이다.

문화예술인들의 공동체적 삶의 터전인 '헤이리' 도 그들의 창작과 삶을 연결시키는 공간으로 탄생되었고, 이는 다양한 경험들을 재구성하여 인간의 이상적인 삶의 모델을 제시하는 데 목적이 있다. 외국에 이미 '책마을, 연극마을, 화가마을' 들이 실재하고, 최근 들어서 우리나라에서는 '박사마을, 교수마을, 연예인마을' 등 직업지위를 모집단으로 하는 다양한 마을문화가 등장하고 있다. 문화마을은 폐쇄적 국지성을 뛰어넘어 일종의 문화도시 형태를 띠고 있다.

포피노 부부(O. Popenoe & C. Popenoe)는 이미 세계의 다양한 공동체마을을 연구하여 이곳들이 새로운 삶의 양식을 실천하는 공간임을 밝힌 바 있다(이천우(역), 1993). 즉, 생활공동체는 공동의 목표를 삶 속에서 함께 추구해 나가려는 사람들에 의하여 형성된다. 기독교는 물론 동양 종교를 포함한 영적인 바탕에서부터 시작해 탈과학기술 및 기술과학의 혁신, 인류애 및 사해동포주의, 평등주의, 협동농장 등에 이르기까지 다양한 스펙트럼을 형성하고 있다. 그들은 '구성원의 자격요건, 영적 가치 추구, 경제적 가치의 배분, 삶의 양식, 경제적 기초, 공동체의 운영체제' 등에 대한 민주적, 인간적, 자연친화적 원칙을 통하여 성공적인 공동체를 만들었다.

포피노 부부에 의하면, 공동체운동이란 항상 다양한 형태를 띠고 전개되는 법이며, 하나로 통일된 형태의 공동체운동이란 존재할 수 없다. 이것은 공동성이 다양성을 전제로 할 때 의미 있다는 것을 뜻하며, 정치나 경제에 인간성이 매몰된 획일적인 삶을 경계하는 중요한 메시지라 할 수 있다.

특히, 다음과 같이 포피노 부부가 말하는 공동체적 삶의 양식은 여가-문화-교육이 분리된 현대를 살아가는 사람들에게 심각한 경고의 메시지를 주고 있다.

> "공동체들이 그 구성원에 대하여 기울이는 관심의 초점은 그들이 무엇을 소유하고 있느냐가 아니라 그들이 어떠한 인간인가 하는 데 모아지고 있다…… 물질적인 삶을 포기한 대가로 뜻이 맞는 사람들이 즐겁고 행복하고 보람 있는 삶을 살아갈 수 있는 기회가 그만큼 더 많이 주어졌기 때문이다"(이천우(역), 1993: 365-366).

여가와 일, 그리고 교육은 소유하는 것이 아니라 다만 존재하는 것이다. 교육과 여가, 그리고 일이 소유의 대상이 될 때 인간은 치열해지고, 경쟁을 서로 미화하며, 그 속에서 인격과 관계는 파괴되고 야수와 다를 바 없는 삶을 마치 정당한 것처럼 여기며 살게 된다. 여기서는 남을 위하여 혹은 공동체를 위하여 기꺼이 목숨을 바치거나 희생하지 않는다. 살벌한 생존경쟁, 즉 '존재의 현상학' 이 지배하는 '만인 대 만인의 투쟁' 상황이 되고 만다.

많이 가진 사람이 행복하고 우위에 서 있는 사람이 힘을 가진다. 또한 여기서 인간성은 야성과 동물성과 다를 바 없고, 다만 먹고살고 갖기 위해 존재할 뿐이다. 그러나 오늘날 전개되는 다양한 '마을문화' 는 이 같은 반인간적 현상을 스스로 극복하고 대안적인 삶살이를 개척하고자 하는 자정적, 자구적, 합자연적 노력인 셈이다.

공동체의식은 온전한 삶의 질서를 위한 토대가 된다. 온갖 부조리와 비합리가 지배하는 현대인의 삶에 환멸을 느낀 깨어 있는 사람들은 '지속 가능한 가치' 를 모색하는 공동체를 꿈꾸게 되었다. 이곳에는 선구자적인 정신들이 뭉쳐 있고, 인간적인 영혼이 숨 쉬고 있다. 단순히 혈연이나 지연을 바탕으로 하는 공동체가 아니라, 자신들이 추구하는 영적, 정신적, 범인류애적 가치들을 구체적인 삶의 방식을 통하여 구현해 나갈 목적으로 형성된 공동체에 대한 희망은 지속될 것이다.

이 같은 공동체들은 전통적인 사회가 제시하는 것보다 훨씬 고양된 차원의 관계들—인간과 인간, 인간과 노동, 노동과 여가—속에서 영적인 삶을 추구하며, '노동의 위기, 환경의 위기, 정치의 위기, 인간의 위기, 교육의 위기' 일수록 더욱 거세질 것이다.

괴물처럼 등장한 자본주의, 왜곡된 민주주의, 교육만능주의를 벗어나 다른 사람, 자연, 역사와의 조화로운 삶 가운데 각자의 영성을 적극적으로 계발하는 생활공동체는 무엇보다 개인의 고양된 각성을 전제로 한다. 그것은 삶과 교육, 그리고 직업을 소유가 아니라 존재로 파악하는 '자발적인 청빈의 삶' 을 선택한 결과인 것이다. 오늘날 교육에 있어서 '대안교육' 이 이 같은 인간학적 전환을 촉구하는 전위대가 되고 있다.

'헤이리마을' 은 문화복합마을이며, 동시에 '행복한 바보' 들이 모여 사는 마을이다. 아파트보다 한 줌의 흙을 선택했고, 농약을 치는 대신 벌레에 물려 죽기를 각오한 사람들의 공동체다. 획일성을 배제하고 삶을 예술로 승화시키는 작업을 전개하고 있다. 마을이 예술이며, 삶이 예술인 공간에서 개인 또한 예술이다.

예술은 서로 관계를 맺으며, 또 다른 예술을 창조해 나간다. 문화마을은 삶의 꼴, 결, 깔을 아름답게 수놓고 행복, 자유, 즐거움, 여유의 공간으로 만들었다. 여기서 방송, 출판, 영화, 정치, 문화, 방송, 건축 등은 각각의 소리를 내면서 동시에 하나의 하모니를 지향하는 예술의 마당이 된다.

자유의 공기는 삶의 향기를 느끼게 하는 조건이다. 억압과 경쟁, 감시와 탄압의 공기 속에는 삶의 자유가 있을 수 없다. '헤이리마을' 은 일체의 억압과 경쟁을 배제한 자유와 낭만의 체취와 움직임만이 존재한다. 우리가 물질과 지위를 위한 경쟁에서 자아를 상실하고 매정함과 똑똑함만을 겨냥할 때 개인적으로는 영혼이, 사회적으로는 관계가 궤멸된다. 하나님과 인간의 관계를 온전하게 회복하기 위하여 예수가 오셨듯 인간과 인간, 인간과 자연, 인간과 역사, 삶과 노동의 온전한 관계 회복을 위하여 '문화적 예수, 생태적 예수, 교육적 예수'의 필요성이 요원하다.

2. 문화마을 헤이리

여가를 만끽하는 데 있어 장애요인으로 여러 가지를 들 수 있지만 주된 것으로는 경제적 비용부담을 들 수 있다. 이는 한 조사연구 결과, 여가생활의 불만족에 대한 주된 이유로서 시간과 비용부족이 그 원인으로 나타났듯이, 비용이 여가생활에 미치는 영향력에 대해 짐작할 수 있다. 우리나라의 경우 경제적 지위와 가치를 중시하고 지향하는 사회분위기 속에서 여가라는 단어가 사치에서 벗어난 시기가 매우 짧으며, 그리하여 여가교육이란 아직까지 현실적으로 생소한 부분으로 남아 있다.

공공기관, 민간단체, 기업에서 활동하고 있는 지도자는 많지만, 여가활동의 기술을 전달하는 지도자나 보다 넓은 관점에서 여가설계를 위한 지도자 혹은 여가환경 정비 등에 관한 지도자는 부족한 현실이다. 이러한 여가전문인력 부족현상은 지도자 측면에서 나아가 여가정책 혹은 여가제도 수립에 필요한 전문인력의 부재현상을 초래하여 올바른 여가제도, 정책, 시설 정착의 장애요인으로 작용한다.

여가활동은 개인뿐만이 아니라 그가 속한 가족구성원의 관계 증진 및 인화에 도움을 주고, 삶에 필요한 여러 경험을 제공해 줄 수 있다. 그러나 이러한 여가의 장점과 여가에 대한 의식의 변화에도 불구하고, 사회기능은 여전히 대중의 여가욕구 증대에 미치지 못하여 때로는 잘못된 여가행태가 사회에 역기능적인 문제를 야기하기도 한다.

따라서 개인적인 여가생활 관리 · 교육과 더불어, 가족을 중심으로 한 여가활동의 활성화는 부정적 여가형태를 건전하게 개선하고, 또한 가정 내의 여러 병리적 문제들로부터 가족공동체의 의미를 찾도록 하며, 가족구성원의 심리적 만족, 정서적 유대감, 응집력 및 가족관계의 형성에 중요한 역할을 하게 된다.

여가활동에 있어서 가족단위나 부부단위 혹은 부모-자녀단위로 이루어지는 여가활동의 효과에 대한 연구 결과들을 보면, 가족단위의 여가는 활동에 대한 계획으로부터 실행에 이르기까지 부모와 자녀가 함께 참여함으로써 가족의 이해와 신뢰감을 형성한다. 상호작용과 의사소통을 도와 공동체로서의 기쁨을 맛보게 할 뿐만 아니라, 소속감을 갖게 해 주며, 자연스럽게 가정교육의 장이 되기도 한다. 또한 인간은 가족의 영향으로 어떤 특정한 여가활동에 사회화된다고 하여 가족이 함께하는 여가의 중요성을 보여 주고 있다.

'헤이리문화마을'의 역할은 새롭게 등장한 보편적인 '교육문화의 장'으로서의 역할과, 가족이 모두 참여하는 여가활동의 개념과 연관해서 '가정교육의 장'으로서의 역할로 구분할 수 있다. 학교교육에서 평생교육으로 전환하고 있는 현대 교육의 패러다임으로 볼 때 문화마을 헤이리는 더 이상의 수식어가 필요 없는 교육문화공간이라 할 수 있다. 기왕의 학교교육이 단순한 연습과 반복에 의한(drill & kill) 깨우침이었다면, 미래의 교육은 경험과 각성을 통한 깨달음이라 할 수 있다. 헤이리에서 문화예술을 체험하고 느끼는 것은 사람들의 호기심을 자극하고, 더불어 더 큰 상상력을 불어넣어 깨달음을 경험하기에 충분하다.

놀이는 곧 교육이고(Froebel), 이러한 교육은 삶의 전 단계에서 이루어진다(Comenius). 이는 곧 놀이와 교육이 별개가 아니라는 것이며, 우리는 이러한 선언의 의미들을 헤이리에서 느낄 수 있다. 헤이리 체험에서 놀이만을 느끼거나 교육만을 경험하는 것은 아니다. 놀고 있는 것 같지만 그 속에는 언제나 교육이라는 것이 숨어 있고, 단지 교육만을 위해 가더라도 놀이라는 것이 항상 내재되어 있기 때문이다.

헤이리는 가족이 모두 참여할 수 있는 여가-문화-학습공간이다. 책상 앞에서 예의범절을 가르치는 것이 아니라, 미술관에서 혹은 음악감상실에서 자연스럽게 그것들과 접하는 방법을 깨달음으로써 사회에서 사람과 사물을 대하는 예절을 자연스럽게 배우게 된다.

문화라는 것은 여전히 우리 일상에서 가깝고도 멀게만 느껴지는 부분이다. 예를 들어, '갤러리'를 생각해 보자. 대부분의 드라마에서 부잣집 사모님들이 취미로 운영하는 곳, 그곳에 가려면 정장을 차려 입고, 일단 마음먹고 가면 팸플릿을 든 채 작가의 세계를 이해하며 작품에 대한 해석을 나눠야 할 것 같은 곳, 그런 눈(작품을 감상하는 눈)이 없다면 왠지 두렵고 먼 장소로 느껴지는 곳이다. 그러나 문화는 누구나 쉽게 접근하고, 쉽게 이해되는, 내 삶과 친화적인 요소임을 잊지 말아야 한다. 그런 점에서 헤이리는 독특하다.

파주 통일동산 일대의 헤이리는 딱딱한 일상에서 잠시 벗어날 수 있는 환경을 제공하고, 일상에서 쉽게 접하지 못하는 건축이나 미술작품 등을 손쉽게 만날 수 있다. 헤이리는 다양한 문화장르가 한 공간에서 소통하는 문화예술마을을 지향한다. 1997년 파주 출판도시와 연계한 '책마을'을 구상한 데서 태동되었으며, 그 진행과정에 다른 분야의 문화예술인들이 참여하면서 '문화예술마을'로 개념이 확장되었다. 현재 작가, 미술인, 영화인, 건축가, 음악가 등 370여 명의 예술인들이 회원으로 참여해 헤이리에 집과 작업실, 미술관, 박물관 등의 문화예술공간을 이루고 있다. 마을 이름은 경기 파주지역에 전해져 오는 전래농요인 '헤이리 소리'에서 따왔다.

평범한 시골마을에 어느 날 갑자기 문화가 들어와 새로운 문화지대를 형성한다는 점에서, 헤이리는 자연스럽게 영국 헌책방마을 '헤이온와이'나, 구겐하임 박물관이 들어서 폐광촌에서 문화도시로 탈바꿈한 스페인의 '빌바오'를 연상시킨다. 실제 헤이리를 건설한다는 첫 아이디어는 헤이온와이의 사례를 본 출판계 인사들에게서 시작되었다.

헤이온와이는 영국 웨일스의 낙후된 시골마을이었는데, 1961년 이 지역 출신인 리처드 부스가 헌책방을 연 것이 시작이 되어 헌책방들이 모여들어 세계적인 헌책방 거리이자 유명 관광지가 되었다. 헤이리 역시 애초에는 '출판사마을'인 파주 출판도시의 배후에 '책방마을'을 만들어 보자는 것이 발

단이었다는 점에서 헤이온와이와 비슷하다.

그러나 이후 점점 계획이 커지면서 모든 문화장르가 복합적으로 존재하는 곳, 그리고 문화관련 점포만 있는 곳이 아니라 문화예술인들이 모여 살면서 작업을 하고 그 성과물을 공개하는 공간으로 목표가 바뀌었다. 이런 점에서 헤이리는 다른 나라에서도 비슷한 예를 찾아볼 수 없는 한국만의 독특하고 파격적인 시도라고 볼 수 있다. 헤이리는 지극히 한국적인 시도이며, 문화욕구의 실현방식에 대한 한국적인 실험무대라고 할 수 있다.

헤이리에서는 가벼운 마음으로 차를 마시고 디자인 상품을 구매할 수 있다. 이곳에는 조용하고 작은 카페와 아트숍들이 여러 곳 있다. 음악과 함께 차를 마시며 담소를 즐길 수 있어서 여가를 갖기에 충분한 시간과 여유가 없는 도시민들에게 좋은 장소다. 그리고 각 분야 디자이너들이 디자인한 상품 하나하나가 재미있고, 경우에 따라서는 구매가 가능한 상품들도 있다.

헤이리의 길은 반듯하지 않다. 자연이 만든 굴곡을 그대로 길을 만들었다. 아스팔트도 깔지 않은 것이 헤이리만이 가진 특징 중 하나다. 헤이리를 보는 가장 좋은 방법은 이 길을 따라 어슬렁거리며 산책하는 것이다. 산책을 하다 재미있는 건축물을 만나면 카메라에 담고, 그러다 마주치는 미술관에 자연스럽게 들어가 작품을 감상하기만 하면 되는 것이다.

헤이리에는 다양한 성격의 미술관과 갤러리, 작가 스튜디오가 있다. 우리들 일상에서의 여가가 잠이나 텔레비전이 아닌, 좀 더 진취적이고 자기개발적인 것들로 변화할 수 있는 계기를 만들어 주는 곳이 바로 헤이리다.

헤이리에서는 방문자가 원하는 장소를 찾아가서 작가들과 이야기를 나눌 수도 있고, 새로운 그림, 설치물, 역사적 자료들을 볼 수 있다. 수많은 예술 작품들과 전시물들이 무료로 제공되거나 최소한의 유지비만을 받고 있으므로 부담감을 가질 필요가 없다. 아이들을 동반할 경우 전시관람 태도나 요령을 부모들이 가르치며 보면 된다. 이 또한 여가를 이용한 교육의 한 방법이 될 것이다.

한편, 체험전시장 '딸기가 좋아'는 헤이리 마을의 가장 인기코스다. '딸기', '똥치미', '레모니' 등 다양한 토종 캐릭터를 모아 전시해 두었다. 특히, 캐릭터를 직접 만져 볼 수도 있어 아이들이 좋아하는 공간이다. 옆 건물 쌈지 미술창고 또한 다양한 작품들을 구비하고 있는데, 외부에 노출된 화장실도 이색적이다.

헤이리에서는 자연뿐 아니라 자연친화적 건물을 만날 수 있다. 자연환경을 삶의 일부로 끌어들이고, 생태의 순환고리를 끊지 않기 위하여 노력하는 장소로서 늪지에는 청둥오리와 백로들이 서식하고 까치, 산비둘기, 박새, 꿩

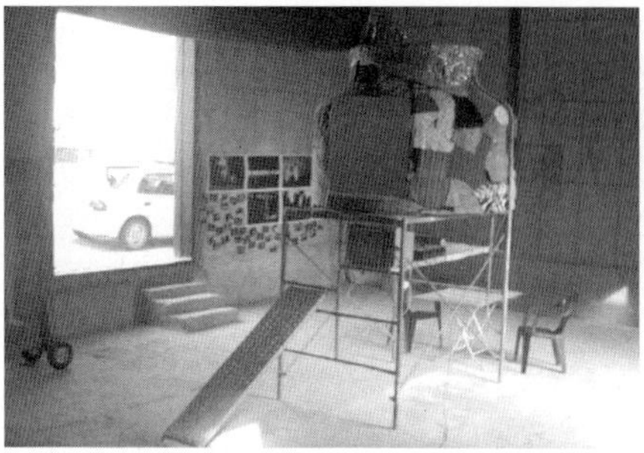

들이 자유롭게 공존하고 있는 곳이기도 하다. 헤이리 마을 자체를 주변의 자연환경과 친화적으로 만들려고 노력하기 때문에 이곳은 자연을 접하기 어려운 사람들에게 좋은 여가공간이 될 수 있다.

마을의 중심에 자리한 늪지공원은 자연미를 최대한 살렸다. 늪지를 가로지르는 나무다리에는 유명작가의 도자기 모빌작품('평화-바람은 소리다')이 초가을 바람에 부딪치며 맑고 청아한 소리를 낸다.

비록 잘 가꿔진 정원의 모습은 아니지만 갈대광장에 세워진 설치물 하나하나마다 나름의 의미를 담고 있다. 분단을 극복하고 통일을 염원하는 방위표가 그렇고, 헤이리의 발전과 안녕을 기원하는 '솟대'도 완만한 산등성이를 배경으로 솟아 있다. 늪 주변 길 위에는 군데군데 사랑, 망각, 인연 등의 단어들이 새겨진 벽돌을 발견할 수 있다.

모 작가의 '지울 수 없는 60개의 단어'라는 작품은 가을을 향하는 길목에서 일상 속에 잊혀진 여러 의미들을 되새길 수 있게 해 준다. 또한 마을을 가

로지르는 샛강에는 다리가 여럿 놓여 있다. 이들 모두가 공모를 통해 당선된 예술작품들이다. 주변과의 조화, 친환경을 고려한 수작들이라니, 건너는 기분은 색다르게 느껴질 것이다.

헤이리마을에 들어서면 우선 느껴지는 게 현란하지 않은 차분함이다. 마치 단청을 하지 않아 온아함 속의 고색창연미가 돋보이는 고찰 선암사라도 찾은 느낌이 드는 이유는 '마을 건물에는 페인트칠을 하지 않는다.'는 약속이 지켜지고 있기 때문이다. 이는 차분한 창작공간 헤이리마을의 기본에 충실하자는 것이자, 동시에 절제의 미학적 표현이라고 한다.

헤이리에서는 각양각색의 이벤트와 공연을 보여 준다. 전체 또는 각 갤러리 차원에서 다양한 종류의 이벤트들이 끊임없이 열리고 있다. 하나의 장르로 규정하기 어려울 뿐만 아니라 전통적이고 보수적인 방법에서부터, 전위적이고 컨템포러리한 방법까지 수시로 열리고 있다. 아이들을 위한 마술이나 인형놀이에서부터, 어른을 위한 콘서트나 마당놀이까지 온 가족이 함께할 수 있는 여가를 만들어 준다.

3. 어린이와 어른을 위한 교육의 시 · 공간

어린이를 어린이로 보는 것은 어른들의 잘못된 생각일 수 있다. 그들에게 작가들이 작업하는 모습을 보여 주고, 예술이라는 행위 또는 자연과 건축의 관계 등을 보여 주고 설명해 주면, 이 모든 것이 감성을 풍요롭게 하고 미래의 인재를 키우는 바탕이 될 것이다. 어린이라고 하여 이상한 놀이터(놀이방 등)에서 놀게 하고 맛있는 음식만을 사 먹이는 교육은 어린이를 병들게 하는 교육이다. 헤이리는 아이들을 위한 교육의 천국이라 할 수 있다. 어린이들만을 위한 장소가 따로 있는 것은 아니다.

평생교육이 중요시되고 있는 요즘에 헤이리는 아이들뿐만 아니라 어른들에게도 중요한 교육의 장이 되고 있다. 그동안의 학교교육과정이나 사회생활에서 체험해 보지 못했던 문화나 예술을 몸소 느껴봄으로써 일상에서의 탈출을 꾀하고 재충전의 기회를 갖게 된다.

교육은 본질적으로 성장세대와 기성세대 간의 쌍방향적인 교호작용이다. 그것은 학교에서 가정에서 사회에서 다차원적으로 이루어질 수 있다. 기존의 학교나 가정에서의 교육은 일방적이고 훈계적인 방식의 교육형태를 지향해 왔으며, 이를 당연시해 왔다. 경험을 재구성하는 문화마을은 이 점에서 벗어나 보다 창의적이고 공동체적인 교육 프로그램을 설계하고 제공한다.

근본적으로 여가-문화-교육은 인성, 창의성, 공동체의식을 지향하는 통합된 교육의 패러다임이다. 그것이 동료의 형태든, 가족의 형태든 모든 개인으로 하여금 개별적 존재자임과 동시에 공동체적 존재자임을 체험하게 만드는 교육적 설계가 되어야 한다.

Three
Postmodern
Leisure
Culture
Education

PART 3
호모 루덴스

09

아곤과 일링크스: 레포츠와 여가

1. 스포츠, 레포츠, 여가

대개 스포츠는 '공식적인 규칙과 경쟁을 통하여 육체적인 노력을 행하는 것으로서 유 · 무형의 목표를 달성하고자 하는 사람들에 의해 이루어지는 활동' 이라고 정의되고 있다. 그러나 켈리(Kelly)는 개성적이고 비공식적인 활동까지 스포츠의 범주에 포함시키고, 이미 정한 규칙과 형식하에 상대방에 대응하는 육체적 노력을 통하여 그 결과에 상대적 평가를 내리는 조직활동으로 정의하였다.

이 같은 스포츠가 모두 여가에 해당되는 것은 아니다. 여가의 본질이 구속성 및 제약성을 배제한 자유 및 심리적인 쾌락을 향유하는 것이라면, 여가로서의 스포츠는 그 범위가 극히 제한된다. 스포츠는 신체적 동작을 주로 하는 활동이며, 건강 유지와 경기 및 기록을 중요시한다는 점에서 정신적인 활동까지를 포함하는 여가와 많은 차이점이 있다.

여가는 놀이나 게임과도 관련이 있다. 게임은 정상적 노동, 정신적 스트레스, 그리고 일상적 의무로부터 벗어나 휴식을 취하는 활동으로 해석되고 있다. 게임과 놀이는 서로 혼용되고 있지만, 모두 여가의 한 가지 유형으로 존재하게 된다. 그러나 놀이가 보다 본능적이며 자유스럽고 아동적인 여가활동이라고 한다면, 게임은 보다 고도의 구조적, 조직적, 규칙적인 여가활동으로서 경쟁적 갈등상황까지도 내포하고 있다는 점에서 차이가 있다.

레포츠의 'leisure'는 '자유로움, 여가, 한가함'을 의미한다. 과거에는 레저스포츠라는 것이 일부 귀족들이 향유하는 전유물처럼 여겨졌지만, 오늘날 레포츠는 모든 사람들이 자유시간을 이용하여 신체적, 정신적, 문화적 건강의 추구를 위하여 자신에게 투자하는 다양한 운동을 말한다. 그런 의미에서 현재에는 여가시간을 이용하여 할 수 있는 운동이라면 어떤 것이든 레저스포츠에 포함된다고 할 수 있다. 한마디로 현대의 레포츠란 '보다 나은 삶의 질을 추구하는 현대인의 놀이행태와 정신문화'라고 할 수 있다.

개인은 물론 사회적으로 레포츠가 큰 의미를 갖게 된 것은 오래된 일이 아니다. 노동시간 이외의 자유로운 시간을 일상적, 계속적으로 얻을 수 있게 되면서, 사람들은 자신의 삶에 대해 관심을 갖기 시작했다. 사람들은 인생을 보다 풍요롭고 건강하게 지내며, 즐거운 시절을 보내고, 여유를 즐기며, 자신의 뜻을 펼치고 자연환경을 풍요롭게 누릴 수 있는 방법에 관심을 갖기 시작했고, 이 점에서 레포츠는 점차 대중에게 주목받기 시작했다. 사회가 발달함에 따라 삶의 질도 과거에 비해 나아졌고, 이런 측면에서 본다면 건강과 행복에 많은 관심을 가지고 있는 현대 사회에서의 레포츠에 대한 관심은 당연한 결과다.

고도로 발전한 사회문화 속에서 분명 사람들은 편리성이라는 문명의 혜택을 받고 있다. 그러나 지나친 산업화, 정보화는 정신건강이라는 측면에서는 부정적인 측면을 동반한다. 천연자연은 점차 훼손되고 도시라는 것이 그곳을 대체해 버린 지금, 사람들은 문명이 가져다준 양면성 속에서 보다 나은 삶이라는 개념에 보다 적극적으로 다가가야만 했다. 그것의 한 수단으로서 레포츠는 일상의 스트레스를 해소하며, 때로는 자연을 향유하는 방편으로 사람들에게 다가왔고, 이 분야에 대한 관심은 점점 높아 가고 있다.

레포츠는 젊은층은 물론 노인층에 이르기까지 하나의 여가문화로 자리매김하고 있다. 레포츠가 대중적인 여가문화로 자리 잡으면서 그에 따른 여러 변화가 나타났다.

첫째, 폭넓은 대인관계 형성이다. 레포츠가 성행하기 전 사람들은 제한된 범위 속에서만 대인관계를 형성하고 유지해 왔다. 하지만 레포츠의 발달과 함께 같이 운동을 즐기는 동호회가 생기면서 폭넓은 대인관계를 형성할 수 있게 되었다.

둘째, 일상의 삶으로 운동을 가져왔다. 운동은 건강유지를 위한 필수항목이다. 의학의 발달은 인간의 수명을 연장시켰고, 이로 인해 단순히 오래 사는 것이 아닌 건강하게 사는 것에 대한 관심이 높아졌다. 이러한 이유로 인해 사람들은 점점 스포츠를 즐기는 것으로만 그치지 않고, 여가시간을 이용하여 간단히 할 수 있는 것을 찾고 친숙하게 일상의 삶에 적용시켰다.

셋째, 레포츠 관련 산업의 붐 현상이다. 레포츠가 보편화되면서 자신이 즐기고 싶은 레포츠의 정보와 방법 등에 대한 전문적인 지식을 원하고 필요로 하는 사람들이 많아졌다. 그로 인해 레포츠 전문숍, 레포츠를 소개하는 서적, 여러 가지 레포츠를 체험할 수 있는 전문적인 회사 등이 많이 등장하였다.

넷째, 여행 및 숙박업의 발전이다. 레포츠의 발달은 사람들을 인공적인 도회가 아닌 천연자연을 즐길 수 있는 여러 지역으로 안내했다. 이로 인해 숙박업은 자연스럽게 레포츠와 함께 붐을 이루게 되었다. 그 사례로 레포츠를 즐길 수 있는 지역에는 리조트, 펜션, 파크, 밸리 등과 같은 대규모 숙박시설이 속속 건축되었고, 대단위 위락단지가 형성되어 하나의 마을이 되는 경우도 있다.

사회가 발전함에 따라 그에 따른 병폐로 비인간화, 물질만능주의, 인간소외, 빈부갈등 등 여러 문제들이 드러나고 있다. 또한 기술발전과 산업화에 따라 여가시간이 상대적으로 증가하고 있지만, 그 시간을 어떻게 보내는가에 대한 명확한 사회적인 지침은 제공되지 못하고 있는 실정이다. 여가시간이 증대하게 되면 당연히 긍정적인 여가시간의 활용의 강조되고, 이 점에서

표 9-1 레포츠 일람

지상레포츠	걷기, 달리기, 레비, 기공체조, 스쿼시, 라켓볼, 실내테니스, 피팻, 트릭핀, 롤러블레이드, 에어로빅, 스코어골프, 오리엔티어링, 클레이사격, 석궁, 다트, 승마, 카레이싱, 자전거하이킹, 스키, 스케이팅, 잔디스키, 게이트볼, 볼링, 골프, 당구, 스턴트카이트, 오토캠핑, 컬링, 윈드크루저, 우드볼, 족구, 넷볼, 인라인스케이팅, 비치발리볼, 요가, 트라이애슬론
수상레포츠	윈드서핑, 패러세일링, 서프제트, 모터보트, 아쿠아라크로스, 수상스키, 워터슬레이, 제트스키, 요트, 호버크래프트, 호버젯, 래프팅, 스노클링, 스쿠버다이빙, 조정, 카약, 카누, 인플레터블카누, 수영, 핀수영, 드래곤보트
항공레포츠	패러글라이딩, 모터패러글라이딩, 행글라이딩, 스카이다이빙, 모형비행기, 경비행기, 초경량항공기, 열기구, 번지점프
산악레포츠	캐녀닝, 산악승마, 산악스키, 서바이벌게임, 산악자전거, 산악마라톤, 인공암벽타기, 빙벽타기
탐험레포츠	트레킹, 백패킹, 동굴탐험, 탐석여행, 탐조여행
extreme game	스케이트보드, 인라인스케이팅, BMX, 인공암벽등반, 스카이서핑, 도로썰매타기, 스노우보딩, 산악자전거, 스키보딩, 스노크로스, 자유스키, 빙벽등반, 동력눈썰매경주
신종레포츠	라크로스, 풋살, 세팍타크로, 크리케스째저사이즈, 스케이트보드, 바이시클스턴트, 스노우보드, 스포츠클라이밍, 웨이크보드, 인라인하키, 모터사이클, 스네이크보드, 카드, 타미

레포츠의 가치는 중시된다. 레포츠는 다음 네 가지의 필요성을 갖고 있다.

첫째, 건전한 여가활동의 방법으로 레포츠가 필요하다.

둘째, 사회계층 간의 소외문제를 해결하는 데 레포츠가 일익을 담당한다.

셋째, 지역사회주민들의 운동부족을 해소하는 방안으로서 레포츠는 중요한 역할을 담당한다.

넷째, 사회구성원들의 생활만족도 향상을 위해 레포츠가 중요한 역할을

한다.

위의 사항들을 고려할 때 여가발전 방향 중에 하나는 레포츠의 활성화에서 찾을 수 있고, 레포츠를 이용한 여가발전은 아래의 세 가지를 반드시 고려해야 한다.

첫째, 올바른 여가교육을 위한 고등교육기관의 활성화를 꾀해야 한다.

둘째, 각 계층별 여가의 소외현상을 막기 위해 레포츠를 적용해야 한다.

셋째, 레포츠에 건전하게 참여할 수 있는 분위기 조성은 올바른 여가문화 형성에 도움을 준다. 여가문화가 발전하기 위해 레포츠의 활성화는 유능한 지도자 육성과 정부보조를 통해서 가능해질 것이다.

2. 자전거 타기

전통적인 자전거의 형태는 1910년대에 이르러서야 오늘날과 같이 핸들,

페달 등 기본적인 구조를 갖추게 되었으며, 자전거를 이용하는 사람들이 늘어나게 됨에 따라 기술 및 장비도 급진적인 발전을 하게 되었다. 자전거는 생활형, 레저형, 특수형으로 나눌 수 있는데, 대부분 어떤 용도로 타더라도 큰 무리는 없다. 일상생활형에는 일반성인용, 여성용, 운반용, 아동용이 있고, 레저형에는 경기용, 산악용(MTB), 오토바이형(BMX)이 있으며, 탄뎀과 같은 특수형이 있다.

산악용 자전거는 경사 30~40도의 계곡을 오르내릴 수 있도록 설계되어 있어 자갈길, 험한 산길, 계곡 등에서도 달릴 수 있다. 핸들은 굽지 않은 평평한 모습을 하고 있어 변속레버를 손으로 조종하기 쉽게 만들었다. 타이어는 폭이 대개 5cm 정도로 울퉁불퉁하게 되어 있다. 차체(frame)는 가벼우면서도 단단한 경합금을 사용한다. 전체의 무게를 줄여 속도를 더 빠르게 한다. 어지간한 충격도 완충하도록 되어 있다. 앞 변속기는 2×3단, 뒷 변속기는 6×8단으로 되어 앞 변속기와 어울려 12×24단으로 변속할 수 있다. 안장은 울퉁불퉁한 산길을 달려도 아프지 않도록 부드럽고 탄력적이다.

BMX는 오토바이를 타는 것 같은 기분을 즐길 수 있는 자전거로서 핸들을 360도 회전시킬 수 있는 것이 특징이다. 점프, 점프회전 등의 묘기도 가능하다(묘기자전거). 젊은이들이 각종 트릭과 거친 길을 오르내리며 묘기를 부릴 때 많이 탄다. 작은 바퀴에 넓은 타이어로 되어 있어 언덕이건 산길이건 가리지 않고 달려가고, 심지어는 계단까지 오르내리는 자전거다. 마치 오토바이와 같다고 해서 BMX라는 이름이 붙었다.

하이브리드형(hybrid) 자전거는 산악용 자전거와 경기용 자전거의 혼합형으로 속력을 자유자재로 조정할 수 있도록 변속기를 1단에서 18단까지 했고, 핸들은 일자형으로 만들어 장시간 주행해도 피로감이 적다. 시내 주행 및 가까운 하이킹용으로 적합한 자전거다. 최근 공원에서 각광받고 있는 탄뎀(tandem)은 보통 2인승이며, 그 이상의 인원이 탈 수 있는 자전거도 있다.

1) 일반용 자전거

자전거 타기란 단조로운 일상생활에서 벗어나 신비로운 자연 속에서 마음껏 호흡하며 몸과 마음을 단련하거나 그 밖의 다른 목적을 가지고 여행하는 것을 말한다. 특히, 하이킹은 생활하는 곳에서 벗어나 자전거를 이용하여 산이나 들이 있는 곳으로 걸어다니며 여행을 하면서 풍부한 자연을 터전으로 평소에 연마한 기능을 실습하거나, 또는 관찰력을 연마하는 등의 기회를 갖도록 하는 활동을 말한다. 일반용 자전거 타기의 종류로는 다음과 같다.

첫째, 포터링(pottering)으로서 이는 산책 정도의 가벼운 것으로 자전거를 이용해서 가까운 곳을 가족이나 그룹과 함께 달려다니는 것을 말한다.

둘째, 퍼스트런(first run)으로 쾌속주행이라고도 하며, 자전거 타기 로드나 자전거 타기 코스를 경쾌하게 달리는 것을 말한다.

셋째, 투어링(touring)으로 보통 2~3일의 투어부터 1주일, 1개월 등 다양한 프로그램이 있으며, 자전거에 짐을 싣고 먼 곳으로 나가는 것을 말한다. 일반적으로 하루코스는 자전거 타기라고 불리고 있다.

자전거 타기는 간편한 교통수단으로서뿐만 아니라 체력 증진을 위한 운동과 레크리에이션 스포츠로서 널리 이용되고 있다. 자전거 타기는 쾌적한 자연을 갈구하고 스피드를 즐기는 현대인에게 주말이나 휴일을 이용한 하이킹의 수단으로 이용됨으로써, 피로를 풀고 스트레스를 해소하는 데 도움이 된다. 자전거 타기로 인한 호흡순환계의 발달은 달리기와 비슷하여, 오히려 달리기 운동에 비해 지루함을 덜 느끼면서 즐겁게 실시할 수 있는 바람직한 운동 프로그램이다.

자전거 타기는 무엇보다 운동부족을 해소해 주고 심신단련을 증진시킨다.

페달의 회전운동은 하부근육의 발달을 가져오고, 핸들과 브레이크의 조작으로 혈액의 말초순환을 촉진시켜 동맥경화와 같은 신체적 장애를 예방한다. 또한 순환계통뿐만 아니라 호흡기, 소화기, 그리고 신경계통의 기능을 활발하게 하여 활력을 넘치게 한다.

자전거 타기는 속도감과 상쾌감을 줄 수 있으며, 일상생활에서 오는 스트레스 해소에 효과적이다. 운동부하를 조절할 수 있으므로 특히 고령자에게 적합하며, 무리한 운동으로 인한 신체적 문제를 최소화할 수 있다. 야외운동이므로 일광욕을 통해 비타민D의 활성을 촉진할 수 있어 칼슘 흡수에 효과적이다.

자전거 타기는 자신의 체력에 알맞게 운동의 힘과 양을 조절할 수 있는 장점을 가지고 있으며, 산소 소비량이 많아져 심폐기능의 향상을 가져오고, 리듬을 타며 운동하게 되므로 정신건강에 좋다. 그리고 체중에 부담을 주지 않아 맥박도 적당히 조절하며 운동할 수 있어, 특이체질을 가진 사람들도 안전하게 즐길 수 있다. 뿐만 아니라 혈액순환을 원활하게 하여 신진대사를 촉진시키고 근육의 긴장을 풀어 스트레스를 해소하는 데도 한몫을 한다. 또한 짧은 거리는 교통수단으로 대용될 수 있는 이점도 있어 경제적 효과도 기대할 수 있다.

2) 산악자전거(MTB)

MTB라고 하는 자전거가 생기기 이전에도 자전거를 타고 산길을 달리는 사람은 어느 나라에나 있었을 것이다. 그러나 이전 자전거와는 다른 MTB 자전거가 개발된 것은 1970년대 초 미국 캘리포니아, 특히 샌프란시스코 북쪽 외곽지역에 있는 마린카운트 중심부에 위치한 타마 하이어스 산에서 자전거 크로스컨트리(장거리 경주) 및 다운힐 레이스(자전거를 타고 활강하는 것)가 활발하게 펼쳐지면서, 동호인들이 경기력을 향상시키기 위해 갖가지 형태로 자전거를 개조한 데에서 유래한다. 경기종류는 다음과 같다.

첫째, 크로스컨트리는 오르막과 내리막이 있는 장거리 비포장도로를 달리며 속도를 재는 경기로, MTB의 대표종목이다. 대부분 폐쇄된 산림도로나 시골길이 경기장이 된다.

둘째, 힐클라이밍은 기어를 조절하여 비포장의 언덕을 빨리 올라가는 경기로, 힘과 정력이 승부를 결정짓는다. 이때 자전거를 메던 끌던 상관없다.

셋째, 다운힐은 말 그대로 위에서 아래로 내려오면서 걸리는 소요시간으로 순위를 정한다. 경기종목 중 가장 화려하고 인기가 높다.

넷째, 듀얼슬라룸은 스키의 회전경기처럼 폴을 통과하며 안만한 사면을 내려가는 소요시간을 재는 경기다. 경기방식은 두 명이 동시에 출발한다.

다섯째, MTB 트라이얼은 보통 트라이얼이라고 하는데, 자연 또는 인공적으로 만들어 놓은 장애물을 발이 닿지 않고 통과해 가는 기술종목이다. 각 감점항목에 해당하는 경우 감점해 가며 남는 점수가 높은 선수가 승리한다.

3) 묘기자전거(BMX)

이는 Bicycle Motor Cross의 약자로서 모터크로스 코스를 자전거로 달리는 것에서 시작되었다. BMX는 순수 스포츠인 자전거와 미국 스트리트 문화가 혼합된 형태로 스케이트보드, 인라인스케이트와 함께 3대 X-sports로 자리 잡고 있다. 경기종류는 다음과 같다.

첫째, 스트리트 경기는 경기장 세트 자체가 도시거리의 다양한 요소들을 한곳에 옮겨 놓은 것이라 할 수 있다. 계단이나 핸드레일, 뱅크, 런치램프, 스파인램프, 쿼터파이트, 렛지 등 다양한 기물들을 이용하여 에어와 그라인드, 윌라이드 같은 여러 기술을 자유롭게 표현하는 경기다. 가장 다양한 묘기를 볼 수 있으며, 경기의 채점은 높이, 기술의 난이도, 창조성, 다양성, 완성도, 스타일 등을 기준으로 한다.

둘째, 버트 경기는 U자 모양의 하프 파이프 위에서 행해지며, 스케이트보드나 인라인스케이트 경기처럼 램프를 왔다 갔다 하면서 에어와 그라인드

기술을 겨루는 경기다. 버트는 'vertical(수직의)'의 약자이며, 하프파이프(half pipe)란 말은 원통(pipe)을 반으로 자른 모양이라고 해서 붙여진 이름이다.

셋째, 더트 경기는 비포장 레이스 트랙에서 발전되어 온 것으로, 마른 흙으로 만든 큰 점프대를 이용해서 에어를 하며 공중에서 갖가지 동작을 보여주는 경기다. 이전에는 레이싱 경기를 할 때 이벤트 경기로 많이 행해졌지만, 최근에는 독립경기로서 인기를 얻고 있다. BMX 경기 중 가장 큰 에어를 하는 경기이기도 하다. 한 번만 뛰는 경우도 있고 두세 번을 연속해서 뛰는 경우도 있다. X게임에서는 세 번을 연달아 뛰게 되어 있고, 보통 마지막 램프에서 가장 어려운 기술을 보여 준다.

넷째, 레이싱 경기는 보통 흙으로 만들어진 비포장 트랙에서 8명 정도가 동시에 출발하여 속도를 겨루는 경기다. 트랙에는 여러 개의 점프대와 급커브, 요철 등이 설치되어 있어서 속도뿐만 아니라 에어나 장애물을 통과하는 기술도 승부의 관건이 된다.

3. 익스트림 스포츠

익스트림 스포츠(extreme-sports)란 생명의 위험을 무릅쓰고 여러 가지 묘기를 펼치는 레저스포츠를 통칭하며, 'X게임, 위험스포츠, 극한스포츠'라고도 한다. 스케이트보드(skateboard)와 롤러스케이팅(rollerskating) 등 도시 청소년이 즐기던 놀이문화로부터 비롯되었고, 1990년대 미국 스포츠 전문 케이블 TV인 ESPN이 처음으로 'X게임'이라는 제목의 프로그램을 제작하면서 본격적으로 보급되었다. 오늘날에는 스케이트보드, 인라인스케이팅, BMX, 웨이크보드 등의 유행과 함께 전 세계 신세대들 사이에 큰 인기를 끌고 있다.

적극적인 신체활동으로서의 레포츠는 범세계적으로 새롭고 다양하게 계속 파생되고 있다. 특히, 점점 현대화, 정보화되는 특징을 가지는 도시환경 속에서 만들어지는 여가문화는 일상생활의 즐거움과 함께 건강과 삶의 활력을 얻고자 하는 삶을 이야기하고 있으며, 도시문화를 대변하는 레포츠가 속속 등장하고 있다.

이렇게 도시문화의 삶을 이야기하는 여러 레포츠들 가운데 극한에 이르며 그 무한한 가능성에 도전하는 X게임이라는 것은 어떻게 보면 레포츠라기보다 스포츠에 더 가까운 개념으로 이해될 수도 있다. 단순한 레포츠에서는 느끼지 못하였던 스릴이나 쾌감, 극한의 성취감 등을 이 X게임이라는 장르를 통해서 확실히 체험할 수 있는 것이다.

또한 X게임은 새로운 룰을 끊임없이 추구함으로써 많은 젊은이들에게 더욱 호기심을 유발시키며, 하나의 테크닉을 해냈을 때의 성취감과 끊임없는 도전정신을 유발하고 있다. 특히, 미국의 뒷골목에서 시작되었던 기존 관념들에 대한 반항의 상징으로 통하였던 스케이트보드와 전 세계 겨울스포츠의 대명사로 자리 잡은 스노우보드는 바로 이러한 X게임의 열정을 대변한다고 할 수 있다.[1)]

1) 인라인스케이트

오늘날 대중에게 가장 보편적이고 용이한 레포츠로 각광받는 인라인스케이팅은 '바른 자세로 서기, 전진하기, 정지하기' 등의 기초적인 기술 숙지가 필요하다.

첫째, 일어서기를 할 때 양발에 체중을 분산시키는 일이 가장 중요하다. 허리를 약간 구부린 상태에서 태권도 기마자세를 취하듯 약간 주저앉아 무릎을 굽혀 하반신에 체중이 실리도록 한다.

둘째, 전진하는 방법은 우선 기본적인 서기자세(무릎을 구부리고 허리를 구

1) 이 절에서 다룬 내용들은 http://www.Xgameinside.com, http://www. espopia.com, http://dreamleports.com, http://leportsarea.co.kr, http://bikelove.or.kr, http://www.lespoland.co.kr, http://www.Xmania.tv, http://www.X-game.org, http://cafe.naver.com/chonma, http://cafe.naver. com/leportsvillagx를 참조했다.

부린 기마자세)에서 좌우 한 발씩 순차적으로 옆으로 밀어 주듯 내딛게 된다. 천천히 한 발 한 발 내딛는 것이 중요하다. 사선방향으로 발을 뻗은 후 한 발로 균형감각을 익히는 것도 좋은 방법이다. 스케이팅 시 바퀴의 바닥면 바깥쪽이 닿은 후 밀면서 안쪽으로 넘어오도록 해야 속도가 붙고 힘이 덜 든다. 몸의 중심은 중앙에 위치하도록 해야 하며, 양팔은 번갈아 가며 휘둘러 속도를 높일 수 있다.

셋째, 정지기술은 자신이 원하는 곳에서 멈추는 것이지만 앞으로 전진하는 것만큼 어렵다. 정지기술에는 가장 기본이 되며, 저속에서 쉽게 정지할 수 있는 T-정지법과 파워정지법이 있다.

인라인스케이팅은 단순히 속도감을 즐기는 것을 뛰어넘어 다양한 묘기와 현란한 기술이 속속 개발됨으로써 다양한 경기종목들이 등장하고 있다.

첫째, 버트(vert)는 U자 모양, 12보폭 정도 넓이의 하프파이프 종목이며, 하프파이프 가장자리는 끝이 직각으로 되어 있기 때문에 에어 시에 가장 높게, 가장 오래 떠 있을 수 있게 해 준다. 중심력과 원심력을 이용해 올라갈 수 있을 때까지 올라가서 에어 기술을 구사하거나 파이프립에 그라인드트릭을 한다. 스케이트보드 종목과는 달리 여자 버트 경기도 있다. 또한 혼자서 트릭을 연출하는 버트싱글(vert single) 외에도 팀워크를 맞추어 진행하는 버트트리플(vert triples)게임이 있다. 트리플(triple)게임의 경우 세 선수가 한 몸이 되어 기량을 펼치며, 파트너와의 교감, 어우러진 연출, 창의성, 안정적 실행여부가 관건이다.

둘째, 스트리트앤파(street & park)는 정해진 시간 내에 한정된 장소에 설치된 다양한 크기의 뱅크, 램프, 월, 쿼터파이프, 핸드레일을 최대한 활용해 스핀, 슬라이드, 그라인드 등의 다양한 트릭을 만들면서 자신의 스타일로 활주한다. 창의력과 다양성, 정확한 스타일의 구현이 경기의 관건이다. 남자 경기와 여자 경기 모두 있으며, 스케이터들은 95초씩 두 번의 런을 통해 자신의 모든 것을 표현해야 한다.

셋째, 다운힐(downhill)은 경사진 도로를 빠른 속도로 내려오는 박진감 넘치는 경기다. 보통 휠이 5개짜리인 레이싱용 스케이트를 사용하고, 스피드를 겨루는 경기이기 때문에 버트나 스트리트 선수와 달리 사이클 선수들처럼 몸에 달라붙는 옷을 입고 경기한다.

넷째, 인라인하키(inline hockey)는 말 그대로 인라인스케이트를 타고 하키를 즐기는 것이다. 아이스하키와 장비 및 규칙 면에서 거의 흡사하며, 편편한 바닥이기만 하면 장소에 구애받지 않고 스틱과 퍽, 인라인스케이트를 갖고 어디서나 할 수 있다는 장점이 있다. 정식 시합은 5명으로 구성되며, 골리(골키퍼)를 한 명씩 두고 4명이 게임을 진행해 나간다. 무리한 행동으로 반칙을 했을 경우에는 아이스하키처럼 패널티가 적용되기도 한다. 경기시간은 한 쿼터당 12~15분이다. 하지만 아직 정식으로 올림픽 종목이 되지 못해 경기시간 및 여러 가지 규칙은 조금씩 유동적이다. 인라인하키는 몸을 부딪치며 격렬하고 빠르게 진행되는 스포츠이므로 항상 부상위험에 노출되어 있다. 따라서 머리를 보호할 수 있는 헬멧을 비롯하여 장갑, 정강이 보호대, 가슴 보호대 등 각종 장비를 갖추는 것이 중요하다.

다섯째, 피겨(figure)는 아이스스케이트의 피겨스케이팅 종목을 그대로 인라인스케이팅에 옮겨 놓은 것으로 생각하면 된다. 피겨스케이트의 토 쪽 엣지에 톱니모양으로 된 멈춤장치가 있듯이, 인라인 피겨스케이트에도 토 쪽 휠 앞에 브레이크패드가 달려 있어서 멈추거나 점프를 할 때 이용한다. 인라인스케이트에서 예술적인 요소가 가장 강한 종목이다.

여섯째, 스피드케이팅(speed kating)은 다운힐과 마찬가지로 스피드 경기이지만, 다운힐이 언덕에서 내려오는 것과 달리 스피드스케이팅은 평지의 트랙을 돌면서 시간을 재는 경기다. 아이스스케이트의 스피드스케이팅과 같은 경기다. 보통 바퀴 5개짜리 스케이트를 사용한다.

일곱째, 크로스컨트리(cross country)는 육상의 마라톤과 비슷하다. 스피드스케이팅이 단거리 트랙경기라면 크로스컨트리는 장거리 경기다. 스피드뿐만 아니라 지구력이 요구된다.

2) 웨이크보드

웨이크보드(wakeboard)는 마치 눈 위에서 즐기는 스노우보드와 비슷한 즐거움을 준다. 웨이크보드는 스노우보드와는 비교할 수 없을 만큼 많은 트릭을 구사할 수 있다는 매력 때문에 마니아가 점점 증가하는 추세다. 수상스키의 슬라롬이 물살을 가르며 물보라를 일으키는 재미가 있다면, 웨이크보드는 물 위로 점프하고 회전하는 재미가 있다고 할 수 있다.

3) 스노우보드

스노우보드는 라이딩의 특성에 따라 크게 알파인과 프리스타일로 구분할 수 있다. 알파인 스노우보드는 프리스타일보다 빠른 속도에서 좀 더 안정적이고 다이나믹한 스노우보딩이 가능하며, 구조적으로는 프리스타일보드보다 플레이트의 강도가 강한 것이 특징이다. 알파인보드의 플레이트, 바인딩, 그리고 하드부츠를 사용하는 것 또한 프리스타일과 다르다고 할 수 있겠다.

프리스타일 스노우보드는 원칙적으로 그 허리의 폭이 16cm 이상이 되어야 하는 규정이 있다. 플레이트의 길이가 길고 허리폭이 넓어 파우더(신설)에서의 라이딩이 용이한 파우더용과, 상대적으로 길이가 짧고 사이드 컷이 적

은 하프파이프용, 그리고 양쪽 모두를 적당히 적용시킨 프리라이딩용으로 구분한다.

한편, 알파인 프리스타일 스노우보드는 보드의 탄성이 알파인의 그것보다 강하게 제작되어 있기 때문에 주로 점프나 트릭, 하프파이프 등의 라이딩이 용이하다. 프리스타일의 장비로는 프리스타일 플레이트와 바인딩, 그리고 소프트부츠를 사용한다. 알파인 스노우보드의 종류로는 플레이트의 길이가 짧고 사이드컷의 깊이가 깊은 숏턴과, 테크닉 위주의 라이딩이 가능한 슬라럼보드와, 플레이트의 길이가 상대적으로 길고, 사이드컷이 직고, 보드의 강도가 강해 롱턴과 전통적인 스피드 위주의 라이딩이 용이한 GS 보드, 그리고 프리라이딩용 보드로 구분된다.

4) 스케이트보드

스케이트보드는 가늘고 긴 판넬 앞뒤에 4개의 바퀴를 달고 달리는 놀이기구로서 스티프와 플렉서블의 2종류가 있다. 파도타기 애호가들이 파도가 없는 잔잔한 바다에서는 파도타기를 할 수 없게 되자, 서핑보드가 육지로 올라오면서 점차 스케이트보드의 형태를 갖추게 되었다. 다양한 묘기들이 개발되고 놀이기구가 전 세계적으로 확산되면서, 급회전과 묘기를 위한 급경사지 및 돌출지역이 있는 스케이트보드 공원들이 세워졌다. 또한 스키의 활강경기 코스와 유사한 코스를 제공하는 이동식 경사로도 만들어졌다.

5) 스네이크보드

스네이크보드는 S자 형태로 유연한 곡선을 그리며 질주하는 것으로 마치 뱀이 움직이는 것과 같다. 스네이크보드는 네 개의 바퀴가 달려 있고 보드에 발을 얹고 탄다는 점에서 스케이트보드와 유사하다. 그러나 타는 방식이나 세부 생김새를 살펴보면 차이점이 많다. 우선 발판이 두 개로 나누어져 있는 점이 다르다. 발판은 각기 좌우로 자유롭게 이동이 가능한데, 플리머라는 특수소재의 크로스바를 통해 연결되어 있다. 보드는 크게 3종류로 나뉘는데, 어린이용인 '시드윈드', 청소년들이 주로 타는 '스키너'와, 성인들은 위한 '스티피'가 그것이다.

스네이크보드는 초보자도 20분 정도면 쉽게 배울 수 있다. 흔히 초보자일 경우 트위스트를 추는 것처럼 양발을 똑같이 좌우로 움직이곤 하는데, 이는 잘못된 방법이다. 발끝을 모았다 벌렸다 하는 식으로 추진력을 얻는 것이 요령이다. 물론 스케이트보드에서도 두 발을 나무판 위에 올린 후 타는 '틱택 주법'이 있긴 하다. 그러나 단조롭고 힘도 많이 드는 게 단점이다.

스네이크보드는 순전히 상체의 반복운동만으로 이동하기 때문에 발로 땅을 차면서 움직이는 스케이트보드에 비해 속력 내기가 쉽다. 평지의 경우 단 몇 초 만에 20~30km의 속력으로 달릴 수 있고, 일단 탄력을 받으면 적은 힘으로도 비교적 쉽게 속력을 유지할 수 있어, 여성이나 노인들이 타기에도 부담스럽지 않다. 또한 회전반경이 1m 정도에 불과해 좁은 공간에서의 방향전환이 용이한 것도 특징이다.

스네이크보드는 스케이트보드와 인라인스케이트에 비해 좀 더 다양한 동작과 스릴 넘치는 주행이 가능하다. 스네이크보드의 가장 큰 매력은 보드를 이용해 선보이는 '트릭'이라는 여러 묘기다. 대다수 스네이커들은 이를 연마하며 성취감을 얻고 보드 타는 재미를 느낀다. 가장 많이 즐기는 트릭으로는 장애물을 뛰어넘는 '알리', 계단에 보드를 걸치고 정지상태로 있는 '로즈메뉴얼' 등 약 30여 종에 달한다. 특히, 점프해서 360도 회전하는 '써리식스티'는 트릭 중에서도 가장 고난이도 동작으로 꼽힌다.

6) 윈드크루저

윈드크루저는 윈드서핑과 스케이트보드를 접목시킨 신종 레저스포츠로, 4개의 바퀴가 달린 데크에 윈드서핑 세일을 달아 땅 위에서 바람의 힘을 이용해 즐기는 레저스포츠다. 윈드서핑의 동호인들이 겨울철에 즐길 수 없는 것

이 안타까워 고안해 낸 것이다.

윈드크루저의 일반적인 구조는 윈드서핑과 같다. 그러나 데크의 길이가 80cm 정도로 짧아 데크의 앞바퀴와 뒷바퀴를 따로 조정하여 제자리에서 360로 회전할 수 있는 등 구사할 수 있는 테크닉이 다양하다. 또한 윈드서핑보다 속도감이 뛰어나 20~60km의 속도로 스릴과 스피드를 즐길 수 있다. 세일링의 원리는 세일이 바람을 받아서 그 힘으로 나아가게 되는 것이다. 이것은 두 가지로 나눌 수 있는데, 하나는 바람에 밀려서 전진하는 런닝이고, 또 하나는 기압차를 이용한 런닝 이외의 모든 세일링이다.

세일링의 종류에는 크게 세 가지로 리칭(reaching), 클로즈홀드(close hauled), 런닝(running) 등이 있는데, 이는 바람에 대하여 데크가 어느 방향으로 나아가느냐에 따라 구분된다. 따라서 바람을 잘 받을 수 있는 세일의 전개가 우선적으로 요구된다. 이에 따라 발과 손의 위치가 달라지며, 힘의 분배가 달라지기 때문이다. 기압차에 의한 세일링이라도 바람을 중심으로 90도의 범위에서는 세일링을 할 수 없는데, 이를 데드존(dead zone)이라 한다. 윈드크루저는 다루기가 쉽고 땅 위에서 여러 가지 테크닉을 안전하게 즐길 수 있는 것이 매력이며, 가장 큰 묘미는 스피드다. 어느 정도 기술을 익히면 보통 60km 이상의 고속감을 만끽할 수 있다.

7) 트레킹

트레킹은 남아프리카 원주민들이 달구지를 타고 정처없이 집단이주한 데서 유래하였다. 전문 산악인들이 개발한 네팔의 히말라야 등 험한 산악길이 일반에게 공개되면서 트레킹이라는 용어로 정착했다. 트레킹은 등반과 하이킹의 중간형태로, 무거운 짐을 짊어지고 장거리 야영여행을 하는 백패킹(back packing)과 구별된다. 하루 도보거리는 15~20km이며, 산의 높이를 기준으로 5,000m 이상은 등반, 그 이하는 트레킹으로 구분하기도 한다. 평지에서는 보통 1시간 걷고 5~10분 휴식, 산행 시에는 20분 걷고 5분간 휴식한다. 자연보호를 중시해 식사는 김밥이나 토스트 등의 간편식을 주로 한다. 복장은 야외용 간편한 복장, 신발은 조깅화 또는 등산화를 신는다.

8) 서바이벌게임

인간의 광적인 전쟁본능을 순화시킨다는 긍정론이 널리 확산되면서 생명존중 또는 생존을 뜻하는 서바이벌게임이 파생되었다. 군용 M-16을 본뜬 소총과 우지 기관총을 본뜬 공기총(air soft gun)이 주된 장비이며, 사용되는 탄알에 의해 페인트볼 스포츠 또는 서바이벌게임으로 나누기도 한다. 1970년대 유행한 페인트볼 스포츠에서는 최소지름 6mm부터 최대 5cm 크기의 모조탄을 사용하는데, 명중 시에는 속의 물감이 터진다고 해서 페인트볼이라 한다.

특히, 아시아권에서 유행하는 서바이벌게임에서는 5~6mm의 플라스틱 BB탄(ball bullet)이 주종이다. 한국에서는 1980년대 말 시뮬레이션 게임으로 첫 도입된 후 서바이벌로 정착했다. 경기방법은 두 팀으로 나눈 상대편의 깃발을 빼앗는 깃발전,

상대편이 전멸할 때까지 경기하는 섬멸전, 고지를 먼저 점령하는 고지전, 생포된 동료를 구출하는 포로구출전 등의 시나리오게임이 있다.

9) 빙벽등반

빙벽등반은 등산장비를 이용하여 빙벽을 올라가는 겨울형 레저스포츠의 일종이다. 겨울철 산행의 일부였던 것이 하나의 독립된 레저스포츠가 된 것이다. 빙벽등반은 암벽등반과 원리는 비슷하지만, 바위와 얼음이라는 차이 때문에 더 많은 주의와 기술이 요구된다. 특히, 슬라이딩이나 추락연습 등 기초훈련을 튼튼히 하고 바른 등반자세를 익혀야 한다.

또한 장비의 이용과 등반의 기술에 능하고 빙벽의 질과 경사 정도를 잘 파악할 수 있어야 한다. 빙벽은 보통 4급으로 나뉘는데, 1급은 초급빙벽으로서 초보자들에게 좋은 장소이고, 2급은 중급빙벽으로서 경사가 70~80도이며, 3급은 중상급 빙벽으로서 수직에 가까운 빙벽을 말한다. 4급은 전문가만 등반할 수 있다.

빙벽등반을 하기 위해서는 피켈, 빙벽화, 빙벽용 아이젠, 헬멧, 장갑, 안전띠, 밧줄, 하켄 등이 필요하다. 복장은 활동하기 좋고 보온이 잘 되는 모직이나 스테이플파이버로 된 옷 위에, 방수와 통기성이 좋은 파카와 바지를 입어야 한다. 반드시 얼음이 완전히 얼은 뒤에 빙벽등반을 해야 하며, 많은 사람들이 한꺼번에 빙벽에 몰리게 될 경우 날카로운 고드름이 떨어지는 낙빙사고의 위험이 크고 앞사람의 아이젠에 상처를 입을 수도 있으므로 질서를 지키는 것이 무엇보다 중요하다.

10) 인공암벽등반

인공암벽등반은 건물 내부와 외벽 또는 별도의 구조물에 바위벽을 만들어 놓고 보조장비의 지원을 받아 맨손으로 바위를 오르는 것이다. 자연암벽등반에 비해 안전할 뿐만 아니라 날씨와 계절에 상관없이 즐길 수 있다. 또한 적은 비용으로 남녀노소 누구나 즐길 수 있으며, 온몸운동이 되고 특히 팔과 다리의 근육강화에 좋다.

인공암벽등반의 유래는 1940년대 프랑스의 한 산악인이 전문 산악인들의 교육훈련용으로 사용한 데서 시작되어 점차 스릴 넘치는 레저스포츠로 발전한 것이다. 국제규격의 인공암벽은 높이가 11m 정도이며, 로프, 헬멧, 하네스, 퀵드로 등의 전문적인 장비가 필요하다. 낮은 암벽을 이용하는 초보자의 경우는 암벽화, 마찰력을 높여 주는 초크(탄산마그네슘가루), 초크백 등이 필요하다. 루트와 난이도는 인공홀더(손잡이)를 떼었다 붙였다 함으로써 조정한다.

11) 자연암벽등반

자연암벽등반은 록클라이밍이라고도 한다. 제2차 세계대전 이후 나일론 자일 매입볼트 등자(子: 발판이 좋지 않을 때 쓰이는 2~3단의 작은 줄사다리로서 하켄에 걸어 발판으로 쓴다.) 등 용구의 획기적인 진보로 암벽등반기술이 발달하였다.

암벽등반의 기본은 양손과 양발 중 3개는 안전한 손잡이가 될 곳과 발판에 두고 1개만을 움직여서 팔에 의지하지 않고 발로 올라간다. 균형을 제대로 유지하고 되도록이면 몸을 바위에 밀착시키지 않도록 해야 한다. 단독등반도 있으나, 대체로 2~3명이 한 조가 되어 서로 자일로 몸을 연결하여 확보하면서 올라간다.

보통 1명씩 올라가고 나머지 사람들은 등반자를 확보하는 격시등반(隔時登攀)과, 어느 정도의 간격을 두고 자일로 서로 연결한 채로 전원이 동시에 올라가는 연속등반(連續登攀)이 있다. 손잡이가 될 곳이나 발판 등 확보의 지점이 될 암각이 없는 경우에는 해머로 바위틈에 하켄(피톤)을 박아 넣고 카라비너를 걸어 여기에 자일을 끼워 올라간다.

틈새가 없는 바위에서는 매입볼트를 사용하고 또 발판이 없는 오버행

(overhang: 바위가 차양 모양으로 돌출한 곳)에는 등자를 사용한다. 하강할 때에는 암각, 수목, 하켄을 지점으로 하여 현수하강(懸垂下降)을 한다. 암벽은 슬래브(slab: 경사 45도 이상의 바위면)나 침니(chimney: 굴뚝 모양의 틈새) 등 여러 가지 형태로 이어지고, 또 암질도 무르고 부서지기 쉬운 바위, 단단한 바위, 틈새를 이용할 수 없는 바위 등 다양하여 제각기 다른 암벽등반기술이 필요하다. 등반 시 암벽을 대하게 되면 암질을 확인하고 안전한 루트를 확인한 후에 등반을 시작해야 한다.

아울러 항상 세심한 주의와 대담한 행동이 요구된다. 이것은 얼핏 보기에 화려해 보이므로 누구나 강렬한 유혹을 받게 되는데, 등산 최고의 기술을 연속적으로 시행하게 된다는 것을 명심해야 한다. 따라서 반드시 능숙한 리더에게서 기본 기술을 착실히 몸에 익혀야 하고, 마음에 맞는 사람들과 모임을 만들어 행동해야 한다. 암벽등반만이 등산은 아니므로 여름등산, 적설기 등산, 고원 하이킹 등도 포함하여 등산을 전체적으로 파악한 후에 암벽등반을 연습하는 것이 바람직하다.

12) 동굴탐사

동굴탐사는 오랫동안 사람의 발길이 닿지 않은 동굴 속에서 태고의 신비와 살아 있는 역사를 만끽하는 모험형 레저스포츠다. 태고의 신비를 간직하고 있는 동굴은 미지의 세계에 대한 무한한 상상력과 자연의 경이감에 대한 짜릿한 흥분을 느끼게 하며, 사계절 일정한 온도를 유지하고 있으므로 계절에 관계없이 탐험을 즐길 수 있다.

동굴탐사의 유래는 16~17세기에 동굴이 지니고 있는 신비감과 막연한 공포에 맞서 탐험을 시도한 것에서 비롯된다. 17세기 후반부터는 좀 더 신중하고 또 동굴을 자세히 알기 위한 동굴탐험이 시작되어, 영국의 존 보먼트는 광산작업 중 발견된 동굴을 광부들의 도움을 받아 촛불만 가지고 탐험을 시작하여 그 보고서를 왕실 지리학회에 발표하기도 했다.

동굴탐사를 즐기려면 동굴 안에서의 안전수칙을 지키고, 동굴의 종류나 생물 등 동굴에 대한 기본 상식을 갖추며, 동굴마다 갖고 있는 특색 있는 볼거리를 미리 알아둔다. 동굴탐사를 하기에 가장 좋은 시기는 동굴 안의 물이 줄어드는 4, 5월 무렵이다. 동굴은 어둡고 습하기 때문에 낙반사고, 미끄럼, 암벽 등 많은 위험요소가 있으므로 반드시 전문가와 동행하며, 안전장비를 필수적으로 갖추어야 한다. 탐사를 하기에 앞서 개인행동을 해서는 안 되며, 동굴 안에서의 자연훼손이 없도록 해야 한다. 관광코스로 개방된 공개동굴 이외에는 해당지역 문화재 담당부서나 자연보호 담당부서의 사전허락을 받아야 한다.

13) 번지점프

번지게임이라고도 하며, 'bungee'는 'bungy'로 쓰기도 한다. 게임은 1979년 영국 옥스퍼드대의 모험스포츠클럽 회원 4명이 미국 샌프란시스코의 금문교에서 뛰어내리면서부터 시작됐다. 그러나 본래 번지점프는 남태평양에 있는 섬나라 바누아투의 펜테코스트섬 주민들이 매년 봄 행하는 성인축제에서 유래하였다.

나무탑 위에 올라간 뒤, 칡의 일종인 번지라는 열대덩굴로 엮어 만든 긴 줄을 다리에 묶고 뛰어내려 남성의 담력을 과시하는 의식이었다. 번지점프는 그 뒤 헬리콥터에서 440m 고공낙하하는 등 신기록 갱신이 잇따랐으며, 최근엔 다인(多人)점프, 자전거타고 점프하기 등 고난도 묘기를 다투는 번지점프대회가 스포츠로 정착했다.

14) 워터슬레이

워터슬레이는 바나나 모양의 무동력보트를 모터보트나 제트스키에 연결하여 수면 위를 달리는 것으로, 수상스키와 비슷하고 균형감각이 필요한 면에서는 래프팅과도 유사한 신종 레저스포츠다. 전문기술 없이 즐길 수 있다는 점이 특징이다. 모터보트에 연결된 워터슬레이에 뒷좌석부터 한 사람씩 말을 타는 자세로 나란히 앉은 뒤 손잡이를 꼭 잡고 중심을 앞으로 두어 엎드린다. 보통 시속 30~40km로 달리는데, 체감속도는 훨씬 빠르다. 속력이 붙을수록 무동력 보트가 솟구쳐 올라 물 위를 날아오르는 듯한 기분을 느끼게 된다. 보트가 선회할 때는 옆으로 튕겨나가 물에 빠지기도 하는데, 오히려 이때 짜릿한 재미를 느낄 수 있다.

워터슬레이는 함께 탄 사람들이 호흡을 맞추어 한 몸처럼 균형을 잡아야 하고 뒤집히지 않기 위한 협동심이 요구된다. 맨 앞에 탄 조장이 모터보트의 선회방향에 따라 신속한 지시를 내리고, 이에 따라 동승한 전원이 일사분란하게 균형을 잡아야만 물에 빠지지 않는다. 일단 뒤집히면 워터슬레이를 제대로 띄우기 위해 물에 뜬 채 혼연일체가 되어 협동해야 한다. 필요한 장비로는 워터슬레이와 구명동의뿐이다. 워터슬레이는 모터보트 같은 예인동력에 의존하기 때문에 개인이 별도로 구입하는 것은 별 의미가 없고, 레저회사가 보유한 것을 이용하면 된다.

15) 스카이다이빙

스카이다이빙은 항공기에서 뛰어내려 바로 낙하산을 펴고 낙하하는 스포츠다. 스포츠용 패러슈트는 메인 패러슈트와 예비 패러슈트로 구분된다. 메인 패러슈트는 강하할 때 쓰며, 예비 패러슈트는 메인 패러슈트에 고장이 있을 때 사용한다. 메인 패러슈트에는 다음과 같은 종류가 있다.

초급자용 패러슈트는 조종성능이 너무 민감하지 않은 패러슈트를 사용한다. 이것은 체중 75kg인 사람이 강하할 때 표준대기 중에서 7m/sec 이하의 낙하속도여야 하고, 전진속도는 시속 16km 정도다. 패러코맨더형(paracommander type)은 1964년경부터 많이 사용되어 온 것으로서 패러슈트 좌우에 안정용 안정판이 부착되어 있다. 낙하산 정상에 센터라인이 있어 정상이 오므라진 모양으로 펼쳐진다. 그 특성으로는 전진속도가 빠르며 패러슈트의 부력을 감소시켜 실속(失速) 조작이 가능하다. 선회할 때 선회용 구멍을 열어서 급속하게 방향을 변경할 수 있다. 패러플레인형(paraplane type)은 펴지면 그 형태가 글라이더의 날개와 같은 원리로 고안되어 있어서 다른 형과 비교하면 대단히 빠른 전진력을 가지고 있다. 이 전진력으로 발생하는 부력을 이용하여 목표에 도달한다. 선회도 글라이더와 같은 조작으로 하는 것이 특징이며, 따라서 급격하게 조작하면 글라이더와 같이 실속 추락할 위험성이 있어 조작에 각별한 주의가 필요하다. 전진속도는 노브레이크 상태에서 시속 40~50km이며, 50% 브레이크 상태에서 20~30km, 풀브레이크 상태에서 0~8km다. 전진속도를 조절할 수 있어서 착지할 때 충격을 최소한으로 줄일 수 있다.

16) 래프팅

원래 래프트란 나무로 엮은 뗏목을 뜻하는 말로서 래프팅이란 뗏목을 타는 것을 의미한다. 그러나 요즘에는 여럿이 함께 PVC나 고무로 만든 배를 타고 노를 저으며, 골짜기와 강의 급류를 타는 레포츠를 가리킨다. 래프팅의 장점은 장애물이 있거나 깊이가 얕아도 물이 있고 급류가 있는 곳이면 어디서도 안전하게 스피드와 스릴을 즐길 수 있다는 점이다.

또한 여러 사람이 힘을 모아야 가능한 운동이기 때문에 협동심과 인내심을 기르는 데 좋다. 이 밖에 온몸의 힘을 모아 물살을 헤치며 노를 저어야 하기에 전신운동의 효과가 크고, 신선한 공기를 마음껏 마실 수 있어 건강에 더없이 좋다는 장점도 있다.

래프팅의 기원은 아득한 옛날 원시인들이 타고 다녔던 뗏목으로까지 거슬러 올라갈 수 있으며, 근래로 와서는 미지의 땅을 찾아 나선 개척자들이 이용한 뗏목에서 그 원류를 찾아볼 수 있다. 그 후 스릴과 재미를 찾는 사람들에 의해 뗏목은 보다 안전하고 다루기 쉬운 장비로 개량되기 시작했다. 오늘날과 같은 형태의 보트가 선보인 것은 제2차 세계대전 이후에 전쟁의 부산물로 남은 군용 고무보트를 사용하면서부터다.

우리나라에서는 1990년대에 들어오면서 전문 동호인 클럽과 대학 동아리들을 중심으로 크게 보급되고, 여기에 레저 전문업체들이 레포츠 종목으로 래프팅을 개발, 각종 행사를 개최하면서 이를 즐기려는 사람들이 폭발적으로 늘어나고 있다. 우리나라는 강이 많고 산골짜기를 따라 흐르는 급류지대가 많아 코스만 개발하면 래프팅을 즐길 수 있는 장소는 충분하다.

현재 래프팅을 위해 개발된 장소로는 한탄강 상류 약 13km, 조양강과 동강 약 65km, 내린천 약 70km, 영월 서강 약 10km, 홍천강 약 12km 이외에 진부령 계곡, 백담사 계곡 등 10여 곳이 넘으며, 계속하여 새로운 코스가 개발되고 있다.

17) 카이트서핑

카이트서핑은 1990년대 초 유럽과 하와이 등지에서 파도가 일지 않는 날에도 서핑을 할 수 있는 방법이 없을까 고심하던 중 고안되었다. 바람만 불면 파도가 없어도 서핑을 할 수 있는 수상 스포츠이자 레저스포츠로서 서핑과 패러글라이딩을 접목한 것이다. 즉, 패러글라이딩 기구와 같은 대형 카이트를 공중에 띄우고, 이 카이트를 서핑보드와 연결해 카이트가 바람의 힘에 따라 서핑보드를 끌면서 물 위를 내달릴 수 있도록 고안되었다.

기본 장비로는 서핑용 하네스(harness: 기구와 몸을 연결하는 장비)와 서핑보드, 조종용 붐, 30m 길이의 줄, 5m짜리 대형 카이트로 이루어져 있다. 사람 어깨넓이 정도 되는 알루미늄 봉(조종봉)을 단단한 연줄로 카이트와 연결해 두 손으로 이 봉을 잡고 좌우로 움직이면서 카이트를 조종한다.

서핑과 패러글라이딩의 두 요소를 함께 익혀야 하기 때문에 배우는 데 시간이 걸리기는 하지만, 장비가 가볍고 간편해 누구나 즐길 수 있다. 어느 정도 숙련되면 6m 이상의 고공 점프는 물론 공중에서도 다양한 재주와 묘기를 선보일 수 있다. 종류에는 램에어디자인(ram air design)과 같은 트랙션(traction)

카이트와 모스키토(mosquito)카이트와 같은 혼합형이 있다.

18) 파워보트

파워보트는 서핑보드에 모터보트 엔진을 결합시킨 것으로 서프제트와 달리 앉아서 즐기는 레저스포츠다. 파워보트는 지중해 연안을 찾는 자동차경주 마니아들이 여름 휴가철 동안 자동차경주 대신 즐기기 위해 모터보트를 개조해 만든 것에서 유래되었다. 크기와 무게, 최고 시속은 서프제트와 비슷하며, 보드 양옆에 달린 노끈을 손으로 잡아 몸의 균형을 유지하고, 오른쪽 노끈 손잡이 옆에 부착된 변속기 레버를 엄지손가락으로 움직여 속도를 결정한다. 경기방법은 시속 200km대의 속력으로 호수나 바다 위에 떠 있는 서킷을 규정된 횟수만큼 도는 것으로, 엔진의 성능보다는 운전기술이 중요하다.

19) 스쿠버다이빙

스쿠버다이빙은 표면공기 공급장치와 달리 육상 또는 수면으로부터 공기를 공급받지 않은 상태로 압축공기통이나 호흡기체를 압축해 담은 용기를 착용하고, 수중에서 자유로이 호흡하면서 이동하며 자신의 목적을 수행하는 활동(self contained underwater breathing appartus)이다. 그 종류를 살펴보면 스포츠 다이버들이 주로 사용하는 개방회로(opoen circuit)와, 과학조사 및 군사적 목적에 주로 사용되는 반폐쇄회로(semi-closed circuit), 군사적 목적에 주로 사용되는 폐쇄회로(closed circuit)가 있다.

스쿠버다이빙은 단순한 해저관광에서 상업적, 군사적, 과학적, 교육적 목적에 이르기까지 그 활동범위가 넓고 스쿠버다이빙 자체가 목적일 수 있으나 수중촬영이나 수색, 인양과 같이 스쿠버다이빙이 수단으로 이용되는 경우도 많다. 활동 분야로는 야간잠수, 흐린물 잠수, 심해잠수, 고도잠수, 수중 방향 찾기, 드라이슈트다이빙, 나이트록스다이빙, 동굴잠수, 얼음 밑 잠수, 군사잠수, 수중사진 및 수중비디오 촬영을 위한 잠수 등 다양하다.

20) 아이스다이빙

아이스다이빙은 두께 15cm 이상의 얼음을 깨고 실시하는 다이빙으로서 차가움을 차단하는 특수 다이빙복인 드라이슈트를 입고 하기 때문에 드라이슈트다이빙이라고도 한다. 다이빙을 하는 시간대는 낮 12시부터 오후 3시까지가 적당하고, 체력소모가 심하므로 1회 15분 실시 후 30분~1시간 휴식시간을 가져야 한다.

얼음구멍은 얼음이 충분히 두껍고 수심이 적당하고 물의 흐름이 없으며 맑은 색으로 인 부분에 가로 3m, 세로 2m 정도로 넉넉하게 만든다. 기본적인 장비로는 다이버의 체온을 보호하는 드라이슈트, 내의, 장, 칼, 마스크, 핀 등 다양한 다이빙 장비들과, 공기를 공급하는 장비로서 동계용 주 레귤레이터와 보조 레귤레이터를 준비한다. 그 밖에 얼음구멍을 반들기 위한 장비, 수면 위에서 대기하는 팀을 위한 보온장비 및 피난처 등이 필요하다.

낮은 기온과 차가운 물, 외진 장소 등 험한 자연환경에서 행해지므로 충분한 사전교육, 계획과 준비, 훈련과 안전한 장비 및 비상대처수단이 필수적이다. 얼음이 다이버의 머리 위를 가로막기 때문에 수면에서 다이버를 지원해주는 팀이 반드시 있어야 한다.

21) 패러글라이딩

패러글라이딩은 기체조작이 비교적 간편해 세계적으로 동호인 수가 가장 많은 항공스포츠다. 배낭 속에 접어 넣은 무게가 약 4kg으로 가벼운 게 큰 장점이며, 산 정상이나 능선에서 약 10m 정도 도움닫기 후 비행한다. 평균시속은 20~40km이며, 해발고도 10m 높이에서 이륙하면 평균 40m 비행한다. 비행에 적당한 바람은 정풍기준 초속 1~5m 정도이며, 헬멧을 쓰고 하네스(harness)를 입은 뒤 좌 · 우측 조종줄로 방향을 전환한다. 착륙은 브레이크 손잡이를 사용한다.

주요 경기종목으로는 지정된 목표물 통과하기와 표적 던져 넣기, 먼 거리를 비행하는 크로스컨트리 등이 있다. 그 밖에 패러글라이딩을 응용한 레저 스포츠로서 착지순간 스키를 타는 패러스키, 패러글라이더를 짊어지고 산에 오르는 불편을 없애기 위해 프로펠러 추진기를 장착, 이륙하는 모터패러글라이더, 엔진이 조종석에 있어 앉아서 비행이 가능한 패러플레인, 커넥터를 연결해 전문 조종사와 비행자 2명이 함께 비행하는 텐덤 비행 등이 있다.

22) 클라우드호핑

1990년 영국의 한 열기구 제작사가 '클라우드호퍼' 라는 이름의 시제품을 내놓은 것에서 유래하며, 형태는 열기구이나 조작방법과 기체구조가 다르다. 다인승 열기구에서 바구니(곤돌라) 대신 낙하산이나 패러글라이딩에서 사용하는 1인승 하네스를 달았고, 풍선의 부피는 다인승의 1/6 정도인 600m^3이다. 연료탱크의 무게상 비행시간은 1~2시간이며 하네스에 연료탱크, 버너, 간이의자 등을 함께 매달아 비행 시 주입구를 아래 위로 흔들면 간단히 바람이 드나들어 혼자서 자유롭게 구름 속을 넘나들 수 있다.

23) 행글라이딩

행글라이더로 활공하는 항공스포츠로서 시속 40~100km의 빠른 속도로 하늘을 달려가는 듯한 기분을 맛볼 수 있을 뿐만 아니라 다양한 비행기술을 구사할 수 있다. 비행방법은 주력으로 언덕 아래로 달려가면서 양력을 얻어

이륙하고, 몸을 좌우로 이동하여 방향전환을 하고, 몸을 전후로 이동하여 속도조절을 하며 두 발로 착륙한다.

경기방식은 공식경기와 비공식경기가 있는데, 공식경기에서는 장거리경기 종목이, 비공식경기에서는 주로 체공경기, 정밀착륙경기, 정밀투하경기 등이 열린다. 행글라이딩을 하기 위해서는 글라이더, 헬멧, 사고에 대비한 긴팔 웃옷과 긴 바지, 벗겨지지 않고 탄력이 좋은 신발, 장갑, 하네스(안전벨트), 패러슈트(보조 낙하산), 속도계, 고도계, 승강계, 나침반 등의 계기가 필요하다.

행글라이딩은 공기 속을 움직이는 스포츠이므로 기상에 민감한 편인데, 기상조건으로는 바람이 특히 중요하다. 바람이 불어오는 방향이 이륙장에 맞바람이어야 하고, 풍속이 시속 20km 이하여야 한다. 그리고 바람이 불규칙하게 급변하는 날에는 비행을 삼가야 한다. 비행 중에는 기류가 불규칙하게 난류로 바뀔 수 있는 곳, 즉 바람이 불 때는 산 뒤쪽(풍하측)이나 계곡 속으로 들어가지 말고 넓은 공간 속을 활강하는 것이 안전하다. 또한 초보자인 경우에는 햇빛이 강하여 열기류가 강하게 상승하는 날은 비행을 삼가야 한다.

24) 패러세일링

패러세일링은 특수하게 고안된 낙하산을 맨 사람을 자동차나 모터보트에 긴 줄로 연결하여 끌고 가다가, 낙하산에 공기압이 생기면 떠오르면서 공중비행을 즐길 수 있게 한 레저스포츠다. 패러세일링의 특징은 상식적인 안전수칙 등 간단한 설명만으로 쉽고 안전하게 하늘을 날 수 있고, 조작이 간편해 1시간 정도의 훈련이면 초급자도 쉽게 익힐 수 있으며, 체력과 담력을 증진시키고 스릴도 맛볼 수 있다.

패러세일링 장비로는 낙하산, 하네스, 헬멧, 구명조끼, 줄, 견인기구 등이 있다. 패러세일링을 하면서 지켜야 할 사항으로는 굴곡이 있거나 미끄러운 땅, 습기가 많은 잔디나 전기줄 같은 장애물이 있는 곳은 피해야 하며, 일단 공중에서 비행 중인 때는 각 연결부분의 줄을 함부로 잡아당기거나 연결고리를 만져서는 안 된다.

또한 안전비행을 위해 속도는 자동차나 모터보트 모두 5~25마일을 유지하도록 한다. 회전 시의 최소회전반경은 줄 길이의 3배 이상이 되도록 해서 비행의 안전 및 안정을 유지하도록 하고, 모터보트로 낙하산을 끌 경우에 보트는 물 위에 떠 있겠지만, 비행할 사람과 낙하산은 땅이나 백사장 또는 이륙하기 쉽게 만든 잔교에서 이륙 준비를 해야 한다.

25) 초경량항공기

행글라이더나 글라이더 등에 좌석과 엔진, 바퀴를 부착하여 동력에 의해 움직이는 무게 250kg 정도의 소형비행기로서, 경비행기와 달리 조립과 분해가 쉽고 간단하여 아마추어라도 직접 비행기를 제작할 수 있으며, 속도감과 안전성이 뛰어나다. 또 좁은 공간에서도 이 · 착륙이 쉬워 레저활동 외에 항공촬영, 관광 등 다양한 용도로 활용할 수 있다.

1960년대 말 미국에서 행글라이더를 이용한 스포츠용 비행기 제작과정에서 개발된 것이다. 그 뒤 유럽과 일본 등지에서도 만들어져 급속히 보급되기 시작하여, 처음 상품화된 것은 1978년 만들어진 퀵실버 E형이다. 초경량항공기는 크게 ULM(Ultra Light Motor)과 ULP(Ultra Light Plane)로 나뉜다.

ULM은 행글라이더에 엔진을 장착한 것으로 해체와 조립이 간단하며, 비행방식이 행글라이딩과 비슷해 행글라이딩에 익숙한 사람이라면 10시간 정도의 교육으로 비행이 가능하다. 일명 고정날개라 불리는 ULP는 엔진이 부착된 글라이더로서 ULM보다 안정적인 자세로 조종할 수 있으나, 해체가 불가능해 보관할 격납고가 필요하다. 초경량항공기를 조종하기 위해서는 항공기 외에 헬멧과 비행복이 필요하다.

4. 레포츠의 교육적 기능

기계문명의 발전은 삶의 질을 크게 향상시켰고, 이에 따라 사람들은 주어진 여가시간에 어떻게 스트레스를 해소하며 욕구를 표출할지에 대해 고민하기 시작했다. 주어진 시간을 어떻게 활용하느냐에 따라 본인의 인생은 행복한 인생으로 느껴지기도 하고, 무미건조하며 때론 위험한 인생으로 인식되기도 하는 양상을 보였다.

뿐만 아니라 주어진 여가시간의 활용에 있어서 그 방향이 잘못될 경우 삶의 질을 향상시킨다는 본연의 취지에 어긋나, 향락적이며 관능적이고 사행적인 방향으로 전환되어 불건전한 사회현상으로 자리매김하게 된다. 급변하는 현대 사회의 구조를 볼 때 레포츠가 주는 올바른 여가선용이라는 측면은 더 절실하게 다가온다. 이 절에서는 레포츠를 통한 생산성의 향상, 행복의 추구, 문화교양 및 인격 형성, 정서 함양, 사회생활의 건전화 등의 교육적 가치성을 추구하는 기능을 논의해 보자.

현대는 대중 여가시대(mass leisure age)다. 문화를 창조하는 여가는 20세기로 접어들어서 급격한 증가를 보이고 있다. 여가에 대해서 준비나 대책을 강구해 본 일도 거의 없는 상태에서 여가시대를 맞이한다는 것은 일종의 위험이 아닐 수 없으며, 레포츠의 가치관이나 기능을 상실하는 일이 된다.

따라서 대중 여가시대에는 단순히 여가를 향유하기만 해서 되는 것이 아니라 여가를 자기 자신의 것으로 알고, 이를 적극적으로 이용하는 방법을 개발, 창조하는 것이 레포츠 활용의 본연적 기능이다. 아울러 여가에 대한 이해, 기능, 습관을 기르도록 하는 일은 더욱 중요하다.

1) 자기주도성

사람은 누구나 자기를 알리고 싶어 하며 나타내려는 경향이 있다. 단적인 예로 모든 직종에서 자신들의 역량이나 기술, 지식 등을 표현하며 과시한다. 이는 레포츠 기능에서 가장 대표적이라 할 수 있다. 자기표현이 억제되면 욕구불만으로 나타나며, 때로는 반사회적 행위의 원인이 되기도 한다. 현대인들은 각자의 직종에서는 자기표현을 기피하는 반면에, 자유시간인 여가시간에는 자기가 좋아하는 취미활동을 통하여 자기를 표현하고 실현할 수 있는 기회를 가질 수 있다. 이와 같이 여가를 통한 주도적인 자기표현 기회는 자신감을 위한 표현까지도 유발할 수 있다.

자신감은 스포츠 상황에서는 물론 일상생활에서도 많이 사용된다. 자신감은 '어떤 일을 성공적으로 해낼 수 있다.' 는 신념으로 정의된다. 자신감은 자신의 능력으로 지금 현재의 과제를 해결할 수 있다는 활동적인 생각이다. 따라서 자신감은 수행해야 할 과제에 대한 자기 자신의 능력을 판단하는 데서 온다. 자신감이 스포츠 수행에 긍정적인 영향을 미친다는 것은 경험적으로나 실증적으로도 명백하다. 이 같은 자신감을 통해 참여자들이 얻을 수 있는 장점은 다음과 같다.

첫째, 자신감은 긍정적 정서 및 감정을 불러일으킨다. 성공적 수행에 대한 확신이 있을 때는 압박감 아래에서도 차분히 여유를 가질 수 있다. 이런 심리적 상태는 극한 경쟁상황에서 공격적이고 과감한 행동을 유도할 수 있다.

둘째, 자신감은 당면 과제에 대한 주의집중력을 향상시킨다. 과제 수행에 대한 확신이 있을 때 사람의 심리상태는 당장의 과제에 집중할 수 있다. 이와 반대로 자신감이 부족할 때 사람들은 자신이 얼마나 잘하고 있는지, 혹은 자신이 하는 수행능력에 대해 주위사람들이 어떻게 생각하는지를 걱정하여 주의집중을 방해하게 된다.

셋째, 자신감은 목표 설정에 영향을 미친다. 자신감 수준이 높은 사람들은 도전할 만한 목표를 세우는 경향이 있으며, 실제로 그 목표를 달성할 확률이 높다. 그러나 자신감이 부족한 사람들은 스스로 자신의 능력을 과소평가하여 비교적 달성하기 쉬운 목표를 설정하며, 자신의 한계를 극복하려는 노력을 하지 않는다.

넷째, 자신감은 노력을 고양시킨다. 목표를 달성하기 위한 지속능력 역시 자신감 수준에 달려 있다. 자신감이 결여되면 상대방과 비슷한 능력을 가졌다 하더라도 패배할 가능성이 높다. 즉, 고통스러운 환경을 극복하는 데에 특히 자신감이 중요하다.

다섯째, 자신감은 위기상황의 극복능력에도 영향을 미친다. 자신감이 높은 사람들은 역경을 도전할 만한 것으로 간주하여 결코 포기하지 않는 성향이 있다.

2) 협응성, 관계성

레포츠는 인간관계 형성 및 개선에 유용하다. 인간관계란 존경, 이해 동정, 친절, 희생, 봉사 등 상부상조하는 태도가 원만함을 의미한다. 레포츠 활동은 여러 사람과 어울려 즐기는 기회를 갖게 되는 경우가 많다. 그리고 모든 이해관계를 떠나서 동등한 위치에서 참가하게 됨으로써 평소의 사회적 신분, 직업의식, 우월감 등은 사라지고 오직 기쁨과 즐거움이 가득한 분위기에 도취하게 된다. 그러므로 서로 이해하고 친숙해지며 화목한 가운데 일체감을 갖게 된다. 극단적인 이기심, 실리 추구, 상호 이해 부족 등 비인간성을 초래하고 있는 사회구조를 고려해 볼 때, 레포츠는 인간관계의 교량역할을 하면서 서로 협조하고 신뢰하는 분위기 조성의 기능을 지니고 있다.

집단 및 조직의 응집력이란 집단이 갖는 특징, 즉 집단의 통일과 화합 등을 의미하는 것으로서 집단의 단결(group association), 충성, 팀정신(team spirit), 팀워크(teamwork) 등의 단어와 유사하게 사용되고 있다. 원래 응집력(cohesion)이란 용어는 함께 결합시키거나 점착시킨다는 의미로서 라틴어 'cohusesus' 에서 유래되었으며, 개인이 집단에 개입하여 헌신하는 정도, 즉 집단구성원을 하나로 묶는 응집특성을 말한다.

페스팅거(Festinger) 등은 응집력을 집단에 구성원들을 머무르게 할 수 있는 '심리적 힘' 이라고 정의하였다. 심리적 힘은 두 가지로 분류할 수 있다.

첫 번째 힘은 집단의 머물게 하는 힘 때문에 집단행동에 참여하고 싶어 하는 열정으로서, 집단과 같이 있고 싶어 하고, 동료와 상호작용하여 구성원들이 만족감을 갖는 것이며, 두 번째 힘은 다른 집단과의 연합을 통해 구성원들에게 가져다줄 수 있는 이익이다.

비드마이어(Widmeyer)는 집단응집력을 사회적 응집력과 과제응집력으로 나누었다. 사회적 응집력은 집단구성원들이 다른 동료를 좋아하고 함께 즐기는 정도를 말하며, 과제응집력은 공동의 목표를 달성하기 위해 집단의 구성원들이 함께 일하는 정도를 말한다. 사회적 응집력과 과제응집력의 비교는 응집력을 이해하는 데 상당히 중요한 부분이다.

사회적 응집력이 높은 집단은 서로 개인적으로 매력을 느끼는 멤버로 구성되고, 함께 있기를 좋아하며, 하나의 집단으로서 사회화를 즐기는 경향이 있다. 사회적 응집력이 높은 집단은 팀의 목표에만 모든 노력을 바치지는 않으며, 하나의 집단으로 함께 존재하기 위한 동기는 구성원들이 받는 사회적 즐거움에 있다. 이것은 사회적 응집력이 높은 집단이 성공적이지 못하다는 의미는 아니며, 팀 멤버십으로부터 받는 사회적 이익이 더 중요하다는 것이다.

3) 탈스트레스

삶의 구조와 생활의 여건은 개인에 따라 차이가 있지만 그 속에서 모두가 스트레스를 받고 있다는 사실은 부정할 수 없다. 이것은 생활의 복잡성, 공해, 매연, 환경오염 등이 원인이 되고 있는데, 이를 해결하기 위해서는 정서적으로 안정이 필요하다. 스트레스병(stress diseases)이란 일의 압박 때문에 생긴 신경병이라고도 하며, 흔히 정신적 외상 또는 정신적 바이러스라고도 한다.

흔히 스트레스는 현대병이라고 하여 이로 인한 질병은 무수하며, 적절한 해소방안이 강구되어야 한다. 해소의 방법은 욕구불만을 풀어 주며 자기를 표현할 수 있는 기회를 갖도록 하는 것이다. 이런 점에서 볼 때 주어진 여가시간에 자기가 좋아하는 활동을 유익하게 즐기고 생각하고 느끼고 표현할 수 있는 표현의 방법이 바로 여가시간을 가치 있게 활용하는 레포츠 활동이다. 그러므로 현대 생활의 특성상 스트레스 해소에 적극 활용되는 분야가 레포츠다.

스트레스 해소는 심신의 건강과 체력 향상을 증진시킨다. 심신의 건강은 우리들의 생활 기반이며 인간에 있어서 건강은 행복의 기본 조건으로, 왕성한 생활력이나 활동력도 건강과 체력에 의존하고 있다. 그러나 현대 사회의 구조는 산업자동화로 인해 기계가 인간노동력의 98% 이상을 담당하고 있어서 신체활동의 감소로 인한 운동부족현상이 나타난다. 체력 저하와 질병은 개개인의 생활력, 활동력을 감소시키는 것이 되며, 이것은 개인의 위기인 동시에 사회위기로 결부된다. 이러한 관점에서 온 국민이 수동적이기보다 능동적으로 참여하는 레포츠 활동을 생활화하기 위한 과제가 부과되었다.

결론적으로 레포츠는 단순한 흥미나 소질이 아니다. 적극적인 활동을 통하여 심신단련과 건전한 생활을 유지하는 활력소인 동시에, 체력 증진에 이바지하는 것이 레포츠의 본유적 기능이다. 이 같이 레포츠가 생활에 미치는 역할은 인간성 회복을 통해 문화국민으로서 자질 함양에 기여하는 데 주된 역할을 하고 있으며, 이는 집단적인 것보다 개인의 역할이 더욱 크다.

레포츠는 단지 기쁨과 즐거움을 줄 뿐만 아니라 일에 대한 능률을 높이기도 한다. 노동이란 흔히 긴장이 따르기 마련이지만, 레포츠는 긴장을 풀어주는 동시에 다음 활동의 의욕과 활력을 불러일으키면서 생산능률을 높여준다. 기업체나 공장에서 행하고 있는 직장 레포츠의 목적도 바로 생산성 향상에 있다. 이는 국민생활의 소득 증대와 직결되는 문제로 레포츠의 역할은 매우 긍정적이다.

레포츠의 궁극적인 목적은 행복한 삶을 누리는 데 있다. 이 점에서 레포츠가 인간의 기본적 요구로서 행복한 삶을 추구하고자 하는 것은 지극히 당연하다. 누구나 심신의 건강과 생활의 즐거움을 자유로이 만끽하기를 원하므로 레포츠 활동은 이 점에 있어 큰 역할을 하고 있다.

레포츠는 참여자들의 지적, 사회적, 심미적, 신체적, 교육적 의의를 내포하고 있다. 예를 들어, X게임은 일반적으로 다양한 도구나 정밀한 기구를 사용하고 있다. 이것은 운동역학과 많은 관련이 있다. X게임의 분야 중 파크(park) 경기와 버트(vert) 경기는 기구를 타고 기물을 이용하여 다양한 기술을 구사하는 것으로서 운동역학의 많은 부분을 이해해야만 가능한 경기다. 운동역학적 부분을 이론적으로 이해하지 못하더라도 X게임을 수행하고 있는 참여자들은 이미 몸으로 운동역학의 대부분을 습득하고 있다.

사람들은 여가시간에 레포츠를 통해서 각자가 즐길 수 있는 다종다양한 활동종목으로서 폭넓은 교양을 쌓게 되고, 더 나아가 자기 완성을 위한 기회를 갖게 된다. 그리고 여러 사람과 어울려 즐기는 가운데 서로 이해하고 화목해지며, 친숙하고 서로 돕는 민주시민의 자질이 형성되며, 또한 사회성이 발달되면서 문화교양과 인격을 갖추게 된다.

주5일 근무제와 주5일 수업제가 확산되어 감에 따라 여가시간이 점차 증가하고 있다. 최근에는 적극적 여가관 형성, 융통성 있는 근무시간 선택가능성에 대한 관용적인 분위기가 조성됨에 따라 여가시간 활용방안에 대해 긍정적, 적극적으로 모색하고 있다.

또한 조기은퇴에 대비한 자기 계발, 건강을 위한 자기 관리를 위해 사회교육에 대한 관심, 취미생활, 자기 관리 및 충전, 사회체육활동에 대한 기대가 커지고 있다. 이에 따라 가계에서 여가 및 오락에 사용하는 비용이 점차 증가하고 있고, 여가활동에 드는 비용에 대하여 소비 우선순위를 점차 높게 두는 경향이 두드러지고 있다.

그러나 문화소비의 격차가 발생함에 따라 부작용도 나타난다. 예를 들어, 대도시 부유층, 정규직 근로자, 남자, 미혼자들이 주로 참여하고 그 반대계층은 상대적으로 소외감을 갖게 될 수 있다. 또한 자발적인 프로그램 개발이 여의치 않을 경우 경마, 카지노 등 시간소비 및 사행성 오락이 심화될 우려도 있다.

수용시설 면에서도 여가 참여 희망자가 급증하면 생활권에 인접한 문화체육시설은 수요가 공급을 따라가지 못할 것으로 예상되며, 그로 인한 인프라와 콘텐츠 부족현상은 계속될 것으로 보인다. 주5일 수업을 실시하는 경우 청소년층의 활발하고 건전한 야외활동을 지원할 시설공간이 필요하다.

따라서 여가 확대의 시대적 요구에 부응함은 물론 주5일 근무제의 취지와 이에 수반되는 각 생활단위(가정, 학교, 지역사회, 문화단체)의 역할에 대하여 새롭게 인식함으로써, 이에 대응하는 방안을 모색하고 적절한 역할분담을 유도해 나가야 한다. 중앙정부, 지방자치단체, 민간기업 등은 국민들의 문화적 여가활동 수요에 적절히 대응하도록 필요한 문화시설과 프로그램을 증가시키기 위해 노력해야 한다. 국민 개개인으로 하여금 적극적인 여가문화의 소비 및 향유권 신장을 위한 정책을 마련하며, 여가시간이 소모적인 낭비로 흐르지 않고 지식정보사회의 창조적 문화역량 축적의 계기로 활용되도록 계도해야 한다.

나아가 손쉽게 접할 수 있는 생활체육의 참여율 증대를 통해 국민 여가생활이 활기찬 노동생산성 제고로 연결되도록 관련된 조치를 취해야 하며, 청소년들과 함께하는 여가활동으로 사회적인 통합, 안정감과 활력을 유지하여 다양한 문화접촉의 기회를 마련해 주어야 한다. 사회적 여건을 조성하고, 시설 및 공간을 확충하며, 프로그램 개발과 지역 문화단체의 역할을 강화하여 건전하고 생산적인 여가활용으로 사람들의 삶의 질을 향상시켜야 한다. 이렇게 될 때 모든 국민은 깨어 있는 소비를 통하여 재미있고 행복한 생활을 영위할 수 있을 것이다.

10

타나토스: 자동차문화

1. 여가 속의 타나토스

프로이트는 인간의 본성을 에로스(eros)와 타나토스(thanatos)의 결합체로 보았다. 에로스는 생의 욕구이면서 동시에 성의 욕구이며, 타나토스는 죽음의 욕구이며, 동시에 성장의 욕구다. 인류역사를 더듬어 보면 생의 욕구 못지않게 죽음의 욕구가 다차원적으로 전개되었다. 그것은 죽음으로, 살인적인 경기로 표출되었다. 죽음은 삶의 이면이며, 삶과 동시적 현상이다.

오늘날 자동차경주, 번지점프, 서바이벌게임, 극한게임 등에서 타나토스를 쉽게 발견할 수 있다. 특히, 자동차경주는 죽음의 극한에 도전하는 스릴과 경쟁의 진수를 함축하고 있으며, 많은 사람들이 매료되고 있다. 미래의 여가환경은 이 같은 타나토스를 최대한 활용하고 인간의 비합리적 욕구들을 자극하는 방향으로 나아갈 것으로 보인다.

20세기 들어서 인류의 생활패턴을 바꾸는 데 가장 큰 공헌을 한 것 중의 하나가 자동차다. 공간(지역)을 이동할 수 있게 된 것은 평생 동안 더 많은 활동을 할 수 있는 계기가 되었고, 오늘날에는 자동차와 같은 이동수단이 없는 삶과 사회는 거의 생각할 수 없을 정도로 변화되었다.

이제 자동차는 단순한 교통수단 이상의 역할을 하게 되었다. 카트를 탄다거나, 교통박물관을 가 보고, 모터스포츠 경기를 보거나, 모터쇼에 자동차를 구경하러 가는 것 등 자동차는 이제 하나의 문화이자 레저활동으로 변해 가고 있다.

이런 변화의 중심이 되고 있는 용인에는 카트, 박물관, 모터스포츠 등의 다양한 인프라 구축과 콘텐츠가 운영되고 있다. 이곳에서는 스피드웨이에서 모터스포츠를 관람하고, 카트를 타고, 박물관에서 자동차의 역사를 보면서 지금까지 역사에 남을 만한 자동차들을 관람하고, 이벤트로 박물관에서 하고 있는 전시회를 관람하고, 드라이빙스쿨에서 자동차관련 교육 등을 받을 수 있다.

2. 자동차문화 인프라

1) 교통박물관

우리나라 최초의 자동차 박물관인 '삼성교통박물관'은 1998년 4월 개관된 이래 20세기 인류문화에 지대한 영향을 미친 자동차의 역사를 기리고, 자동차에 관심 있는 폭넓은 애호층이 널리 향유할 수 있는 자동차문화를 소개하고 전파하는 역할을 하고 있다. 또한 어린이 교통안전 무료 학습장을 운영하여 어린이 교통사고 예방에 실질적인 도움을 주고 있으며, 어린이 자전거 면허시험 등 다양한 프로그램을 제공하여 교육적 기능은 물론 우리나라 특성에 맞는 즐거운 자동차문화 가꾸기 활동을 벌이고 있다.

삼성교통박물관은 1999년부터 2003년까지 대략 58만여 명의 관람객이 다녀갔고, 2006년에는 대략 25만 명 정도를 예상하고 있는 만큼 국내 유일의 교통전문 박물관으로서의 가치를 인정받고 있다. 박물관 부지는 2만 평이고 1층 전시공간은 총 1,300평이며, 초창기 자동차에서부터 화보사진에 이르기까지 총 400여 점이 전시되어 있다.

이 전시공간은 로비전시관, Public Cars, Prestige Cars, Sports, Korean Cars, Motor Cycle로 분류되는 주전시장과 야외전시장으로 구성되어 있고, 기타 부대시설로 소공원과 어린이들을 위한 교통문화 체험공간이 있다.

박물관 입구에 들어서서 좌측으로 걸어 들어가면 전시공간 우측편에는 '새나라', '마크 V'와 같은 추억 속의 국산차들이 진열되어 있다. 그리고 기아 T-600 삼륜차가 조금 높은 전시대에서 그 가치를 뽐내고 있고, 그 반대편에는 '부가티'에서 '코르벳'까지 외국 유명 모델들이 가지런히 정렬되어 있다(Korean Cars와 Sports 테마공간). 한편, 로비 중앙공간 한 모퉁이에는 20세기 자동차 발달사가 일목요연하게 정리된 전시판이 있다.

전시공간 진입구에는 차량 내부를 보여 주기 위해 정밀하게 커팅된 닛산 알티마(Nissan Altima)가 한 대 서 있다. 삼성박물관, 삼성자동차, 닛산의 관계를 그대로 보여 주고 있는 듯하다. 1층의 원형 전시장을 반쯤 돌면서 Korean Cars와 Sports 전시물을 관람하다 보면 벤치가 있어 잠시 쉴 수 있는 공간이 나온다.

계속해서 좌측의 Prestige Cars와 우측의 Motor Cycle 코너를 지나다 보면 아담한 크기의 노란색 시뮬레이터가 자리 잡은 공간을 만나게 되는데, 이 시뮬레이터는 어린아이들에겐 꽤 인기를 끌 만한 소재인 듯하며, 이곳에 어린이들이 조작할 수 있는 몇 가지 시설물들이 함께 마련되어 있다. 모터스포츠를 테마로 하는 공간 옆에는 초창기 자동차와 관련 장치들이 전시되어 있다. 빨간색 스포츠카와 비행기를 찍은 단순한 듯, 그러면서도 묘하게 사람을 끌어들이는 사진 한 장과 이런저런 볼거리들이 걸려 있는 공간으로 이동한다. SM3 광고에서 보았을 법한 대형 엔진을 분해해 놓은 전시물이 있는데, 트럭용 엔진을 분해, 전시한 것으로 보인다. 가느다란 와이어들을 사용해서 exploded view를 구현한 발상이 놀랍다. 그만큼 정성을 기울였고, 자동차의 안쪽을 알고 싶어 하는 사람들에게는 비쥬얼한 면에서 매우 효과적인 전시물이다.

삼성교통박물관의 현장교육 프로그램은 전시품의 깊은 이해와 감상을 돕기 위한 프로그램과 어린이 교통안전 프로그램으로 구분된다. 다양한 계층에 맞는 현장교육 프로그램과 관련 온라인 콘텐츠를 통해 관람객에게 유익한 정보를 제공한다. 프로그램으로는 삼성애니카 교통나라, 어린이 교통안전, 보물찾기놀이, 어린이 자동차백과가 있다.

삼성애니카 교통나라는 어린이들을 교통사고로부터 보호하기 위해 모의 도로상황을 직접 체험하도록 꾸민 교통안전 야외학습장이다. 특히, 일상생활에서 어린이들에게 일어나기 쉬운 교통사고의 구체적인 사례 및 예방법을 알기 쉽게 설명하여 사고예측능력과 질서의식을 심어 주고, 사고예방에 실질적인 도움이 되도록 했다. 어린이의 하루 일과를 다룬 시나리오와 어린이들이 좋아하는 다양하고 친근한 축소 모형물을 통해 재미있고 자연스럽게 교통안전과 질서의식을 배울 수 있다.

또한 어린이 교통안전 프로그램은 만화(플래시), 퀴즈, 그리기를 통해서 배우는 프로그램이다.

보물찾기놀이는 삼성교통박물관의 보물인 전시품의 한 가지 특징을 힌트로 삼아 보물을 찾고, 직접 활동지를 풀면서 전시품을 자세히 관찰하여 스스로 학습하고, 관찰한 내용을 친구들과 함께 이야기하면서 발표력을 높이고, 박물관 교사와 함께 심화학습하여 전시품에 대해 자세히 알아보는 박물관교육 프로그램이다.

마지막으로 어린이 자동차백과는 만화로 보는 자동차의 이모저모 정보로, 초급과 중급으로 나누어져 있다.

2) 스피드웨이

국내 자동차 경주의 메카로 불리는 에버랜드 스피드웨이는 국제적 규모를 갖춘 레이싱파크다. '한국모터챔피언십' 을 정기적으로 개최하고 있으며, 일반인들도 쉽게 접할 수 있는 카트 경기장을 운영, 국내 모터레이스 대중화에 앞장서고 있다. 특히, 길이 2.1km, 폭 11m의 레이싱장에서 펼쳐지는 스피드 레이싱 경주와 짐카나 내구 레이스, 포뮬러 경기를 통해서 자동차 경주의 스릴과 스피드를 만끽할 수 있다.

시설로는 콘트롤타워가 있는데, 이것은 서키트에서 코스 위원장, 관제위원, 계시위원, 심판 등 레이스를 진행하는 위원들이 사용하는 건물로 스타트라인과 피니시라인 사이에 세워진다. 1층은 주행 접수실(대회시 사무국), 플라그(FLAG)타워 타이어방호벽, 출입통로, 코너포스트, 피트(Pit)/상설 30개, 트램카로 구성되어 있으며, 2, 3, 4층은 각각 회의실, 기록실, 관제실, 방송실로 이루어져 있다. 그 밖에 전광판, 메인포스트, 포스트 10개소, 대형 피트, 검차장, 카트장 등 카레이싱 경기를 치루기에 손색이 없는 시설을 갖추고 있다.

코스 체험 프로그램으로는 스포츠 및 포뮬러 주행과 신인전, 일반 스포츠 주행 두 가지가 있다. 스포츠 및 포뮬러 주행은 에버랜드 스피드웨이에서 발급하는 라이센스를 취득한 자로서 경기장의 스포츠 주행규정에 맞는 차량으로 30분간 선두차의 유도 없이 마음껏 코스의 테크닉을 구사, 스피드를 즐길 수 있다. 신인전, 일반 스포츠 주행은 에버랜드 스피드웨이에서 발급하는 라이센스 소지자에 한하여 개조하지 않은 일반승용차로 하는 스포츠다. 매니아들이 가장 선호하는 주행으로 30분간 마음껏 스피드를 즐길 수 있다. 또한 카트도 체험할 수 있다. 만 12세 이상 남녀 누구나 이용 가능하며, 1인용과 2인용 카트가 있다. 스피드웨이 경기장은 2,125Km의 코스와 12,000평 넓이의 패독으로 구성되어 있으며, 1,000여 대의 차량을 동시에 주차할 수 있어 다양한 행사용도로 각광받고 있다. 레이서가 되기 위해 누구나 필수적으로 통과해야 하는 기초 입문관문으로 일반인에게 알려져 많은 관심을 끌고 있는 짐카나 경기장소로 이용 가능하다.

또한 신차발표 장소로서 실제 장소에서 차량을 직접 눈으로 보고 고객이 시승하여 차량 성능을 확인할 수 있도록 배려하는 참여행사 공간을 제공한다. 또한 CF 및 드라마 촬영장, 브레이크, 타이어 차량과 그 부품 등의 각종 테스트 장소로도 이용되고 있다.

그 밖에도 외국에서는 오래전부터 일반화되어 있는 드라이브인시어터(drive in theater)는 대형 와이드 스크린 앞에 차를 세우고 FM 주파수로 내용을 수신하며 영화를 관람할 수 있다. 기업 이미지 PR의 장으로도 활용할 수 있고, 각종 야외공연이 개최될 수 있다.

3) 오토쇼(모터쇼)

오토쇼란 그 해 각 제조회사의 신형 자동차 및 그 시점에서 생산 중인 최신형 자동차를 전시하여 일반에게 공개하는 대규모 전시회다. 제조회사 입장에서는 자사제품를 선전하는 기회의 장이며, 관람자들에게는 평소 개별적으로 밖에 볼 수 없던 각종 차를 한 번에 비교 · 검토할 수가 있으므로 편리하다.

각 제조회사는 참신하고 뛰어난 전시방법을 연구 · 개발하며 관람객의 주의를 끌기 위하여 방대한 비용을 투자하거나, 레이스나 랠리에서 우승한 차들을 전시한다. 주최자는 모두 각국 자동차공업에 해당하는 조직체로, 출품차를 자국의 제품만으로 국한하지 않고 널리 수입차량에도 문호를 개방하여 국제적인 자동차쇼로서의 권위를 높이기 위하여 노력하고 있다.

세계의 주요 자동차쇼는 그 성격상 익년형이 발표되는 가을에 집중되고 있다. 파리 10월 초순, 런던 10월 하순, 토리노 11월 초순, 도쿄 10월 하순에서 11월 상순으로 되어 있다. 저마다 자국의 신형차를 주종으로 하고 있으나, 영국은 수출에 중점을 두고 있어 대부분의 신형을 파리에서 발표하기 때문에 런던쇼는 자국민에게 첫선을 보이는 장소다.

토리노쇼에서는 이탈리아에 있는 칼로체리아(독립된 차체 제작회사)의 전위적인 작품이 큰 특징이다. 완전한 수입시장인 벨기에의 브뤼셀쇼는 1월 중순, 스위스의 제노바쇼는 3월 중순에 열린다.

뉴욕쇼도 유럽의 신형의 도착을 기다려 4월에 열린다. 그중에서도 제노바쇼는 스위스가 세계 자동차의 쇼룸이라고 할 수 있을 정도로 국제적인 시장으로, 여기서 신형을 발표하는 외국 제조회사도 많고, 이탈리아의 칼로체리아도 지리적으로 가까우므로 야심작을 내보내고 있다.

독일의 프랑크푸르트에서도 비정기적이기는 하나, 가을에 자동차쇼가 열리고 있다. 디지털과 e-비즈니스가 각광받고 있는 현재도 자동차는 여전히 우리 생활의 큰 비중을 차지하고 있을 뿐 아니라, 관심의 대상이기도 하다. 그래서 다양한 자동차들이 한자리에 모이는 모터쇼는 관람객(소비자)과 메이커 모두에게 큰 잔치마당이 된다.

이미 시장에 팔리는 모델은 물론 새로 나올 모델이나 미래를 추구하는 컨셉카에 이르기까지 모터쇼는 관람객들에게 자동차에 대한 정보와 꿈을 보여준다. 메이커 입장에서는 단기간에 다양한 자사정보를 보여 줄 수 있는 홍보무대인 동시에, 고객들의 반응을 읽을 수 있는 중요한 실험무대이기도 하다. 모터쇼는 세계적 권위를 자랑하는 국제 모터쇼로부터, 한 나라 혹은 한 지방의 지역 모터쇼에 이르기까지 다양한 크기와 모양새로 지구촌 곳곳에서 펼쳐지고 있다.

수많은 모터쇼 중에서도 메이저급 모터쇼로는 파리 오토살롱, 프랑크푸르트 모터쇼, 제네바 오토살롱 등 3개의 유럽 모터쇼, 북미 오토쇼(디트로이트 오토쇼), 동경 모터쇼가 손꼽힌다. 이들 모터쇼들은 각기 독특한 성격으로 세계적인 자동차의 흐름과 방향을 보여 준다.

현재 모터쇼 중에서 가장 오랜 전통을 자랑하는 파리 오토살롱은 매 짝수해 가을에 열려 이듬해에 펼쳐질 유럽 자동차의 경향을 보여 준다. 파리 오토살롱은 주최국인 프랑스 메이커들이 중심이 돼 화려한 축제분위기를 보여준다.

트렌드쇼로 불리는 파리 오토살롱에 비해 프랑크푸르트 모터쇼는 자동차기술을 선도하는 독일메이커들이 중심이 되어 기술적 측면이 강조된 테크니컬쇼로 이름 높다. 또 홀수 해에는 승용차 중심의 모터쇼가 열리고 짝수 해에는 상용차 모터쇼가 열린다. 물론 세계적인 관심이 모아지는 것은 매 홀수

해에 열리는 승용차 모터쇼다.

파리 오토살롱과 프랑크푸르트 모터쇼에 비해 규모는 작지만 다양성과 충분한 볼거리, 그리고 매년 열리는 개최빈도 등에서 세계적인 권위를 인정받는 모터쇼가 제네바 오토살롱이다. 자국 메이커가 없는 스위스에서 열리기 때문에 개최국의 텃세도 없다. 유럽 자동차 강국인 독일, 프랑스, 이탈리아 세 나라의 중심에 자리한 지정학적 특징으로, 새로운 모델들과 컨셉카가 등장하는 데뷔 무대로 이름 높다.

1970년대까지 세계 자동차계를 이끌었던 미국을 대표하는 북미 오토쇼는 매년 초 미국의 자동차 도시인 디트로이트에서 열린다. 해외시장 진출에 소극적인 미국 차의 흐름을 파악할 수 있는 모터쇼다. 북미 오토쇼는 다양성 측면에서 다른 모터쇼에 비해 뒤지지만, 가장 큰 단일규모 자동차시장인 북미시장의 경향을 파악할 수 있는 대표적인 모터쇼다.

도쿄 모터쇼는 아시아 지역에서 개최되는 국제행사 중에서 유일하게 세계적 권위를 가진 모터쇼다. 일본 자동차의 영향력이 커짐에 따라 모터쇼의 권위도 함께 상승하였다. 일본차를 중심으로 하는 대규모 모터쇼로, 다양한 이벤트와 10개나 되는 일본 메이커들이 발표하는 컨셉트 모델과 쇼카로 파리 오토살롱 못지않은 화려함과 프랑크푸르트 모터쇼에 버금하는 기술적 경향을 보여 준다.

1990년대 중반부터는 모터쇼에서 개최국의 텃세가 점차 약해지는 경향을 보이고 있다. 급변하는 세계시장에 대처하기 위해 각 메이커들은 자국에서 열리는 모터쇼만을 고집하지 않게 되었기 때문이다. 그 결과 모터쇼들의 독자적인 개성이 점차 줄어들고 있다. 그럼에도 불구하고 모터쇼가 금세기까지도 가장 볼거리 풍부한 이벤트임에는 변함없다.

3. 타나토스의 경험

1) 카트

카트(kart)는 경주용 소형 자동차를 말한다. 카트는 자동차 경주를 즐기려는 사람들에게 좋은 출발점이 되는 동시에, 배우기 쉽고 안전성이 뛰어나 그 자체로 남녀노소에 관계없이 평생토록 즐길 수 있는 대중 레저스포츠로 모터관련 스포츠 중 가장 저렴하게 즐길 수 있는 분야다.

카트는 1957년 미국 기술자인 아트 잉겔스(Art Ingles)와 루 보텔라(Lou Bortella)가 철제 프레임과 2행정 엔진, 그리고 자전거용 체인 등을 이용하여 제작한 것에서부터 시작되었고, 최초의 카트 클럽은 1957년 12월에 미국에서 조직된 고-카트클럽(Go-Kart Club of America)이다. 탄생한 지 3년 동안 조그마한 차에서 발생하는 가히 폭발적인 힘과 스피드로 인해 많은 인기를 끌면서, 고-카트 경주는 '고' 자가 빠진 카트 경주로 그 이름이 바뀌게 되었다.

카트는 1970~80년대에 이르러 저변 확대를 이루게 되었고, 1990년대부터 지금에 이르기까지 폭발적인 성장세를 유지하고 있다. 만약 어떤 사람이 미래에 F1 경주에 참가하기를 원한다면 대다수의 전문가들은 '카트부터 시작하라.' 고 조언한다. 이는 전 세계 약 90%의 F1 드라이버들이 카트부터 시작하였다는 사실에서 증명된다.

다양한 힘을 내는 카트용 엔진은 이탈리아, 잉글랜드, 일본 등이 주요한 생산국이며, 접지력 및 엔진의 힘을 최대화하기 위한 타이어는 일본, 홍콩, 이탈리아 등에서 주로 제조된다. 여러 해에 걸쳐 카트 경주는 다양성 및 복잡성을 띠게 되었고 체인, 샤시, 엔진, 타이어 등에서 여러 신기술들이 개발되어 흥미를 더해 가고 있다. 비록 미국에서 시작되었지만, 유럽에서 발전시켜 현재의 다양한 성능과 기능을 갖춘 고성능 카트가 탄생하게 되었다.

2) 드라이빙스쿨

운전을 처음 접하고 자신의 손에 의해 자동차가 움직인다고 느꼈을 때 기쁨도 있었지만, 은연중에 사고에 대한 두려움을 느낀 적이 한 번쯤은 있을 것이다. 운전을 하다 보면 급작스런 돌발상황에 가슴이 철렁하기도 하고, 자신의 안전운전만이 결코 도로상의 다른 위험으로부터 자신을 지켜 줄 수는 없다.

따라서 우리는 드라이빙스쿨을 통해 안전운전과 상황대처능력을 배우고 평생교육으로서의 운전에 대한 교육성과를 제고할 수 있다. 자동차를 정확하고 안전하게 주행하기 위해서는 새로운 자동차문화를 창달하고 도로상의 위험으로부터 자신을 지키는 안전 노하우의 습득이 절대적으로 필요하다. 나아가 운전에 대한 흥미와 취미로서의 관심이 제고될수록 스포츠맨십에 요구되는 모터스포츠에 대한 규정 습득을 통해, 서킷라이선스를 취득하여 자신의 취미와 함께 평생교육의 목표를 세울 수 있다.

모터스포츠에 대한 서킷라이선스를 소지했다고 해서 모두 레이싱과 같은 모터스포츠를 즐길 수 있는 것이 아니다. 라이선스 신규 발급자들을 위한 프로그램이 있어 체계적인 학습이 요구되고, 따라서 취미생활과 기능교육이 어우러진 고급 레포츠로서의 교육적 시스템이 접목된 체계적 학습의 하나로 분류될 수 있다.

문화가 고급화되고 주5일 근무제 시행에 따른 휴식과 여가의 필요성이 대두되면서 사람들은 점차 휴식의 차원을 넘어, 고급 레포츠로 심리적 안정과 자기 계발을 통해 다른 사람과 구별되는 삶을 영위하고 싶어 하는 욕구가 상승하였다. 드라이빙스쿨은 이러한 사람들의 욕구를 충족해 줄 수 있음은 물론, 취미를 향후 직업으로 삼고자 하는 젊은층에서는 카레이서가 매력적인 분야로 꼽히고 있다.

드라이빙스쿨은 내면에 잠재되어 있는 타나토스적 열정을 분출하기에 서투른 젊은층에게 올바른 안내자 역할을 할 뿐만 아니라, 실버세대도 즐기면서 안정된 드라이빙을 할 수 있도록 교육한다. 또한 기업 및 단체의 자동차 운전자에게도 안전을 위한 길잡이 역할을 함으로써 국내 운전문화와 도로교통문화에도 크게 이바지하고 있다.

드라이빙스쿨은 초급부터 기업과 단체를 위한 과정까지 7가지 종류의 과정이 있기 때문에, 자신이 원하는 과정을 수강하면 되고 추후에도 꾸준히 정기적 교육을 통해 자신의 사고를 미연에 방지하고 소홀해진 안전운전에 대한 인식을 제고할 수 있다. 초급 드라이빙스쿨 과정에는 조금 더 정확하고 체계적인 운전을 배워야 하는 사람이나 운전경력이 짧은 초보운전자, 운전의 즐거움을 느끼고 싶은 사람, 안전운전 습득으로 자신을 지키고 싶은 사람, 좋은 차를 소유했으나 마음대로 컨트롤이 되지 않는 사람을 위한 과정이다.

중급과정은 초급 드라이빙스쿨을 이수한 사람만 신청이 가능하며, 본격적으로 드라이빙의 참맛을 느끼고 싶은 사람이나 실전경험을 통한 체험교육을 원하는 사람, 운전을 스포츠의 개념으로 인식을 하고 취미로 즐기고 싶은 사람들을 대상으로 과정이 진행된다.

스페셜 드라이빙스쿨은 특별한 경우로 진행되는 과정이다. 시간상 종일교육이 어렵거나 동호회 소속으로 고정적 스쿨 교육을 받고 싶어 하는 단체를 대상으로 일정기간마다 회원 전체가 수강을 하기도 하고, 기업에서 진행하는 VIP 고객을 대상으로 진행하기도 한다.

개인지도과정은 남의 방해를 받지 않고 조용히 혼자 교육을 받고 싶어 하는 사람들이 주로 신청하는데, 특별지도를 원하거나 바쁜 일정으로 다른 사람과 시간대가 맞지 않아 신청한다. 대체로 개인사업을 하는 40대의 사업가나 대표들이 자신의 자동차에 맞는 운전법을 익히기 위해 신청하는 경우가 대다수다.

이 밖에도 VIP club 과정은 새로운 고급 레포츠를 찾는 부유층이나 레이싱 트랙을 마음껏 달려 보고 싶은 사람, 선수는 아니지만 레이싱카를 접해 보고 싶어 하는 사람들이 주로 신청하는데, 이는 드라이빙스쿨 중 레이싱스쿨에 해당된다. 자신이 운전하는 스포츠카 혹은 고급 외제차를 멋지게 몰고자 하는 사람이나, 다이나믹하고 모험을 즐기는 마니아층에서 대체로 이 과정을 선호한다. 다양한 경주차를 소유하거나 렌트하여 원하는 시간에 여가나 취미활동으로 스트레스를 해소하고, 하나의 그룹을 형성해 일반적 운전과는 다른 레이싱이라는 한정된 공간에서 여가로서의 학습을 위해 형성된 교육과정이다.

반대로 초보자과정도 있다. 이 과정은 운전면허는 있으나 운전은 서투른 페이퍼 드라이버와, 운전은 할 수 있지만 사고의 후유증이나 겁이 많아 운전이 두려운 사람, 운전경력이 아주 적은 사람, 운전과 자동차에 대한 상식이 부족해서 운전 시 상황판단에 애를 먹는 사람들에게 효과적인 교육 프로그램이다. 특히, 운전이 서투른 여성 드라이버들에게 적합한 과정이라 할 수 있다.

마지막으로, 기업이나 단체 연수과정이 있는데, 주문형 강좌를 통해 차량의 사용실태와 사고분석, 기업의 니즈를 기초로 해서 작성하고 실기 중심의 참가체험식 교육을 통해 운전기술과 위험예지능력 향상을 도모하며, 각종 사후관리체계를 적용하여 교육효과를 측정하고, 팔로업 교육과 각종 정보를 제공하며, 기업대상의 교통안전 포럼을 개최한다.

이 외에 교통사고로 인한 기업의 손실을 최소화시킬 다양한 기법을 교육하고, 정확한 물류계획 수립이나 진행이 가능하도록 프로그램을 구상하고, 기업의 임직원을 사고로부터 보호하며, 사고 감소로 인한 기업의 인적 · 물적 · 심리적 안전을 보장하여 줄 수 있고, 연구원 및 테스트 드라이버 교육으로 체계적이고 정확한 품질의 제품개발을 가능하게 하는 등 다양한 혜택이 있다.

유럽과 선진국에서는 마치 우리가 취업을 위해 토익과 토플을 준비하는 것처럼, 당연히 드라이빙스쿨을 이수케 함으로써 운전문화에서 모범적이고 자신을 지키기 위한 교육을 하고 있다. 우리나라도 교통문화의식이 향상됨에 따라 드라이빙스쿨에 많은 사람들이 관심을 갖고 있으며, 20대 초반부터 40대 후반까지가 가장 많은 선호도를 보이고 있다. 이는 사회적으로 일을 하는 생산적 시기에는 자신을 보호하고 여가활동으로 교육을 하는 것이지만, 정년 이후 자신이 취미로 삼고 꾸준히 할 수 있는 것으로서 자동차를 택한 사람들이 자동차가 자신의 일상생활의 일부라고 인식하는 데서 비롯된다.

자동차문화는 개인의 드라이빙 경험과 대중교통의 이용으로 크게 구분된다. 본질적으로 자동차는 편리성과 더불어 사고위험의 개연성을 동시에 지니고 있다. 개인주행과 대중교통이용 중에서 어떤 것이 사고개연성이 높은가에 대한 물음은 아무런 의미가 없다. 어떤 형태의 자동차문화를 경험하든 사고개연성은 항상 내재되어 있기 때문이다.

이제 자동차문화는 우리의 일상생활이면서 동시에 여가문화의 대중적인 콘텐츠다. 인간의 본유적인 타나토스적 욕망을 생산적으로 분출하고, 사고개연성을 최소화하기 위한 학습경험을 통하여 누구나 행복하고 즐겁고 재미있는 삶을 구가하도록 만들어야 할 것이다.

11 몸 공부의 다양한 형식들

1. 몸의 교육현상학

교육을 인간의 전체성(완전성) 추구라는 측면에서 보면 오늘날의 학교교육은 이미 교육이 아니다. 기왕의 학교교육이론은 두뇌의 작용에 집착했다. 학생의 불안한 심리에는 집중했지만 불편한 심기에는 냉담했다. 여기서 몸의 전체성은 제한적으로 이해될 뿐이다. 몸의 전체성 추구란 달리 말하면 전인교육이다. 전인교육은 교사의 전인성과 학생의 전인성이 조화를 이루며 만날 때 완성된다. 이는 지식의 단순한 전달과 수용 혹은 각인이 아니라, 신체와 관련된 다양한 교육형식들을 매개로 하는 전인적인 만남을 전제로 한다.

포스트만과 위인가트너(Postman & Weingartner)에 의하면, "학교를 사회제도로서 정의해 주는 것은 학교가 사회에서 수행하는 특정한 본질적 기능이다." 학교의 본질적 기능은 인간의 삶과 교육적 본성이 일치하는 것이다. 학교는 삶의 세계 그 자체일 뿐 권력-신체-지가 긴장하는 고도(孤島)가 아니다. 그곳에는 교육적 체험과 감흥이 있고 교육적 관계 맺음이 있어야 한다.

진정 교육이 신체적 자아를 매개로 하는 '통합성, 관계 맺음, 의사소통'을 위한 노력이라면 그 방식은 그만큼 열려 있어야 한다. 교육은 본래 인간을 생동감 있는 존재로 만드는 것이다. 여기서 살아 있는 몸은 움직임을 전제로 한다.

움직임은 마임, 무용, 춤, 댄스 등 다양하게 표현된다. 춤은 가락에 맞추거나 절로 흥겨워서 팔다리나 몸을 율동적으로 움직여 어떤 감정을 나타내는 동작을 말한다. 즉, 춤이란 가락에 맞추거나 절로 흥겨워서 팔다리나 몸을 율동적으로 움직여 어떤 감정을 나타내는 동작을 말한다. 아리스토텔레스는 '무용이란 신체적 형태의 리듬으로 성격과 정서와 행위를 모방하는 것' 이라고 정의하였다. 성격이나 행위를 강조한 무용은 극무용이 되고, 정서를 강조한 무용은 순수무용이 되는 경향이 있다. 이 두 흐름은 무용사 속에서 대립 또는 밀접하게 관련되어 존재한다.

원시시대부터 이미 춤은 존재했다. 무용하는 사람들의 모습은 세계 최고(最古)의 예술이라 일컬어지는 구석기시대의 서사하라벽화 등에 이미 그려져 있다.

이 같은 문화유산을 바탕으로 동 · 서양에서는 다양한 춤의 역사가 전개되었다. 서양무용은 모던댄스라도 발레를 모체로 하여 발레형식에 의해 결정되며, 기본적으로는 '앙드오르' 라고 하여 고관절이 밖으로 열리는 밭장다리 모양의 다리부분과 가슴 주위에 무게중심을 두는 데 특징이 있다. 그러므로 다리부분의 표현, 스텝의 종류와 도약이 많아진다.

반면에 동양무용은 허리를 낮추어 중심을 낮게 잡고 무릎을 가볍게 늦추는 경우가 많다. 아시아 무용의 대부분이 중심을 낮게 하고 손의 표현에 중점을 두고 있다. 에스파냐의 플라멩코 등도 허리를 낮게 하고 도약하지 않는 점에서 동양무용이라 할 수 있다.

2. 움직임의 현대성

1) 댄스스포츠

현대화된 춤으로서 사교댄스는 원시적인 구애의 춤이나 사교 종류의 춤에서 발달한 것으로 넓게는 종교적 · 의식적이 아닌 원시 사교댄스, 궁정댄스, 올드타임댄스(시퀀스댄스) 등도 포함된다. 사교댄스의 종류는 많이 있지만, 경기종목으로서 공인되어 있는 것은 모던댄스(볼룸댄스)와 라틴댄스(라틴아메리카댄스)로 나뉜다.

첫째, 모던댄스는 격조와 품위가 중시되며, 남녀가 서로 끼고 춘다는 것, 시계바늘의 반대방향으로 도는 방향성이 있다는 특징을 들 수 있다. 왈츠, 탱고, 폭스트롯, 퀵스텝, 빈왈츠 등 5개 종목이 있다. 이 밖에 일반적으로 블루스, 슬로폭스트롯, 스케이터왈츠 등도 이 계통에 속한다.

둘째, 라틴댄스는 모던댄스에 비해 역사는 짧지만 최근에 대중화된 춤으로서, 라틴아메리카에서 생긴 댄스가 많고 밝고 정열적인 춤이다. 룸바, 삼바, 차차차, 파소도블레, 자이브 등 5개 종목이 있다. 그 밖에 스퀘어, 룸바, 맘보, 지르박, 보사노바, 디스코댄스 등이 있다. 이들을 좀 더 자세히 살펴보기로 하자.

우선 왈츠는 보스턴이나 빈왈츠에서 발전한 것으로서 회전이 춤의 중심이다. 타임은 3/4박자, 기초리듬은 1 · 2 · 3이라고 센다. 회전을 자연스럽게 하기 위한 상하운동과 스웨이(좌 · 우로의 경사)가 있는 것이 특징이다.

탱고의 발상지는 아르헨티나이며 프랑스, 독일을 거쳐서 영국에서 경기형으로 표준화되었다. 동작이 크며, 스타카토 리듬으로 격렬하고 자극 있게 표현한다. 타임은 2/4박자, 기초리듬은 슬로 · 슬로 또는 퀵 · 퀵 · 슬로라고 센다. 슬로는 1박자, 퀵은 1/2박자의 빠르기다. 정열적인 분위기가 특징이다.

폭스트롯는 영국 사람들이 고안한 영국 스타일의 대표적인 춤이다. 타임은 4/4박자, 기초리듬은 슬로 · 슬로 또는 퀵 · 퀵 · 슬로로서 슬로는 2박자, 퀵은 1박자로 한다. 기술적으로는 가장 고도의 테크닉을 필요로 하며, 자유롭고 큰 동작 속에 흐르는 듯한 동작이 요구된다.

퀵스텝는 경쾌하고 업템포한 미국적 춤이다. 타임은 4/4박자, 스텝의 기본은 워크와 샤세로서 기초리듬은 슬로 · 슬로 또는 퀵 · 퀵 · 슬로다. 스피디한 동작에 트릭 풋워크가 특징이다.

빈왈츠의 발상지는 빈으로 비지에즈왈츠라고도 한다. 타임은 3/4박자, 전통파 댄스의 전형이며, 좌회전 · 우회전과 한 지점에서 도는 스텝(프래컬)이 있다.

룸바의 발상지는 쿠바로 라틴아메리카의 대표적인 춤이다. 프랑스를 거쳐서 영국에 건너가 지금의 경기형 쿠반룸바로 표준화되었다. 타임은 4/4박자로, 피겨의 제1보가 제2박자에서 시작되며, 카운트는 2 · 3 · 4 · 1 또는 퀵 · 퀵 · 슬로를 취한다.

삼바의 발상지는 브라질이고 미국, 프랑스를 경유하여 영국으로 건너갔으며, 그곳에서 경기 스타일이 완성되었다. 타임은 2/4박자, 기초리듬은 슬로 · 퀵 · 퀵으로 슬로는 1박자, 퀵은 1/2박자다. 고도의 기술이 필요하며, 브라질의 삼바와는 다르다.

차차차의 발상지는 서인도제도다. 1950년대부터 미국에서 유행하였고, 그 뒤 영국에서 표준화되었다. 타임은 4/4박자, 기초리듬은 1 · 2 · 3 · 4로서 제2박자부터 스텝을 시작한다. 생기 있고 단락이 분명한 리듬으로서 강한 비트 액션과 익살스럽고 요염한 표현이 특징이다.

파소도블레의 발상지는 에스파냐다. 후에 프랑스에서 유행했고 독일, 영국으로 건너갔다. 타임은 2/4, 3/4, 6/8박자 등이 있으나, 경기에서는 2/4박자가 사용된다. 기초리듬은 1 · 2 · 1 · 2이고 각 박자에 1보의 스텝, 에스파냐 투우사의 용감한 모습을 표현한 춤으로서 남자는 투우사, 여자는 케이프의 역할을 맡아서 하는 박력 있는 춤이다.

자이브는 흑인의 춤에서 발생한 지타박(지르박)이 원형이다. 타임은 4/4박자이며, 악센트는 제2, 제4박자에 있다. 딕실랜드 스타일의 빠른 것에서부터 로큰롤, 디스코까지 폭넓은 리듬에 대응할 수 있다. 스윙액션과 익살스러운 즐거움이 특징이다.

2) 발레

발레는 유럽에서 발달한 무용형식의 일종으로 음악, 마임(無言劇), 의상, 장치 등이 따르는 종합예술이다. 이탈리아어인 'ballare(춤춘다)'를 어원으로 하고 있듯이, 르네상스 시대 이탈리아 궁정에서 시작되었다. 다른 무용과 비교하여 발을 벌리는 것을 원칙으로 하며, 걷고 뛰고 회전하는 스텝 등에 엄밀하게 패턴이 정해져 있는 것이 특색이다.

발레는 이탈리아 르네상스 시대 궁정에서 축하연회의 여흥에서 시작되었다. 메디치가의 전성기에는 5~6시간의 축하연회 중 정성껏 구성된 여러 가지 상연물로 손님들을 환대하는 관습이 있었다.

3) 민속무용

민속무용은 민속적 특수성과 향토적 특색을 갖추고 민중 속에서 발생하여 전해 오는 전통적 무용이다. 포크댄스(folk dance), 컨트리댄스(country dance)의 역어(譯語)이기도 한 민속무용은 에스닉댄스(ethnic dance)의 역어인 민족무용과는 다르다. 동양의 민속무용이 일반적으로 팔과 손의 움직임이 많은 반면, 서양의 무용은 발의 움직임이 많다고 한다. 이야기를 춤으로 표현하는 인도의 카타칼리 같은 춤은 손의 표현이 중요하지만, 유럽의 민속무용처럼 이야깃거리가 없는 것은 손으로 표현할 필요가 없으며, 활발한 발놀림이 중요하다.

3. 춤의 기능과 효과

1) 전신운동 기능과 효과

댄스스포츠는 시간과 공간의 종합적인 움직임이므로 춤의 형식과 기술에 있어서 운동생리학적 특성이 있다고 할 수 있다. 댄스스포츠의 동작과 기술은 주로 전진, 후진, 회전으로 구성되며, 기본 움직임에서 가장 중요한 요소는 평형성(balance)이다. 남녀가 각기 중심을 잡고 평형을 유지하는 가운데 공간상 운동 중심축을 함께 이동하게 되므로 운동역학적 측면에서 평형성을 길러 주는 데 매우 적합하다.

또한 전진과 후진, 회전동작들은 주로 워킹(walking)으로 진행되므로 근력과 지구력을 발달시켜 줄 뿐만 아니라, 비교적 빠른 워킹으로 리듬감을 유지함으로써 심폐기능 향상에도 크게 도움이 된다. 댄스스포츠는 운동강도와 지구력, 평형성의 측면에서 어떤 다른 스포츠 종목에 뒤지지 않으며, 댄스스포츠를 생활체육의 한 분야라고 볼 때 운동강도와 운동시간적 측면에서 일반인에게 우수한 유산소운동 프로그램이 된다.

유산소운동은 심폐지구력을 강화시키고, 혈액순환을 촉진시키며, 탄력 있는 몸매를 유지하게 해 줄 뿐만 아니라, 노화 방지와 성인병 예방에 도움이 되는 특성이 있다. 이러한 효과로 미루어 볼 때 댄스스포츠가 여가스포츠로서의 기능을 하는 데 전혀 손색이 없음을 알 수 있다. 최근에는 이 같은 춤이 과학성을 바탕으로 하고 있음이 증명되고 있다.

신경과학과 춤은 일견 상관없는 것처럼 보인다. 춤은 운동과 비슷하다. 음악에 맞춰 몸을 흔들어대면 저절로 땀이 나고 힘들다. 춤을 추면 사람에 따라 다르겠지만 대부분 기분전환이 된다. 실패하거나 슬럼프에 빠져 버려 의욕이 줄어드는 경우는 누구에게나 있다. 이때 그 상태에 계속 매여 있으면 정말로 아무 일도 할 수 없게 된다. 이런 점을 잘 알면서도 벗어나기 어려운 경우가 있을 수 있다. 반드시 나쁜 것만은 아니지만 그 늪에 깊이 빠져 있다면 분명히 문제가 된다.

슬럼프에 빠져 있는 상태로는 부정적인 이미지나 실패의 이미지가 머리에 꽉 차게 되어, 오른쪽 뇌 본래의 자유스러운 이미지가 떠오르지 않게 된다. 더구나 '이렇게 했다면 좋았을걸!' 하는 생각이 왼쪽 뇌에서 계속 맴돌면 오른쪽 뇌가 활동할 여지가 없어진다. 이때는 기분전환이 필요하다. 가벼운 춤을 즐기거나 재미있는 춤을 춤으로써 왼쪽 뇌가 논리적으로 사고하는 메커니즘에서 벗어나 진뇌(全腦)는 긍정직, 생산직, 효율직, 쾌락직으로 다시 움직이게 된다.

2) 균형적 신체발달 기능과 효과

편안한 의상과 댄스슈즈 외에는 특별한 준비물이 필요 없는 댄스스포츠는 누구나 어렵지 않게 배울 수 있는 효과적인 운동이다. 무리하게 근육을 움직이지 않으면서 음악에 맞추어 부드럽게 스텝을 밟게 되는 댄스스포츠는 조깅과 맞먹는 유산소운동이다. 댄스스포츠는 지속적인 에너지 생산을 요구하는 운동으로 산소의 연속적인 공급이 필요하다.

댄스스포츠는 의도적이기보다는 즐거움을 수반하며, 살을 빼야 한다는 심리적 부담을 크게 느끼지 않는 장점을 지닌 운동이다. 그리고 운동특성상 뒤로 걷는 걸음이 많아 신체의 균형을 유지시켜 준다. 댄스스포츠는 신체의 균형과 아름다운 몸매를 유지시키는 데 많은 도움과 자극을 준다. 댄스스포츠는 항상 척추를 올바르게 세우도록 요구하기 때문에 끊임없이 똑바른 몸매를 갖도록 노력해야 한다. 그러므로 댄스스포츠를 생활화함으로써 노년기에 무너지기 쉬운 몸매를 바르게 유지시켜 준다.

또한 똑바른 자세는 소화기능을 촉진하고 혈액순환과 교감신경의 반응에까지 영향을 미쳐 건강을 유지시켜 준다. 골다공증을 예방하기도 하는데, 춤운동은 뼈에 압력과 자극을 주어 미량의 전기를 발생케 하고, 뼈세포의 생성이 활발해지도록 한다. 따라서 운동을 꾸준히 하면서 뼈의 구성성분인 칼슘 등 무기질이 풍부한 음식을 섭취하는 식생활이 골다공증을 예방하는 최선의 방법이다.

댄스스포츠는 정신적 긴장을 해소시켜 준다. 인간은 언제나 에너지 방출을 위해 신체적 반응을 처리하는 것이 방해되었을 경우 긴장이 남게 되며, 이러한 근육의 긴장은 자주 신체적으로 불쾌한 느낌을 일으킨다. 이러한 관점에서 다양한 근육군이 동원되는 댄스스포츠는 중추신경부위의 에너지 대사 변화를 가져오게 함으로써, 현대인의 정신적 긴장을 해소하는 데 중요한 역할을 한다.

또한 댄스스포츠는 치매를 예방한다. 운동과학 혹은 정신의학에 의하면, 치매예방을 위해 대뇌피질을 활성화하는 운동을 하는 것이 매우 효과적인 것으로 알려지고 있다. 즉, 숫자를 센다거나, 언어공부를 한다거나, 무엇을 외우고 회전시키는 활동이 좋다고 의사들은 추천하고 있다. 이러한 관점에서 많은 도형을 구사하며 움직임을 수반하는 운동인 댄스스포츠는 대뇌피질을 활성화시켜 치매를 예방한다.

또한 에너지를 효율적으로 소모시켜 다이어트에 효과적일 뿐만 아니라 당뇨병, 골다공증, 고혈압 등 성인병 치료에도 도움이 되고, 음악을 들으며 몸을 움직이고 파트너와 함께 하기 때문에 각종 스트레스에 시달리는 현대인들에게는 좋은 운동이다. 댄스스포츠는 신체의 균형을 조절하게 되므로 아름다운 몸을 가질 수 있고, 경쾌한 음악과 운동의 조화로 심신 안정과 편안함, 스트레스 해소 효과를 볼 수 있다.

이런 이유들로 인해 최근에는 부부끼리 혹은 직장 동료끼리 댄스스포츠를 즐기는 경우가 급격히 증가하고 있다. 특히, 30, 40대 직장인들에게는 댄스스포츠가 새로운 놀이문화로 자리 잡고 있다. 온-오프라인에서 댄스동호회가 증가하고 있는 것도 체력단련과 함께 스트레스를 없애고 삶의 새로운 즐거움을 주는 매력이 있기 때문이다. 부부끼리 댄스스포츠를 할 경우 부부관계가 돈독해지고 공통된 화제거리가 생길 뿐만 아니라, 부부싸움을 했을 때도 금방 화해할 수 있어 더없이 좋은 운동이다. 댄스스포츠는 삶이 무미건조해지고 매너리즘에 빠진 중년의 직장인이나 서로에게 관심도가 떨어진 부부에게 권할 만한 레포츠다.

현재 우리나라의 댄스스포츠는 건강을 목적으로 한 신체단련운동으로서 점차 그 인기가 높아지고 있다. 최근 사회적으로 제시되고 있는 건강과 관련된 비만문제도 춤을 통하여 해결할 수 있다. 댄스스포츠는 에너지를 효율적으로 연소시켜서 비만제거와 예방에 높은 효과를 기대할 수 있다. 무엇보다도 신체의 균형을 기대할 수 있게 하여 아름다움을 가꾸게 하며, 음악과 운동의 조화는 마음을 안정시켜 편안함을 주며, 결국 스트레스를 해소함으로써 몸과 마음의 전일적인(holistic) 건강에 아주 좋다.

3) 심미감에 대한 능동적 참여 기능과 효과

절대적 운동부족현상을 극복하기 위해서는 국민 모두가 스포츠 및 레크리에이션에 적극적으로 참여하도록 유도해야 한다. 보고 듣고 즐기는 수동적 레크리에이션이 아닌, 직접 참가하는 댄스스포츠와 같은 능동적 레크리에이션을 권장해야 한다.

댄스스포츠는 넓은 의미에서의 움직임 예술(movement)의 범주에 속한다. 미학적 예술 개념에서 볼 때 움직임은 창조적인 미적 가치의 정서적 표현으로, 사회적 기능을 지닌 하나의 문화적 활동으로 규정된다. 닉슨(Nixon)은 무용에서부터 스포츠에 이르는 모든 형태의 체육을 근본적으로 '문화적 산물'이라고 규정하고 있다.

댄스스포츠는 특히 음악이 수반되기 때문에 즐겁고 동작이 간편하여 습득하기 쉬우며, 경기용의 고도 테크닉은 예술적 창조의 경지에까지 이른다. 다양한 기술단계에 이르는 과정에서는 흥미와 운동량이 더욱 많아진다. 댄스스포츠는 사계절 할 수 있는 운동이며, 사용목적에 따라 장소에 큰 제약 없이 할 수 있는 매우 적절한 운동이라 할 수 있다.

댄스스포츠는 운동생리학적 측면과 함께 현대인의 사고를 돈독히 하고, 스트레스 해소에 좋은 운동이며, 고전적인 왈츠를 레크리에이션화할 경우 예술교육적 가치가 크며, 질 높은 여가생활의 활용으로 현대인의 생활을 풍요롭게 한다.

신체의 움직임이나 동작을 수단으로 하는 움직임 예술은 형식상 시간적, 공간적 예술로 분류된다. 따라서 댄스스포츠는 다양한 동작과 기술로 구성된 도형을 연결하는 춤이라는 실체적 움직임으로, 아름다운 선과 공간미를 창출하는 시·공간적 움직임의 예술이다. 댄스스포츠는 1인 댄스(solo dance)가 아닌 커플댄스(couple dance)라는 형식상의 특성이 있다. 아름다운 움직임을 연출하기 위하여 남녀가 상호 이해와 협동의 정신으로 훌륭한 파트너십을 발휘해야 하는 특성을 갖는 동시에, 춤을 추는 과정에서 신체의 일부가 서로 접촉해야 하는 터칭댄스의 특징이 있다.

또한 댄스스포츠는 내용상 주로 음악의 리듬에 맞추어 자신의 움직임으로 표현하게 되므로 리듬댄스라는 특성을 갖기도 한다. 리듬운동은 인체의 이동운동을 기초로 변화 있게 연결·수행되는 과정이다. 운동수행능력 향상에 있어서 체력의 중요성을 강조하는데, 체력이란 신체적인 측면뿐만 아니라 지적, 정서적, 심리적 측면 등 인간의 모든 요인들이 함께 부합된 기능을 뜻하는 것으로 다양한 시각에서 분류되어야 한다.

4) 사회화, 문화화의 기능과 효과

인간은 사회적 존재이므로 사회적 환경에서 벗어날 수 없다. 인간은 누구나 비수의적(非隨意的)으로 사회 속에서 태어났지만, 그 속에서 살게 됨으로 인해 형성된 무수한 관계망(networking) 속에서 소속안정감을 갖고자 하는 본능을 가지고 있다. 인간은 사회라는 집단을 이루어 살면서 그 속에서 문화를 생성하고 발전시켜 나간다.

스펜서(Spencer)는 '사회가 무용을 창조한다.' 고 했다. 춤은 그 춤이 태어난 사회의 일상적인 행동에서 따온 제스처, 자태 및 움직임 등으로 이루어졌다. 즉, 움직임의 특성과 성질은 그 사회의 일상움직임을 가장 근본적으로 그대로 반영하고 있다는 것이다. 사회학자들의 지적에 의하면, "모든 문화권에 있어 춤은 단순히 우아한 동작을 훨씬 뛰어넘는 특별한 의미의 사회경험으로 모든 문화권, 모든 사람들이 함께하는 주요 의식이며, 그들의 복지에 필수적인 의미 깊은 것이다." 이는 춤이 그 시대와 사회의 객관적 현실을 반영하고, 사회에 여러 가지 영향을 미쳐 왔으며, 본질적으로는 춤이 사회적 현상임을 잘 드러내고 있다.

타일러(Tylor)는 문화란 지식과 신앙, 예술, 도덕, 법, 습성, 능력, 사회의 구성원으로서 습득한 습관 등을 포함하는 복합적인 전체라고 표현하였다. 첫째, 문화는 사회성을 가진다. 둘째, 문화를 구성하고 있는 요소는 매우 다양하고 부합된 내용을 가지고 있다. 셋째, 문화는 언어, 기호 등의 상징적인 특성을 가지고 있다. 넷째, 문화는 체계성을 가진다. 다섯째, 문화는 축적함으로써 이루어진다. 여섯째, 문화는 학습되고 발전한다.

문화이론을 춤 상황에 적용할 수 있는 근거는 춤이 위의 속성들을 모두 지니고 있기 때문이다. 왜냐하면 춤이란 순수예술무용만을 지칭하는 것이 아니며, 삶과 더불어 자연적으로 발생하고, 체계적으로 학습되고 축적되어 전승되는 여러 가지 생활양식의 형태로도 존재하기 때문이다. 더불어 정신적인 것은 물론 물질적인 것(의상이나 소품 등), 관습, 전통들이 모두 함축되어 있으며, 이것들 역시 의미(meaningfulness)를 생산해 내기 때문이다. 그리고 순수예술 자체도 인간중심적인 삶과 결코 괴리될 수 없다는 점에서 문화의 한 부분에 포함시키는 것이 당연하다.

우리가 춤을 그 자체로만 보지 않고 총체적인 여가생활과 문화의 전반으로 파악하고자 하는 것도 춤이 여가생활의 한 가지 구체적인 선택이며, 위에서 언급한 문화요소를 함축하고 있고 때문이다. 춤은 생각하는 신체의 움직임이다. 춤은 인간의 사고를 자극하고, 역사의 진보에 영향을 주며, 사회적 행동의 비언어로 윤택한 삶에 도움을 준다. 인류문명이 발달함에 따라 인간은 더욱 창의적 활동을 도모하게 되었으며, 생활에 대한 욕구 본능을 의도적인 예술동작으로 표현하고 삶에 대한 최적의 감정상태를 유지하기 위하여 끊임없이 노력한다.

춤의 대중화는 대중의 일반적이며 바람직한 선택에 따라 부정적인 결과보다는 바람직한 방향으로 발전할 수 있다. 이러한 춤 대중화의 방향은 대중적인 춤문화의 발전뿐만 아니라 순수예술무용의 발전에도 영향력을 미치게 될 것이며, 춤의 대중화는 춤 인구층의 저변 확대라는 목적 때문에 마케팅 전략의 필요성도 요구된다.

춤과 음악은 그 발생학상의 이론부터 서로 밀접한 관계를 가진 예술이다. 시간예술인 음악은 현실적 공간과 관계없이 시간만의 리듬적인 질서로 되어 있음에 반해, 운동의 리듬적 질서는 현실적 공간 그 자체라고 할 수 있다. 실제로 음악에 의존하여 음악에 충실히 맞추어 춤추는 것은 엄밀한 의미에서는 춤이라 할 수 없으며, 기술적으로도 완전한 것이 되지 못한다.

춤은 공간예술이므로 자체의 독특한 형식을 갖는 것이며, 이는 순수시간예술인 음악의 형식과는 근본부터 다른 것임을 알 수 있다. 춤에서의 운동은 원칙적으로 심리적인 원인에 의하여 움직이는 것이다. 춤운동의 충동이 되는 조건 가운데 음악이 보다 직접적이고 효과적임은 사실이다. 인간은 감정이 고조될 때 춤을 춘다. 음악이 반영되고 그에 따라 충동을 일으키게 된다. 춤에 있어서의 음악은 작품을 보다 명확하게 표현할 수 있도록 도와주는 촉진역할을 한다.

5) 교양교육: 춤교육의 필요성

춤은 움직임 속에서 예술이 요구하는 신체적, 정신적 표현의 절제와 상상력에 따른 상징화, 그리고 타인과의 믿음을 토대로 한 관계 형성을 경험하게 만들고, 이러한 경험은 완전한(holistic) 인간이 갖추어야 할 문화교양을 갖추게 한다.

춤은 인간이 선천적으로 지닌 예술적 소질을 의도적인 신체활동을 통하여 신체적, 정서적, 지적, 사회적으로 가치 있게 육성하는 교양이며, 또한 원만한 인간 형성을 위한 가장 기본적인 경험이다. 그리고 다른 학습에서는 이루어질 수 없는 신체활동, 즉 춤의 경험을 통해 사상과 감정을 예술적으로 표현하고 적절히 조절함으로써 원만한 성격 형성에 기여한다.

라반(R. V. Laban)에 의하면, 춤교육의 목표는 예술적인 완전함이나 창작, 그리고 선풍을 일으키는 공연이 아니라 창의적인 춤이 사람들의 인성에 미치는 유익한 효과에 있다고 하였다. 그것은 곧 춤을 통해서 신체와 운동능력의 발달은 물론이고 리듬감, 즉흥력, 표현력, 상상력, 창의력, 협동력 등을 향상시키고 발휘할 수 있게 하여 사람들에게 지적, 정서적인 면에 대한 교육의 효과를 부여할 수 있다는 것이다(송수남, 1997).

춤은 인간교육의 중요한 요소다. 춤을 필요로 하는 교육적 기능을 발휘하여 창작능력을 길러 준다. 풍부한 운동감과 아름다운 자연운동의 능력을 가진 신체를 육성한다. 리듬감과 질서감을 가지게 하는 리듬능력을 육성하여, 전인적 인간 형성 발달을 목표로 하고 있다. 그리하여 라반은 '인생의 현실적인 면과 몽상적인 면의 조화와 발달' 이라 하여 춤에서 인간성의 조화로운 발달을 강조하였다.

라반에 의하면, 춤에 의한 교육은 일상생활에 직접 활용되는 실용적 활동이나 지식을 위해서 그 목표를 세울 수는 없다고 하였다. 즉, 춤을 통한 교육은 인간의 상상력을 무한히 개발하고, 창의적인 세계로 안내하며, 균형 잡힌 생활로 인도하는 조화적 인간성의 발달을 꾀하는 일이다.

춤은 정상적인 육체의 발달, 리듬감, 공간의 형성, 즉흥능력, 그리고 사상과 감정의 풍부한 표현력의 발달을 꾀하는 육체적, 정신적 가치와 개성을 신장시킨다. 이를 바탕으로 차별적이며 독립적인 자아를 확립시킨다. 또한 환경과의 조화를 통한 타협으로 민주주의 사회를 발전시키는 사회적 가치와, 아름다운 생활을 영위하도록 하는 심미적 가치 등을 본질적으로 내재하고 있다.

춤은 현대 사회의 가치를 수용하여 내면화시키는 중요한 사회제도다. 또한 춤은 기분전환을 시켜 주는 기능과 레크리에이션 기능을 수행하고 있기 때문에 일상생활에서의 긴장으로부터 해방되어 인간관계를 원만하게 유지할 수 있으며, 타인과의 원만한 인간관계를 유도하는 관계적 기능을 가지고 있다. 춤은 보고 듣는 것만으로 다양한 기능을 얻을 수 있는 것이 아니다. 춤을 배우고 보고 듣는 것으로부터 자신이 새롭게 창조함으로써 더 큰 기능을 기대하게 된다.

춤의 교육은 감수성을 개발하는 데 도움을 주며 인간의 정신적, 육체적인 능력의 균형을 보다 잘 유지시켜 준다. 리듬감각이 붕괴되면 삶을 통제하는 모든 시도가 좌절되며, 잃어버린 율동을 되찾기 위한 정신적 노력뿐 아니라 본능적 노력은 춤의 교육적인 힘에 호소하게 된다. 인간생활에 있어서 춤은 자기 표현의 한 방법으로서 큰 가치를 가질 뿐만 아니라, 사회적 행동의 비언어적 설득력으로서 타인과의 관계를 용이하게 하는 데도 도움을 준다.

또한 춤은 개인의 능력을 키워 나가고, 개성을 찾을 수 있으며, 하나로 뭉쳐진 군무(群舞) 형식을 표현함으로써 사회성을 기르게 한다. 그리고 춤은 신체의 조화 있는 육성을 통하여 인간정신 속에 잠재해 있는 창의력을 개발하도록 하고 풍부한 정서를 육성하므로, 청소년들의 인간교육을 위한 매체로서의 교육적 기능이 크다고 볼 수 있다.

춤은 자기 표현의 수단인 동시에 그 표현을 통해서 정신의 통일과 창작 욕구를 실현하는 가치 있는 활동으로서의 의미도 함께 지닌다. 이 과정에서 개성이 신장되며, 사회생활을 개척하고 영위해 가는 데 도움을 주는 새로운 자극을 받게 된다. 또한 미를 표현하려는 정서가 발달함으로써 미를 감상하는 능력이 배가되고 미적 감정에 대한 의식이 높아져, 일상생활을 더욱 미적으로 구성할 수 있는 태도와 능력이 생긴다.

춤교육을 통한 자기 표현의 기회는 정서의 통일과 창작이라는 가치 있는 활동을 도야케 한다. 창작활동의 과정에서 개성은 신장되고, 활동에 의한 만족감과, 나아가서 미를 표현하려는 정서가 아울러 발달한다. 또한 능동적인 활동으로 자기를 표현함으로써 자아를 발견하고 창조성이 신장되며 운동의 원리, 공간구성의 미학적 법칙의 응용 등의 능력이 길러진다.

조이스(Joyce)에 의하면, 춤교육은 첫째, 파트너와 그룹을 통해 협동심과 리더십을 기르고, 둘째, 육체적 접촉과 같은 공간에서의 공존으로 친밀해지며, 셋째, 부드러운 육체 접촉과 파트너와의 무게 공유를 통해 상대 접촉의 올바른 예절을 배우고, 넷째, 창조적 탐색, 문제해결력, 타 문화와 다른 춤형태를 학습함으로써 개인적 가치를 발견하고, 다섯째, 타인에 대한 이해심과 분별력을 향상시킨다.

춤의 교육은 신체의 조화 있는 육성을 통하여 인간정신 속에 잠재해 있는 창의력을 개발하도록 하고, 풍부한 정서를 육성함으로써 청소년들의 인간화 교육을 위한 매체로서 교육적 가치가 크다고 볼 수 있다. 춤은 감정 표현의 기회를 부여함으로써 청소년들의 내적 상태를 제삼자가 이해하기 쉬운 상태로 유도할 수 있으며, 이를 통해 사회성 발달을 도모할 수 있다. 그리고 신체적 표현을 하는 과정에서 청소년 각자의 자기중심적 태도, 정서적 불안감 등을 해소할 수 있다. 그리하여 춤을 통해 정서적 만족뿐만 아니라 사회적 참여의 기능과 신체적 기능의 발달을 동시에 가져오게 된다.

춤을 통하여 청소년들은 감정, 분노, 사랑, 공포, 그리고 실패를 표현하고, 새로운 경험을 하며, 새로운 자각을 하게 된다. 이러한 교육으로서의 춤은 문제해결, 탐구활동, 정보처리에 있어 통합적인(holistic) 사람이 되도록 배우고자 하는 충동을 촉진시킬 수 있다.

또한 청소년들은 춤을 즐김으로써 긴장된 학교생활에서 피곤한 몸과 마음을 상쾌하게 할 뿐만 아니라, 각자의 쌓였던 감정을 아름다운 신체의 표현으로 발산시킬 수 있다. 학생들의 건강과 정서순화에 도움이 되고, 여럿이 같이 행동하는 동안 각자의 책임을 완수함으로써 단체의 일원으로서의 임무를 달성할 수도 있다. 또한 여가를 선용하며 메마른 생활을 좀 더 윤택하게 하는 데 도움이 된다.

청소년을 위한 춤교육은 자신감과 자기 존중, 믿음의 관계를 형성시킬 수 있는 기본 프로그램을 통하여, 개인의 감정과 생각을 자발적이고 창의적인 자기 표현으로 승화시켜 심리적인 갈등을 완화시키며, 자기조절력을 기르는 것에 중심을 두어야 한다. 그리고 청소년들은 춤이 무엇이고 춤을 통해 무엇을 얻을 수 있는지를 알아야 한다.

또한 춤은 신체동작을 기본 단위로 하지 않고 개인의 상상력을 표현하는 유일한 행동으로 상당히 독특하다고 할 수 있다. 청소년들은 춤을 통해 그러한 체험을 맛보게 된다. 그것은 춤이 내적 상태와 외적 상태가 동시에 작용하기 때문이다.

모든 학생들에게 그들 자신이 성장하고 또 변화하는 존재들임을 인식시켜 주는 것은 매우 중요하다. 그리고 창조적인 표현으로서 춤동작은 삶에 중요한 역할을 하고 있다. 자아상을 그릴 수 있고, 자기를 인식하며, 자기 방향을 결정짓는다. 또한 춤은 학생들이 자기 자신을 다루도록 이끌어 준다. 다시 말해서 자아를 다루는 훈련과정인 것이다. 이처럼 학교체육과 사회에서 행하여지고 있는 춤이 일관성 있게 취급되어 온 것은, 춤이 생활에 근거를 두고 건전하고 풍부한 생활환경을 양성하는 데 크게 이바지하고 있기 때문이다.

춤은 신체 움직임의 순수한 예술이며, 반드시 실제적인 목적을 위한 것은 아니지만 심오한 만족감이나 성취감을 줄 수 있는 움직임의 창작 또는 재현이다. 다른 어떤 활동보다도 춤은 사람들이 자기들의 뛰어난 재능을 깨달을 수 있도록 도와준다. 이러한 춤의 창작과 재현을 통한 성취감과 표현력 확대는 교육적 의의로서 학교교육에서는 얻기 어려운 귀중한 소득이다.

춤은 종합여가활동으로 긍정적인 역할을 한다. 참여자들의 지속적인 참여를 유도하여 다양한 교육기능으로서의 춤을 올바르게 정착시키기 위해서는 참여자들의 성별, 연령별, 직업별 특성뿐만 아니라 참여자들의 기술수준을 고려하는 프로그램의 제공이 필요하다.

춤은 특히 청소년들의 다양한 욕구 충족과 자신의 가치에 대한 확신과 자기 자신을 존중할 줄 아는 자아존중감을 높여 준다. 신체적, 정신적으로 변화가 많은 청소년기에 사회문화에 적합하고 바람직한 자기역할을 수행할 수 있도록 하는 성 역할 정체감을 길러 주며, 잠재적인 일탈성향까지도 해소시켜 주는 바람직한 학습기회를 제공할 것이다.

국제적으로 많은 정보교환과 인적 교류가 이루어지고 있다. 사람들 사이의 의사전달은 언어나 문자, 신체의 움직임 등으로 표현할 수 있는데, 국제통용어가 영어라면 춤은 신체언어로서 국제적으로 통용된다. 이러한 춤이 체계적인 교육을 통해서 올바르고 내실 있게 학습된다면 춤에 대한 긍정적인 시각과 몸 공부로서의 의의가 부각될 것이다.

12
알레아와 미미크리: 축제와 놀이

1. 축제로서의 삶

생활여건의 혁신적인 발전과 더불어 여가시간이 증대되면서 우리는 여가-문화의 차원에서 가족과 함께 또는 자신의 문화에 대한 갈망을 이유로 하여 좀 더 다양한 경험을 원하게 되었다. 즉, 여가-문화의 시대가 활짝 열렸다. 하지만 아직까지 여가-문화가 증대된 폭에 부합할 만한 여가-문화활동의 향유는 이루어지지 않고 있는 것이 사실이다.

이는 여가시간을 '소비하는 것'을 넘어서, 여가-문화의 차원에서 즐기기 위한 기초지식과 오락에 대한 개념이 혁신을 이루지 못했기 때문이다. 이러한 오락의 예 중 우리 생활 가까이에서 볼 수 있는 여러 가지 축제가 있다.

우리 선조 때부터 이어 오는 축제는 '함께 즐길거리'의 의미로 삶 속에 배어 있다. 굳이 여가시간이라는 특별한 계기가 없었지만, 시간을 향유할 줄 알았고, 한 마을의 문화를 축제라는 이름을 통해 우리에게 전해 내려왔다. 오늘날 이를 현대적인 개념으로 승화시켜 각 지방의 특색에 걸맞은 다양한 축제가 펼쳐지고 있다.

'축제'라는 단일개념의 발생기원을 추적한다는 일이 불가능하다는 것은 학자들의 공통된 견해다. 그러나 축제는 인류문화의 역사와 함께 하기 때문에 문화의 발생을 논함으로써 축제의 탄생과 전개를 추적할 수 있다. 다만 노래와 춤을 비롯해서 예술이 망라되어 있는 것을 축제라고 정의할 때, 우리나라의 경우 민속예술의 시연이라고 볼 수 있는 제천의례가 축제의 기원이라 할 수 있을 것이다.

3세기경 한반도를 중심으로 한 여러 부족의 생활상태를 기록한 서적들에 의하면, 어느 부족사회에서나 일 년에 한두 차례의 대회를 열고, 제천의식을 거행하면서 부족의식을 연마하고, 가무백희(歌舞百戲)를 연행하였다고 하는데, 여기서 우리나라의 원시적 축제를 볼 수 있다. 부여의 영고(迎鼓), 고구려의 동맹(東盟), 예의 무천(舞天), 마한의 춘추제(春秋祭) 등을 그 대표적인 고대제의로 들 수 있다. 이들은 '연일음주가무(連日飮酒歌舞)' 또는 '주야음주가무(晝夜飮酒歌舞)' 하는 축제였으나, 아직 의례에서 분화되지 않은 단계로 볼 수 있다.

위의 고대제의들은 모두가 종합예술의 성격을 띤 한국적인 축제였다. 이들 제천의례 성격의 축제는 흐드러진 놀이판이자 신성한 종교의 장으로 사람들에게 받아들여졌다. 이때에는 천신에게 제사 지내고 음주가무로 놀이판을 벌이면서 신과의 만남을 통해 그들의 소망을 빌었다고 전해진다. 제천의례는 우리 축제역사의 문헌상 기원일 뿐 아니라, 우리 축제를 대표하는 축제 중의 축제라고 볼 수 있다.

이러한 고대의 축제는 국가의 공동의식과 민간인들의 마을굿이라는 형태로 나뉘어 전해 내려오게 된다. 이것은 위령제의 일종이었던 신라의 '팔관회'를 거쳐, 고려시대에 이르러서는 일종의 추수감사제 성격의 공동체 신앙을 의미하는 '팔관회'와 정월보름에 향촌사회를 중심으로 향촌 구성원을 결속시켰던 새해 농사의 풍년을 기원하는 성격인 '연등회'라는 두 개의 형식으로 구분되어 있다.

'팔관회'와 '연등회'는 그 대상에 있어 차이가 있을 뿐 양식은 비슷한 형태를 띠고 있다. 주과와 가무로 연회를 베풀고, 이를 통해 국가와 왕실의 안녕을 빌었으며, 송의 상인, 탐라, 일본 등의 외국인이 접견을 하고 물품을 바치는 국가적인 행사의 성격을 지닌다.

조선시대에는 연등회나 팔관회가 사라지고 중국의 영향을 받아 산대잡극이 성행하게 되었다. 채붕과 함께 가, 악, 무와 기이한 곡예가 관중의 이목을 즐겁게 하던 일종의 연희라고 할 수 있다. 이러한 산대잡극은 중국 사신을 영접할 때, 계동(季冬) 나례의 때, 종묘 친제 때, 알성(謁聖) 때와 각종 행행 때, 연락 환오할 때 등 광범위하게 쓰였다. 이는 고려시대부터 이어져 내려온 것으로 연등회, 팔관회가 조선시대에서 그 맥이 끊어진 것과는 달리 조선시대까지 길게 이어지고 있다.

민간 차원의 축제는 국가적 행사와는 다른 측면에서 받아들일 필요가 있다. 국가적 행사에서는 국가와 왕족의 발전을 도모하는 축제가 이루어진 반면, 민간수준의 행사에서는 경제적인 요소가 첨가되고 서민의 근심을 잊을 만한 오락적 요소가 크다는 것이다. 이의 중심에 마을굿이나 두레가 있으며, 그 대표적인 예가 '단오제'다.

현대에 들어오면서 우리는 이러한 전통을 이어 내려오지 못한 것이 사실이다. 특히, 일제하에서 고유의 민속놀이는 미신행위로 간주되어서 버려야 할 것으로 금지되었다. 해방된 이후에도 조선의 유교개념으로 놀이는 나태와 동의어로 전수되었으며, 이것에 대한 의문을 제기할 겨를도 없이 이데올로기 투쟁, 한국전쟁, 경제난 등으로 '지극히 낭비적인' 축제에는 관심조차 두지 못하게 되었다. 이러한 경향은 최근에 다시 급변하여 1980년대 후반을 넘어오면서 축제의 수와 종류가 급격히 증가하는 경향이 두드러졌다.

지방자치제가 도입되면서, 각 자치단체를 중심으로 지역특성을 반영한 축제가 하나의 마케팅 상품으로 단단히 한몫을 하게 된다. 이와 더불어 주5일 근무제는 축제를 즐기는 참가인의 수를 늘려 주었으며, 이러한 축제에 대한 정보를 인터넷이나 기타 정보매체를 통해 손쉽게 접할 수 있게 되었다.

또한 본질적으로 지역축제는 그 지역의 정체성을 확고히 드러내면서 지역주민의 화합을 도모하고, 지역경제 발전을 위해 지역 특산품을 광고할 수 있으며, 지역의 역사와 문화를 알릴 수 있는 좋은 기회로서 기획, 운영되고 있다.

우리나라에서 축제가 대중화된 결정적 계기는 1991년 지방자치제 도입이라고 볼 수 있다. 지방자치제가 실시됨으로써 각 지역은 중앙의 일방적 통제에서 벗어날 수 있었고, 어느 정도의 독립적 권한과 책임을 위임받은 각 지방자치단체장들은 자기 지역만의 차별성과 독자성을 어떻게 확보할 것인가, 주민들의 지역 소속감을 어떻게 유도해 낼 것인가를 고민하게 되었다. 그 과정에서 자연스럽게 대두된 것이 바로 축제 프로그램을 개발하는 것이었다. 그리고 관광산업을 육성한다는 중앙정부 차원의 정책도 이러한 축제의 발전에 도움이 되었다고 볼 수 있다. 관광산업으로서의 축제는 경제적 이득의 요인으로 큰 역할을 하고 있다.

전국적으로 2004년 1월 현재 총 549개의 축제가 존재하고 있는 것으로 조사된 바 있다. 이는 매년 혹은 격년제로 일정기간 개최하며, 불특정다수인이 함께 참여하는 문화예술관광축제만을 나타내는 것으로, 실제적으로는 약 740개 정도의 축제가 우리나라에 존재한다. 각 시기별 · 지역별 축제 현황은 [표 12-1], [12-2]와 같다.

축제의 개최 시기는 계절의 영향을 많이 받는 것으로 나타나며, 날씨가 화창한 4, 5월과 수확의 계절인 11월에 축제가 많이 이루어지고, 겨울에는 개

표 12-1 각 시기별 축제 현황

시기(월)	비율(%)	시기(월)	비율(%)
1월	3.64	7월	4.18
2월	4.99	8월	8.63
3월	3.64	9월	8.63
4월	11.19	10월	8.63
5월	15.63	11월	33.69
6월	2.96	12월	2.29

표 12-2 각 지역별 축제 현황

지 역	축제수	지 역	축제수
서울특별시	32	경상남도	68
부산광역시	44	경기도	59
광주광역시	15	경상북도	52
대구광역시	13	전라남도	41
인천광역시	11	충청남도	41
울산광역시	9	충청북도	35
대전광역시	8	전라북도	32
강원도	74	제주도	15
계		549	

최수가 확연히 줄어 있음을 볼 수 있다. 피서철인 여름 또한 8.00% 이상을 차지하고 있다.

[표 12-2]를 보면 도시 크기 및 발전 정도와 축제의 개최 수가 비례하지 않는 것으로 나타난다. 오히려 청정자연을 이용한 관광산업이 많이 육성되고 있는 강원도에서 축제의 수가 가장 많은 것으로 나타났다.

한편, 축제를 구성하고 있는 프로그램이나 개최 목적에 따른 분류도 해 볼 수 있는데, 그 이유로는 축제라는 것이 결국 그 지역에 토대를 둔 지역특성을 얼마나 보편성 있는 프로그램으로 승화시켜 내는가가 성패의 관건이기도 하고, 어떤 목적에서 축제가 개최되는가에 따라 대중의 참여도도 결정될 수 있기 때문이다.

[표 12-3]에서 보는 바와 같이 축제는 종합적인 프로그램이 구성되고 주민화합의 목적이 크다는 것을 알 수 있다. 반면 경제성과 밀접한 관계를 가지는 산업적인 측면이 낮은 비율을 차지하며, 예술적인 프로그램도 미약한 것으로 나타났다. 축제 유형을 한 가지로만 구분 짓는 것이 다소 무리가 있지만, 축제 발전에 있어 취약점을 찾고 이를 개선할 수 있으며, 축제의 성공

표 12-3 각 유형별 축제 분포

개최 목적별		프로그램 유형별	
유 형	비율(%)	유 형	비율(%)
관 광	37.9	종 합	45.5
주민화합	42.1	전통문화	20.9
기 타	12.6	기 타	18.9
산 업	7.4	예 술	14.7

에 근접할 수 있도록 하는 노력의 일환으로서 의미를 가진다고 볼 수 있다.

2. 축제문화 참여 프로그래밍

이제 실제적으로 각각의 목적에 맞는 축제는 어떠한 것들이 있는지 세분화시켜 살펴보고, 그 각각의 축제를 통해 어떠한 교육적 효과를 얻을 수 있는지 살펴보자.

1) 종합축제

우선 다양한 성격을 내포하고 있어서 '종합'이라는 목적으로 분류된 축제들에는 물 · 사람 · 예술제, 은행나무축제, 설악문화제, 태봉제, 동계민속예술축제, 그리고 강원도 노인연날리기대회, 양록제 등이 있다.

이런 성격의 축제들이 지닌 교육적 기능은 여흥을 즐기는 오락적인 면과 축제에 대중을 직접 참여시키는 기능이 있다. 한국인들은 옛날부터 일단 판이 벌어지면 구경하는 것도 좋아하지만, 직접 참여하여 신명나게 노는 특징을 갖고 있다. 전국적으로 수없이 늘어선 노래방이나 단란주점이 이러한 국민성을 잘 반영하고 있다. 축제적 상황을 빌어 자발적인 참여의식 고취를 통해 단합 및 자기 표현의 시간을 가질 수 있는 것이다.

여기서 '단합' 이라는 말은 축제의 대중교육 기능, 즉 사람들을 축제에 참여하게 만들고, 나아가 그들을 하나로 뭉치게 하는 효과가 있음을 보여 주는 것이다. 전국 각지에서 도민의 날, 시민의 날, 구민의 날, 군민의 날 등에 주민위안잔치, 단합대회 등의 성격이 농후한 종합축제를 개최하는 경우가 많은 것을 볼 수 있다.

종합축제는 대부분 지역주민의 친선을 도모하고 화합시키며, 향토애를 북돋우기 위해 펼쳐진다. 또한 자연과 환경에 대한 소중함을 일깨워 주고, 우리는 한민족이라는 공동체의식을 발현시키는 계기를 만들어 준다고 볼 수 있다.

2) 예술축제

부산 국제영화제나 전주 국제영화제, 부산 인권문화제, 부천 국제판타스틱영화제, 대구 국제오페라축제, 무주 하얼빈 빙등축제, 봉산미술제, 중국의 날 문화축제, 제천 국제영화음악제 등이 예술 분야의 축제에 포함된다. 이러한 예술 분야 축제의 교육적 기능은 우선 정신문화 형성의 새로운 장이라는 점이다.

부산 국제영화제를 예로 들어 보면, 새로운 감독들이 아주 독특한 스타일의 영화를 출품한다든지, 혹은 기존의 장르와는 다른 새로운 시도를 하는 영

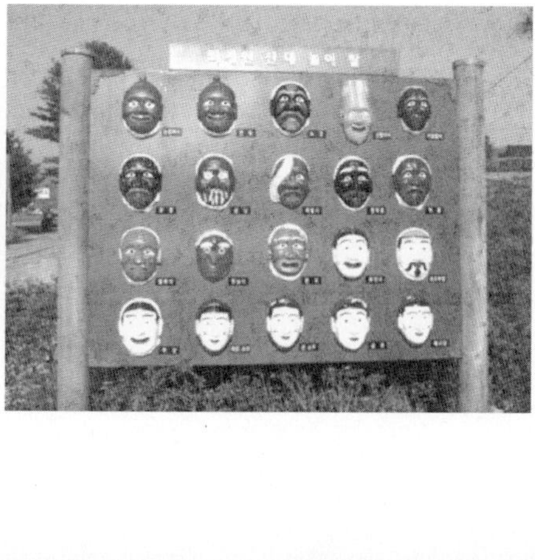

화들이 소개된다든지 하는 식의 창조적인 정신문화의 발표회 장소로 축제가 자리 잡고 있다. 축제에 참여한 관객들이 느끼는 어울림, 대화, 교감, 그리고 비주류문화에 대한 갈증해소를 예술 분야 축제의 교육적 기능으로 더할 수 있겠다.

3) 전통문화축제

축제는 전통문화의 보존과 전승, 그리고 새로운 문화예술을 창조하는 기능이 있다. 축제가 개최됨으로써 그동안 소홀히 대접받아 왔던 전통문화가 새로이 각광받게 되며, 단절될 뻔한 문화가 명맥을 유지하기도 한다. 한편으로는 새로운 문화예술이 창조 · 발전되는 계기도 될 수 있다. 그리고 전통문화의 계승에 있어 제의적이고 위인추모적인 목적이 크다.

축제 추진위원회는 지역에 따라 제전위원회라 부르기도 하며, 종교적 측면에서 제의를 거행하거나 고사제를 지내기도 하며, 또는 성지에서 성화를 재화하기도 하는 등 제의적인 성격이 남아 있다. 그리고 지역에서 배출한 위인이나 선조의 업적을 선양하고 추모하기 위한 행사가 거행되고 있다.

망월제, 강릉 단오제, 매헌문화제, 순창 민속예술제, 추사문화예술제, 백제 고분제, 선농제향, 정월대보름맞이 쥐불놀이한마당, 단오한마당축제, 풍어제, 수영 전통달집놀이, 부평 풍물대축제, 고싸움놀이축제, 대현 율곡 이이 선생제, 영월 단종제 등이 전통문화축제 프로그램이라 할 수 있다.

전통문화축제의 교육적 기능은 우선 역사에 뿌리를 둔 다양한 볼거리에서 찾는 전통문화의 발굴효과를 들 수 있다. 전통문화를 직접 체험해 봄으로써 지적 호기심을

충족할 수 있는 효과도 있다. 그리고 잊혀 가는 전통문화를 눈으로 보고 겪음으로써 새로운 세계와 과거 조상들의 세계를 동시에 경험할 수 있다는 점도 들 수 있다. 또한 우리 것에 대한 소중함을 일깨워 주는 점도 이러한 축제의 중요한 교육적 기능이다.

4) 관광축제

관광을 목적으로 하는 축제는 앞서 명시한 각 유형별 축제 분포도에서 전체 축제의 42.1%로 제일 높은 비율을 보이고 있다. 아차산 해맞이축제, 명동 축제, 동대문 패션페스티벌, 남해안 생선요리축제, 영취산 진달래축제, 대흥사 단풍축제 등이 있고, 더 세분화해서 부산 자갈치관광문화축제, 연화리 붕장어축제, 대구 섬유패션축제, 울산 고래축제, 온양 옹기축제, 여주 도자기박람회, 진주 남강 유등축제, 보령 머드축제 등이 있다.

관광을 목적으로 하는 축제의 교육적 기능은 그것이 열리는 지역의 지리적, 정서적, 문화적인 향기를 충분히 느낄 수 있다는 것이다. 즉, 그 지역만의 특수한 문화를 체험할 수 있다. 관광특산물축제에서 얻을 수 있는 교육적 기능에는 지역특산물에 대한 친근한 이미지 형성을 기대할 수 있고, 관광특산물에 대한 문화적 가치와 그 중요성을 깨달을 수 있다. 또한 각 지역의 다양한 관광특산물을 접함으로써 비교의 안목이 길러지는 것이 가장 큰 교육적 기능이라고 볼 수 있다.

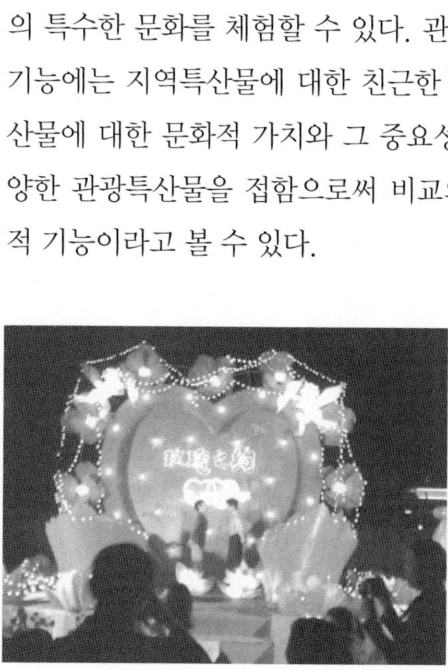
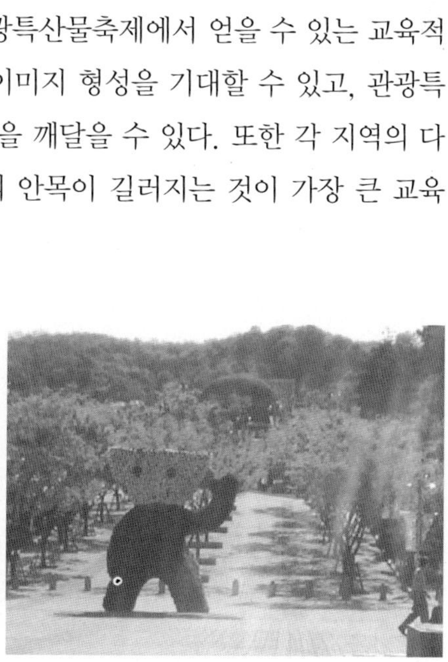

5) 산업축제

산업축제는 바로 특산물축제를 일컫는 말이다. 강경 젓갈축제, 논산 딸기 축제, 연산 대추축제, 양촌 곶감축제, 금산 인삼축제, 한산 모시문화제, 남당 대하축제 등이 바로 특산물축제라고 할 수 있다. 특산물과 연관되어 판매에서 오는 수익성, 즉 상업적인 특성이 강하다. 이러한 축제들에서는 각 고장의 특산물을 체험해 봄으로써 그 특산물의 우수성을 경험할 수 있다.아울러 각 고장의 독특한 정서와 문화를 느낄 수 있고, 애향심을 가질 수 있다는 것이 교육적 효과라고 할 수 있다.

특산물의 다양성을 이해하면서 동시에 문화적 다양성을 이해할 수 있다는 것도 포함된다. 이러한 특성들은 해당 고장의 상업적 소득과 직결된다. 따라서 지방재정자립도가 낮은 자치단체들은 기존의 축제를 활용하거나, 경제적으로 이득이 될 만한 새로운 축제를 만들어 내고 있다. 그뿐만 아니라 거의 모든 자치단체들은 축제의 경제적 중요성에 주목하여 새로운 축제를 만들어 내고 있다. 축제가 지역경제에 한몫을 하고 있다.

축제는 지역의 이미지를 좋게 하고, 외부에 널리 알리는 홍보효과가 있으며, 관광객을 유치하는 기능이 있다. 지역에 아무리 매력적인 관광자원과 특산물이 있어도 홍보가 제대로 되지 않으면 관광객을 유치할 수 없다. 축제를 개최함으로써 자연스럽게 매스컴에 보도가 되고 광고, 선전도 직 · 간접적으로 이루어지게 되므로 관광객 유치에 더할 나위 없는 좋은 기회가 된다. 이러한 축제의 기능은 산업적 목적을 극대화시킨다.

6) 그외 목적의 축제

기타로 분류되었던 것들 중의 하나로 문화체육축제가 있다. 은평사랑한마음축제, 래프팅축제, 서바이벌축제 등이 그 좋은 예인데, 지역사회의 구성원으로서 적극적인 사고방식과 팀별 활동을 통해 협동심을 배양할 수 있고, 공동사회의 의의와 소속감, 그리고 진취적 행동력을 강화할 수 있다는 기능을

가지고 있다.

체험축제라는 분야도 기타에 포함된다. 죽산 어린이축제, 고사리꺾기대회 등이 있는데, 다양한 체험행사를 통한 자기 경험을 얻을 수 있고, 또한 직접 체험을 해 봄으로써 심신의 유쾌함을 느낄 수 있다는 것이 이러한 축제들의 장점이라고 할 수 있다.

3. 평생학습 인프라로서의 축제

역사, 사회, 문화, 여가가 종합적으로 어우러지는 축제는 다음과 같은 다양한 교육적 기능을 가진다.

첫째, 축제의 교육적 기능 중 가장 중요한 것은 감각, 지각, 의지의 전일적(holistic) 경험을 할 수 있다는 점이다. 이것은 지, 덕, 체를 고루 갖춘 전인적 교육을 의미한다. 듣는 것보다 보는 것이, 그리고 보는 것보다 체험하는 것이 낫다는 교육적 명제를 실제 체험의 장으로 이끌어 자기 경험의 폭을 넓혀 주는 것이다. 축제는 제의 보존이라는 목적을 강하게 띠고 있는 경우가 많고, 이러한 축제에 참여하는 것은 역사를 배우는 이유와도 일맥상통할 것이다. 우리는 다양한 축제를 통하여 인지적 재구성과 지각의 확충을 기대할 수 있다.

둘째, 문화 이해의 기능이다. 다양하게 접할 수 있는 500개 이상의 우리나라 축제는 각각의 특색과 지방문화를 간직하고 있는 경우가 많다. 지역주민과 함께 참여하고 지역특색을 공유하는 것은 지방성을 이해하고 지역문화 이해의 계기가 될 수 있다. 더불어 현재의 문화뿐만 아니라 역사 속에서 이어져 내려오는 문화를 접하는 것 역시 우리 민족의 문화를 받아들이는 통로로서 중요한 것이다.

셋째, 축제의 참여는 자기주도성(self directing)을 계발하고 지적 호기심을 충족시키는 기능과 더불어, 여가시간을 교육적인 방향으로 계획하고 자극받는 근본적 효과를 얻을 수도 있다. 단체로 축제에 참가 시 협동심을 느낄 수도 있다.

넷째, 특산물 등의 상품에 대한 지식과 상품의 비교 안목, 축제 간의 차별성을 기르고 활동 자체에서 오는 심신의 유쾌함을 얻는다는 것 또한 축제의 빼놓을 수 없는 교육적 기능이라고 하겠다.

현재 지역의 다양한 문화현상을 포괄하고 있는 축제는 두 가지로 생각할 수 있다. 좁은 의미로 지역과의 역사적 상관성 속에서 생성, 전승된 전통적인 문화유산을 축제화한 것이다. 넓은 의미로는 전통축제뿐 아니라 문화제, 예술제, 전국민속예술경연대회를 비롯한 각 지역의 문화행사 전반이 망라된다.

오늘날 축제는 한마디로 '문화와 삶의 복지실현'에 그 목적을 둔다. 지역공동체와 축제의 현대적 의의는 개인적인 차원에서 볼 때 '질 높은 영적, 정신적 삶'에 대한 추구를 일차적인 목적으로 하지만, 사회적인 차원에서 볼 때에는 사회구성원 간의 동질성 공유를 목적으로 하는 것이다. 축제란 말 그대로 지역의 역사와 전통과의 직접적인 관련성 속에 공감대가 설정되어, 여러 사람과 함께 호흡할 때 진정한 교육적 의의를 가질 수 있다.

이처럼 축제라는 문화는 우리가 쉽게 접할 수 있고, 또한 쉽게 향유함으로써 많은 지적, 정서적 효과를 기대할 수 있다. 각 지역별로, 각 시기별로 다양하고 목적에 맞게 열리는 풍성한 축제의 마당에 우리가 열의를 다해 참가하고 누릴 이유가 바로 여기에 있는 것이다.

4. 성인 놀이문화

1) 놀이란 무엇인가

21세기는 본격적인 문화의 세기가 전개될 전망이다. 호모 루덴스(놀이하는 인간)에 관한 호이징가의 주장을 전적으로 받아들이지 않더라도 문화시대의 본질의 하나는 놀이임을 부인할 수 없다. 그럼에도 우리 사회에서 놀이만큼 양극적으로 해석되는 개념도 흔치 않을 것이다.

1970년대에는 '잘살아 보자'는 슬로건으로, 논다는 것이 곧 퇴보를 의미하기도 했다. 그러나 1990년대를 지나면서 놀이는 서서히 개인이 자신의 기호를 찾아 주체적으로 즐기는 가장 인간적인 영역의 하나로 부상하게 되었다. 현대인들에게 휴식과 놀이는 인간다운 삶의 영위를 위해 빼놓을 수 없는 영역이다.

오늘날 가정, 학교, 사회 곳곳에서는 일과 공부에서 진지함과 의미성을 찾으려던 세대와, 재미있게 놀면서 돈도 벌고 자아실현도 하겠다는 세대 간에 보이지 않는 갈등과 오해가 있다. 기성세대들은 신세대들을 철없는 베짱이족이라고 비판하지만, 젊은이들이 보기엔 그런 어른들이 오히려 답답한 일개미들이다. 과학의 패러다임뿐만 아니라 삶의 패러다임 자체가 바뀌어야 한다는 청소년들의 주장과 논리는 사뭇 진지하기조차 하다.

신세대의 놀이행태에 때로 눈살을 찌푸리는 기성세대들조차도 현대의 삶에서 '놀이'의 의미를 결코 폄하할 수 없음을 인정하지 않을 수 없다. 이제는 놀이활동을 교육적 지도라는 측면을 넘어 문화적 활력소라는 차원에서 적극 관심을 기울여야 할 때인 것이다. 오늘날 놀이정신의 왜곡과 결핍이야말로 문화의 위기, 나아가 비인간화(dehumanization)현상과 무관하지 않음을 인식해야 할 것이다.

2) 놀이하는 인간(Homo ludens)

인류문명의 발전 원동력의 하나는 성인이 되어도 잃어버리지 않는 인간의 놀이욕구와 무관하지 않다. 대부분의 동물들은 짧은 어린 시절을 제외하고는, 성장하고 나면 더 이상 장난을 치지 않는다. 동물의 왕이라고 일컫는 사자의 경우를 보더라도 일단 사냥이 끝나고 나면, 배불리 먹고 긴 수면을 취할 뿐 별다른 즐길거리를 찾지 않는다고 한다.

그러나 인간은 삶의 전 과정을 통해 연령에 적합한 놀거리를 끊임없이 갈구한다. 인간은 생각하거나(Homo sapiens), 무엇을 만드는 존재(Homo faber) 그 이상으로 놀이를 찾아 즐긴다는 점에서 동물과 차별성을 갖는다. 인간은 놀이하는 존재(Homo ludens)인 것이다.

놀이를 함축하거나 놀이라고 번역될 수 있는 단어로 레저(leisure), 레크리에이션(recreation), 놀이(play), 게임(game), 오락(entertainment) 등을 들 수 있다. 우선 레저(여가)는 그 어원이 희랍어 '스콜레(scole)'와 라틴어 '스콜라(scola)'에서 유래되었는데, 이는 학습을 의미하는 'school'의 어원이기도 하다. 동시에 레저는 '자유스러워지다(to be free)', '허락되다(to be permitted)' 등을 의미하는 라틴어 '리께레(licere)'에서 유래된 개념이다. 결국 레저(여가)의 의미에는 자유와 학습이라는 두 가지 개념이 상호 밀접하게 연관되어 있는 셈이다.

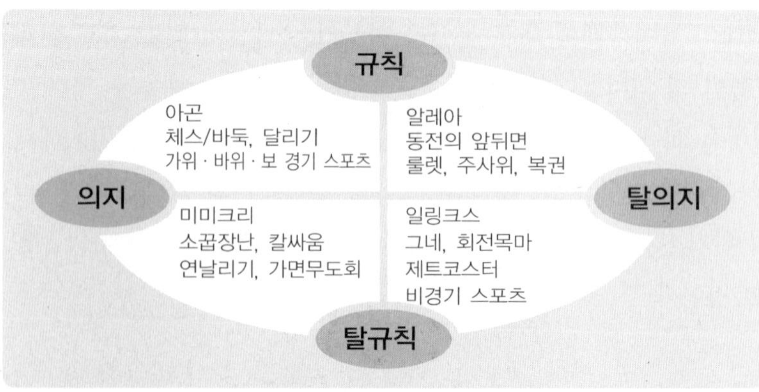

한편, 레크리에이션은 협의로 보면 여가에 담겨지는 내용이다. 즉, 생업에서 벗어나 자유로운 시간에, 자발적으로 즐기는 의미 있는 행위가 레크리에이션이다. 레크리에이션은 그 자체가 동기가 되어 이루어지는 즐거운(fun) 활동인 동시에, 자기 발전과 공동체의식이 형성되는 가치창조적 활동으로 종종 레저와 명확한 구분이 힘들다. 마찬가지로 놀이도 그 의미상 레크리에이션과 구별이 모호하다.

광의의 놀이개념에서 보면 레크리에이션이 놀이의 하위활동으로 분류되지만, 레크리에이션이 오락, 놀이, 기분전환, 휴양 등의 뜻을 지닌다는 점에서 볼 때 놀이를 레크리에이션 활동 중의 하나로 볼 수도 있다. 그러나 일반적으로 레크리에이션이 사회적으로 인식되는 비교적 조직적인 여가활동이라면, 놀이는 레크리에이션을 포함하는 보다 광범위하고 기본적인 개념이다.

오늘날 놀이와 관련하여 빈번히 언급되는 단어 가운데 하나가 게임이다. 1980년대의 대학생들만 해도 특정 이데올로기를 추종하는 서클활동을 많이 했었다면, 1990년대, 2000년대 대학생들에게 가장 인기 있는 여가활동 동아리는 컴퓨터기반 게임 동아리들이다. 근래 어린 학생들조차 놀자고 하면 게임방이나 오락실을 우선적으로 떠올린다고 한다. 게임이란 좁게는 게임활동을 의미하지만, 근래 놀이의 형이상학적 의미까지를 포섭하는 개념으로 통용되기도 한다. 많은 시간을 사이버공간에서 생활하는 상당수 젊은 네티즌들에게 있어서 게임은 곧 삶이기도 하다.[1)]

오락(entertainment)이란 단어는 그 의미상 '사로잡히다' 또는 '그 속에 있다'의 의미를 지닌다는 점에서 몰입경험을 제공하는 놀이와 관련된다. 오락은 참여자로 하여금 현실의 구속과는 다른 차원에 속하게 하며, 또 다른 안전한 환경에서 삶의 무게를 넘어 인간다운 시간을 경험하도록 해 준다. 근래

---

1) 러시코프에 의하면, '카오스의 아이들', 다시 말해 현대의 젊은 사이버족들은 일과 놀이에 대해 전혀 구분을 두지 않는다. 이들이야말로 놀이로 치환된 세계 속에 살아가고 있는 셈이다. 정보화된 세계 속에서 놀이하는 이들 새로운 세대들은 그야말로 놀이의 원칙에 따라 현실을 구성해 간다고 볼 수 있다.

오락의 위력이 입증되면서 교육의 한 방식으로 에듀테인먼트(education과 entertainment의 합성어)라는 개념이 부각되고 있다.

이처럼 직 · 간접적으로 놀이로 번역될 수 있는 단어가 다섯 가지가 넘는다는 사실은 현대의 삶에서 놀이라는 단어가 담고 있는 의미가 그만큼 광범위함을 입증한다. 그러나 명칭에 따른 미묘한 차이를 넘어 이들은 다음과 같은 특성을 갖는다는 점에서 공통적이다.

첫째, 모든 놀이는 자발적 행위다. 따라서 비록 형식상 놀이의 형태를 취하고 있다고 하더라도 명령에 의한 놀이는 놀이가 아니다.

둘째, 놀이는 탈일상성을 갖는다. 놀이에서는 실제 삶이 연출되는 것이 아니라 현실을 떠난 가작화(as if)의 측면이 강하다. 놀이 중에는 잠시 현실이 정지되며, 상상적 세계에서 상상적 자아로의 변신이 가능하다. 이러한 특성 때문에 사람들은 놀이세계에서 심리적 자유와 해방을 느끼게 된다.

셋째, 놀이는 행동 결과보다 행동 자체가 목적인 활동이다. 따라서 일을 할 때와는 달리 놀이하는 동안은 심적 부담이 없고 흥분과 재미를 느끼게 된다.

넷째, 놀이에는 규칙이 있다. 놀이세계에도 그 나름의 고유한 규칙이 있으며, 이것이 위반될 경우 놀이세계는 성립될 수 없다.

다섯째, 놀이에는 경쟁적 요소가 포함될 수 있다. 대부분의 놀이가 비경쟁적인 형태를 띠지만, 그렇다고 모든 놀이가 경쟁 없는 마냥 이완상태를 제공하는 것은 아니다. 그래서 놀이과정에서도 종종 보이지 않는 경쟁으로 인한 심리적 부담을 느낄 수 있다.

호이징가(1983)는 인간보다 먼저 지구상에 존재했던 동물세계에도 놀이의 형태가 나타난다는 점을 들어, 놀이야말로 인간사회를 전제로 하는 문화보다 앞서는 것임을 강조했다. 동물의 어린 새끼들의 경우 많은 에너지와 시간이 드는 놀이에 몰두하곤 한다. 이들에겐 놀이가 먹고 잠자는 것만큼이나 중요한 삶의 일부다. 그러나 동물의 경우 놀이를 통해 사냥기술과 사회관계를 터득한다는 점에서 동물의 놀이란 놀이인 동시에 삶의 리허설인 셈이다.

이에 비해 인간에게 놀이의 의미는 사뭇 다를 수 있다. 인간의 놀이는 노동의 준비훈련으로서의 의미를 훌쩍 뛰어넘는다. 프로이트에 의하면, 아이가 가장 애착을 느끼고 몰두하는 것은 놀이인데, 아이에게서 놀이란 자기만의 세계를 창조하는 행위이기도 하다. 장 뒤비뇨는 인간에게 '목적 없는 궁극성'의 행위가 없다면 인류는 다시 동물적인 상태로 떨어져 버릴 것이라고 주장한 바 있다.

호이징가(1983)에 의하면, 모든 문명은 놀이에서 발생했으며, 문화 자체가 놀이의 성격을 갖고 있다. 놀이는 문화 그 자체가 존재하기 이전부터 일정한 크기로 존재해 왔으며, 태초부터 현대에 이르기까지 놀이는 항상 문화현상 속에 함께 존재해 왔나. 그렇기 때문에 엄숙한 종교나 의식 속에도 놀이의 요소를 찾아볼 수 있으며, 놀이에서도 그 속에 내재된 진지함과 아름다움을 경험할 수 있는 것이다. 놀이는 문화의 인간적 본성 속에 깊이 새겨져 있는 부분으로서, 문화의 한 구성요소에 국한되는 것이 아니라 문화 그 자체가 놀이적 요소를 가지고 있다고 볼 수 있다.

놀이가 문화에 앞선다는 호이징가의 주장과는 별개로, 문화는 그 시대의 사회적 특성과 무관할 수 없다. 놀이란 현실과 거리를 두지만 놀이 역시 사회적 성격을 가진다. 놀이는 당시 문화의 주요한 욕구에 대한 집단적이고 사회적인 반응이다. 놀이는 그것이 유행하는 시기의 사회관습, 제도 등과 친화적인 관계에 있다. 그렇기 때문에 당시의 놀이문화를 보면 그 사회를 읽을 수 있다. 이는 사회변동에 따라 놀이문화가 변화함을 함축한다.

놀이가 일과 구분되기 시작한 것은 근대 이후부터라고 할 수 있다. 자신의 노동생활을 스스로 통제할 수 있던 시절에 사람들은 일상 속에서 한바탕 일을 하고 한바탕 노는 일을 반복할 수 있

었다. 우리의 전통사회에서도 놀이와 일은 뚜렷이 구분되지 않았다고 한다. 민속놀이 연구자들에 의하면, 우리 민족에게는 삶 자체가 놀이요, 놀이 자체가 삶의 한 방편이었다. 그러나 서구의 산업혁명과 함께 노동편향적 인간상이 부각되면서 놀이인간이 아닌 경제적 인간(Homo economicus)이 가치롭게 평가되었고, 이 과정에서 대중의 놀이욕구는 여가문화의 형태로 등장하게 되었다.

이제 근대사회를 거쳐 탈근대사회, 후기산업사회를 맞이하여 현대인은 거대한 소비를 중심으로 돌아가는 소비인(Homo consumans)으로 명명되고 있다. 보드리야르(Bauldrillard)에 의하면, 생산에서 소비가 중심이 되는 소비사회로의 이행은 사물에서 기호의 지배로의 이행을 의미한다. 근대가 리얼리티, 사용가치, 기능성, 목적성을 중시했다면, 현대는 기호의 유희가 두드러진다. 즉, 실용적인 것이 아니라 놀이적인 사용방식이 주가 되는 것이다.

그러나 탈근대사회에서도 노동과 여가는 여전히 매우 불평등하게 분배되고 있다. 특히, 대중매체의 발달 및 상업주의적 공세 등으로 놀이영역이 점차 전문화, 계층화, 고급화되는 경향을 보이고 있다. 결과적으로 대다수 현대인은 노동소외에 덧붙여 여가소외 내지는 놀이소외를 경험하기에 이르렀다. 현대에 오면서 놀이는 점차 그 역동성을 잃고 단순한 구경거리화되어 가고 있다. 현대인들은 대부분의 놀이시간을 TV나 컴퓨터 앞에서 보내고 있다.

이 같은 놀이는 의사놀이(psudo-play)에 불과할 수 있으며, 판에 박힌 지루함 내지는 중독성의 위험을 안고 있다. 즉, 놀이가 오히려 일종의 덫으로서

상상력을 마비시키며 수동성을 초래하고 있다. 결국 사회변동은 놀이문화의 변형을 초래하면서 현대인은 일할 때뿐 아니라 놀 때조차도 활기와 신바람을 잃어 가고 있는 셈이다.

사회가 현대화되면서 우리 주변에는 즐기고 배울 수 있는 많은 놀이 및 여가문화가 생겨나게 되었다. 건전한 놀이문화가 사회 및 개인에 기여하는 바는 매우 크다고 할 수 있다. 사람들은 일상생활에서의 스트레스를 여가를 통해서 해소할 수 있으며, 이를 통해 심신을 재충전하여 사회에서 보다 활력있게 일할 수 있다. 또한 여가는 이제 단순히 시간을 때우는 것이 아닌 교육으로서의 의미도 갖게 되었다. 여가를 통해서 배우게 되는 내용들은 책 속에서 활자 텍스트의 형태로만 배우던 과거의 교육과는 다른, 실제적이고 직접적인 교육기능을 갖고 있으며, 사람들은 이를 통해 실제적인 체험학습을 할 수 있게 되었다.

이러한 여가문화의 장점에도 불구하고 아직 우리 사회에는 제대로 된 놀이문화가 없어 보인다. 특히, 성인들이 즐기고 배울 수 있는 성인 놀이문화는 거의 없는 현실이고, 그나마 있다고 하는 것도 좋지 않은 방향에서 비생산적인 측면으로 인식되고 있다. 많은 매체를 통해 들었듯이, 현재 성인들이 여가를 즐기기 위해서 갈 수 있는 공간은 한정되어 있고, 그나마도 이를 찾아 떠나려면 큰 마음을 먹고 접근해야만 하는 것이 현실이다. 주변 가까운 곳에 성인들이 즐길 만한 문화공간이 부족하기 때문에 많은 성인들은 넘치는 여가시간을 메우기 위해서 고심하고 있다. 이러한 성인들의 놀이욕구를 충족시켜 줄 만한 적당한 문화공간은 없을까?[2)]

물론 여러 종류의 성인놀이 및 여가공간이 존재하는 것이 사실이다. 사람들은 주5일 근무제가 되면서 보다 많은 개인의 자유시간을 만끽할 수 있게 되었다. 덕분에 주말시간을 보다 넓게 활용하여 여행 가는 사람들도 늘어났고, 자신에게 필요한 운동이나 지식을 채울 수도 있게 되었다. 나아가 사회적 네트워킹을 형성하고 내적 교류를 할 수 있는 동호회, 파티문화가 형성되었다. 그러나 성인들은 여전히 그들만의 놀이문화에 목마르다.

놀이는 유아나 아동의 전유물이 아니라 인류의 보편적 도야재다. 특히, 성인놀이는 생산활동의 촉진, 여가향유, 자기 교육 등의 의미를 내포함으로써 보다 고도화되고 전문적인 성향을 보이고 있다. 그러나 프뢰벨의 낭만주의적 유희교육이론은 성인에게도 그대로 확대 · 적용될 수 있다. 즉, 놀이를 통하여 나, 타자, 자연, 사회를 경험하고 궁극적으로 전인적인 지, 덕, 체의 온전한 성장을 도모할 수 있다.

오늘날 우리 성인 놀이문화의 양상을 보자. 사회는 소모적, 퇴폐적, 패거리 놀이문화를 양산하고 이를 묵과하며 성인들로 하여금 사행, 파괴, 반인륜적 감성에 물들게 하고 있다. 성인 놀이문화의 활성화는 개인적 차원은 물론 가족, 사회, 국가의 차원에서도 매우 중요한 의미를 지니고 있다.

왜냐하면 성인 놀이문화의 건전화는 가족문화와 국가의 정체성문화에도 심각한 영향을 미치기 때문이다. 이제 건전하고 생산적이며 깨어 있는 소비를 안내하는 성인 놀이문화에 대한 의식을 바탕으로 다양한 놀이문화 인프라와 콘텐츠를 개발하는 데 관심을 기울여야 할 때다.

---

2) 최근 삼성동 코엑스몰(COEX mall) 지하에 '김미5(GIMME5)' 라는 성인대상 멀티 문화공간이 생겨났다. 사람들은 이곳에서 자신이 원하는 콘텐츠를 선택해서 즐길 수 있고, 저비용으로 많은 것들을 경험하고 배울 수 있다. 김미5는 기존의 문화공간이 갖추고 있지 못한 점들을 채워 줌으로써 많은 성인들에게 즐거운 곳이 되고 있다.

13

지식스포츠(e-Sports)

문화산업이 21세기의 대표적인 산업으로 떠오르고 있는 것은 주지의 사실이다. 단순히 휴식을 위한 여가로부터 재미를 찾는 것으로 사람들의 인식이 변하면서 정보통신기술(ICT)을 바탕으로 한 지식기반경제로의 이행과 경제활동의 글로벌화, 지적 재산권의 보호 강화 등으로 인하여 지식창조형 산업인 문화산업의 위상이 높아지고 있다. 특히, 디지털 경제를 이끌어 갈 대표적인 산업인 게임산업은 과거의 청소년 유해문화라는 좋지 않은 이미지를 벗고, 정부 차원에서도 적극적인 관심을 갖고 수출산업화하려는 의지를 갖고 있다.

또한 국내 게임시장 규모가 급속히 커지면서 수많은 젊은 인재들이 게임산업 분야에 뛰어들어, 어느덧 온라인게임 분야에서는 세계적인 경쟁력을 갖추고 해외시장을 적극 공략하는 기업들이 나타나고 있다. 이렇듯 게임산업은 우리나라의 주요 수출산업으로 자리매김할 수 있는 최적의 여건을 갖추고 있으며, 그 가능성 또한 크다고 볼 수 있다.

1. 게임산업의 개요

1) 게임산업의 정의와 범위

기본적으로 게임산업은 게임소프트웨어의 경제성, 산업성, 상품성의 가치를 창출하는 산업이다. 또한 상호작용(interactive) 특성과 고도의 심리적인 자극능력을 제공하는 엔터테인먼트 산업이며, 고부가가치산업이다.[1] 세계적으로 게임산업의 일반적인 동향은 컴퓨터관련 업체와 영상관련 업체 등이 컴퓨터게임 분야를 멀티미디어 핵심 산업으로 인식하여 주도권 확보에 집중 투자하고 있는 상황이다.

PC게임 분야는 PC를 플랫폼으로 하는 게임으로 PC의 보급과 혁신적인 컴퓨터기술(CD-ROM, DVD 채용 등)로 많은 발전을 하였다. 현재 우리나라의 주요 게임상품은 PC게임이며, 100여 개의 개발사가 있다. PC게임의 주요 개발국은 미국이며, 유럽, 일본, 대만, 우리나라 등에서도 많이 개발하고 있다.

비디오게임 분야는 일명 가정용 게임기 및 TV 게임기로, 별도의 전용 게임기를 개발하여 게임기의 규격에 맞는 게임CD 또는 게임PACK을 개발하여 판매하는 것으로, 전 세계에서 인기 있는 게임이다. 비디오게임의 주요 개발국은 일본이 90% 이상을 차지하고 있다.

아케이드게임 분야는 컴퓨터게임장(오락실) 및 게임센터, 테마파크에 설치하는 게임으로 동전(코인)을 넣어 플레이하는 게임이다. 개발비가 높고 고가이므로 비디오게임이나 PC게임과 같이 대량 판매는 이루어지지 않으나, 매우 큰 시장규모를 가지고 있다. 1996년 일본의 게임 시장규모는 1조 7,466억

---

1) 게임산업은 비즈니스 측면을 가지고 있는데, 게임비즈니스의 범위는 크게 아케이드게임사업(게임기 개발, 게임소프트웨어 개발 및 유통, 컴퓨터 게임공간, 테마파크 게임센터 등), 비디오게임사업(게임기 생산 및 유통, 게임소프트웨어 개발 및 유통), PC게임사업(게임개발 및 유통), 온라인게임사업(온라인 및 네트워크게임 개발, 인터넷 및 통신망을 이용한 사업(I.P) 및 유통), 체감게임기구 및 가상현실게임사업 등 다양하다.

엔, 아케이드게임 시장규모는 5,760억 엔이었으나, 2005년 현재 거의 두 배 수준에 이르렀다. 또한 게임센터 수는 31,917개소이며, 아케이드 게임기 설치 대수는 약 577,153대이고, 도시형 테마파크 입장객 수는 560만 명에 달하고 있다.

온라인 및 네트워크게임 분야는 PC통신과 인터넷 및 LAN 등 통신망을 기반으로 하는 게임으로, MUD(Multiple User Dungeon)게임과 MUG(Multiple User Game) 등이 있다. 최근 네트워크와 초고속정보통신망의 발전으로 급성장하고 있는 분야이기도 하다. 불특정다수가 원거리 또는 LAN 상에서 게임할 수 있는 장점이 있으며, 현재의 시장규모는 타 게임 분야에 비하여 크지는 않지만, 통신망의 발전과 더불어 무한한 발전가능성이 있다.

2) 게임산업의 특징

게임산업은 게임제작 기술개발과 게임디자인을 중점적인 개발목표로 하고, 대중문화에서 수익을 창출하는 문화산업으로 발전하였다. 소규모 기업에서 대규모의 기업으로 발전하고 있으며, 대규모 게임기업은 사업 창출 제고를 위하여 소규모 기업을 합병하고 있다.

또한 대규모 기금이 게임산업에 투자되고 거대자금이 게임개발에 투입되고 있어, 게임산업 및 게임시장 규모가 급성장하고 있다. 이는 기업의 자연스런 다운사이징 현상을 초래하고, 재능과 기술을 겸비한 인재들의 대규모 기업으로부터 소규모 벤처기업으로의 이동현상과 분산현상을 가중시킨다.

그리고 새로운 기업이 구성되고 있으며, 소규모의 독립적인 게임개발사들은 대규모 기업들의 거대자본 예탁이 없어도 생존할 수 있는 기술력과 시장 창출의 힘을 가지게 되었다. 이러한 벤처기업들은 경험과 재능을 기반으로 지적 권리를 상당 수준 확보하고 있다.

독립적이며 창작게임 디자인을 지향하는 그룹은 자신들의 게임을 개발하여 게임산업의 경계를 확장시키고 있고, 인터넷 활용을 통해 자체 게임을 개발하고 있다. CD-ROM 기억매체와 드라이브의 출현으로 자체 제작 및 성공적인 게임의 가능성이 높아지고 있으며, 소규모 게임개발자들은 자신들이 소유하고 있는 기술력으로 성공적인 게임개발이 가능하게 되었다. 인터렉티브 산업(게임산업)은 여러 가지 다양한 미디어를 통하여 배급되고 있으며, 서로 다른 차원의 게임세계를 제공하게 되었다.

예를 들면, 가정용 및 게임센터용인 콘솔게임(비디오게임)과 아케이드게임은 컴퓨터게임(PC 및 Mac)과는 매우 다른 게임환경을 제공하므로 게임플레이의 느낌과 게임세계를 다르게 느낄 수 있으며, 온라인 및 네트워크게임인 멀티플레이게임은 다자간 또는 사용자 간 게임을 즐길 수 있으므로 그 게임의 세계가 다르게 전개되는 것을 알 수 있다.

3) 게임 제작의 개요와 기술 동향

게임 제작은 프로듀싱, 시나리오, 기획 및 게임디자인, 2D 및 3D 게임그래픽, 게임캐릭터, 배경그래픽, 게임프로그래밍, 인공지능, 음악 및 사운드, 네트워크프로그래밍, 서버프로그래밍, 게임기구 설계, 전자회로기술, 기계 및 센서기술 등 첨단종합기술과 예술을 결합하여 이루어지고 있다. 게임소프트웨어는 첨단기술과 예술을 결합한 종합예술로 컴퓨터 및 TV 등에 영상과 음향을 표현하는 새로운 영상미디어이며, 다른 영상매체와는 차별화된 제작기술 및 방법 등 다른 제작특성을 가지고 있는 고부가가치 소프트웨어 상품이다.

게임 제작기술과 시장구조의 변화는 컴퓨터 하드웨어 및 소프트웨어 기술의 급속한 발전과 정보기술의 발전에 따라 시장구조나 게임유형 및 사용자 유형이 급속하게 변화하고 있으며, 플랫폼 및 게임플레이 환경, 정보기술 발전 등 문화적 가치기준에 따라 플랫폼과 시장구조가 급속하게 변화하고 있다. 게임의 수요자도 다양하게 변화하고 있으며, 최근 개발된 게임유형과 양상은 다음과 같다.

첫째, 아케이드게임 분야는 슈팅게임, 퍼즐게임, 격투게임 등 비디오게임에서 음악(악기 시뮬레이션)게임, 댄싱게임 등 기계장치 및 센서, 입력장치 인터페이스 등 다양한 게임으로 발전해 왔으며, 향후에는 가상현실기술을 이용한 첨단기술 게임으로 발전할 것이다. 그래픽 분야도 2D그래픽에서 3D그래픽게임으로 발전해 왔으며, 가상현실의 입체 그래픽으로 발전하고 있는 실정이다. 음악과 사운드도 입체음악을 구현함으로써 오디오 장비의 기능을 수행하게 하는 유형으로 발전하고 있다. 즉, 멀티미디어 기술을 탑재한 게임과 컴퓨터 기술을 접목한 통합 아케이드게임으로 발전하고 있다. 특히, 감성적인 콘텐츠를 탑재한 게임과 인간의 오감 및 오체(五體) 등을 이용한 게임 개발이 활발하게 진행되고 있으며, 향후 인간의 삶을 게임공간에 이식하는 형태로 발전하고 있다.

둘째, 컴퓨터(PC)게임 및 네트워크게임 분야는 컴퓨터와 사용자가 대결하는 게임에서 네트워크 환경을 이용한 다자간 게임플레이 환경으로 변화하고 발전해 왔다. 동시에 다수의 사용자가 게임플레이를 통하여 소규모 집단사회를 구성하고 팀워크를 다지며, 조직 간의 경계를 허무는 기능을 담당하게 하는 정보공유의 개념이 게임을 통하여 실현되고 있다.

정보통신과 네트워크 기술의 발전으로 동시에 더 많은 수의 사용자가 실시간으로 게임을 할 수 있는 환경으로 발전하고 있으며, 현실과 동일한 게임 환경과 캐릭터를 개발하여 가상사회를 구축함으로써 실질적인 생활과 결합시키는 콘텐츠의 개발을 필요로 하고 있다. 특히, 멀티미디어 기술과 통신기술, 가상현실, 인공지능, 전자기술 등이 결합되는 'one machine multi-function' 개념의 게임으로 발전하게 될 것이며, 지구촌의 어느 곳에서나 누구와도 글로벌게임을 즐길 수 있는 환경으로 발전하고 있다.

셋째, 비디오게임 분야는 2D그래픽 배경, 2등신 캐릭터, 슈팅게임, 격투게임, 퍼즐 및 보드게임 등 단순한 게임에서 3D그래픽 및 8등신 캐릭터, 영화와 같은 다양한 장르의 액션 및 어드벤처게임과 시간과 공간을 넘나드는 소설과 같은 롤플레잉게임, 실제 상황과 유사한 시뮬레이션게임 등으로 다

양하게 변화되고 있다. 비디오게임기의 하드웨어 사양의 고급화와 통신기능의 탑재로 동시에 다수가 게임을 할 수 있는 환경으로 변화되고 있다.

게임의 소재나 콘텐츠도 역사적인 사실이나 드라마와 같은 내용, 실생활의 생활상을 그대로 게임화하고 있는 추세이며, 영화와 같은 동영상의 그래픽 처리로 8등신 캐릭터의 등장 등 현실상황과 같은 게임동작을 구현하고 있다. 특히, 비디오게임기 하드웨어의 컴퓨터기능 탑재는 단말기로서의 기능을 확장함으로써 단순한 게임기가 아닌 정보교환과 네트워크 및 온라인게임과 온라인 콘텐츠를 활용할 수 있는 장치로 활용되고, 더불어 부가가치를 창출하는 추세다. MS사의 'Web-TV'와 인터넷상의 네트워크게임 등은 새로운 유형의 게임으로 발전하였다.

넷째, 온라인게임 분야는 통신기술과 인터넷 기술 및 컴퓨터(PC) 기술로 급속하게 발전하고 있다. 인터넷 시장의 급속한 확대, 인터넷 사용자의 폭발적인 증가 및 PC 보급의 증가 등 여러 가지 여건으로 온라인게임의 수요와 욕구도 다양하게 변화하고 있다. 여가를 즐길 수 있는 바둑, 장기, 체스 등의 게임과 가상사회를 만들어 가는 다양한 테마게임 등으로 발전하고 있으며, 온라인상에서 3D그래픽의 완전한 구현과 음성처리, 가상현실기술의 구현으로 새로운 유형의 게임이 등장하리라는 전망이다. 특히, 사이버머니(cyber money)의 유통을 이용한 게임과 각종 상품거래의 접목은 새로운 유형으로의 게임 콘텐츠로 발전하였다.

다섯째, 게임 제작기술에 필요한 게임 정보기술의 동향은 종래의 디스켓 중심의 소용량 게임소프트웨어에서 CD-ROM 및 DVD 미디어로 발전되면서 고용량 게임소프트웨어로 발전하였고, 1인칭 및 3인칭 시점의 3D게임과 가상현실 체험의 입체영상게임의 유형으로 발전하였다. 특히, 정보기술은 3D게임 엔진기술과 고도의 인공지능(음성인식, 문자인식 등의 게임에 적용 등), 3D그래픽 처리기술, 사용자 편의의 고급 입출력장치 응용기술, 고급 스크립트 언어사용 등의 정보와 기술 및 지식을 터득해야 할 것이다.

현재 세계적인 게임 시장규모는 1,200억 불(140조 원 정도) 이상이며, 매년 30% 이상의 성장률을 나타내고 있는 멀티미디어 콘텐츠형 지식산업이다. 최근 인기리에 판매되고 있는 비디오게임기인 소니컴퓨터 엔터테인먼트사의 플레이스테이션 게임기는 무려 5천만 대(1994년 12월 출시)가 팔렸으며, 그동안 출시된 전체 게임타이틀(게임CD)은 2억 6천만 본의 판매실적을 올렸다. 원화로 환산하여 대략 16조 원에 달하는 엄청난 매출이다.

또한 닌텐도사의 전체 게임기(패미컴, 수퍼패미컴, 겜보이, 닌텐도64 등)의 판매 대수는 2억 4,451만 대, 게임팩은 8억 8,546만 본이며, 세가엔터프라이즈사는 세가세턴의 게임기를 개발하여 판매하고 있으며, 아케이드게임기 및 게임기구 등을 개발하는 규모가 큰 기업으로 성장하여 고부가가치 산업체로 발전하고 있다.

이 같이 고부가가치를 고려할 때 새로운 지식산업인 게임산업을 적극적으로 육성 · 발전시켜야 한다. 대기업은 마케팅 및 유통, 퍼블리싱, 개발투자 등에 참여하여야 하며, 게임개발 중소기업은 창의적인 아이디어의 창출과 게임상품을 개발하고, 정부는 게임산업의 행정적, 법적, 자금지원(초기), 세제개선, 심의의 완전민영화 또는 사전심의 폐지 등을 담당하며, 대학이나 교육기관은 게임제작 전문인력을 양성하여 게임산업을 21세기 고부가가치 지식산업인 국가전략산업으로 육성 · 발전시켜야 한다.

오늘날 세계 게임소프트웨어, 게임기구 및 게임 정보기술의 발전 동향은 컴퓨터 하드웨어의 고성능화, 기억공간의 고용량, 사용환경의 편의성, 처리속도의 고속화, 주변장치의 고급화, 네트워크 및 인터넷 등의 발전으로 게임의 고급화와 1인칭 및 3인칭 시점의 3차원 영상게임, 온라인게임 및 네트워크게임, 가상현실게임으로 발전하고 있는 추세다. 비디오게임기 및 게임소프트웨어, 아케이드게임 기판 및 게임소프트웨어, 게임기구 등 다양한 게임의 유형(platform)과 다양한 주제의 게임개발은 향후 게임산업과 게임개발에 큰 영향을 미치고 있다. 예를 들면, 온라인 기능을 탑재한 비디오게임기, 감성적인 아케이드게임기(댄스 및 음악연주게임 등), 첨단 멀티미디어기술을 이용한 멀티미디어게임, 다양한 시뮬레이터게임 등 새로운 게임을 연구하고 개발하고 있는 추세다.

게임과 엔터테인먼트는 미디어 엔터테인먼트, 인터넷 엔터테인먼트, 인터랙티브 방송(interactive broadcasting)인 Web-TV 및 네트워크 방송(netcasting), 디지털TV 등 인터랙티브 애니메이션 및 무비(영화) 등을 통하여 새로운 형태의 게임을 개발할 수 있는 여건 및 환경의 변화를 적극적으로 활용하여야 할 것이다.

게임의 유통방식 및 형태, 게임 서비스 유형 측면에서도 다양하게 발전하고 있다. 즉, 과거의 단순한 게임상품 소매판매에서 전자쇼핑몰, 전자상거래, 쉐어웨어(share ware: 소액의 유지비만을 지불하고 사용하는 방식), 광고유치용 게임 서비스, 프로게임대회를 통한 기업홍보 및 광고 수익창출(게임리그 기업 탄생), 게임 콘텐츠를 통한 광고 서비스, 인터넷게임 판매(다운로드 형식 등), 게임 포탈서비스, 온라인게임 서비스, 네트워크게임 서비스(PC방), 배틀넷게임 서비스 등 매우 다양하게 발전하고 있다.

게임시장이 게임의 고부가가치와 디지털 콘텐츠 및 엔터테인먼트 산업으로 급속하게 발전하고 있는 현상과, 거대한 오락산업시장으로 확대되어 가는 여건의 성숙, 새로운 기술과 지식의 융합, 게임소프트웨어 사용가치의 상승은 게임산업의 새로운 시장을 확대하며, 게임산업의 밝은 미래를 알리는 청신호다.

게임 시장규모의 폭발적인 증가(연 20~30% 성장률)와 새로운 유형의 게임개발 및 게임개발기술의 첨단화 및 융합화 추세는 게임산업에 진출하고자 하는 많은 기업을 창출하고 있다. 특히, 미국과 유럽 및 일본 등 굴지의 거대 기업인 소프트웨어 기업과 정보통신기업, 영화 및 영상제작 등 많은 기업들이 게임산업을 지식정보 및 영상문화산업으로 인식하여 많은 투자와 개발에 참여하고 있다.

미국의 경우 허리우드의 영화 및 애니메이션 제작사와 마이크로소프트웨어사와 같은 소프트웨어 개발회사, 그래픽 전문회사, 애니메이션 회사 등을 중심으로 게임개발 또는 제작, 배급에 적극 참여하고 있다. 또한 영화와 애니메이션 영상상품을 게임소프트웨어로 개발하여 출시하는 경우도 증가하고 있다.

2. e-Sports란 무엇인가

국내에서는 1999년 말부터 e-Sports란 단어가 쓰이기 시작했는데, 이것이 2000년 (사)21세기프로게임협회(현 한국 e-Sports협회) 창립행사 때 문화관광부 장관의 축사에서 언급된 것을 계기로 공용화되었다.

소극적 의미에서의 e-Sports는 게임대회 또는 리그만을 지칭하지만, 좀 더 넓은 의미에서는 게임을 이용한 대회뿐만 아니라 대회에서 활동하는 프로게이머, 게임해설자, 방송국 등을 포함한 엔터테인먼트 산업으로서의 의미와, 게임문화와는 또 다른 신문화를 e-Sports라고 부른다. 현재 국내에서는 프로게임이라고도 불리는 대회 및 리그, 프로게이머 관련 분야의 통칭을 e-Sports라고 부른다.

국내에서의 e-Sports는 게임산업의 팽창과 함께 점차 발전해 나가는 추세다. 즉, 1999~2000년의 과도기를 지나 2001년 이후부터는 하나의 산업으로 또한 새로운 문화로 정착되어 가고 있다. 현재 국내 게임관련 단체 중 e-Sports 관련 단체는 '문화관광부'에서 2000년 2월 설립허가를 받아 발족한 (사)한국 e-Sports협회가 있으며, e-Sports 관련 기업은 게임대회관련 게임

개발사 및 유통사, 게임방송국(온게임넷, 겜비씨, 겜티브이, GGTV 등의 케이블 및 위성방송국)과 프로게이머를 보유한 게임단(삼성, KTF, 한빛 등) 등이 직·간접적으로 관련되어 있다. e-Sports 산업은 인터넷과 게임산업의 발전과 어우러져 더욱 발전할 것으로 예상되며, 세대와 국가 간의 벽을 허무는 단일의 커뮤니케이션 도구로서, 또한 대중들의 새로운 레저로서 각광받을 것이다.

e-Sports가 스포츠의 중심무대로 빠르게 진입하고 있다. 그 이유는 무엇인가? 유명 프로게이머가 거느린 팬클럽 회원 수는 현재 50만 명에 이른다. 이 같은 인기를 상품화하는 데 발빠른 기업들이 놓칠 리 없다. SK텔레콤이 'T1'을 출범시켰고, 팬택앤큐리텔도 '큐리어스'를 만들어 가세했다. 헥사트론도 '드림'을 띄워 e-Sports 전문기업으로의 성장카드를 내놓았다. e-Sports 전문가들은 이 같은 게임스타의 인기 급신장과 기업들의 가세가 e-Sports의 급속한 성장을 이끄는 원동력이라고 분석한다.

국산게임의 e-Sports화를 포함한 종목 다변화는 국내외 e-Sports의 저변 확대를 위한 또 하나의 중대한 과제다. 산업적 측면에서는 e-Sports 전용시설 인프라를 확충하는 것이 시급하게 요구된다. 현재 게임방송채널, 게임유통사 차원에서 만들어지고 있는 게임대회 공간을 대형화, 현대화해야 한다는 지적도 있다.

그렇다면 e-Sports 산업의 미래는 어떻게 될 것인가? 한국 e-Sports협회는 앞으로 정부가 2년마다 주최하는 '월드 e-Sports 올림픽 & 페스티벌'을 국제공인 e-Sports 행사로 벌여 나갈 계획이다. 여기엔 국내 e-Sports의 대중적 토양 위에 세계대회의 싹을 틔우겠다는 전략적 비전이 담겨 있다. '월드 e-Sports 올림픽 & 페스티벌'에는 이미 한국이 주도하고 있는 월드사이버게임스(WCG)를 비롯, 프랑스 주도의 ESWC, 미국 주도의 CPL 등의 대회까지 포괄하거나 연계하는 방안을 적극 추진되고 있다.

온라인리그 운영 솔루션도 e-Sports 자체의 경제효과만큼이나 큰 IT산업적 파급력을 갖고 있다. 따라서 온라인게임리그 운영의 노하우와 게임 서비스 기술을 총결집해 e-Sports 관련 솔루션을 선도적으로 개발, 기술을 확보할 필요성이 요구되고 있다. 시장전문가들은 e-Sports가 전 세계적인 인기 스포츠 종목으로 자리 잡게 되는 2010년께엔 관련 솔루션 분야 시장규모가 10조 원을 웃돌 것으로 전망하고 있다. 국내 e-Sports업계가 세계 기술 표준화에도 눈을 돌려야 할 필요성이 여기에 있다.

디지털(digital)이란 말처럼, 세상은 손가락 하나로도 많은 일을 할 수 있게 되었다. 과거 이데올로기의 대립으로 총탄으로 전쟁하던 세계는, 경제라는 소리 없는 전쟁을 수행 중이다. 2005년 현재 콘솔게임과 PC게임을 양분하던 미국과 일본이라는 경제대국들은 미국 Microsoft사의 X-BOX의 등장과 함께 치열한 전쟁을 벌이고 있다.

후발주자로서 자본력과 기술력이 뒤떨어진 한국은 콘솔게임도 PC게임도 아닌 세계 1위의 보급률을 자랑하는 초고속통신망을 이용하여 온라인게임(MUG: Multi User Graphic)이 비약적으로 성장하고 있다. 이 같은 초고속통신망의 구심점에는 PC방이라는 우리나라만의 독특한 문화소스가 자리하였고, '스타크래프트', '리니지'가 그 중심에 있었다. 게임산업 발전과 더불어 우리 사회에서 e-Sports에 관심을 가지게 된 것은 e-Sports의 교육적 효과 때문이다.

e-Sports의 정의처럼, 문화적 · 사회적 게임이 산업자체로 확산되어, e-Sports 산업은 아동용 게임산업이나 청소년, 청년, 노인들을 위한 게임으로까지 확장되었다. 평생교육의 중요성이 대두되는 시점에서 e-Sports의 역할은 하나의 지능적인 놀이문화다. 현실과 다른 가상의 공간을 넘나들며 다양한 체험을 하고, 이 상황에서 새로운 지식을 얻게 된다. 그러나 e-Sports의 중요성은 이에 한정된 것이 아니다. 놀이를 통한 학습과 새로운 체험을 기반으로 하는 창의성 연습이 게임환경에서 무한대로 제공되고 있다.

PART 4

휴먼 네트워킹

Four

Postmodern
Leisure
Culture
Education

14

모바일문화

1. 노마드 환경

우리는 이미 교육은 학교에서 이루어진다는 기존의 고정관념에서 벗어나 삶살이로서의 교육이라는 새로운 시각을 가지게 되었다. 이제 여가도 따로 시간을 내어서 즐기는 문화의 한 종류가 아니라, 언제 어디서든지 쉽고 편하게 이용할 수 있는 노마드(nomad) 문화로 자리 잡았다.

손관승은 『디지털 시대의 엘리트 노마드』에서 "아날로그 시대에서 디지털 시대로 전환되면서 삶의 방식과 트렌드가 불가피하게 노마드적인 삶으로 변화했다."고 진단했다. 아날로그 시대가 토지 · 노동 · 자본이라는 유형자산 시대였다면, 디지털 시대는 지식 · 기술 · 정보라는 무형자산 시대라는 것이다. 노트북과 휴대전화, PDA 등 각종 디지털 장비를 이용해 언제 어디서든 누구와 접촉하며 이동하고 일정한 직장과 주소에 얽매이지 않는 노마드족은 자유로우면서 창조적인 인간형으로 각광받고 있다.

이러한 21세기 인간형은 수년 내에 전 세계적으로 보편화될 것으로 보인다. IT산업이 발달할수록 시간과 공간의 개념은 점차 사라진다. 정보를 주고받는 데 지장이 없다면 더 이상 사무실의 개념은 필요 없고, 매일 교통지옥을 경험하면서 장소를 이동할 필요도 없다. 이러한 시대의 변화는 미디어의 확장을 가져왔고, 이에 따라 미디어 리터러시의 필요성이 대두되었다.

미디어는 다양한 문화양식과 코드를 창출하는 가장 강력한 무기이며, 그 자체만으로도 교육효과를 지닌다고 할 수 있다. 우리가 무심코 이용하고 있는 각종 디지털 미디어들이 우리 삶 속에서 어떤 영향을 미치고 어떤 교육적 효과를 주는지 알아보자.

2. 모바일이란 무엇인가

모바일(mobile)이란 정보통신에서 이동성을 가진 것의 총칭이다. 본래는 '움직일 수 있는' 이라는 뜻으로서 휴대폰과 휴대용 개인정보단말기(PDA) 등과 같이 이동성을 가진 것들을 총칭한다. 손으로 들고 다니므로 가볍고 작은 것이 특징이지만, 입력장치와 디스플레이 기능이 떨어지고, 확장성이 부족하며, 전력공급이 원활하지 않은 약점이 있다.

21세기 초부터 휴대폰을 인터넷에 접속하여 입출금 등의 은행업무를 보는 모바일뱅킹, 온라인게임을 하는 모바일게임, 영화를 실시간으로 보는 모바일영화 등 다양한 서비스가 제공되고 있다. 또한 휴대폰과 PDA, 노트북컴퓨터 등의 장점을 이용한 제품이 개발되고 있으며, 모바일 비즈니스와 모바일 마케팅, 모바일 전자화폐, 모바일 전자정부 등 새로운 모바일 서비스가 생겨나고 있다.

모바일은 인터넷과 아주 밀접한 관계를 맺고 있기 때문에 우선 인터넷의 역사부터 알아볼 필요가 있다. 1960년대 후반 ARPANet(Advanced Research Projects Agency Network)으로 시작된 인터넷은 1990년대 중반 HTML과 HTTP를 사용한 World Wide Web의 출현으로 일반대중에게 널리 보급되었다. 이와 더불어 1980년대 초반 처음 상용 서비스가 실시된 이동전화는 이를 이용한 인터넷 접속을 가능하게 하면서 모바일 인터넷이라는 새로운 시장을 창출하게 되었다.

초기에는 무선단말기를 단순히 유선전화기의 대체품으로 생각하여 모뎀을 통하여 노트북 등에 연결하여 사용하였지만, 최근에는 이런 점에서 탈피하여 무선단말기만을 사용하여 언제 어디서나 쉽게 인터넷 접속을 가능하게 하는 모바일 인터넷 서비스가 제공되고 있다. 최근에서야 모바일이라는 단어에 걸맞게 사용된다고 할 수 있다. 모바일은 인터넷과 밀접한 관계에 있지만, 인터넷에 비해 두드러진 특성을 가지고 있다.

첫째, '이동성' 으로 이는 이동하면서 사용이 가능하다는 것을 의미하고, 휴대성이라는 의미도 내포하고 있다.

둘째, '편재성' 으로 이는 시간이나 장소에 상관없이 언제 어디서나 실시간 정보 획득이나 커뮤니케이션이 가능한 특성을 의미한다.

셋째, '개인식별성' 으로 이는 개개인이 자신의 전용 단말기를 지니고 있으며, 단말기마다 고유 식별번호를 보유함으로써 신원확인과 인증을 할 수 있다는 것이다.

넷째, '위치확인성' 으로 이는 모바일 사용자가 있는 위치를 알아낼 수 있는 특성을 의미한다.

표 14-1 인터넷 환경과 모바일 환경의 특성

구 분	기존 인터넷 환경	모바일 환경
이동성	낮다	높다
편재성	낮다	높다
위치확인성	낮다	높다
접촉점	PC 기반	모바일기기 기반
시간/공간제약	약간 존재	거의 없음
상호작용의 연속성	불연속적	연속적
피드백	다소 제한적	즉시성
정보량	풍부	제약

어떻게 보면 이러한 특성들은 비슷하게 보일 수 있다. 하지만 각각의 특성들로 인해 이용하는 방법들이 구별되기 때문에 중요하다고 할 수 있다. [표 14-1]은 기존의 인터넷 환경과 모바일 환경의 특성을 비교한 것이다.

3. 모바일 현황과 콘텐츠

1) 모바일 현황

최근 들어 무선단말기를 통한 인터넷 사용이 급증하고 있다. 이는 회사나 가정에서만 사용 가능했던 인터넷이 시간, 장소에 구애됨 없이 무선단말기를 사용하면 언제 어디서나 가능하게 되었기 때문이다.

분야별 특징을 보면, 음악시장의 비중이 줄어드는 반면 게임시장의 비중이 크게 증가하여 시장구조가 단순 콘텐츠에서 복잡 콘텐츠로 이행되는 현상을 보이고 있다. 모바일 콘텐츠는 향후에도 매년 30%의 성장을 보이며, 2006년에는 시장규모가 1조 원을 넘어섰다. 휴대폰 및 PDA 등의 보급, 모바일 인터넷의 개방, G3의 도입, 우수 콘텐츠의 등장 등이 견인차 역할을 할 것으로 보인다.

2) 모바일 콘텐츠

모바일 콘텐츠란 무선단말기에서 서비스되는 모든 콘텐츠를 말하는 것이다. 여기서 무선단말기는 휴대폰, PDA, 스마트폰 등을 포함한 것이다. 모바일 콘텐츠는 일반적으로 게임, 음악, 정보, 영상, 캐릭터, 출판 등으로 나누어지고, 한국소프트웨어진흥회에서도 이 분류에 따라 매년 시장조사를 하고 있다.

또한 모바일 콘텐츠는 무선인터넷 서비스 종류에 따라 분류되기도 하는데, 우선 무선인터넷 서비스에는 정보제공 서비스, 대화형 서비스, 엔터테인

표 14-2 모바일 포털 사이트

모바일 포털명	제 공 콘텐츠	무선데이터
Nate (SKT)	채팅/미팅/방송	색다른 만남, 논스톱채팅, 테마게시판
	증권/복권/금융	프리미엄증권, 전자복권, My금융
	게임Zone	New겜 & TOP10, 심심할때한판
	뮤직/그림/포토	노을속으로, 뮤직앨범/노래방, 마이벨, 컬러링
	스포츠/운세/만화	스포츠플라자, 일대일운세상담, 유머, 다운로드만화
	위치/교통/여행	친구찾기, 교통편의정보, 여행/데이트정보, Nate Drive
	뉴스/학습/생활/예매	뉴스와 날씨, 편리전화번호, 쇼핑/쿠폰, 영화/공연
Magic (KTF)	메 일	접속, 편지쓰기, Push 메일함
	매직증권	관심종목, 종목조회, 시장정보
	테마파크	그림파크, 소리파크, 사진파크
	모빌숍	베스트게임, 베스트프로그램, 엔터테인먼트, 유명 PC/오락실, K-Merce, 이벤트, 정보와 생활, Drama, English Mutipack
Ez-i (LGT)	메일/문자/포토	shot 메일봄, 이메일센터, 문자세상, 인기사이트검색, 자바다운로드천국
	캐릭터/멜로디/포터	멜로디몰, 캐릭터몰, 천사링, 목소리벨, 음악편지
	채팅/미팅/클럽	러브러브채팅, 바로바로미팅, 클럽/게시판
	증권/은행/복권	증권/시세, 은행/조회/이체, 복권 HoT
	친구찾기/교통/생활	친구찾기, 애인안심서비스, 위치/교통, 영어/취업/생활, 생활문자서비스
	자바멀티 동영상	칼라동영상게임, 떴다노래방, 메일/포터/커뮤니티, 생활정보지도, 예매/쇼핑/경매, 만화/소설천국

먼트 서비스, 전자상거래관련 서비스, 위치기반 서비스, 텔레미터리 서비스 등이 있다. 따라서 모바일 콘텐츠도 정보, 대화형, 엔터테인먼트, 전자상거래, 위치기반, 텔레미터리 등의 콘텐츠로 나눌 수 있다. 각각의 이동통신회

사마다 모바일 포털 사이트를 운영하고 있다.

(1) 게임

게임이란 간단하게는 기술, 능력을 겨루는 시합이라 할 수 있다. 게임에는 트럼프와 같은 정적인 게임과 육체적 운동이 따르는 동적인 게임이 있다. 게임의 성격을 띤 놀이, 야구, 테니스, 탁구, 경마 등 실내외를 불문하고 기량을 겨루는 모든 것을 포함한다. 모바일게임이 모바일 콘텐츠 시장에서 가장 비중이 크다. 그만큼 많은 이들이 게임을 하고 있다고 할 수 있다. 게임은 형식에 따라 싱글게임과 온라인게임, WAP게임으로 나눌 수 있다. 싱글게임이란 다운로드게임이라고 할 수 있다. 따라서 다운로드 시에만 비용을 지불하고 다운로드 후에는 단말기상에서 게임이 진행된다. 온라인게임은 모바일 온라인상에서 제삼자와 게임하는 것으로, 다운로드 후에 실행이 되는 것은 싱글게임과 같지만, 게임과 관련된 모든 데이터는 서버로부터 주고받으며 실행 역시 서버에서 이루어진다는 것이 다르다.

WAP게임은 모바일게임 시장 초기에 있었던 형식으로 휴대폰상에 다운로드를 할 필요 없이 간단한 텍스트와 이미지만 연속적으로 보여 주면서 게임을 진행해 나가는 형태를 말한다. 내용 면으로 나누면 보드게임, RPG, 시뮬레이션게임으로 구분된다.

게임은 철저히 자발적 행위이며, 상상적 측면이 요구된다. 또한 게임은 고유한 규칙을 가지고 있으며, 경쟁적 요소가 내포되어 있다. 이런 게임의 측면은 교육적 가치를 가진다고 할 수 있는데, 자발적으로 시행함으로써 능동적인 삶을 살 수 있으며, 의사소통능력을 길러 준다. 또한 억압된 정서적 긴장을 해소시켜 주며, 자신의 욕구와 소망을 표현해 볼 기회를 제공한다. 아울러 게임을 통해 학습을 할 수 있으며, 사회적 능력을 발달시킨다. 예를 들면, 휴대폰으로 자신만의 일기를 쓰도록 돕고 있는 모바일게임은 하루가 다르게 접속빈도수를 올려놓고 있는데, 원래 사이버 메모장에서 시작한 서비스가 모바일게임으로 변형된 게임장르다.

사람들은 보통 일기 쓰는 것을 싫어하는데, 이 게임을 통해 일기를 쓰게 된다는 자체만으로도 교육적 효과를 얻을 수 있다고 할 수 있다. X세대가 만화로 정보를 얻어 냈다면, N세대의 다른 이름인 신인류 모티즌들은 모바일 게임에서 창의력 배양과 성취욕 달성은 물론이고, 이를 미래 설계의 수단으로 삼는다고 해도 좋을 것이라고 한국문화콘텐츠학회는 밝히고 있다. 게임을 통해 참여자는 여러 사람과 함께 즐기면서 의사소통능력을 배양할 수 있으며, 사회적 능력을 발달시킨다.

(2) 음악

음악이란 소리를 매개로 하여 박자, 선율, 화성, 음색 등을 일정한 법칙과 형식으로 종합해서 사상과 감정을 나타내는 예술이다. 그렇다고 모든 소리가 소재로 쓰이는 것은 아니며, 주로 악음(樂音)에 한정된다. 또 악음의 종합이 그대로 음악이 되는 것도 아니며, 이는 넓은 의미에서의 정신활동에 의해 이루어지는 것이다.

음악은 시대나 민족에 따라 다양한데, 그것은 그 시대나 민족이 어떻게 독자적인 형식으로 소리를 포착하였는가를 말해 주는 것이기도 하다. 음악은 일반적으로 '시간예술'이라 불린다. 왜냐하면 음악은 시간의 흐름에 따라 생산, 전개되기 때문이다. 음악은 그 소재인 소리의 순수성에 시간적인 성질을 더한 가장 단적인 시간예술이라 할 수 있다. 음악은 현재 모바일 콘텐츠 시장에서 게임보다 조금 낮은 비중을 차지하고 있다.

음악은 크게 벨소리와 통화연결음으로 나눌 수 있는데, 벨소리는 전화가 오면 알려 주는 소리로서 전화기의 발명과 함께 나타났다고 할 수 있다. 통화연결음은 2002년도부터 서비스되기 시작한 콘텐츠다. 상대방이 전화를 할 때 단조로운 통화대기 신호소리를 음악으로 대신 들려주는 서비스다. 이렇게 나눈 이유는 벨소리와 통화연결음 서비스가 하나의 시장으로 나타나기 때문이다. 작게는 뮤직앨범, 최신 인기음악, 노래방, 드라마뮤직 등 많은 종류가 있다.

음악은 상호 간의 만남, 집단의식의 고양, 예배의 한 부분, 성적인 자극, 자아의 경험, 심미적 욕구의 차원에서 인간과 관련된다. 이런 관계를 통해 음악이 우리에게 주는 교육적 특성은 많다고 할 수 있다. 즉, 상호 간의 만남을 통해 자아를 형성할 수 있으며, 의사소통능력을 배양할 수 있다. 집단의식의 고양으로 소속감을 가지게 해 주며, 집단의 규칙을 준수하게 한다.

또한 자아의 경험을 통해 자신에 대해 알아 가며, 자신에 대한 반성적 삶을 계획할 수 있다. 인간에게는 아름다움을 추구하고자 하는 욕구가 있는데, 아름다운 음악을 듣거나 부를 때의 카타르시스를 통해 흥분을 느낄 수 있다. 이처럼 음악은 우리의 삶에 영향을 준다.[1)]

(3) 정보

정보란 생활주체와 외부객체 간의 사정이나 정황에 관한 보고다. 정보의 기원은 생물의 탄생과 함께 시작되었다. 생물은 생존유지를 위해 끊임없이 외부로부터 그를 둘러싼 정황에 관한 소식을 얻고 이를 식별, 평가하여 외부환경에 대응하는 행동을 취한다. 즉, 그것이 식용물이면 잡고, 적이면 피한다. 그래서 정보에는 반드시 생활주체 → 객체 → 소식 → 평가 → 행동선택 → 효용실현이라는 사이클(cycle: 循環過程)이 있게 마련이며, 이를 '정보 사이클' 이라 한다.

정보의 효용은 특정한 목적을 달성하기 위한 행동선택에 작용하는 유용성이다. 생물의 진화와 함께 정보의 개념도 복합화 · 고도화되는데, 인간의 경우 음성언어나 문자언어와 같은 고도의 정보매체가 창조되었고, 이를 바탕으로 하는 정보는 인간이 사회생활을 유지하는 데 필수불가결의 도구가 되

---

1) 미국 캘리포니아 주립대학 어바인 연구소에서 흥미로운 실험이 있었다. 재학생들을 대상으로 모차르트의 음악이 학습에 어떤 영향을 주는가에 대한 실험을 했는데, 실험 결과 모차르트의 '두 대의 피아노를 위한 소나타 K.448' 을 들은 집단이 듣지 않은 집단보다 공간추리력에서 월등히 우수한 점수를 받았다는 것이다. 미국의 한 연구소는 이 실험 결과를 통해 다른 어느 클래식 음악보다 모차르트의 음악이 지능을 향상시키는 데 크게 도움이 된다는 사실을 주장했다. 이듬해 이 흥미로운 실험 결과가 매스컴을 타면서 '모차르트 effect' 라는 말이 널리 알려지게 되었다.

었다.

정보는 모바일 콘텐츠 시장에서 14%의 비율을 가지고 있지만, 실생활에서 매우 중요한 역할을 한다. 정보를 제공하는 것이 매우 간단하면서 간결하기 때문에 시장의 크기는 작을 수밖에 없으나, 많은 이들이 계속 사용하기 때문에 콘텐츠 시장에서는 작지 않은 시장크기를 가지고 있다.

정보는 네비게이션, 뱅킹, 정보검색으로 나눌 수 있는데, 네비게이션은 지도를 활용하여 우리 생활에 많은 도움을 주는 솔루션으로, 원래 군사용으로 사용하다가 민간생활에 접목되어 발전된 기술 아이템이다. 좀 더 정확히 말해서 네비게이션은 인공위성을 이용하여 자신의 위치(경도, 위도, 고도, 시간 등)를 잡아서 가공한 지도 이미지 위에 잡아 주는 기술장치인데, 우리 실생활에 많이 활용되고 있는 최첨단기술이다.[2)]

모바일뱅킹은 폰뱅킹과 인터넷뱅킹의 장점을 결합하여 만든 서비스다. 폰뱅킹처럼 언제 어디서나 이용할 수 있는 데다 3중 보안망으로 폰뱅킹보다 안전하다. 인터넷뱅킹은 인터넷 사용이 가능한 곳에서 공인인증서를 내려받는 등의 과정이 필요하지만, 모바일뱅킹은 처음 가입할 때 받은 PIN 번호만 알면 어디서나 이용 가능하다. 단축키 하나만으로 쉽게 은행에 연결된다.

정보검색 용어는 1세대 컴퓨터가 등장한 1950년대 초에 미국에서 처음 사용되었으나, 당시엔 다큐멘테이션 개념을 대신하는 수준이었다. 실제로 정보검색이 컴퓨터를 통해서 제대로 사용된 시기는 1960년대이며, 네트워크를 이용한 정보검색은 1970년대가 되어서야 가능해졌다. 1990년대에 들어서 월

---

2) 특히, 인공위성 전파를 잡아 주는 안테나, 즉 GPS(Global Positioning System) 장치와, 3차원 공간 내에서 나의 위치를 잡아 줘 봐야 일반인들은 모르기 때문에 쉽게 알 수 있도록 현 지도 위에 잡아 주도록 만들어진 지도, 즉 GIS(Geographic Information System)는 없어서는 안 되는 필수적인 요소다. GPS는 인공위성을 이용한 범세계적 위치결정체계로, 정확한 위치를 알고 있는 위성에서 발사한 전파를 수신하여 관측점까지의 소요시간을 관측함으로써, 관측점(이동체 또는 고정시설)의 위치를 구하는 것이다. 최근 이 네비게이션 아이템이 시장에서 각광을 받기 시작하자, TV모니터에다가 전자지도를 깔고 그 위에 인공위성으로 위치를 잡아 구동하는 전용 네비게이션과, PDA에다가 지도 소프트웨어를 깔고 GPS를 이용하여 위치를 잡아 주는 PDA형 네비게이션이 많이 출시되어 있다.

드와이드웹과 함께 정보검색은 최고의 절정기를 맞이하게 되었고, 많은 온라인 검색엔진들이 등장하였다. 1990년대가 정보검색시대였다면, 2000년대는 지식검색시대가 될 것이다. 2000년대에는 제3세대 검색엔진들이 대거 등장하게 될 것이다.

야후와 같은 디렉토리 서비스가 검색엔진의 1세대였다면, 2세대 검색엔진은 알타비스타로 시작하는 웹에이전트 기반의 키워드 검색엔진으로 구분한다. 3세대 검색엔진은 크게 지식검색이라고 할 수 있다. 많은 지식 전문가들이 말하는 지식검색은 암묵지를 형식지로 변환하는 툴을 말한다. 암묵지는 머릿속의 정보나 지식을 말하며, 형식지는 문서나 웹페이지를 말한다. 이 형식지를 가지고 수많은 정보를 수집 및 분석하여 사용자가 원하는 지식의 형태로 가공하여, 사용자가 원하는 시점에 해당 정보와 지식을 쉽고 빠르게 제공해 주는 검색 시스템을 지식검색이라 한다.

정보는 그 자체만으로도 교육적 효과를 내포한다. 정보를 찾는 행위도 자발적 행위이기 때문에 교육적 효과가 있고, 정보에 대한 호기심도 이미 교육적이다. 정보의 한 종류인 네비게이션으로 지리적 지식을 얻을 수 있으며, 공간감각능력을 배양시킬 수 있다. 뱅킹을 통해 경제적으로 바라보는 능력을 배울 수 있으며, 돈의 중요성을 배울 수 있다. 정보검색으로는 자신의 호기심을 충족시킬 수 있으며, 자신이 알고자 하는 정보를 획득하였을 때의 만족감도 얻을 수 있다.

(4) 영상

영상은 넓은 뜻으로는 이미지(image)로서, 인간 의식으로서의 내적 이미지에 대하여 렌즈를 통하여 형성되는 물적 이미지다. 영상은 렌즈라고 하는 '물질의 눈' 을 이용하여 대상을 자동적으로 기록, 재생한다. 물론 촬영을 조작하는 주체의 내적 의식이 개입되며, 때로는 작자의 의도나 대상의식을 초월한 우연한 현실이 기록됨으로써, 내적 이미지에 의거한 묘사와는 다른 새로운 표현의 가능성을 보여 준다. 영상은 이처럼 대상과 유사하므로 언어와 달리 기호로서는 추상적, 개념적인 상징성에서 뒤지지만 개별적, 특수적, 직접적이라는 특성이 있다.

영상은 각기 재생 메커니즘에 따라 전달양식을 달리하지만, 어떤 양식이든 인쇄, 영화, 방송 등의 미디어에 의한 복제수단이다. 벤야민(Benjamin)의 지적에 의하면, 오리지널 예술의 '독창성'이라는 개념은 '지금 여기에'만 있는 일회성에 의한 예배적(禮拜的) 가치에 지탱되고 있는 데 비하여, 복제수단은 이를 극복하고 사물을 공간적 · 시간적으로 대중에게 보다 가깝게 접근시켜 '평등에 대한 감각'을 느끼도록 했다고 한다.

모바일 영상은 아직 대중화되었다고 볼 수 없다. 왜냐하면 이용료라든지, 이용할 수 있는 단말기의 제한 때문에 이용자가 쉽게 접할 수 없기 때문이다. 하지만 보고 듣고 읽을 수 있는 영상만의 장점을 볼 때 잠재적인 시장이 제일 크다고 할 수 있다.

영상은 모바일 영화와 모바일 방송, 뮤직비디오로 나눌 수 있다. 모바일 영화는 모바일을 통해 볼 수 있는 영화와, 모바일에서만 볼 수 있는 영화로 나눌 수 있다. 영화는 극장에서 개봉하면 같이 개봉하고 있다. 모바일에서만 볼 수 있는 영화는 모바일버전으로 제작된 영화로서 휴대단말기에서만 볼 수 있다. 뮤직비디오는 MV를 통해 최신의 뮤직비디오를 바로 볼 수 있다. 방송은 드라마 먼저보기, 실시간 방송, VOD TOP 10을 통해 인기 드라마 다시보기, 오락/연예 등 TV보다 더 많은 정보를 가지고 있다.

앞서 영상은 렌즈라고 하는 물질의 눈을 이용하여 대상을 자동적으로 기록, 재생하는 것이라고 정의했는데, 이것은 교육적으로 활용될 수 있다. 영상으로 주관적인 관점이 아닌 객관적인 관점으로 세상을 볼 수 있으며, 자신의 삶이 아닌 다른 사람의 삶을 극화시킨 영상을 보며 자신의 삶에 대한 반성과 자신이 직접 체험하지 못하는 인생을 간접체험함으로써 카타르시스를 경험하게 된다.

외국 영상물을 보며 외국문화를 배울 수 있으며, 언어교육도 가능하다. 그리고 영화는 교재로도 사용하는데, 이것을 '교재영화'라 한다. 교재영화는 학습시키고자 하는 내용이나 그와 관련되는 내용이 수록되어 있는 영화 필름을 학습지도 단계마다 영사하여 주면서 시청각적, 입체적으로 학습을 진행할 때 쓰이는 교재로서의 영화를 말한다.

(5) 기타 콘텐츠

기타 콘텐츠로는 '스타모닝콜, 뷰티테리피, 수면도움이' 등이 있다. 스타모닝콜은 스타의 목소리로 아침을 즐겁게 맞이할 수 있도록 도와주는 것이다.

뷰티테라피는 색채심리와 색채치료 방법인 컬러테라피와 모바일용으로 만든 기능성 음악을 접목한 서비스다. 휴대폰을 이용해 다이어트, 피부미용, 변비해소에 도움을 주고, 뇌파검사를 통해 임상실험을 해서 효과도 검증받았다고 한다. 뷰티테라피는 다이어트, 변비안녕, 바디슬리밍과 헬스테라피(스트레스 끝, 잠이 보약, 마술해제)와 피부테라피(뽀얀백옥피부, 주름노화예방, 여드름탈출) 등의 메뉴가 있는데, 운동할 시간을 따로 내기 힘들 경우 휴대폰을 이용해 편리하게 아름다움을 가꿀 수 있다.

수면도움이는 불면증으로 고생하는 현대인에게 필요한 콘텐츠다. 전자자기파장이나 빛을 사용하지 않고 자연의 소리만으로 수면을 유도해 인체에 전혀 해가 없고, 아침에 일어난 후에는 머리를 맑게 하며, 판단력이 높아지도록 도와주기도 한다. 특히, 수험생이나 야간에 일하는 사람들에게 좋다.

4. 모바일 테크놀로지

1) PDA의 개념 및 용도

PDA는 Persoanl Digital Assistance의 약자로서 개인정보관리기, 휴대 가능한 미니컴퓨터라고 한다. PDA를 쉽게 설명하면 소형 컴퓨터라고 생각하면 된다. 왜냐하면 PDA는 자체적인 OS(Operating System)를 가질 뿐만 아니라 CPU, RAM, ROM, I/O Device 등이 모두 갖추어져 있기 때문이다.

물론 전자수첩 등과 달리, 유저의 프로그램 개발 환경이 주어지고 스스로 프로그램을 만들어 사용할 수도 있다. PDA의 가장 큰 장점은 바로 휴대성, 이동성, 즉 모바일에 있다고 할 수 있다. 비록 노트북보다 성능 면에서는 뒤떨어지지만, PDA는 언제 어디서나 가지고 다닐 수 있다는 장점이 있다.이런 휴대성을 강조한 프로그램이 다양하기 때문에 PDA 사용자들이 지속적으로 늘어나고 있다.

휴대성이라는 강점 때문에 PDA는 데스크탑 컴퓨터나 노트북이 할 수 없는 다양한 응용 분야가 있다. 기업 vertical 솔루션 이외에도 북리더, 일정관리, 메모장 부분은 데스크탑보다 훨씬 유용하다. 활용도를 따진다면 이미 만들어진 내장 프로그램만 쓰는 것과, 많은 개발자가 만든 수많은 프로그램을 사용할 수 있는 것과 차별적이다. 마치 통신용 단말기를 쓰는 것과 컴퓨터에 모뎀을 달아서 쓰는 것과의 차이라면 쉽게 이해가 될 것이다. 활용도는 무궁무진하지만 작은 크기만큼 어느 정도의 한계를 가지고 있는 것은 사실이다. 그 장점과 단점은 다음과 같다.

- 컴퓨터처럼 C언어 등으로 짠 PDA용 프로그램을 가지고 있다.
- PDA에서 입력한 엑셀, 워드 등의 데이터를 컴퓨터로 전송할 수도 있고, 역으로 컴퓨터에서 PDA로 자료를 전송할 수도 있다.
- 일반 프린터로 문서출력도 할 수 있으며, 모니터에 연결하는 것이 가능한 PDA도 있다. 컴퓨터의 외장형 모뎀을 이용하여 인터넷과 통신, 팩스 송신도 가능하다.
- 가장 작은 노트북보다도 보통 10배 정도 가볍다.
- 하드드라이브도 없고 플로피드라이브도 없다. 램이나 플래시램이 주요한 저장장치다.
- 키보드 대신 펜을 입력매체로 한다. 필요에 따라서는 키보드를 부착할

수도 있다.

- 대부분 펜입력방식을 지원한다. 화면에 글을 쓰면 즉시 문자인식(real time recognition)을 한다.
- 노트북은 배터리의 수명이 길어야 3~5시간이지만 일반 PDA는 최소한 1주일은 넉넉히 쓰며, 하루종일 쓰지만 않는다면 한 달도 사용이 가능하다. 그리고 건전지도 비싼 니켈배터리가 아니고, 어디서나 구할 수 있는 AA나 AAA건전지를 사용한다.
- 기종에 따라 적외선으로 서로 데이터를 주고받고, 적외선으로 프린트도 할 수 있다.
- PIM(Personal Information Management) 기능이 강하다.
- 개인정보 처리기능이 강하다. 기본적으로 500개 이상의 전화번호와 500개 이상의 메모를 저장할 수 있고, 이 정보들을 확인하는 데 몇 초도 걸리지 않는다. PDA를 이용하면 다이어리나 수첩을 찾는 것보다 편할 수도 있다. 하루일과를 알려 주는 Date 기능, To Do, 개인재정관리(금전출납) 기능 등은 너무나 강해서 사용하는 즉시 다이어리를 휴지통에 넣어 버리게 한다.
- PDA는 ink text 모드를 이용하여 즉석에서 메모를 할 수 있다.
- 컴퓨터용 자판으로 글을 입력하는 것보다는 입력속도가 더디다.
- 반면에 TFT의 선명한 액정을 PDA에서 보기는 힘들다. 일반적으로 PDA는 단색이나 4단계 또는 16단계의 그레이 스케일을 지원하며, 흐린 액정이므로 사용하는 사람 외에 옆사람들은 알아볼 수 없을 정도로 화면이 조악하다.

(1) 일정관리

기본적으로 제공되는 PIM(Personal Information Management) 기능으로 개인의 스케줄을 관리하는 데 많은 도움을 준다. 이러한 기능에는 달력 제공은 물론 알람기능까지 있어 개인비서 역할까지 할 수 있다.

(2) 주소록관리

하루에도 여러 명의 새로운 사람들을 만나는 현대 사회에서 상대방의 정보를 손쉽게 관리할 수 있도록 도와주는 기능을 기본적으로 탑재하고 있다. 특히, 같은 운영체제의 PDA를 갖고 있는 상대방에게 자신의 정보를 명함 대신 PDA를 통해 전달할 수도 있다.

(3) 워드/엑셀작업

일반 PC에서 작업하던 워드/엑셀파일을 PDA에서도 작업할 수 있으며, 반대로 PDA에서 작업한 내용을 PC로 옮겨 활용할 수 있다. PC에서의 모든 워드/엑셀기능을 구현할 수는 없지만, 일반적인 기능은 모두 포함되어 있고, 인터페이스 또한 PC에서의 환경과 다를 바 없다.

(4) 인터넷

현재 PDA 유저들이 PDA를 활용하고 있는 가장 큰 목적 중 하나가 인터넷 사용이다. 무선인터넷이 자리 잡지 못한 지금은 '아방고' 라는 오프라인 인터넷을 통해 인터넷을 즐길 수 있다. 하지만 많은 단말기 제조업체들이 무선인터넷 단말기를 출시하기 시작하고, 무선통신 서비스의 질도 빠르게 향상되고 있어, 완벽한 무선인터넷 검색이 가능하게 될 것이다. 일부 제품에선 무선인터넷을 실행할 수 있다.

(5) e-Book

문서의 디지털화와 함께 많은 서적들이 e-Book 형식으로 재출판되고 있다. 수백 페이지에 달하는 장편소설에서부터 재미있는 만화까지 손바닥 크기의 PDA를 통해 열람할 수 있다. 더 이상 두꺼운 책을 들고 읽을 필요가 없으며, 어두운 장소에서도 별도의 불빛 없이 내장되어 있는 백라이트를 사용해 글을 읽을 수 있다.

(6) 게임

기존의 단순했던 2D게임들은 물론 화려한 액션을 포함한 3D게임들까지 선보이고 있다. 추후 무선통신의 안정성이 높아질 경우 네트워크게임까지도 구현될 것으로 예측한다.

(7) 기타 기능

단어장, 이미지 처리, 메모 기능 등 1만여 개가 넘는 소프트웨어들이 개발되었고, 현재도 지속적으로 개발되고 있다.

한편, 기업시장에서 PDA의 가장 큰 역할은 비용절감이다. 업무과정에 PDA 솔루션을 적용하여 업무능률을 향상시키며, 때로는 업무절차를 최소화하여 비용을 절감할 수 있다.[3)]

2) 무선인터넷

최근 정보통신 발전에 큰 몫을 하고 있는 이동통신과 인터넷 기술이 급성장단계에 있고 그 속도 또한 빠르다. 이동통신과 인터넷은 21세기 정보통신 발전의 주역이라 할 수 있다. 이 둘의 결합으로 등장한 것이 무선인터넷(wireless internet)이다. 무선인터넷은 현재 급속하게 발전하고 있으며, 성장속도로 보아서 발전가능성은 상당히 크다고 본다.

국내 이동통신 사업자들은 WAP 방식과 ME 방식 두 가지 표준을 동시에 개발하면서 우수한 콘텐츠를 확보하기 위해 경쟁하고 있다. 업체별로 조직개편, 경영목표 수정, 마케팅 강화 및 신제품 개발 등 다양한 영역에서 진행되고 있는 무선인터넷 경쟁은 상당히 치열하다. 국내 통신사업자들의 기본

---

3) 예를 들면, 이전의 UPS 배달원들은 고객의 정보를 일반 종이에 기입하도록 한 뒤 그 내용을 PC를 통해 재입력해야 했다. 이러한 재입력과정을 위해 부수적인 인력을 투입해야만 했고, 재입력과정에서의 오차를 항상 재고해야만 했다. UPS는 PDA의 도입으로 불필요한 재입력과정을 제거할 수 있었고, 또한 이로 인해 상당한 비용을 절감할 수 있었다.

적 개념 및 전략을 보면 음성 위주의 이동통신 서비스 시장의 포화로 인한 신규수입원을 창출하려 하고 있으며, 초기 시장선점을 위한 사업전략을 전개하고 있다.

질 좋은 콘텐츠 공급자와 전략적으로 제휴하고 있으며, 온라인과 오프라인의 업체를 연계함으로써 더 많은 서비스를 제공하려 한다. 또한 통신사업자의 자체 무선데이터 설립을 통해 대량의 콘텐츠를 확보하고 있다. 국내의 SK텔레콤과 KTF, LG텔레콤에서 제공하는 콘텐츠들은 거의 비슷한 수준이다. E-Mail, 채팅, 증권정보, 생활정보, 방송, 게임 등 아주 다양한 서비스를 제공하고 있다. 현재 국내의 모바일 사업은 이전의 유선 인터넷이 폭발적으로 증가했던 현상과 비교된다고 할 수 있다.

1999년부터 국내에 보급되기 시작한 무선인터넷 서비스는 현재 3,000여만 명에 가까운 가입자를 확보하고 있다. 그중에서도 WAP 또는 ME 방식의 브라우저를 채택한 단말기를 통하여 본격적인 무선인터넷을 즐기는 가입자가 많아지고 그 비중 또한 날로 높아지고 있어, 무선인터넷 문화가 급속도로 발전해 감을 실감할 수 있다. 향후 10년 이내에 인터넷 상용인구의 80~90% 이상이 무선인터넷 가입자가 될 것으로 전망된다.

무선인터넷 사용자들의 서비스 이용 동기를 살펴보면, 언제 어디서나 인터넷을 사용할 수 있다는 점과 새로운 서비스에 대한 호기심 때문이라는 것이다. 또한 전자우편 송수신, 무료사용시간의 부여, 주위에서 사용에 따른 모방 효과 등이 중요한 동기유발 요소로 나타났다. 무선인터넷 콘텐츠별 이용도에 있어 그림/벨소리 다운로딩이 가장 높고 게임, 전자우편 송수신, 뉴스/스포츠/일기예보, 방송/연예정보/운세/소설/유머가 뒤를 잇는다.

연령대별로 살펴보면 게임, 채팅, 방송/연예정보/운세/소설/유머, 그림/벨소리 다운로드 등의 콘텐츠는 연령대가 낮을수록 사용도가 높고, 주식거래/주가정보, 신용카드거래/환율조회, 예약 서비스, 뉴스/스포츠/일기예보 등은 연령대가 높을수록 활용도가 높다. 위치정보, 전자우편 송수신, 정보검색 등은 연령층에 무관하게 고른 활용도를 보인다.

무선인터넷 서비스 이용자들의 콘텐츠별 만족도를 살펴보면 불만족이 가장 많은 부문은 게임과 채팅/동호회 활동이고, 만족하는 부문은 그림/벨소리 다운로드, 전자우편 송수신 순으로 나타났다. 무선인터넷 서비스가 실생활에 제공하는 도움의 정도에 대하여 긍정적이라고 생각하는 사용자들이 많다. 30대 이상은 긍정적인 의견이 많고, 20대 후반이 가장 부정적으로 생각하고 있는 것으로 나타났다.

무선인터넷 서비스를 이용하기 위한 조건으로는 요금인하가 아주 많았고, 빠른 전송속도, 전송품질 향상이 뒤를 따른다. 이를 통하여 높은 무선인터넷 요금수준이 서비스 활성화에 가장 큰 장애가 되고 있으며, 사업자들은 망의 진화에 따른 전송속도 향상 및 이에 따른 콘텐츠 다양화보다는 요금인하에 우선적인 노력을 기울일 필요가 있다는 것을 알 수 있다. 또한 유선인터넷이 제공하는 모든 콘텐츠를 제공해 주었으면 좋겠다고 생각하는 이용자들이 많았다.

무선인터넷 서비스의 유형도 종전의 뉴스, 날씨, 주식 등의 부가가치 서비스(value added service)와 위치정보 서비스, 전자상거래 등이 보편화될 것으로 전망된다.

이동전화 사업자 간에는 콘텐츠업체와 제휴 시 주요 콘텐츠의 독점적 확보를 위한 경쟁이 치열하다. 이는 이용자의 정보이용 기회 상실 및 콘텐츠업체의 수익성 악화를 초래한다. 그 때문에 이동전화 사업자와 콘텐츠업체 간 수익배분 방안이 우선적으로 정립되어야 한다. 이동전화 사업자의 과열 유치경쟁으로 불리한 협약이 체결되기 때문에 콘텐츠업체는 열악한 입장임을 주장하며, 적정한 수입성 확보를 위한 상호 연대 움직임을 보이고 있다. 결국 무선인터넷에 적합한 콘텐츠 개발 · 보급이 절실히 필요할 때다.

콘텐츠사업 활성화를 위해서는 이동전화 사업자, 콘텐츠 제공업체 및 관련 전문기관 등의 의견수렴을 통해 적정 수익배분 방안을 강구해야 하며, 정부는 개발업체 지원 및 무선인터넷용 콘텐츠 상품개발, 보급, 확대를 선도해야 한다. 또한 콘텐츠 활성화를 위해 IP/CP의 무선인터넷에 대한 자유로운 접속이 보장되어야 한다.

지식기반사회에 진입하면서 우리도 무선인터넷상 불법해킹이나 개인정보 유출 방지를 위한 보안장비 및 무선 상거래에 따른 인증장비 등의 개발이 시급하다. 무선인터넷 관련 업체현황을 파악하여 국가 차원에서 전략적 기술 개발계획 수립이 있어야 한다. 특히, 외국 의존도가 높은 컬러액정화면 등 핵심 부품 위주로 시작되어야 된다. 핵심 부품의 국산화 개발지원 및 개발된 부품의 채용 확대를 통한 단말기 가격 인하로 무선인터넷 이용수요를 늘려야 한다.

3) 모바일 환경의 문제점

모바일 환경은 PDA의 인터넷 환경을 대상으로 하며, 서비스란 예약 서비스나 콘텐츠 조회 서비스를 대상으로 하였다. 기존의 모바일 서비스는 주로 특화된 도메인 하나만을 대상으로 한다. 이는 PC상에서 진행되는 영화예약, 교통예약, 그리고 위치기반정보 서비스에 한정되어 제공되었다. 이들은 각각 독립된 서비스 시스템을 기반으로 구축되어 왔기 때문에, 이들을 통합하기 위해 새로운 시스템 구축비용을 유발하게 되는 단점이 있다.

모바일 기기는 작은 화면을 특징으로 한다. 기존 서비스는 이 때문에 콘텐츠 제공이 한정될 수밖에 없으며, 다양한 서비스를 통합하여 제공하는 데 기술적 한계가 있다. 또한 배터리의 경량화에 따라 지속성이 낮아지는 점, 저장용량에 한계가 있다는 점 등이 문제된다.

주요 이동통신사 중심으로 사행성 모바일게임이 무차별적으로 서비스되고 있는 가운데 최근에는 선정성을 표방한 게임까지 무분별하게 서비스되고 있는 것으로 나타나, 일부 시민단체를 중심으로 사회적 부작용에 대한 우려가 제기되고 있다. 성인용 게임들이 대거 서비스되고 있는 것은 모바일 콘텐츠의 경우 휴대폰이라는 플랫폼의 한계를 인정하여 관계기관의 사전, 사후 규제가 강하지 않기 때문이다.

실제 각 이동통신사들은 법적으로 아무런 문제없이 성인게임을 서비스하고 있다. 물론 모바일 콘텐츠의 경우 인터넷 성인물과 비교해 보면 상대적으로 선정성이 덜한 게 사실이다. 하지만 전문가들은 인터넷을 통해 서비스되고 있는 성인물이 상호작용성이 없지만, 사용자가 직접적인 체험을 하게 되는 게임은 다른 시각으로 바라보아야 한다고 주장한다. 모바일게임이 인터넷 성인물에 비해 그래픽이나 음질이 떨어진다 해도 이는 사용자가 직접 체험하는 것이기 때문에 서비스 단계에서 선정성은 배가될 수 있다는 것이다.

음악에서는 MP3폰이 문제되고 있다. MP3폰에서 무료 MP3파일을 무제한 이용할 수 있는 프로그램이 인터넷으로 확산되어 큰 문제가 되고 있다. 현재 인터넷 검색 사이트에서 각 이동통신사의 MP3폰 모델명을 치면, 다음 카페의 휴대폰 동호회나 인터넷 파일교환 사이트 등에서 이 같은 해킹 프로그램을 제공하는 사이트와 바로 연결된다. 회사들이 DRM(저작권관리시스템)을 통해 시간을 제한하고 있음에도 불구하고, MP3폰 수요는 증가하고 있는 실정이다.

영상에서는 카메라폰을 사용하는 이른바 '폰카족'이 급증하면서 사생활 침해 등이 사회이슈로 등장하여, 카메라폰 사용 자체를 규제해야 한다는 목소리가 높아지고 있다. 또한 일본의 경우 서점들이 카메라폰으로 인해 엄청난 피해를 입고 있다고 한다. 메가픽셀급 카메라폰을 이용해 서점에서 각종 책자를 찍어 가는 '디지털도둑'이 급증하고 있기 때문이다.

기타 부작용으로 폰스팸이 있다. 스팸메일은 최근 핫이슈가 되면서 각계의 방지대책이 논의되거나 대책이 실시되고 있는 중이다. 그러나 마땅한 대책이 없는 상태여서 그 심각성이 더해 가고 있다.

5. 모바일의 교육적 의의

우리는 정보와 지식이 개인과 국가경쟁력의 원천이 되는 극한의 정보화

시대에 살고 있다. 작게는 인터넷이라는 정보통신망을 통하여 개인으로부터 국가에 이르기까지 다양한 형태의 정보를 주고받을 수 있게 되었을 뿐 아니라 영상, 게임, 문화 등에 걸쳐 모바일이라는 다양한 분야를 실생활에 활용하고 있다.

정보기술은 정보와 지식을 융합하여 상호교환을 용이하게 하였다. 지금까지는 특정 집단이나 계층에 의해서 제한된 목적 아래 정보저장이나 의사결정 도구로 개발되고 운용되어 왔다. 개인용 컴퓨터의 보급 확대와 정보기술의 발달은 전화, 팩스, 네트워크, 초고속망 등 통신시설의 발전과 더불어 그 수요기반을 확충하였으며, 국가경쟁력에 막대한 영향을 미치게 되었다. 인터넷을 포함한 새로운 모바일 통신매체들은 정보 활용이라는 측면에서 기존의 개인과 국가의 개념에 획기적인 변화를 가져왔다.

정보활용능력이 국가경쟁력을 좌우하는 중요한 척도로 대두되고 있으며, 인간과 사회가 가지고 있는 지식과 정보의 질이 곧 그 사람과 사회의 삶의 질을 결정하게 되었다. 이러한 사회에 적응하기 위해서는 변화에 능동적으로 대처하고, 필요한 정보를 검색하여 문제를 스스로 해결할 수 있는 능력이 필요하다. 따라서 이러한 문제들에 대해 함께 생각해 보고 교육적으로 어떻게 활용할 수 있는지 생각해 보는 것도 의미 있는 일이다.

첫째, 인성발달을 위한 토론학습의 장을 마련할 수 있다. 모바일이라는 매체를 활용해서 자연스럽게 자신의 의견을 제시하고 토론할 수 있는 습관을 들일 수 있다. 이미 네티즌들은 정치, 경제, 교육, 문화 등 다양한 핫이슈에 대해 거리낌 없이 가벼운 의견에서부터 전문적인 깊은 시각까지 보여 주고 있다. 이것이 학생들에게도 적용될 경우 학생들은 자신들의 의견을 부담 없이 말하고, 또한 상대방의 의견을 경청함으로써 토론문화에 자연스럽게 익숙해질 수 있다.

둘째, 자기주도적 학습능력을 향상시킬 수 있다. 남이 찾아 주거나 주입식 교육이 아니라 자신이 직접 정보를 찾고 필요한 부분을 스스로 할 수 있는 능력을 기를 수 있다. 이것은 수동적이고 받는 것에 익숙해진 세대들이 정보

사용이나 학습적인 면에서 자기주도적, 능동적 활동을 하게 됨으로써 자신감을 갖고 올바른 습관을 형성할 수 있게 한다.

셋째, 교과서의 내용을 구성하는 최신의 정보를 즉시 습득할 수 있다. 이미 정보는 인터넷 바다 속에서 범람하고 있고 실시간으로 업데이트되고 있기 때문에, 책에만 머물러 있는 정보를 최신의 실생활과 연결된 자료로 바로 습득할 수 있고, 이를 통해 세계화 시대에 급변하는 정세에 당황하지 않고 발빠르게 대처할 수 있는 자신의 모습을 만들 수 있다.

넷째, 개인의 능력과 흥미에 적합한 보충 혹은 심화학습을 실시할 수 있다. 이미 고교평준화와 제7차 교육과정에 맞춰져 개인의 개성을 중시하고 선택을 중시하는 교육풍토가 사회 전반적으로 마련되어 있다. 개인에게 필요한 무한자료를 이용해 보충하고, 또한 앞서가는 학생들에게는 심화할 수 있는 계기가 마련될 것이다. 예전에 학교에서나 정부에서 할 수 없는 부분을 인터넷, 모바일이라는 매체가 보충할 수 있다.

다섯째, 일대일 개별화 교육이 가능한 점도 눈여겨볼 만하다. 개인이 필요한 정보를 인터넷을 통해 바로 얻을 수 있다. 회화수업을 지구 반대편에 있는 원어민 교사를 통해 배울 수 있는 등 각자 자신이 필요한 개별교육을 받을 수 있다. 현재 우리나라에서도 인트라넷 기반의 멀티미디어 교실 설치 및 교육관련 사이트의 활성화를 정책적으로 지원하고 있다.

또한 사회적, 교육적 필요성에 의하여 학생뿐만 아니라 교사들도 인터넷을 적극적으로 이용하고자 하는 관심을 보이고 있다. 인터넷을 교수-학습에 활용함으로써 교수-학습자료의 질을 향상시킬 수 있으며, 교사와 교사 간, 학생과 학생 간, 교사와 학생 간의 커뮤니케이션 활성화에도 기여할 수 있다.

인터넷 활용은 기존의 어떠한 교수-학습방법보다 미래의 정보화 사회에 대비한 효과적인 방법으로서 가능성과 잠재력이 높게 평가받고 있으며, 전통적인 교실수업환경에서 제공하기 어려운 독특한 학습환경을 가능케 해 줌으로써 직접 혹은 간접적으로 교수-학습활동을 촉진시킬 수 있다.

여섯째, 학생들은 지식 습득과 분석, 종합과 적용 등 정보능력을 차차 배양시켜 나갈 수 있다. 이것은 앞의 내용을 종합적으로 언급한 것인데, PBL, CBL 등 여러 방법을 통해 학생들에게 직접 활용하고 스스로 분석하는 계기를 마련해 줄 수 있다.

마지막으로, 외국어와 외국문화의 이해력을 증진시킬 수 있다. 영화뿐 아니라 드라마나 많은 영상을 세계에 알림으로써 문화홍보를 해 나가고 있다는 점에서 주목할 만하다. 반대로 모바일 문화를 통해 다른 나라의 문화와 다양한 모습을 자연스럽게 접할 수 있다.

모바일 학습환경을 최적화하기 위해서는 당면해 있는 여러 문제점들을 해결해야 한다. 먼저 모바일 교수-학습을 위해서는 원격강의를 가능하게 하는 저작도구와, 학습지도를 가능케 하는 구동환경이 결합된 시스템을 구축하는 일이 필요하다.

이것은 교육적인 측면에서 강조할 만한 것인데, 저작도구는 교수자가 직접 저작한 다양한 형태의 콘텐츠를 학습자에게 제공(강의)하는 데 필요하며, 구동환경이란 교수-학습을 보완하는 출석관리, 과제물 제공, 시험보기, 성적관리 등이 가능하도록 학습환경을 제공하는 데 필요한 것이다. 이는 교수-학습이 교사와 학생 상호 간에 이루어지는 것인데, 이를 다시 다수의 교사와 다수의 학생들 상호 간에 이루어지도록 하려면 제반 의사소통이 가능하도록 설계하여 하나의 프로그램으로 만드는 것이 좋다. 여기에는 게시판 등 다양한 의사소통의 경로를 탑재해 두는 것이 좋다.

모바일 교육은 목적에 따라서 1:1, 1:다(多), 다(多):1 등 다양한 형태의 교수-학습이 가능하도록 주도면밀한 기획에 의한 통합 시스템을 구축할 필요가 있다. 정회원과 비회원의 구분에 따른 접근 권한의 설정, 채팅과 커뮤니티 서비스 같은 다양한 정보 제공 등 지식의 습득만이 아니라 학습동기를 부여하는 측면까지 세밀한 배려를 해야 한다.

이제 모바일 문화는 교육 분야를 넘어 정치, 사회, 문화 등 많은 부분을 차지하고 있다. 이것의 부작용을 알고 잘 활용할 수 있다면, 우리는 이미 인터넷 강국이라는 용어가 어색하지 않은 정보화 시대의 주인공이 된 것이다.

15

무한 인간애의 공유: 자원봉사

1. 자원봉사란 무엇인가

자원봉사란 도움이 필요한 사람이나 기관에 대해 아무런 대가 없이 직접적인 서비스를 제공하는 활동을 의미한다. 최근에는 '지역사회 발전과 변화를 가져오기 위한 계획적이고 조직적인 사회활동'으로까지 그 의미영역이 확대되었다. 자원봉사를 의미하는 'volunteer'라는 말의 어원은 인간의 자유의지, 마음속 깊이 우러나오는 의지라는 뜻의 라틴어 'voluntas'에서 유래하며, 의무감이 아닌 자발적으로 행하는 활동을 말한다. 한자어로는 '自願奉仕'라 하여 '스스로 원하여 받들고 섬긴다.'는 뜻으로 역시 자발적인 의지로 남을 돕는다는 것이다.

이렇듯 자원봉사의 의미는 섬기는 자와 섬김을 받는 자 사이의 관계의 벽을 헐어 버리고, 서로가 섬기는 새로운 인간관계 위에서 이루어지는 것이다. 그러므로 자원봉사는 어떤 특정인이나 집단 또는 시간과 물질적 여유가 있는 사람만이 하는 것이 아니라 주체, 시간, 대상, 공간을 불문하고 할 수 있는 활동이다.

자원봉사는 급속한 산업화와 도시화에 수반되는 여러 가지 사회병리적 문제들을 예방하고 해결하는 방법으로서 큰 의미가 있다. 국민의 권리와 의무로서 행하게 될 자원봉사의 교육적 의의 및 필요성을 구체적으로 살펴보자.

1) 자원봉사의 필요성

자원봉사의 필요성은 외재적 요인과 내재적 요인으로 구분할 수 있는데, 전자는 이웃과의 인간적 유대를 위하여, 후자는 개인의 인격적 성숙을 위하여 발현된다.

첫째, 자원봉사활동은 역사적으로 그 자체가 일반교육의 기초가 되어 왔으며, 선진국일수록 자원봉사는 교육목적에 있어 중요시되고 있다.

둘째, 여가가 증가하는 현대 사회일수록 자원봉사활동을 통해 '여가의 만족스러운 활용 기회, 자기실현의 욕구' 등과 같은 인간의 기본적 욕구를 충족시켜 정신적 안정감과 사회문제를 예방함은 물론, 삶의 보람과 희망을 갖게 할 필요성이 증가하고 있다.

셋째, 공공성과 연대성이 상실된 사회는 인간성을 궤멸시키며, 지역사회 유대감 상실과 여러 가지 사회문제를 낳게 된다. 민주사회복지를 지향하는 우리는 개별적인 인간성 확립과 가정기능 회복을 바탕으로 지역사회관계의 재형성을 필요로 한다. 이는 시민의 자발적인 참여 없이 이루어질 수 없다. 그러므로 지역사회관계의 재형성 내지 회복을 위해서는 복지성, 자발성, 연대성, 책임감, 무보수성 및 민주주의 철학을 가치로 삼는 자원봉사활동이 절실히 요청된다.

넷째, 단순히 물질만으로는 해결이 불가능한 인적 서비스 요구가 있다. 즉, 시설 증설, 복지전문직 배치, 연금급여 등 소위 공적 · 제도적 서비스만으로는 한계가 있다.

다섯째, 새로운 복지사상과 교육이 제기되고 있는데, 이는 지역사회 속에서 여러 사람과 더불어 일하고 생활할 수 있도록 하는 공동체사상을 중심으로 하는 것이다.

여섯째, 사회복지활동에 자원봉사자를 참여시킴으로써 전문직 종사자들이 정서적으로 자극을 받게 되며, 이에 따라 보다 적극적이고 창조적인 서비스를 행하게 될 수 있다.

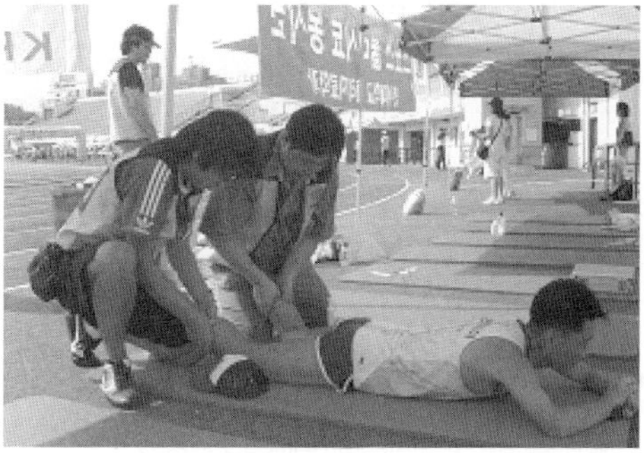

2) 자원봉사의 특성

자원봉사의 특성은 첫째, '자발성'이다. 자원봉사는 타인에 의해 강제로 하는 것이 아니라 지역사회와 이웃의 문제를 자신의 일로 받아들여 스스로 해결하고자 노력하는 것이다.

둘째, '무보수성'으로 봉사 대가로 정신적인 보람과 만족 외에는 어떠한 보상이나 대가도 바라지 않는 것이다. 최근 교통비나 식비정도를 제공하는 기관이 있기도 하지만, 기본적으로 자원봉사활동의 정신은 무보수성이다.

셋째, '관계성'으로 자원봉사는 인간을 귀하게 여기며 이웃과 더불어 살아야 한다는 가치관을 가지고 있다. 개인이나 가족의 이해를 뛰어넘어 다른 사람들의 안녕과 복지, 나아가 사회 전반적인 삶의 질을 향상시키는 것이다.

넷째, '계획성 및 지속성'으로 진정한 의미의 자원봉사활동은 전시적 차원에서 한두 번에 끝나는 것이 아니라 꾸준히 지속적으로 실천하는 것이다.

다섯째, '과정중심성'으로 자선활동과 달리 자원봉사활동은 함께 배우며, 함께 성장하고, 눈높이 사랑을 통하여 바람직한 상호관계를 지속하는 일련의 모든 과정을 포함하는 체계적인 활동이다.

여섯째, '생활성'으로 자원봉사활동은 특별한 활동이 아니라 자신의 일상생활처럼 자연스럽게 이루어져야 한다.

2. 자원봉사의 목적 및 방법

1) 자기 개발

자원봉사활동은 참여자로 하여금 자신을 사회적 존재로 자각하게 하며, 타인에게 또는 타인들과 더불어 봉사하는 경험을 통하여 인격적 성장과 발달, 그리고 잠재능력을 실현하는 기회를 갖게 한다. 이 같은 자기 발전과 성숙은 삶을 의미 있고 보람되게 꾸밀 수 있는 계기가 된다.

자원봉사활동은 인간의 가치와 존엄성에 대한 신념을 강화시켜 주고, 공동체적(gemeinschaft) 감정 내지 지역사회감정(community feeling)의 존중과 충성심을 자극하여 개인이 이웃, 지역사회, 나아가서는 전체 사회와 국가의 삶의 질적인 향상을 가져오는 데 참여할 수 있는 기회를 제공해 준다.

따라서 자원봉사활동은 우선 각 개인의 건전한 인격 형성 및 발달의 바탕을 마련해 줄 수 있고, 올바른 사회성(social interest)을 개발하고 강화하는 활동이어야 한다.

2) 사회발전

자원봉사활동은 개인이 자신의 시간과 에너지를 사회발전과 성숙에 이바지하겠다는 열성적이고도 이상적인 동기에서 출발한다. 따라서 자원봉사활동 경험을 통하여 국가와 사회상황에 대한 이해가 증진되고, 개인의 성숙이라는 교육적 변화를 가져오게 된다. 즉, 국가사회가 당면한 실제적 문제의 범위와 복잡성을 인식하게 되고, 사회발전이란 정부활동만으로 이루어질 수 없다는 사실을 경험을 통해 이해하게 된다.

표 15-1 자원봉사 참여 결정 변인

where	자원봉사 현황파악	어디서 일할 수 있는가?
who	자원봉사의 참여자	누가 할 수 있는가?
what	자원봉사활동 및 성품평가	어떠한 문제에 당면할 것인가?
why	자신의 동기 검토 및 성품평가	나는 왜 봉사하려고 하는가?
when	자신의 시간적 여유	나는 한 주에 몇 시간 봉사할 수 있는가?
how	봉사활동 장소 선정	교통편/기관/부대혜택, 어디서/언제/누구와 같이/몇 시간 동안/어떤 일을 할 수 있는가?

3) 자원봉사 참여 결정과정

즉흥적이거나 감정적인 자원봉사자가 되지 않기 위해서는 몇 가지 사항을 생각해 보고 참여에 대한 결정을 내려야 한다([표 15-1] 참조).

4) 자원봉사활동 참여과정

자원봉사에서 가장 중요한 요소는 봉사자 자신이 스스로 사회문제를 파악하고 해결하려는 의식을 갖는 것이다. 즉, 사회문제를 찾고 그 해결방법에 대하여 나름대로 연구하는 자세가 있을 때 의미 있는 자원봉사가 된다. 자원봉사 실시절차는 P(준비)-A(실행)-R(평가) 접근으로 이루어지며, 그 내용은 다음과 같다.

첫째, 자신이 하고 싶은 봉사활동, 분야, 대상 등이 무엇인가를 검토한다. 처음 봉사를 시작하려면 우선 자기가 하고 싶은 일, 자기에게 도움이 되는 일을 선택하는 것이 좋다. 그렇게 될 때 오래 지속할 수 있으며, 자신의 삶에 방향을 제시해 주는 활동이 될 수 있다.

둘째, 지역사회에서 해결해야 할 사회문제나 요구가 무엇인가를 확인해야 하며, 연구하는 자세가 있어야 한다. '내가 주는 것은 무엇이든 고마워하겠지.' 라는 생각에 아무 판단 없이 행동하는 것은 바람직하지 못하다. 봉사활동을 할 경우에 어떻게 효과적으로 실천할 수 있는지 항상 연구하고 생각하는 자세가 필요하다.

셋째, 봉사활동의 주제선정 후 구체적인 문제내용을 알기 위해 관계기관, 장소 등을 방문하고 대상자에 대해 연구한다. 이때는 상대방의 입장을 고려해야 한다. 언제나 상대방의 입장에서 생각해야 한다.

넷째, 기관과 연결된 봉사일 경우 기관의 부탁 내에서 봉사계획을 짜고 봉사날짜와 시간을 기관에 미리 연락하고 협의한다. 자원봉사는 하나의 생활이므로 내 생활에 지장을 주지 않는 범위 내에서 행하며, 희생이 아니라 서로 도움을 주고받는 관계로 인식해야 한다.

5) 자원봉사의 마음과 자세

자원봉사는 기본적으로 자발성에서 출발하여 성실성과 인간에 대한 무한의 신뢰감을 바탕으로 하며, 봉사자는 항상 이 같은 마음과 자세를 견지해야 한다.

① 봉사대상을 신뢰하고 성실하게 행동한다.
② 봉사를 함에 있어서 자신의 편견이나 감정을 개입시키지 않는다.
③ 봉사활동시간을 철저히 지킨다.
④ 정해진 시간만큼은 책임감 있게 봉사한다.
⑤ 종사자 자신의 교육 프로그램에 참여한다.
⑥ 자원봉사활동을 통해 알게 된 기관이나 봉사대상자에 대한 비밀을 절대로 누설하지 않는다.
⑦ 위험하고 무리한 일은 절대 하지 말고, 봉사자가 해결할 수 없다고 판단되는 문제는 항상 담당직원과 의논하여 처리한다.
⑧ 자원봉사자가 소속되어 있는 기관의 정책이나 봉사정신, 종교 등 그 기관

의 특수성과 체제 등을 인정하고 수용하여야 한다.

⑨ 기관 및 기관 직원, 동료 자원봉사자, 가정과의 조화를 이루면서 활동에 임한다.

⑩ 그날그날의 봉사를 위한 준비를 철저히 한다.

⑪ 가급적 봉사활동 후 활동내용에 대한 기록을 남긴다.

6) 자원봉사의 효과

자원봉사는 스스로 원해서 자신의 시간, 전문성, 금전, 사랑을 다른 사람과 함께 나누거나 교류하는 일을 하고, 궁극적으로 함께 사는 사회에 기여하게 된다.

① 자원봉사는 마음의 평화, 자기존엄성, 지역사회 존중의 감정을 가져다준다. 즉, 동료들 사이에서 자신의 긍지 내지 위치를 확인하게 되어, 마음의 안정을 찾고 이를 통해서 자아를 발달시킬 수 있다.

② 자원봉사는 일을 성공적으로 처리한 후에 얻는 성취감으로부터 자신감을 맛보게 한다.

③ 자원봉사는 일에 대한 금전적 보상은 없으나, 지역사회에서 가치 있는 존재로서 인정받게 되어 만족감을 얻게 된다.

④ 자원봉사는 인간으로 하여금 가치 있는 존재가 되며, 다른 사람의 필요와 요구를 보충함으로써 사회에서 긍정적으로 평가받고자 하는 인간의 내적 욕구를 충족시켜 준다.

⑤ 지속적인 자원봉사활동을 위해 새로운 지식과 기술을 배울 수 있게 하며, 자신의 능력개발과 발전의 기회를 제공한다.

⑥ 자원봉사를 통해 인간관계를 넓히고 다양한 직종, 성별, 연령을 가진 타인과의 만남으로 새로운 지식, 정보, 취미를 얻을 수 있으며, 의사소통의 훈련기회를 가질 수 있다.

⑦ 자원봉사는 사회의 여러 가지 면을 볼 수 있도록 해 주므로 신체적, 정신적, 정서적 건강을 지켜 주고 건전한 삶의 목적을 제시해 준다.

3. 국내 자원봉사 현황 및 문제

우리나라에 자원봉사가 도입된 것은 1903년에 발족한 YMCA 활동을 효시로 하여, 1905년 고종황제의 칙령 반포로 설립된 '대한적십자사'가 설립되면서부터다. 그 후 급격한 개방화, 민주화, 지방화 시대로 접어들면서 국민의 복지 욕구도 다양화, 고도화, 차별화되고 있다.

급격한 경제성장이 가져온 가치관 와해와 공동체의식의 붕괴로 인해 다양한 사회병리적 문제가 등장하였다. 이를 해결하기 위하여 중앙정부와 지방자치단체, 국민 모두가 자발적으로 자원봉사에 참여함으로써 실종된 공동체의식을 회복하고자 노력하고 있다. 우리나라 15세 이상 국민의 자원봉사 참여율은 2% 미만으로, 선진국의 20% 이상 수준에는 크게 모자라는 실정이다. 그 이유는 무엇인가?

첫째, 자원봉사에 대한 사회적 인식 부족은 물론, 조직화 · 교육 · 정보 · 안내체계 미비 등으로 인해 참여율이 저조하다.

둘째, 1990년대 정부의 설문조사에 의하면, 자원봉사활동에 대한 참여의사를 가진 시민은 58%에 달하지만, 대다수의 시민들이 구체적인 참여방법을 몰라 자원봉사활동을 못한다고 답변하였다.

셋째, 자원봉사자는 청소년, 주부, 대학생, 종교인, 직장인 및 사회단체 회원 등 다양하지만, 여성이나 학생이 주를 이루고 있다(20대가 55%, 여성이 60%, 주 1회, 1회에 3~4시간 봉사, 6개월 미만 봉사가 40%로 중도탈락자가 대부분임).

넷째, 자원봉사활동이 손쉽고 대량적이고 일과성 행사 중심의 봉사에 치중되어, 자원봉사 편중현상이 두드러지게 나타나고 있다.

우리나라 자원봉사활동은 외국의 사례와 마찬가지로 대학생, 주부 등 비전문적인 소수계층을 중심으로 시간적 · 경제적 여유가 있는 사람만이 주로 참여하고 있으며, 활동내용도 단순한 일손 돕기나 노동력 제공이 주를 이루어 왔다.

1) 자원봉사에 대한 사회적 인식 부족

현대적 의미의 자원봉사활동에 대한 역사가 짧아, 아직도 자원봉사를 과수평가하는 경향이 있다. 활동영역이 사회복지시설 및 기관을 위시한 몇몇 분야에 한정되어 왔고, 활동내용도 근로봉사가 주를 이루며, 동정심에서 시작된 것이 많았다. 수혜를 받는 기관에서도 소극적인 태도로 자원봉사자들의 의욕을 중도에 포기하게 하는 경우도 있었다.

2) 학교교육과정 문제

치열한 입시전쟁에 놓여 있는 이상, 학교는 입시 위주 교육에 매달릴 수밖에 없다. 그러므로 자원봉사나 남을 배려하고 섬기는 것에 대한 교육과정이 미흡했던 것이 사실이다. 그러나 최근 각급 학교에서 봉사활동을 위한 다양한 교육과정이 개설, 운용되고 있다.

3) 공적 힘의 개입

사회개발은 정부의 정책 수립과 사업에 의해서보다는 국민의 사회연대의식과 참여정신에 의해서 추진되어야 할 과제다. 오늘날 국민 공동체의식 배양에 정부의 공적 힘이 개입해야 할 필요성이 증대되고 있다.

4) 자원봉사 당사자 문제

자원봉사활동의 필요성에 대한 의식과 책임감 없이 단순히 여가시간을 보내기 위해서 일시적, 감상적으로 참여하는 경우에는 마음에 들지 않거나 사소한 일에도 지나친 반응을 하고 무책임하게 행동하게 된다. 자원봉사자 스스로 전문 분야를 개발하여 성장해 보려는 창의력이 부족하여 단순한 내용을 중심으로 한 일손 돕기, 복지시설 위문, 공공기관의 휴지줍기 또는 행사 보조 정도의 차원에 머물게 된다. 따라서 시간이 지나면 초기의 순수함과 열정은 식고, 일회성이며 형식적으로 되기 쉽고, 중도탈락자가 발생한다. 대부분 고객(client)과의 대면적 접촉을 통한 인간적 보상을 원하므로 홀로 봉사하는 활동에는 거부반응을 보이는 경우가 많다.

5) 기관의 문제

몇몇 기관 및 단체장은 자원봉사에 대한 인식이 부족하고 편견, 경계심, 배타심, 무사안일주의에 빠져 자원봉사자를 받아들이지 않거나 자원봉사활동을 발전시키려는 의욕이 약한 경우도 있다. 자원봉사자가 직원 자신의 업무를 침해할 것이라는 경계심에서 적극적으로 활용하지 않을 뿐 아니라, 봉사자의 욕구와 잦은 충돌이 일어나기도 한다.

또한 자원봉사자의 봉사정신을 높이 평가하지 않고 단순한 업무보조자 내지 조수 정도로 간주하여 잔심부름꾼으로 대하는 경우가 많다. 또한 봉사자들을 직원으로 오해함으로써, 정규직원과 같은 수준의 봉사를 요구하기도 한다.

현재 자원봉사는 사회복지시설, 사회단체, 종교단체, 정치단체 등 일부 시설에 편중되어 이루어지고 있을 뿐 관공서, 학교, 병원, 문화예술시설, 체육시설, 관광시설, 청소년시설, 기업체, 지역사회 등에서는 봉사자를 수용할 의식 및 준비(담당자 배치 및 프로그램 개발)가 되어 있지 않은 실정이다.

자원봉사자를 모집, 지도, 활용, 평가하는 전문가(슈퍼바이저) 및 관리자(유급 및 무급 조정가) 부재와 활용기관의 전문적인 능력 부족으로 인해 자원봉사자의 활동을 지속시킬 수 있는 유인능력(incentive)이 부족하다. 자원봉사 중개(지원)기관의 형식적이고 실적 위주의 수급체계로 인해 자원봉사자가 희망하는 활동 분야와 활용기관에서 필요로 하는 활동 분야가 서로 맞지 않아 불균형상태가 발생하기도 한다.

6) 활동내용의 문제

자원봉사활동은 대학생, 주부 등 일부 계층에서 사회복지시설을 중심으로 한 사회 취약계층에 대한 노력봉사, 계몽활동, 대화 및 놀이상대와 정부기관(환경, 교육 분야)의 행사보조 등 비전문적인 단순업무에 편중되어 봉사자들의 창의력 개발과 전문성 확대에 한계가 있다. 자원봉사 프로그램이 의료, 농촌, 공공행정, 교통, 정치, 법률, 치안 등의 분야에서 계층별로 다양하게 개발되지 못하고 있다.

사회 전반적인 추세가 전문지식이나 기능을 가진 자원봉사자를 요하지만 학생, 주부, 무직자 등의 비율이 71%를 차지하고 의사, 약사, 간호사, 연구원, 교사, 행정공무원 등의 전문직 종사자는 4.6%에 불과하다. 활용기관의 직원들 또한 전문인력 자원봉사자를 맞을 준비나 필요성 인식이 부족하다.

담당직원 및 자원봉사관리자와 같은 전담요원 부족, 산발적인 모집경로, 봉사자 및 활용자의 의식결여 등으로 봉사자의 개인적 특성, 참여동기, 욕구, 재능 등을 면밀히 파악하지 못해 직무욕구의 불균형과 봉사의 지속성에 차질을 초래한다.

7) 관리체계의 문제

자원봉사에 관한 전문적인 기능을 통합 · 관리 · 전담할 수 있는 공식적인 전문 자원봉사조직이 없다. 정부의 업무부서가 단일화되어 있지 않아 봉사자와 활용기관, 봉사자와 중개기관, 중개기관과 활용기관, 중개기관과 중개기관 간의 종합적인 긴밀한 상호 협조가 이루어지지 않고, 적정수요의 자원봉사자를 필요한 곳에 배정해 줄 수 있는 종합적이고 체계적인 연계기능을 수행하지 못하고 있다.

자원봉사활동을 전문적으로 계획 · 준비 · 홍보 · 안내 · 지원 · 평가 · 관리하는 등의 업무를 수행하기 위한 전문가(유급관리자)와, 전문가 업무를 효과적으로 지원하고 자원봉사자를 지도하기 위한 일정한 자격을 갖춘 훈련된 자원봉사관리자가 양적으로나 질적으로 절대 부족한 상황이다.

자원봉사자를 지도 · 육성할 수 있는 자원봉사전문가나 일정한 자격을 갖춘 관리자를 육성할 수 있는 전문교육기관, 교육시설, 전문강사, 교육 프로그램 등이 마련되어 있지 않다. 자원봉사자, 자원봉사관리자, 활용자 등을 수시로 교육시키기 위한 시설 및 기자재, 교육교재, 교육 프로그램 등이 미흡하고, 주로 강의 위주의 교육훈련으로 현장활동에 적절히 대응하지 못하고 있다. 자원봉사자들의 자질 향상, 잠재능력 개발, 현장활동과정에서 생겨나는 문제점 및 봉사방법을 개발하고 대처하기 위한 재교육의 기회가 적다.

자원봉사활동이 목표대로 잘 진행되고 있는지의 여부를 분석 · 평가하여 프로그램의 확대, 유지, 축소 등 향후 정책 반영과, 자금 사용의 효율성에 따른 책임을 명확히 하는 데 소홀하다.

8) 제도상의 문제

자원봉사 분야에서 전문가와 관리자 및 자원봉사자를 체계적으로 육성 · 관리할 수 있는 전문인력 양성의 제도적 뒷받침이 마련되어 있지 않다. 자원봉사활동이 기존의 정치조직과 관련 행정기관으로부터 독립성을 보호받기 위해 소요되는 필수경비의 안정적인 확보가 제도적으로 마련되어 있지 않다. 현재 지방정부지원금, 후원회비 등 지방정부 재원만으로 운영되고 있을 뿐 중앙정부의 예산지원은 전무한 실정이다.

재정부담으로 자원봉사활동 중 불의의 사고에 대비한 공적(중앙 또는 지방정부) 차원의 기금 확보와 보험 가입, 봉사자 변호사 선임 등 법적인 안전보장제도가 없고, 자원봉사자의 사기 진작과 저변 확대를 위한 정부 차원의 포상, 자원봉사활동에 대한 사회적 경력 인정, 봉사자의 신분 인정 등 동기부여가 미흡하다. 또한 사회적 경력을 인정받을 수 있도록 제도적으로 공인된 정교한 평가체제가 마련되어 있지 않다.

자원봉사활동자의 수급정보, 활동기록 유지, 교육 및 활동사례 등을 통합하여 연계 관리할 수 있는 지역 간, 기관 간 상호 연계된 범정부 차원의 관리체계가 없다. 봉사인력의 효율적 관리와 활용을 위한 PC통신망 서비스 및 DB 구축 등의 종합정보망이 갖추어져 있지 않아 지역 내의 자원봉사관련 중개기관과 중개기관, 중개기관과 수용기관, 수용기관과 수용기관 등 관련기관 간 상호 협력 및 수급체계, 즉 정보의 공유체계가 제도적으로 마련되어 있지 않다.

4. 교육행위로서의 자원봉사

1) 중 · 고등학생의 자원봉사

1995년 5 · 31교육개혁으로 학생봉사활동이 제도화된 이후 지역사회 여러 기관에서 청소년을 대상으로 봉사활동을 운영하고 있다. 청소년단체, 청소년수련시설, 민간 또는 공공자원봉사센터, 종합사회복지관, 종교기관 등을 비롯하여 도서관, 박물관, 병원, 우체국 등 봉사활동을 운영하고 있는 기관들의 설립목적이나 물리적 여건, 인적 자원 등의 여건은 서로 다르다. 각 기관들은 여건에 맞게 봉사활동을 조직하여 운영하고 있다.

청소년들이 봉사활동을 하고 있는 곳으로 동사무소 · 소방서 · 우체국 등 공공기관, 종교 · 사회단체, 병원 · 복지시설 등 사회복지시설, 도서관 · 관람시설 · 문화재 등 문화예술시설, 공부방 · 어린이집 등 청소년단체 · 시설 등이 있다. 이곳에서는 사무보조나 청소 등 업무지원활동이 대부분이며, 관람실 안내나 초등학생 지도 등의 활동이 이루어지기도 한다.

봉사활동거리는 매회 동일한 활동을 반복하는 단순형 활동이나 일회성 활동이 많다. 활동터전별로 볼 때 병원, 재활원, 장애인시설 등 사회복지시설의 청소년활동이 가장 체계화되어 있다. 이는 이 기관들이 성인 자원봉사자의 활용경험을 갖고 있기 때문인 것으로 보인다. 대부분의 기관이 청소년 자원봉사자를 기관 계획하에 모집하고 있으며, 사전교육을 중시하고 활동 후 사후평가를 실시하고 있다.

종교 · 사회단체의 경우 상근인력이 부족해 많은 청소년 자원봉사자를 필요로 하고 있다. 그러나 지명도가 낮은 단체의 경우 유익한 활동거리가 있어도 학생모집이 어려운 경우가 많다. 지명도가 높은 단체의 경우 자체계획에 의해 봉사활동거리를 기획하여 실시하기도 한다. 도서관, 관람시설, 문화재 등 문화예술시설은 학생들의 개별방문이나 센터와의 연계 형식으로 자원봉사자를 활용하고 있다.

기관업무 수행에 유용하게 활용하고는 있으나, 봉사활동에 대한 체계적인 준비나 교육, 평가는 미비한 상태다. 동사무소, 소방서, 우체국 등 공공기관의 봉사활동은 개별방문자를 어쩔 수 없이 받아들이는 차원에서 실시하고 있는 것이 대부분이다.

활동거리에 대한 사전준비와 교육이 이루어지지 않고 있으며, 일회성 활동이 대부분이다. 청소년 자원봉사센터, 시 · 군 · 구단위로 설치되어 있는 공공자원봉사센터, 민간자원봉사센터 등 센터형 봉사활동은 행사형식으로 진행되는 일회성 활동이 많다. 그렇지만 활동영역은 센터별로 다소 다르다.

청소년 자원봉사센터의 경우 전통문화 보전활동, 지역사회 개발활동, 자연환경 보전활동이 주인 반면, 공공자원봉사센터는 가로환경 정비, 내고장 탐사, 공원 가꾸기, 낙후시설 페인트 칠하기 등 지역사회 개발활동이 많다. 또한 구청에서 관리하고 있는 사회복지시설, 생활보호대상자에 대한 봉사활동이 이루어지고 있다.

공공자원봉사센터는 행정력을 활용하여 관내 봉사활동 터전을 용이하게 개발할 수 있다는 점과, 청소년의 생활권 내에 있다는 장점을 갖고 있다. 민간자원봉사센터의 활동은 그다지 활발하지 않은 편이다. 즉, 교육이나 사회복지시설 방문활동 정도다. 일회성 활동이 대부분이지만 농촌봉사활동, 사회복지시설방문 등 숙박형 활동을 실시하기도 한다.

사회복지관이나 청소년회관은 시설형 활동의 대표적인 기관이다. 시설형 활동은 지역사회에 거주하고 있는 청소년의 방문 또는 모집을 통해 실시되고 있다. 봉사활동경험을 많이 축적하고 있는 사회복지관의 경우 다양한 영역의 봉사활동을 다양한 형태로 개발하고 있다. 가장 비중이 큰 것이 복지관의 특성상 이웃돕기활동이다.

계몽 · 지도활동, 지역사회 개발활동, 자연환경 보전활동, 전통문화 보전활동, 교류 · 협력활동 등도 실시하고 있다. 봉사활동의 운영형태도 다양하여 동아리 형태, 한 주제영역의 활동을 여러 번 실시하며 단계적으로 발전시켜 나가는 심화형, 매회 활동 시 여러 영역의 활동을 바꿔 가며 하는 순환형 또는 숙박형 프로그램을 실시하고 있다.

대부분의 사회복지관에서 청소년 대상 봉사활동 프로그램을 기획하여 실시하고 있었으며, 자원봉사자교육을 하는 등 체계적으로 관리하고 있다. 그러나 지방 소도시에 있는 복지관의 경우 체계성이 떨어지고 있다. 사회복지관이 활발하게 봉사활동거리를 개발하여 운영할 수 있는 것은 사회복지사의 프로그래머로서의 전문성, 청소년 봉사활동을 통해 미래의 봉사자를 양성하겠다는 복지관 관리자의 의식 등에 힘입고 있다.

청소년회관 역시 봉사활동거리의 개발 · 운영이 비교적 활발한 편이다. 지역사회 개발활동이 가장 활발하며, 이웃돕기나 계몽 · 지도활동, 자연환경 보전활동 등이 실시되고 있다. 청소년회관활동의 경우 심화형 활동이 많으며, 회관 자체사업을 보조하는 프로그램이 성공적으로 운영되기도 한다. 청소년회관은 회관의 공간을 활용하여 청소년들의 소그룹활동을 활성화하기에 적합하며, 동아리형 활동을 성공적으로 운영하는 사례가 발견되고 있다.

그러나 전체적으로 볼 때 청소년회관의 봉사활동은 아직 활성화되어 있지 못하다. 청소년회관의 봉사활동 활성화를 가로막고 있는 요인으로 행정관청이 직영하는 등 청소년회관 운영주체의 비전문성, 담당실무자의 비전문성, 재정지원 부족, 생활권에서 멀리 떨어져 있는 입지조건 등이 지적되고 있다.

청소년단체의 봉사활동은 단원만을 대상으로 하는 경우와, 단원 외 일반 청소년까지 확대하여 실시하는 경우로 나누어진다. 단체 중심의 청소년활동은 대부분 지역사회 개발활동과 자연환경 보전활동, 계몽 · 지도활동 영역에 집중되고 있으며, 일회성 활동으로 이루어지고 있다.

그러나 청소년들의 인성과 공동체의식 함양을 위해 그 필요성에 대한 정부와 사회 전반의 인식이 확대되고, 특히 5 · 31교육개혁을 통해 청소년 자원봉사를 점수화한 후 '종합생활기록부'에 기록하여 상급학교 진학 시 반영하게 됨으로써 관심을 갖지 않을 수 없게 되었다. 이에 따라 각 대학에서도 자원봉사를 입학전형 자료로 활용하거나, 정규 교과목으로 개설하고 학점을 부여하는 등의 학사제도를 개발하고 있다. 이와 같은 제도 마련으로 인해 학생 및 청소년의 자원봉사 참여율이 꾸준히 증가하고 있다.

그럼에도 불구하고 청소년 자원봉사 참여를 어렵게 하는 장애요인은 무엇인가? 우선 입시 위주 학교교육에 의한 활동시간의 부족을 들 수 있다. 또한 일부 공공기관 및 활용기관에서는 업무에 방해된다는 이유로 거절하며, 설령 봉사를 허락한 활용기관에서조차 이들을 조직할 능력과 프로그램이 미비하다.

자원봉사에 관한 이론연구와 현실적인 욕구파악 없이 자원봉사활동 결과를 입시에 반영하는 방안은 본래의 정신을 잃은 채 단순히 필요한 점수를 받기 위한 인위적, 집단적, 형식적인 자원봉사활동이 되고, 이는 오히려 자원봉사활동의 정신인 자발성과 민주성을 왜곡할 우려가 있다.[1]

또한 청소년 자원봉사관리자의 역할과 자격이 정립되어 있지 않고, 각 역

---

1) 학부모들이 사회복지재단 등에 금품을 제공하여 자녀의 봉사확인증 발급을 요구하고, 객관적인 평가기준의 부재로 인해 참여 시간만으로 자원봉사활동을 평가하는 방식에 대한 객관성 인정 여부가 논란이 되고 있다. 평가 담당교사의 근무여건 열악함과 자원봉사에 대한 인식 부족으로 초기의 순수함과 열정이 식고 일회적이며 형식적이기 쉽다.

할에 따른 청소년 자원봉사관리자 연수과정개발 및 연수과목이 규정되어 있지 않다. 자원봉사센터, 학교, 청소년단체시설, 지역사회, 일반성인, 기업, 정부 등의 자원봉사 지원기관 간 연계체계가 구축되어 있지 않다.

2) 대학생의 자원봉사

연구나 강의 못지않게 대학이 사회의 중요문제 해결에 직접적으로 봉사하여야 한다는 주장은 실용주의 문화풍토에서 가장 강하다. 봉사는 이 같은 실용성을 뛰어넘는 인간적이며 교육적인 활동이다. 고령자의 증가, 맞벌이 부부 증대, 도시화, 산업화가 가속화되면서 새로운 복지 욕구가 창출되고, 기존의 전문인력만으로는 새로운 욕구에 대응하기 어렵게 되었으며, 또한 재택 서비스의 요청과 아동 및 청소년 발달에 있어 일탈현상을 방지한다는 측면에서 복지교육이 필요하게 되었다.

이러한 복지교육의 일환으로 일본에서는 대학생들의 자원봉사활동을 국가제도로 정착시키려고 하고 있다. 우리나라에서도 대학마다 '사회봉사', '사회봉사 리더십' 등의 과목을 개설하여 학년구분 없이 1학점(pass/fail)의 교양선택과목으로 수강하도록 하였으며, 사회봉사 교과목을 관장하고 실습프로그램의 기획과 운영을 전담하는 행정조직인 '사회봉사단'을 만든 대학도 있다.[2)]

대학생의 사회봉사 대상 및 내용은 청소년에 비해 다양하다. 대상이 아동인 경우에는 대개 생활보호대상자 자녀인 저소득층 자녀, 그리고 부모가 보호시설에 수용되어 있는 자녀 등을 대상으로 방과 후 지도나 학습지도를 한다. 청소년 대상으로는 유해환경 민간감시운동, 소외계층 청소년 선도, 보

---

2) D여대에서는 1995년부터 2학년 대상 교양필수과목(1학점)으로 '자원봉사활동'을 학과목으로 개설하여 학기 내 48시간의 봉사활동을 하도록 학점화하고 있다. S신학대학에서는 1994년부터 '자원봉사' 과목을 교양필수과목으로 선정하여 대학생활 4년을 통해 최고 5학점까지 취득할 수 있도록 하였다. H대 또한 졸업필수과목으로 '자원봉사'를 학점화하고 있다. S대에서는 '성서와 생활'이라는 교양선택과목에서(3학점) 자원봉사활동을 하도록 권장하고 있다.

호, 격려, 그리고 청소년 효행관련 운동 등이 주를 이루고 있다. 노인대상 활동으로는 주로 건강관리 보조 및 간병 서비스, 노인들의 가정봉사와 당면문제 해결을 위한 봉사 등이 있다. 또한 장애우를 위한 활동의 경우 교육지도, 생활지도 등의 노력봉사가 주를 이루고 있다. 외국인 근로자를 위한 사회봉사의 경우 우리나라 문화와 언어교육, 건강 및 의료 서비스, 그리고 함께 나누는 사회 서비스 등이 주된 활동영역이다. 또한 가정에서의 활동내용을 보면 일상적 가사지원에서부터 외출보조 등의 활동, 그리고 자립을 위한 훈련 등을 봉사내용으로 하고 있다.

대학 사회봉사활동은 대상에 따라 전공학과와 프로그램의 성격이 영향을 미친다. 개인적 차원에서는 기본적 삶의 조건이 갖추어지지 않은 대상에 치중하게 되는 욕구이전형 사회봉사가 많고, 집단적 차원에서는 기본 욕구는 충족되어 있으나, 보다 높은 삶의 질을 향상시키기 위한 욕구이후형 사회봉사가 많다.

대학생 자원봉사는 단순한 수강의무가 아니라 순수하게 개인적인 참여나 동아리 참여로 유도해야만 보람과 유익성을 느낄 수 있다. 또한 지속성의 면에서 볼 때 수강관련 분야로 참여한 경우 학기가 지나면 중단하는 예가 많아, 기관이나 대상자(client)에게 빈번한 인원 교체로 인한 혼란과 업무중복이 야기되므로 가급적 피하는 것이 좋다. 더불어 자원봉사(사회봉사)를 교양필수과목으로 강제할 경우 자원봉사에 대하여 부정적일 수 있으므로 자발적인 참여로 유도하는 것이 바람직하다. 이를 위해 올바른 자원봉사 홍보와 기관 설명 및 자원봉사 참여유도를 위한 행사를 학교 차원에서 적극적으로 마련해야 한다. 많은 기관, 단체가 한자리에 모여 축제형식으로 소개하고 참여하도록 해야 한다.

한편, 전공필수과목으로 참여하는 학생들의 자원봉사에 대한 전반적인 평가는 매우 긍정적이었고, 업무배치만족도 면에서도 매우 긍정적이었으므로 전공자들의 자원봉사 선택과목이나 필수과목을 앞으로도 권장할 만하다. 또한 동아리(써클)관련 참여자들의 지속의사가 매우 높은 자원봉사자들 간의 유대관계를 다질 수 있는 모임과 평가회가 동아리 자체적으로 잘 운영되고 있기 때문으로 보인다.

3) 자원봉사의 교육적 의의

몸소 체험을 통해 인간과 세계의 의미를 배우고, 학교에서 배운 지식을 경험을 통해 확인하는 기회를 주는 자원봉사는 그 교육적 의의가 매우 크다고 할 수 있다. 교육인적자원부에서는 1995년 5 · 31교육개혁 이후 인성교육 강화의 일환으로 학생 봉사활동을 권장해 왔다. 제7차 교육과정에서는 특별활동을 통해 달성하고자 하는 목표와 활동내용을 '자치활동, 적응활동, 계발활동, 봉사활동, 행사활동' 등 5개 영역으로 설정했다.

특히, 봉사활동의 목표와 교육적 의의는 다음과 같다. 첫째, 지역사회의 일들에 관심을 가지고 참여함으로써 사회적 책임을 분담하고 호혜정신을 기른다. 둘째, 다양한 봉사활동의 실천으로 서로 협력하는 태도를 기르고 지역사회 발전에 이바지하는 태도를 가진다. 셋째, 타인을 배려하는 너그러운 마음과 더불어 사는 공동체의식을 가진다.

(1) 건전한 인격 형성

① 봉사활동의 통하여 존재의 의미와 자기존중감을 깨닫게 해 준다. 또한 인간의 존엄성과 가치 및 인간사랑의 정신을 함양한다.

② 신체적 · 정신적 · 정서적 건강을 지닌 전인적 인간으로 성장할 수 있도록 도움을 줌으로써 불건전한 일탈행위를 막아 준다.

③ 현대 산업사회는 노동의 분업화로 인한 인간소외현상이 심각하게 대두되고 있다. 이러한 소외를 극복하고 자신의 존재가치와 긍지를 확인함으로써 삶의 보람을 얻게 된다.

④ 민주주의 사회의 기초가 되는 민주주의 정신을 함양할 수 있게 한다.

(2) 개인의 능력과 재능 향상

① 자원봉사는 사회에 대하여 자신이 가지고 있는 능력과 자원의 일부를 서비스하는 것인 동시에, 다양한 인간관계를 맺도록 한다. 자원봉사에 필요한 새로운 기술을 배우게 함으로써 각 개인이 살아가는 데 필요한 인지적이며 정의적인 개인의 능력과 재능을 향상시킬 수 있다.

② 자원봉사는 자신감을 가지게 하고 잠재적인 지도력을 계발하여 학습경험을 보다 풍부하게 한다.

(3) 사회성 개발

① 봉사활동을 하는 동안 여러 연령층, 다른 가치관 및 배경을 가진 사람들과 관계 맺고 협력하며, 원만한 인간관계를 유지하게 함으로써 올바른 사회성을 기를 수 있다.

② 사회적으로 필요하고 유익한 행위의 체험을 통해서 사회를 올바로 이해할 수 있다.

(4) 자신감과 지도력 형성

봉사활동은 자신감을 가질 수 있도록 해 주며, 또 잠재적인 리더십을 개발할 수 있는 계기가 된다. 봉사활동을 하는 동안 자기 표현의 기회를 갖게 되어 자신감이 생기며, 다른 사람들과 집단적으로 협동하여 일하는 가운데 자기도 모르는 사이에 잠재적인 지도력을 발휘하게 된다.

(5) 공동체의식 함양

① 봉사활동을 통해 다른 사람들을 도우면서 함께 살아가는 공동체의식을 기를 수 있다. 사회가 도시화, 산업화되면서 점차 자기중심적, 이기주의적인 경향을 보이게 된다. 봉사활동은 이러한 태도를 극복하고 구성원들이 서로 돕고 살아가는 공동체의식을 길러 준다.

② 장애에 대한 새로운 시각을 가지게 되는 계기가 되어, 장애 인식을 개선하여 장애인 역시 사회의 구성원임을 느끼게 한다.

③ 봉사활동을 통하여 사회적 책임분담, 호혜정신, 협력하는 태도 등을 가지게 한다.

(6) 민주시민으로서의 책임감 형성

① 봉사활동에 참여함으로써 자율적인 태도, 협동정신, 책임감을 배양하고 기본적이고 바람직한 민주시민으로서의 자질을 함양시켜 준다.
② 참여자들로 하여금 사회적으로 유익하고 필요한 행동을 이해하도록 하여 불건전한 행동을 예방하고 책임감과 애국심을 길러 준다.
③ 사람은 누구나 주도권을 가지고 일을 추진하며, 책임을 지도록 기대되는 상황에 놓일 수 있다. 또한 문제를 파악하여 결정을 내리고 책임을 지도록 도전받을 수 있다. 이를 통해 사회적 책임감이 함양된다.
④ 자발적인 참여를 통한 이상적인 지역공동체 건설에 책임감을 가지게 한다.

(7) 보람 있는 여가생활

① 누구나 봉사활동을 하면서 의미 있는 여가시간을 보낼 수 있다. 봉사활동을 통한 여가활동을 함으로써 보람을 찾을 수 있을 뿐만 아니라, 자신보다 어려운 사람들을 보면서 탈선이나 비행의 예방효과도 기대할 수 있다.
② 취미 향상을 도모하고 여가를 보람 있게 보낼 수 있다.
③ 가치 있는 삶을 직접 체험하면서 그 의미를 깨닫고 실천과정에서 기쁨과 보람을 느끼게 된다.

(8) 진로 선택 및 직업정치(定置)

① 자기가 좋아하는 활동터전에서 여러 가지 활동을 경험하는 동안 학교에서 배우지 못했던 사회를 경험하게 되고 다양한 직업을 탐색할 수 있는 기회를 갖게 된다.
② 자원봉사활동은 일시적인 자비심, 감상주의 또는 값싼 영웅주의 등이 아닌, 한 인간이 스스로 타인을 돌봄으로써 자신의 잠재능력을 실현하기 위

한 계기로 삼을 수 있다.

③ 다양하고 건전한 집단활동에 자발적으로 참여하여 개성과 소질을 계발·신장하고, 잠재적인 지도력을 계발하며, 학습경험을 보다 풍부하게 해 준다.

④ 자신의 적성을 발견할 수 있는 기회를 제공하고, 새로운 기술을 학습할 수 있게 한다. 이미 가진 기술을 더욱 발전시키며, 봉사활동을 통해 자신이 가지고 있는 잠재능력과 소질을 실제로 활용해 볼 수 있다.

⑤ 봉사활동을 통해 직업의 선택에 영향을 줄 수 있는 통찰력을 얻게 되고, 미래 직업을 탐색하는 데 도움이 되는 경험을 얻을 수 있다.

(9) 참여형 사회학습

① 어려움에 처한 사람이 있으면 자발적으로 돕고, 지역사회의 환경을 개선시켜 나가는 등 문제를 해결하려는 자발적인 참여 풍토가 조성된다.

② 봉사활동을 통해 교육의 장을 학교뿐만 아니라 지역사회로까지 확대하여 학교에서 배운 지식, 기술을 사회복지시설 등에서의 다양한 활동을 통해 체험하고 이해함으로써 보충, 심화시킬 수 있다.

③ 봉사활동을 통해 지역사회 현실과 문제에 대해 광범위한 이해를 가지고, 지역사회의 발전에 기여하기 위하여 어려운 이웃을 돕고 깨끗한 환경을 만들어 나가는 데 기여할 수 있다.

16

Smart Mobs: 참여하며 즐기며 배우는 대중

전통적인 1, 2차산업의 비중이 줄어들고 3차산업 및 지식정보기반의 경제구조로 변화함에 따라, 인간은 생산활동에 근력을 제공하는 도구적 존재에서 지식과 창의적 의사결정을 제공하여 생산효율을 높이는 능동적 주체로 변화하였다. 생산활동에 기여하는 인적 자본의 종류가 변화함에 따라 생산활동의 이익을 향유할 수 있는 시간적 여유가 증가하였고, 이는 노동시간 감축과 여가시간 증가를 가져왔다. 이제 여가는 특정인이 누리는 사치재화가 아닌, 모든 시민들이 누리는 일반재화로서 그 의의와 중요성이 점차 확대되고 있다.

여가의 올바른 선용은 새로운 학습기회를 제공하고 노동외적 삶을 영위할 수 있게 한다. 따라서 여가는 우리의 삶을 둘러싸고 있는, 그리하여 삶 자체라 할 수 있는 문화 속에서 숨 쉬어야 하고, 자아실현과 이를 위한 평생 배움의 실천을 위해 교육과 접목하여 발전하여야 한다.

여가-문화-교육이 연계되어 바람직한 방향으로 선용되기 위해서는 여가에 대한 이해와 체계적인 교육이 필수적이다. 여가교육은 여가에 참여하는 개인들에게 여가유형에 대한 정보를 제공하고, 그에 대한 의사결정을 원활히 하며, 여가문화와 시설을 적절히 사용할 수 있는 기술 습득의 교육과정이다.

또한 개인적인 발달과 만족을 성취할 수 있도록 여가가 작용하고, 올바른 여가행동을 수행할 수 있게 하는 체계적인 교육과정 또한 필요하다.

여가는 사람들로 하여금 다양한 사회참여를 유도한다. 물론 사회참여에 지나치게 적극적이어서 자신의 직무를 유기하는 극단적인 경우도 있지만, 대부분 여가시간을 다양한 사회참여에 투자하게 되었다.

1. 사회참여운동이란 무엇인가

사회참여운동이란 사회구성원이 주체가 되어 사회 내의 공통주제와 주장을 가지고 일으키는 운동이다. 따라서 그 시발점은 운동형태가 어떠하였건 대중사회의 형성 시점과 동일하며, 그만큼 오랜 역사를 가지고 우리 사회의 구성원들의 목소리를 대변하는 역할을 하였다고 볼 수 있다.

사회참여운동의 근본은 의견의 발제(speaking)라 할 수 있다. 시민사회 이전에는 상하, 주종관계를 바탕으로 한 시대였기 때문에 설령 요구사항이 있더라도 수동적인 입장의 대중은 공동의 이익이나 사회 내의 문제점을 주장할 수 있는 집단을 형성하기 어려웠다. 따라서 발제는 신문고나 각 지방관청에 대한 1인 시위나 호소에 그쳤으며, 이것마저도 권력자에 의한 제한이 가해져 자유롭지 않았고, 그 발제내용도 개인문제에 국한되는 경우가 많았다.

주장의 발제가 사회참여운동의 모습을 갖추기 위해서는 활동주체의 구성(집단의 형성)과 활동내용과 방법의 구체화가 필요하며, 사회구성원의 자발적이고 능동적인 참여를 바탕으로 하여야 한다. 즉, 사회참여운동은 근본적으로 시민을 필요로 하며, 시민활동은 시민사회를 바탕으로 가능하다.

시민혁명을 통해 정치사회적으로 수동적이었던 대중은 자유 · 평등 · 참정 · 청구 · 사회권을 획득함으로써 능동적이고 참여적인 대중으로 거듭나게 되었고, 이들은 각자의 자유와 권리를 누리면서 사회에서 자신의 의무를 다하고, 공공의 정책결정과정에 참여하여 책임감 있게 활동하는 주체가 되어 시민사회를 형성하게 되었다. 다시 말하면 발제의 자유를 획득하게 된 시민은 사회참여운동의 주체로서 집단을 구성할 수 있게 되었고, 그들의 활동내용과 방법이 구체화되어 흡수될 수 있는 환경, 즉 시민사회가 마련된 것이다.

우리나라의 사회참여운동은 그 구성요건을 따진다면 3 · 1운동으로부터 그 뿌리를 찾을 수 있다. 3 · 1운동은 활동의 공통주제가 항일투쟁이었음에 비추어 볼 때 비폭력 저항주의에 근거를 두었다 하더라도, 전 국민의 참여를 바탕으로 한 다분히 체제대항적이고 정치적인 사회참여운동이었다.

1960년대 경제개발계획이 시작되면서 노동자들의 근무환경 개선을 요구하는 저항이 핵심 발제가 되었고, 1970년대 유신체제 하에서는 군부독재에 대한 대학생들의 정치적 저항이 대부분이었다. 자유로운 사회참여운동은 1980년대 후반에 이르러 가능하게 되었다. 성숙된 민주화로 인해 시민사회운동이 활성화되면서 그 중심이 체제도전적이었던 것에서부터 환경, 여성, 교통, 보건운동 등 일상적인 생활과 탈물질적인 다양한 분야로 상당부분 이동하게 되었다.

쟁점의 주제가 이렇게 변화함에 따라 문제의 해결방안도 정치체제의 변혁보다는 체제 내에서 찾는 것으로 변화되기 시작하였다. 자연히 유연한 행동전략을 구사하게 되면서, 대중성을 많이 확보하여 참여시민과 참여조직의 회원수 급증이 1990년대에 들어 두드러지게 나타나게 되었다.

2002년 월드컵을 계기로 사회참여운동은 이익집단이나 참여조직의 회원들만을 대상으로 하는 폐쇄적 구조에서 벗어나, 주제에 관심 있는 일반시민을 대상으로 누구나 참여하는 개방성을 확보하게 되었으며, 그 주제도 사회·문화 전반으로 그 범위가 확대되었다. 또한 활동방법에 있어서 축제형식을 취하는 문화제로 변화됨에 따라 시민에게 다양한 여가문화를 선용할 수 있는 콘텐츠를 제공하기에 이르렀다.

오늘날의 사회는 성취수준, 교수학, 선발도구적 성격을 지닌 학교에서의 전통적 교육이, 사회변화에 따라 삶 자체로서의 평생-계속-생애개발의 새로운 교육으로 변함에 따라 social constructivism, self directed learning, life-long learning, PBL, e-learning 등을 이념적 가치로 하게 되었다.

이러한 상황하에 e-factor의 부상과 사회참여운동에서 찾아볼 수 있는 네트워크의 활성화는 사회참여운동조직의 체계화와 활성화를 가능하게 하는 환경을 제공하였다. 가르침(teaching)에서 배움(learning)으로 교육의 형식이 이전됨에 따라 자발적 참여를 통한 학습의 중요성이 부각되자, 대안교육이 필요하게 되었는데, 이는 사회참여운동이라는 활동방식과 상응하였다. 한편, 주제의 사회전반적 내용에 대한 세대의 초월성 및 지속성, 이와 연계된 평생 배움의 실현 가능성을 가진 특성과 대조해 볼 때 사회참여운동은 참교육의 실현을 위한 효율적인 장이 될 수 있다.

사회적 구성주의를 설명하는 각각의 내용은 사회참여운동의 성격과 연계하여 확인할 수 있다. 사회참여운동에서의 경험과 현장체험의 제공은 경험이 의미(meaning)부여의 원동력이 되며, 경험에 의해 인식이 이뤄진다(Brown, Collins, & Duguid, 1997)는 구성주의의 기본 원리와 상통한다. 사회참여운동에의 능동적이고 자발적인 참여는 지식이 역동적이며 개인적, 사회적, 합리적으로 창출된다는 구성주의의 주장에 부합된다.

또한 사회참여운동의 집단 내에서 얻을 수 있는 교류적 이익의 신빙성은 지식의 구성이 자신이 속한 사회구성원들에 의해 영향을 받으며, 학습자 나름대로의 독특한 이해체계를 형성한다. 이는 자율적으로 지식을 구성할 수 있는 능력이 다양하고 능력차는 교육에 의해서 조정 가능하다는 사회적 구성주의의 주장에 의해서 뒷받침될 수 있다.

사회적 구성주의에서는 사물을 보는 입장에 여러 가지가 있을 수 있으며, 어떤 사건이나 개념의 이해에 대해서도 서로 다른 견해가 있을 수 있음을 허용한다. 이는 객관적 평가기준을 바탕으로 한 전통적 교육에 대한 회의와 주관적, 창조적이고 다양한 개성을 중시하는 새로운 평가기준의 제시와 학습대책의 마련으로 대변되는 대안교육 선호현상을 잘 설명할 수 있다.

사회참여운동에서의 활동은 의견과 인식의 다양성과 창조성을 인정하기 때문에, 개인의 성취도를 평가하는 데 있어 객관적인 평가기준을 제시하기보다는 주관적인 만족과 행복감을 평가기준으로 한다.

문화 인프라와 리터러시(literacy) 측면에서 사회참여운동의 여가-문화-교육의 효용성은 문해능력으로부터 문화능력으로의 전환과 그 맥락을 함께한다(한준상, 1999; 2003; Sissel, 1996). 포스트모던 사회로의 이행에 따라 문해능력이라 표현되는 전통적인 리터러시, 즉 3R's, coding & decoding ability의 수준에서 인간이 창조한 문명의 전반을 다루는 능력과 지성적 활동 및 사회문화적 활동 혹은 비판적, 자성적 성찰을 위한 활동에 적극적으로 참여할 줄 아는 능력인, 문화능력으로 의미가 확대되고 그 방식이 다양화되었다.

이에 따라 컴퓨터, 영상문화 및 정보통신 텍스트, 정치참여 텍스트, 건강과 가족문화 텍스트, 자아성장 텍스트를 이해하고 활용할 수 있는 다양한 리터러시 능력이 필요하게 되었다. 학교교육이 담당하는 전통적 텍스트(말과 글)에 대한 리터러시 능력만으로는 변화하는 사회에 제대로 대응하지 못한다. 따라서 학교교육이 제공하지 못하는 여러 가지 리터러시 능력은 사회참여운동을 통해 다양한 직업과 관심을 가진 타인과의 문제해결경험과 체험 및 교류로써 취득 가능할 것이다.

2. 사회참여운동의 유형

1) 봉사참여

대표적인 사례로 '북한 용천 돕기 의료지원단' 을 들 수 있다. 이 단체는 'SAM 의료복지재단' 과 '글로벌케어', '효산의료재단', '샘안양병원' 등 경기지역 의료봉사단체 및 의료기관들이 북한 용천지역 주민들을 돕기 위해 구성한 연합 의료지원단이다. SAM 의료복지재단은 UN산하 NGO 단체인 국제 SAM 한국본부이며, 그동안 단둥지역에서 중국 현지인 및 조선족, 북한동포 등을 대상으로 봉사활동을 벌여 왔다. 또 글로벌케어는 의료인들이 중심이 되어 설립된 민간의료봉사활동단체다.

2) 정치참여

정치참여에 해당하는 예로 낙천, 낙선운동이 있는데, 기존의 정치를 개혁하기 위한 일종의 압박운동이다. 외부로부터의 정치에 대한 감시운동을 뛰어넘어, 보다 민주적인 공천과 부패하고 무능한 정치인 퇴출이라는 직접적인 정치개혁 압박운동이다. 981개 전국 시민사회단체의 한시적 연합체인 '총선시민연대' 가 중심이 되어 전개한 낙천, 낙선운동은 ① 부패무능한 정치인의 정당공천을 반대하는 공천반대운동, ② 공천된 부패무능인사들에 대한 공천철회운동, ③ 선거에서의 낙선운동을 전개하였다.

3) 교육참여

대표적인 예로 '인간교육실현학부모연대', '참사랑실천학부모회', '학교사랑실천연대' 의 활동을 들 수 있다. 특히, 학교사랑실천연대는 학교사랑 도우미 결연, 교육환경 지킴이 등 교육환경 침해 사례의 해결에 대한 체계적이고 지속적인 운동을 전개한다. 또 '녹색연합' 환경소송센터 등과 연계하여 학교환경 지키기 운동, 학교사랑실천 언론인 발굴 및 시상을 한다. 이와 같은 교육적 언론활동에 대한 시상을 통해 언론의 정화효과 및 교육적 기능을 기대해 볼 수 있다. 또한 한 · 미 · 일 국제교육정책 세미나를 개최함으로써 한국, 미국, 일본의 학교교육문제에 대한 비교교육학적 연구 및 토론의 장을 마련하기도 한다.

4) 국제문제참여

실제 사례로 대만 핵폐기물 저지운동을 들 수 있다. 이는 외국 그린피스(중국, 일본)와 국내의 '대만 핵폐기물 북한반입 저지를 위한 범국민운동본부', '환경운동연합', '녹색연합', '대만환경보호연맹', '경실련' 등이 함께한 대표적인 국제문제참여의 연대활동이었다.[1)]

5) 환경문제참여

언론에 새만금문제가 보도되기 이전에 '새만금 간척사업 백지화를 위한 시민위원회'가 40여 개 환경사회단체의 참여로 결성되었다. 주관을 맡은 '녹색연합'이 적극적인 활동을 주도하면서 그동안 침묵하고 있던 언론보도도 활발해졌다. 시민위원회는 갯벌생태계 파괴, 갯벌에 깃드는 생명의 몰살, 엉터리 경제성으로 사업을 부풀려 경제성이 없다는 것, 시화호 오염처럼 새만금호의 수질오염문제가 심각할 것이라는 이유와 근거를 과학적으로 규명하

---

1) 1997년 대만전력공사와 북한 핵안전감독위원회는 대만 내 란위섬에 저장되어 있는 핵폐기물을 북한으로 반입하려 하였다. 북한은 핵폐기물 관리시설의 최소한도 갖추지 못한 상태였기 때문에 한반도 방사능 오염화는 불을 보듯 뻔한 문제였다. 이에 녹색연합은 사무총장과 실무자들을 대만으로 급파하여, 대만핵폐기물 북한 반입에 항의하는 삭발식을 거행하고 단식농성을 벌이며 강력하게 항의하였고, 마침내 국내 다수시민들의 지지를 확보하면서 국제적인 여론으로 확산시켰다. 그리고 이러한 활동이 뜻을 이루어 대만정부가 북한과의 핵폐기물 처리위탁계약을 포기하는 성과를 올렸다.

고 정립하기 위한 다양한 활동을 전개하였다.

이 운동이 확산되면서 전북지역 환경단체, 사회단체가 결합하여 지역주민의 인식과 여론을 바꾸는 활동이 시작되었고, 공정하고 객관적인 정책건의 활동을 하였지만, 2006년 정부는 '새만금 간척사업 강행' 결정을 내렸으며, 물막이공사가 끝났다.

오프라인상의 사회참여 운동방법으로 1인시위, 대규모 집회, 캠페인, 축제, 사이버상의 운동(항의글 올리기, poll), 공청회, 기자회견, 전문적인 조사연구, 토론회 등이 있다.

첫째, 시위 및 집회는 개인이 피켓이나 플랫카드를 이용하여 시위하기(1인시위) 혹은 단체규모의 성명서 발표, 기자회견, 시민대회 등이 있다. 사회적 문제에 대한 의사표시방법으로 가장 일반적이다.

둘째, 캠페인과 축제 등 여가문화가 접목된 것으로는 '동강살리기' 캠페인, '종이 안 쓰는 날', '내복입기 캠페인', '녹색순례', '지구의 날 2004' 행사, '낙천낙선운동', '반핵 · 반전운동', '갯벌축제', '남은 음식 활용을 위한 떡 만들기 축제' 등이 있다. 지구의 날 행사, 갯벌축제 같은 문화축제 성격의 활동은 시민의 적극적인 참여와 관심을 유도하는 데에 효과적이다.

셋째, 연구, 출판, 토론과 같은 학술연구활동의 예로는 장애우권익보호연구소 운영, 환경소송센터 운영, 각종 정기간행물, 단행본 및 보고서의 출간, 토론회 · 좌담회 · 심포지엄 · 포럼을 개최하는 것이다. 이들은 구체적 활동의 배경이 되는 것으로서 사회참여운동의 대안과 비전을 제시하는 활동이다.

넷째, '녹색연합'의 녹색들머리모임, 야생동물보호모임 등 동호회와 모임을 통해 인적 네트워크를 구축하여 사회참여운동의 관심을 불러일으키고, 나아가 잠재적 활동가를 기대할 수 있다.

다섯째, 사랑의 먹거리 나누기 운동, 백혈병어린이 후원회 등 이웃을 위한 봉사와 사회참여운동을 위한 자원봉사가 있다. 봉사를 통해 사회참여운동이 시민을 위한 활동이라는 인식을 공유하고, 감성을 자극해 참여를 유도한다. 그 외에 다른 시민단체와의 연대를 통한 활동, 기업 캠페인, 학교와 연계한 교육 등이 있다.

한편, 온라인 활동은 사이버상의 게시판과 대화방 등에서의 감시활동, 네티즌과 정보를 공유하는 활동, 다양한 방법을 이용한 홍보활동, 계도활동 등이 있다. 사이버상에서의 쇼핑몰 피해, ISP에 의한 피해, 소프트웨어의 불법복제 및 불법거래, ID 도용, 해킹, 바이러스 피해, 불법음란물 등에 대한 감시활동, 사이버상의 게시판, 대화방 등에서의 언어폭력, 성희롱에 대한 감시활동, 사이버상에서의 감시활동 중 불법 · 부당사례 발견 시 사이버감시단에 보고 및 신고, 사이버상에서 자신이 찾아낸 유익한 정보에 대한 추천 및 자신이 가지고 있는 유익한 정보를 공개하여 네티즌과 공유하는 활동, 사이버상에서의 에티켓을 지키기 위한 홍보와 계도활동, 사이버 모니터요원 상호간에 다양한 의사소통과 정보교류를 위한 동호회활동, 사이버감시단의 활동과 취지를 적극적으로 네티즌에게 홍보하기 등이 있다.

사회참여운동이 활성화된 이유는 교류망(networking)의 활성화와 미디어의 확장으로 인한 'open sources'로 대변되는 라이프스타일 변화에서 찾아볼 수 있다. 특히, 사회참여운동이 활동주체에 대한 개방성을 확보하고, 활동주제에 있어 사회문화 전반에 대한 내용으로 그 범위가 확대되고, 활동방법에 있어서 축제형식을 취하는 문화제로 변화됨에 따라 시민에게는 다양한 여가-문화-교육 콘텐츠로 도약하게 되었다.

교류망(networking)의 활성화는 유비쿼터스 가치관의 확산, 삶에 있어서의 e-factor(digital being)의 중요성과 그 비중의 증가를 가져왔으며, 이는 시민의 활동공간을 2차원의 물리적 공간에서 사이버 공간으로 발전시켰다. 이는 활동의 시간적 · 공간적 제약을 덜어 주었는데, 다양한 계층과 직업을 가진 사람들의 시간적 · 공간적으로 자유로운 결집과 의견교류, 여론 형성을 가능하게 하였으며, 활동력의 근간인 교류, 흥미와 취미를 바탕으로 한 자발적인 참여와 결집을 가능하게 하였다.

미디어(media)의 확장, 다시 말해 mass media, multimedia, my media 등으로의 발전은 정보축적과 확산방식 및 정보공유의 자유로움을 가져왔고,

이는 문화, 역사, 정치 등 사회 전반의 주제를 망라하는 활동주제의 다양성과 더불어 봉사활동, 환경운동의 혼합과 같은 실행방법의 다차원성을 가능하게 하였다.

결국 교류망의 활성화와 미디어의 확장은 집합지능(collective intelligence)을 발휘할 수 있는 open sources 사회로의 발전을 가져왔다고 볼 수 있다. 이는 현재 사회참여운동의 광범위성과 보편성을 가능하게 하였으며, 이로 인해 여가-문화-교육 콘텐츠로서 발전시킬 수 있는 환경을 조성하였다. 교류에 의한 의견 형성으로 다수의 상이한 욕구의 동시적 충족이 가능하며, 시간·공간의 제약을 극복한 학습의 장을 제공함으로써 평생 배움의 소재가 될 수 있는 조건을 자연스럽게 제공하기 때문이다.

특히, 사회참여운동을 놀이의 시각에서 바라볼 때, 그가 제공하는 문화제 및 캠페인은 미미크리의 위계를 가진 축제의 일종으로 파악할 수 있다. 따라서 사회참여운동은 축제·공연·예술 전반이 갖는 특성을 참여자에게 제공할 수 있다. 놀이하는 존재(Homo ludens)로서의 인간은 축제를 통해 유희적 즐거움을 누릴 수 있으며, 축제의 비정치성과 비권력적 참여는 우연적, 비수의적인 학습을 가능케 한다.

이에 대한 관조적 참여는 물론 적극적 참여로써 열광과 몰입, 긴장과 해방, 형식과 난장을 경험하고 사회적 무질서 속의 질서를 느낄 수 있다. 결론적으로 사회참여운동의 문화적 활용은 감각, 지각, 의지를 전일적으로 경험하게 함으로써 참여자에게 인지적 재구성과 의식의 확충을 가능하게 한다.

3. 문화교양으로서의 사회참여

1990년대에 접어들어 국가권력이 탈권위화되면서 지방분권화가 진전되었고, 소비생활이 고도화되면서 전형적인 도시 중상류층이 출현하였다. 그러면서 급격한 사회변동 속에서 배제되었던 일상의 여러 쟁점들이 사회 내의 분쟁과 갈등으로 표출되기 시작하였다. 이와 같은 도시민들의 생활과 관련된 문제가 시민사회문제로 규정되기 시작했고, 그 해결에 있어서 과거의 관료적, 하향적 방식 대신에 시민참여와 협의의 방식이 필요하게 되었다.

그 해결방식의 세 가지 축으로 크게 시민, 정부, 기업을 들 수 있다. 이 삼각구도에서 각 주체는 시민-정부, 시민-기업의 대립적 긴장관계에 있으며, 사회참여운동적인 측면에서 주된 것은 시민-정부의 축이다. 시민, 정부, 기업이 공존하는 시민사회는 정부(정치)의 지향점과 근본적으로 배타적이고 경쟁적이며 갈등적이다. 그러나 동태적으로는 양자가 상호작용하면서 영향을 주고받는다. 각 주체와 집단이 경쟁적이고 배타적인 상대방의 입장과 역할을 협력적인 관계를 통해 수용하고 반영하는 가운데, 자신이 추구하는 목표를 보다 의미 있게 달성할 수 있게 된다.

따라서 사회문제에 대한 전반적인 관심이 고양된 지금, 해결주체이자 하나의 축인 시민대중의 사회문제 해결을 위한 관심과 노력이 절실히 요구된다. 이를 위해 적극적으로 교육시키며, 나아가 실질적 행동을 통해 시민자질을 확립하고, 민주주의적 참여를 학습할 수 있도록 여러 가지 프로그램을 제공해야 한다.

평생학습으로서 삶 속에 녹아드는 사회참여운동이 되기 위해서 여가문화 콘텐츠를 제공해 주어야 하는데, 축제 형식의 캠페인이 활성화됨으로써 가능하다. 지역축제로서의 사회참여운동은 시민을 교육하고 수익 창출의 측면에서 지역사회발전에도 기여한다. 또한 활동 자체가 지역사회의 지원을 받아야 좀 더 효율적이고 체계적인 발전을 기대할 수 있다. 지방정부가 해 주어야 하는 과제는 다음과 같다.

첫째, 사회참여운동의 활성화를 위해서는 그 자율성을 보장해 주는 정부의 태도가 필요하다. 그러나 여전히 사회참여운동과 그 활동을 요식적으로 인정할 뿐 기본 정서는 권위적이고 관료적인 것이 사실이다.

둘째, 사회참여운동의 법적, 제도적 지위를 뒷받침해야 한다. 법조항에 운동단체의 활동에 대한 근거규정이 있다면 더욱 안정된 상태에서의 활동이 가능할 것이다.

셋째, 정부가 관장하는 행정적 서비스를 아무런 제약 없이 제공해 주어야 한다. 각종 활동의 등록과 집회, 모금활동과 정부가 가진 정보와 자료제공, 행사를 위한 부대시설을 공여해 주는 것 등이 포함되어야 한다.

넷째, 사회참여운동단체 간 업무의 조정, 협력, 유대, 인력교류, 정보교환 등을 촉진하고 관장할 정부지원기구가 필요하다. 이 기구는 관·민 협동형태로 운영되며, 각 지방정부마다 개별화하는 것이 바람직하다.

다섯째, 지방정부의 정책과정, 즉 입안부터 집행과 평가에 이르는 전 과정에서 사회참여단체의 의견을 듣고 공동으로 추진하고 평가받을 수 있는 시스템 개발이 필요하다. 공동의 사업 추진에서 사회참여단체의 전문성을 활용하고 협력할 수 있도록 인력교류를 통한 상호공조가 효과적이다.

여섯째, 사회참여운동가의 활동경력을 인정해 주며, 직업분류에서 항목을 신설하여 사회적으로 차별받지 않도록 배려해야 한다.

일곱째, 사회참여단체에 대한 재정지원을 확대해야 한다. 현재의 소규모 예산과 시혜적인 성격을 탈피하여, 가능한 범위에서 예산을 대폭 증액하고, 지원방식도 다양화하여 단체의 활동성과를 촉진시킨다.

사회참여운동의 바람직한 발전과 이들 활동의 효용성이 극대화될 수 있도록 하기 위해 나아갈 방향은 다음과 같다.

첫째, 사회참여운동은 '시민주의'로부터 시작하여 '시민주의'로 끝나야 한다. 시민들의 자발적인 참여가 필수적이며, 그 활동은 이익집단화되거나 특정의 정파적 노선을 추구하는 것은 바람직하지 못하다.

둘째, 활동가는 신념과 도덕성, 소신 등을 겸비해야 한다. 이는 변동하는 사회적 환경에 맞추어 운동목적, 방식 등을 전환하고 창조적 대안 제시를 위한 전문성도 포함하는 것이다.

셋째, 사회참여운동은 활동의 전문화를 추구해야 한다. 다원화된 현대 사회에서 시민의 요구를 충족시키기 위해서는 영역별로 전문화된 대책이 필요하다.

넷째, 사회참여운동을 하는 시민운동가들은 정당한 사회적, 경제적 보상을 받도록 자신들의 권리를 표현해야 한다. 운동조직은 다른 사회조직과 달리, 공동체성을 띠어야 시민운동의 의의를 살려 낼 수 있다.

다섯째, 효율적인 운동을 함에 있어서 유사 시민운동단체 간에 선의의 경쟁을 하면서 연대와 협력이 필요하다. 또한 지구 차원의 문제에 대한 국제적인 연대도 포함한다.

여섯째, 사회참여운동을 위한 전문가 및 활동가 양성에 힘써야 한다. 운동은 단기적인 현상에 그치는 것이 아니라 세대에 길친 전반적인 문화가 되어야 한다. 이를 지속적으로 추진할 수 있는 인적 자원 개발의 인프라를 구축해야 한다. 운동단체 자체만의 교육뿐 아니라 운영 면에 있어서 시민참여적이고 민주적인 방식의 공식적인 교육기관(대학학부과정, 대학원과정) 형태로 운영할 필요가 있다.

일곱째, 사회참여운동의 안정성을 위해 재정확보에 힘써야 한다. 사회참여운동은 시민의, 시민에 의한, 시민을 위한 활동이기 때문에 시민들의 헌금, 기부, 회비 등의 모금으로 충당되는 것이 바람직하다. 시민들의 모금에서 사회참여운동의 근간이 이루어지므로 단체는 사회참여운동의 필요성을 알리면서 관심을 유도하는 것이 중요하다. 모금은 조직적인 노력이 필요하기 때문에 이를 지원해 줄 수 있는 제도적 장치가 요구된다.

재정확보를 위한 노력으로 사회참여단체와 일반기업 간 기금제휴를 그 예로 들 수 있다. 사회참여단체와 일반기업이 제휴하여 환경운동기금을 조성하는 방법은 양측에게 모두 교류의 이익이 있다. 단체에게는 재정확보의 수단이 되므로 활동의 안정성을 기할 수 있고, 기업에게는 판매 신장, 제품이미지 제고 등의 효과를 거둘 수 있게 한다. 여기서 일반기업은 판매수익 일부를 기금으로 조성하여 환경보전운동을 위한 생태조사, 국제 민간 워크숍 등을 진행하는 데 사용하며, 각종 캠페인, 사회참여교육의 활동을 하게 된다.[2]

일반기업과의 연계는 기업 내 사원, 사원가족, 도급기업 및 산하기관 등에까지 영향을 미쳐, 사회참여운동의 집단에 참여가능성을 지닌 회원 및 활동

주제에 대하여 관심을 갖는 잠재적 참여자의 연쇄적인 파급효과를 기대할 수 있다. 이들을 능동적, 상황지시적인 참여자로 변화시키기 위해서는 기업의 이윤창출에 간과되었던 환경문제에 대한 공감대를 제공하는 문화교육 프로그램이 요구된다.

최근 사회참여운동의 전문성과 형식, 그리고 규모에 대한 논의가 활발히 진행되고 있다. 운동의 전문성 문제에 대한 비판과 우려가 끊임없이 제기되고 있지만, 사회참여운동은 전문성에 관한 한 정부에 대해 나름대로 절대적 우위를 갖고 있다. 이는 지식에 국한된 부분만이 아니라, 문제를 보는 시각과 이를 풀어 나가는 접근방식, 일반시민들의 호응과 신뢰 등이 모두 포함된다.

바람직한 사회참여운동을 위해서 정부를 견제할 수 있는 전국규모의 운동단체가 필요하고, 세분화된 주민과 밀착되어 활동하는 소규모 운동단체도 필요하다. 또한 열악한 재정상태, 운동의 장기적 전망과 이념부재, 운동의 독선과 오만, 운동단체들 사이의 불건전한 경쟁관계, 운동내부의 민족주의적 경향, 지속적이고도 원활한 상근활동가 충원의 어려움, 그리고 정부와의 건전한 관계 정립 등의 문제들은 사회참여운동의 미래를 어둡게 만드는 요소다. 이러한 장애요인들을 해결해야만 지속 가능한 가치기반의 사회참여운동이 가능할 것이다.

여가에 의한 교육은 교육의 오락화, 문화화, 인간화, 다양화 및 레저의 교육화가 이루어질 때 그 효과가 극대화될 수 있다. 칼슨(R. Carlson)에 의하면, 배움은 그것이 본질적으로 즐겁고 만족할 만한 것일 때 더욱 빠르고 지속적이며, 가장 훌륭한 교육경험은 오락적인(recreational) 성격을 띤다고 하였다. 오락과 여가, 문화와 생활, 교육과 배움이 한데 어우러질 때 우리의 삶은 더욱 평안하고 발전적인 면모를 띤다.

---

2) 예를 들어, 녹색연합은 수유용품 브랜드 아피자스(Apizas)와 제휴하여 '멸종위기 야생동물 보호기금' 을 만들었다. 이 기금은 환경 분야 기부문화의 활성과 환경보전운동에 대한 폭넓은 사회참여 확대를 위하여 사용된다. 또 녹색연합과 교보생명(교보생명교육문화재단)이 협력하여 벌이고 있는 GMO(Genetically Modified Organism: 유전자조작식품)의 유해성을 알리고, 건강한 식습관을 위한 '생태적 식탁 만들기' 시민 강좌 캠페인도 좋은 예다.

오늘날 사회참여운동의 가장 중요한 특징은 축제, 문화제로의 변화이며, 능동적인 대중교류와 참여다. 따라서 기존의 사회참여운동이 지니는 폭력성과 정치성, 폐쇄성에서 오는 딱딱함을 어느 정도 배제할 수 있으리라 생각된다. 대중의 자연스러운 참여와 의견 개진을 위해 축제, 문화제적인 성격으로 자신이 즐기며 표현함에 따라 오락화, 문화화, 인간화, 다양화된 참교육을 누릴 수 있으리라 기대된다.

문화교양 콘텐츠로서의 사회참여운동은 참여를 통해 운동의 내용과 주제에서 인간과 세계를 이해하고, 참여에서의 역할활동을 통해 자아 형성과 발전에 힘써야 한다. 사회참여운동의 문화적 축제를 즐기며, 아름다움의 감상과 표현을 위해 꾸준히 시도하고, 흥미와 즐거움의 영역 확장을 통한 삶의 미적인 멋의 향유기회를 포착해야 한다.

이 모든 과정에서 개인은 물론 사회의 건강과 안정감 획득이 최우선되어야 함은 물론이다. 또 기능과 관심, 적성과 자질의 새로운 발견을 위해 늘 탐구하는 자세로 참여하여 평균수명 연장에 따른 제2의 삶을 준비해야 할 것이며, 삶의 전반적인 질 향상을 위한 잠재적 문화교양을 잘 활용할 수 있도록 해야 한다.

17

문화해방구: 클러버문화

1. 클럽문화란 무엇인가

영국의 문화학자 사라손톤은 클럽문화를 청년 하위문화에 부여된 일상적인 표현으로 댄스클럽과 그것의 1980년대 파생물인 'rave'가 상징적 축이자 사회활동의 중심이며, 사운드와 스타일을 끊임없이 제시하고 변화시키는 특정 공간과 관련된 문화로 규정하고 있다. 또한 그는 클럽문화의 중요한 속성으로서 기호문화(taste culture)를 들고 있다.

클러버들은 그들이 공유하는 음악취향, 그들만의 공통된 미디어 소비방식, 자신과 비슷한 취향을 가진 사람 등이 있는 장소로 모인다. 결국 클럽문화란 고유의 음악, 춤, 사람, 대화가 공존하는 복합문화공간인 클럽을 매개로 생성 · 공유 · 변화되는 독특한 스타일의 청년 하위문화라고 할 수 있다.

서구 클럽문화가 음악과 춤이 긴밀한 관계를 맺으면서 형성된 반면, 우리나라의 경우 록음악 공연을 중심으로 한 라이브클럽과 테크노 음악을 중심으로 한 댄스클럽이 1990년대 이후 공존하는 양상을 보이면서 발전해 왔다. 즉, 한국의 클럽문화는 크게 라이브클럽과 댄스클럽으로 구분된다고 할 수 있겠다.

1960년대부터 우리의 클럽 라이브 공연은 미군부대 내에 있는 클럽에서 시작되었다. 그러나 이후 미군부대의 라이브클럽들이 사라지고, 기존에 있던 라이브 무대가 유흥업소로 판정받으면서 라이브밴드들은 손님들의 유흥을 위한 속칭 '오부리밴드'로 전락되었다. 따라서 라이브밴드의 기능을 상실한 채 단지 유흥을 위한 수단으로 인식되었다.

1975년 록음악의 가요규제 조치와 방송금지 조치, 대마초사건 등으로 인해 대중음악에서 자연스럽게 언더그라운드 음악으로 밀려나게 되었다. 1980년대 들어서면서 팝계를 강타한 디스코 열풍으로 그나마 존재하던 록가수들의 무대는 점점 사라지며, 한국의 라이브클럽들은 자취를 감추게 된다. 다만 이태원과 신촌 일대에 외국인들과 소수 마니아들을 상대로 한 라이브클럽들만이 존재하게 되었다.

그러나 1990년대 중반 홍대앞 '드럭(DRUG)'을 시작으로 다시 생겨나기 시작한 라이브클럽들은 언더그라운드 문화에 갈증을 느끼던 마니아들의 지지를 받으면서 댄스음악 중심의 주류문화에 대한 대안으로 발흥하기 시작한다. 이후 전 세계적으로 상업화되어 가는 대중음악에 반기를 들고 젊음, 저항, 창조라는 록 본연의 정신을 다시 부활시키고자 태동한 얼터너티브록의 등장은 서울에 라이브클럽 문화를 생성하게 된 주요한 전기가 되었다.

한편, 댄스클럽은 라이브클럽과 달리, 테크노뮤지션이나 DJ 공연을 통해 음악이 연주되는 가운데 그에 맞추어 관객들이 춤을 추거나 음악을 즐기며 커뮤니티를 형성해 가는 공간이다. 홍대 일대에 댄스클럽이 등장하게 된 배경에 홍익대학교 미술대학의 역할을 빼놓을 수 없다. 개성 있고 문화적 감수성이 뛰어난 학생들이 홍대 미대를 거치면서 그들의 창조성과 개성을 발휘하는 새롭고 실험적인 활동을 이 지역에서 벌이게 되는데, 이것이 댄스클럽 형성의 모태가 되었다. 또한 사회경제상황과 맞물려 외국인 급증도 큰 요인으로 작용하였다.

이렇게 기존에 활동하던 다양한 문화예술계층과 새로 이 지역에 유입되기 시작한 외국인, 유학생들이 만남을 이루면서 1995년 말 기점으로 그들의 문화적 욕구를 충족시키는 본격적인 댄스클럽이 생겨나기 시작했다. 다른 지역에도 클럽은 있다. 그러나 홍대지역만큼 활성화되어 있지 못하다. 그렇다면 왜 홍대지역에 이러한 독특한 클럽문화가 생겨나게 된 것인가?

우선 홍대지역에 라이브클럽이나 댄스클럽들이 생기게 된 것은 지리적으로 신촌과의 인접성에서 기인한다. 원래 젊은층들이 많이 모이던 신촌 일대에 1970년대 이후부터 주로 통기타 포크음악을 위주로 한 라이브카페들이 자연스레 형성되었고, 1980년대에는 록카페를 중심으로 록음악이 많이 연주되곤 하였다. 1990년대 이후 록카페가 퇴폐공간으로 언론에 보도되면서 단속의 철퇴를 맞고, 카페에서의 라이브 공연이 불법화됨과 동시에 대중음악은 매스미디어를 중심으로 10대 위주의 획일적인 댄스음악이 지배하게 되면서, 록음악 연주자들의 활동무대가 점차 신촌에서 사라져 갔다.

1994년 '드럭'이라는 라이브클럽이 언더그라운드, 안티 주류라는 이념적 기치를 내세우고 홍대지역에 등장하였다. 저렴한 지가와 용도전환이 용이한 주택가가 상대적으로 많은 준거주지역으로, 임대가 용이한 경제적 요인과 기존의 지역특성인 자유롭고 젊은 마인드가 만나 홍대지역에는 기존의 대중음악이나 주류음악이 아닌 다양한 문화적 대안들을 실험하는 클럽들이 생겨났다. 이후 홍대 하면 언더그라운드, 대안문화, 안티문화, B급문화, 저항문화 등을 떠올릴 수 있을 만큼 그 반응과 이미지는 충격이었고, 라이브클럽들을 중심으로 반주류문화로서의 도전이 밤마다 자유롭게 펼쳐지게 되었다.

홍대지역의 클럽문화는 다른 지역에 비해 활성화되고, 하나의 문화공간으로서 다양한 실험의 장이 되고 있다. 2000년 이후 라이브클럽 경우 음악 전문 사이트인 '블루노이즈(www.bluenoies.com)'에 등록되어 있는 기준으로 전국적으로 28개 클럽이 운영되고 있다. 지역적로 보면 서울이 전체 클럽의 68%인 19개 업소로 가장 큰 비중을 차지하고 있고, 74%인 14개의 클럽이 홍대, 신촌지역에 집중 분포하고 있다.

펑크, 하드코어, 발라드, 하드록, 데스메탈, 힙합, 테크노 등 다양한 장르와 스타일의 언더그라운드 음악들이 상시 공연되고 있으며, 동시에 클럽별

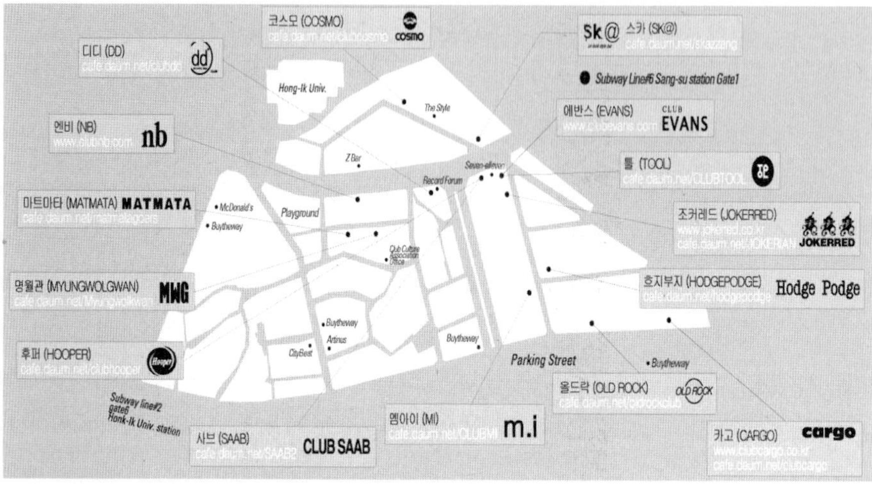

그림 17-1 홍대지역 클럽 현황 (2004월 5월 현재)

다양화와 차별화를 추구하고 있다. 최근에는 라이브 재즈를 전문으로 하는 클럽들도 등장하면서 폭넓은 다양화가 이루어지고 있다.

2001년 이후 외국인들이 많이 찾는 홍대지역의 클럽들을 관광상품으로서 가치평가하는 움직임들이 부각되면서, 새로운 클럽들이 생겨남에 따라 현재 약 20여 개의 댄스클럽들이 운영되고 있다.

1) 클럽데이

현재 홍대지역의 클럽문화에서 주목할 만한 것은 '클럽데이(The Club Day)' 다. 클럽데이란 홍대지역의 대표적 문화행사로 한 장의 티켓으로 클럽을 마음껏 드나들 수 있는 독특한 프로그램으로, 홍대지역을 클럽의 메카로 규정지었다고 할 수 있다. '홍대 클럽이 하나 되는 날' 이라는 슬로건 아래 2001년 3월 30일 M.I, Matmata, 108, Joker Red의 4개 클럽이 공동으로 주최하면서 시작되었고, 지금도 이어져 오고 있다. 클럽데이에서는 한 장의 티켓으로 여러 클럽들을 둘러볼 수 있고, 이 외에도 클럽문화 갤러리, 거리공연 등 다양한 이벤트가 열리고 있다.

이러한 클럽문화는 지역문화를 위해 지역주체들이 자발적으로 기획한 행사다. 홍대지역의 특성을 잘 살린 고유 프로그램으로서 매회 만 명에 가까운 인파가 몰려드는 '또 하나의 문화' 현상으로 일컬어지는 대형 행사로 자리매김하였다.

2) 온라인을 통한 클럽문화

클럽문화는 직접적인 체험은 물론 온라인상에서도 이루어지고 있다. 홍대지역에 위치해 있는 각 클럽들은 직접 홈페이지를 제작하거나, 다음(daum) 혹은 그외 온라인상의 카페를 통해 정보를 제공하고, 음악이나 동영상 등을 제공하고 있다. 또한 마니아를 위주로 한 동호회 형식의 카페들도 운영되고 있다. 회원 수가 무려 6만 명을 넘는 카페도 있다.

3) 클럽문화협회

클럽문화 활성화를 위해 2003년 '클럽문화협회'는 다음과 같은 취지를 발표하면서 공식적으로 발족하였다.

> "클럽문화협회는 지역사회의 참여와 이해, 독립문화를 추구하는 문화예술인들의 문화생산 및 기획능력, 클러버들의 질 높은 문화소비와 문화생산과정에의 참여를 끌어 내기 위해 체계적이고 전문화된 활동체계를 가질 것이다. 아울러 클럽들이 사회문화적 관심과 기대에 어긋나지 않도록 견제하고, 올바로 유도하는 역할을 수행하고자 한다. 클럽문화가 문화다양성이라는 보편적 가치를 지켜 내고, 새로운 문화코드를 찾아가는 국내외 문화예술의 실험장이자 인큐베이터, 나아가 문화발전소가 될 수 있도록 그 초석이 되고자 한다."

클럽문화협회는 기존에 존재하고 있었던 문화와 다른 건전하고 새로운 문화발전을 위한 노력을 다짐하고 있다. 이 같은 목표를 내세운 클럽문화협회는 다음과 같은 활동들을 꾸준히 전개하고 있다.

첫째, 특별한 경우를 제외하고 매월 정규 클럽데이 행사를 주관하고 있다.

둘째, 클럽데이와 같은 국내행사 주관뿐만 아니라 한·일 로드클럽 페스티벌을 기획하고 있다. 2003년 9월 첫 로드클럽 페스티벌이 개최되었다. 이것은 한·중·일을 중심으로 전 아시아 클럽문화 네트워크를 목표로 출범하여, 한·일 클럽/DJ/아티스트 간의 상호교류는 물론 클럽데이를 통해 상호 방문여행을 함으로써 홍대지역이 아시아 클럽문화 중심지로 자리매김할 것을 기대하고 있다.

셋째, 클럽데이 행사를 주관함과 동시에 이미지 작업은 물론 클럽문화 소식지를 출판하고, 홈페이지를 통한 온라인상에서의 활동도 전개하고 있다.

넷째, 클럽문화공간 운영 및 홍대 문화환경 지키기에 앞장서고 있다. 클럽문화를 주제로 하는 음악/영상/디자인을 전공하는 아티스트에게 작업공간을 제공하고, 언더그라운드 문화 전시 또는 공연을 주관하여 홍대 중심 문화 콘텐츠를 네트워킹하며, 홍대를 다양한 인디(indi)문화의 중심지로 자리 잡게 하였다.

다섯째, 클럽 디자인 페스트벌을 주관한다. 연 1회 대규모 디자인페어를 개최하여 첨단 감각의 파티포스터/플라이어/클리빙용품 등을 전시하고 클럽웨어를 중심으로 하는 패션쇼와 함께 다양한 세미나, 워크숍, 포럼 등을 개최하고 있다.

여섯째, 지역주민 참여 프로그램 및 지역복지 증진에 힘쓰고 있다. 홍대 클럽 특유의 춤과 음악을 지역주민도 직접 체험할 수 있는 다양한 프로그램을 개발하는 한편, 청소년의 건전한 클럽문화 체험을 위하여 청소년 클럽데이 등을 기획하고 불우이웃돕기 등 지역복지에도 꾸준한 관심을 가지고 있다.

이처럼 클럽문화협회는 클럽문화에 대한 인식을 새롭게 하고, 클럽이 건전하고 당당한 하나의 문화로 자리매김하도록 노력하고 있다.

2. 문화교양으로서의 클럽문화

클럽은 음지에 존재하여 온갖 사회병리문제를 만드는 저급문화라는 부정적 인식에서 벗어나 새로운 여가공간, 놀이공간, 문화공간으로 자리매김하고 있으며, 나아가 새롭고 대안적인 문화교양 콘텐츠로 발전하고 있다. 클럽의 교육적 효과 및 기능을 살펴보기에 앞서 클러버들은 클럽에 왜 가는지 알아볼 필요가 있다.

첫째, 클럽은 기본적으로 음악이 있는 공간이다. 클럽은 시대적 흐름을 주도하는 다양한 장르의 앞선 음악들이 존재한다. 다양한 장르의 음악들이 나이와 성별을 불문하고 모든 경계를 넘나들며, 말로 표현하지 못하는 감정을 쉽게 발산하도록 해 준다. 또한 오락의 방법, 커뮤니케이션의 방법으로서 존재하며, 에너지와 리듬을 통해 신체적 반응을 유발한다. 또한 아무런 이해관계가 없는 사람들을 하나로 결속시킨다.

둘째, 클럽은 춤이 있는 공간이다. 클럽에는 세상 모든 사람들과 소통할 수 있는 바디랭귀지인 춤(움직임)이 존재한다. 다양한 개개인의 몸짓을 하나로 어우러지도록 엮어 주는 매개언어에는 생동과 활력이 넘친다.

셋째, 클럽은 사람이 있는 공간이다. 클럽에는 비슷한 문화적 감수성과 취향을 지닌 클러버와 레이버들이 존재한다. 풍부한 감수성과 열린 마인드로 삶의 획일화를 거부하며, 새로운 대안문화를 만들어 가는 다양한 사람들이 함께 존재하는 공간이다. rave 문화의 속성으로 손꼽히는 P.L.U.R[1]는 사람의, 사람과 함께 하는 존재하는 클럽문화의 모습과 정신을 그대로 보여 준다.

넷째, 클럽은 대화와 소통이 있는 공간이다. 클럽에는 정보를 전달하고 서로의 삶을 이끌어 주며, 커뮤니티를 형성하는 대화가 존재한다. 문화를 만들어 가는 담론(discourses)이 오가고, 다양한 삶의 정보가 공유되는 파티가 있

1) Peace, Love, Unity, Respect

는 그곳에는 화합과 발전이 있다.

1) 클럽문화의 여가 측면

클럽문화는 탈학교상황의 교육적 기능을 포함한다. 즉, 여가의 한 영역으로서 심리적, 사회적, 휴식기능을 가진다.

첫째, 심리적 요인으로, 각 개인들은 자신들이 선택한 여가활동을 통하여 자아실현의 욕구를 충족시키는 기회를 경험할 수 있다. 클럽문화를 즐김으로써 새로운 경험에 대한 욕구를 충족시키고 흥미, 기쁜 감정, 즐거움 등의 정서적 만족을 느끼게 된다.

둘째, 사회적 요인으로, 새로운 사회집단이나 동호회와 같은 단체에 참여하게 됨으로써 개인의 사회적 적응능력 형성 및 향상에 기여한다.

셋째, 패트릭(Patrik)에 의하면, 휴식요인으로서의 여가는 원기를 회복시키는 효과적인 역할을 담당한다. 이러한 측면에서 클럽문화는 휴식 및 원기회복의 기회를 제공함은 물론, 일상생활에서 겪게 되는 각종 스트레스를 해소하는 데 도움을 준다.

2) 예술적 영역

음악과 춤은 예술의 영역이다. 예술이란 어떤 매체를 통해 인간의 고뇌, 생각, 행복 등 사람의 감정을 표현하거나 실어 나르는 것이다. 듀이(Dewey)는 인간의 경험을 간접경험과 직접경험으로 나누고, 예술교육에 있어 더 중요한 것은 직접경험이라고 하였다. 이처럼 예술의 영역인 음악과 춤을 클럽이라는 공간을 매개로 직접 경험할 수 있다. 즉, 교과서 혹은 대중매체를 통한 간접적 경험에서 벗어나 다양한 장르의 음악과 춤을 직접 경험할 수 있다.

3) 다양한 사람과의 만남

클럽은 사람이 있는 공간이며, 다양성과 차이가 존재한다. 같은 직장인이라도 다양한 분야에 종사하고, 대학생이라도 서로 다른 전공, 서로 다른 성격을 가진 사람들이 존재한다. 다시 말해 다양한 사람을 만남으로써 상대방을 더 잘 이해할 수 있는 계기를 마련해 준다.

또한 클럽은 획일적이고 이기주의가 만연하는 일상을 벗어나, 음악과 춤을 매개로 아무 조건 없이 사람을 만나게 됨으로써 인간성 회복 기회를 제공한다.

4) 커뮤니케이션

사람이 있는 곳은 어디나 대화와 소통이 이루어지는 커뮤니케이션 공간이다. 클럽이라는 공간 속에서 다양한 사람과의 만남을 통해 교과서 혹은 텍스트에서 얻을 수 없는 생생한 정보를 얻을 수 있다. 또한 대화를 통하여 커뮤니티 문화를 만들어 가고, 다양한 삶의 정보가 공유, 생성, 교류된다.

5) 창의성

클럽이라는 공간에서는 새로운 것을 시도할 수 있다. 기본적으로 클럽은 자유공간이다. 즉, 문화해방구로서의 역할을 수행한다. 일상의 사회, 문화적 억압으로부터 탈출하여 자유롭게 마음껏 즐기는 문화해방공간으로서의 기능을 수행한다. 이러한 자유로운 공간에서는 내가 누구와 대화하든, 담배를 피우든, 어떤 옷을 입고 오든, 어떤 춤을 추든 아무도 상관하지 않는다.

즉, 일상에서 남들의 이목 때문에 할 수 없었던 새로운 패션, 음악, 춤, 디자인, 이미지 등을 자유롭게 실험할 수 있다. 틀에 박혀 있지 않은 자유로움으로 인해 새로운 것을 실험하고 시도함으로써 창의적인 생각이 용솟음친다. 창의적인 것은 언제나 문화를 발전시키는 일종의 발전소다.

6) 홀리스틱 교육 경험

클럽문화는 일종의 홀리스틱 교육이 이루어지는 곳이다. 홀리스틱 교육이란 인간과 인간의 관계, 인간과 생태계와의 관계 등 관계성을 중시하는 교육으로 그 속에서 균형, 조화와 포괄성, 통합성을 추구하게 된다.

클럽이라는 공간 속에서 무수한 사람들과 만나 임의관계를 형성하고, 그 사람들과 대화하고 정보를 공유한다. 또한 음악과 춤을 통해 마음과 몸이 합일에 이르는 예술성을 경험할 수 있다. 다시 말해 클럽문화는 일종의 홀리스틱 교육(holistic education)상황으로서 참여하는 모든 사람의 지적, 감정적, 사회적, 신체적, 예술적, 창조적, 정신적 자질을 전일적으로 향상시켜 준다.

7) 문화교양 콘텐츠

종합적으로 보면 클럽문화는 첫째, 비슷한 음악적 취향과 미디어 소비취향, 라이프스타일을 지닌 사람들이 모여 친밀감을 서로 나누고, 정보와 관심사를 함께 공유하는 취향문화(taste culture)이자 파티문화(party culture), 둘째, 새로운 문화를 기획, 실험, 창출, 소통하는 대안문화(alternative culture), 셋째, 음악, 미술, 디자인, 영상 등 다양한 예술 분야가 크로스 오버되는 비주류문화, 넷째, 반주류, 안티(anti)주류, 탈고급 및 탈정형을 지향하는 언더그라운드 문화, 다섯째, 경계 소멸, 감수성 확장, 다양성 공존이 디지털 기술을 매개로 이루어지는 디지털 문화(digital culture)라고 할 수 있다.

나아가 지역과 함께 의사소통하며, 지역만의 독특한 이미지와 정체성을 창출하고, 지역발전의 원동력을 제공하는 지역문화(regional culture)이자 현실공간과 사이버공간을 매개로 지역에 뿌리를 내리는 커뮤니티 문화(community culture)라 할 수 있다.

이처럼 클럽은 하나의 독립적인 문화교양 콘텐츠로서 예술적, 인간적, 사회적 가치를 가지고 있다. 차등 없이 다양한 사람을 접할 수 있는 무한기회를 제공하며, 창의성과 관계성을 바탕으로 하는 홀리스틱 교육의 기능을 갖고 있다. 물론 클럽에 대한 부정적 측면의 고정관념과 올바르게 향유할 줄 모르는 사람들에게는 퇴폐적 공간으로 전락할 가능성도 배제할 수 없다.

정부 정책 면에서도 이러한 이중성은 나타난다. 댄스클럽의 경우 춤추는 것을 법적으로 금지시키고 있고, 청소년들에게는 퇴폐공간이라고 해서 단속 대상으로 규정하고 있는 반면, 클럽문화를 새로운 대안문화로 발전시켜야 한다고 인정하고 있다.

홍대지역 클럽이 새로운 대안문화 형성의 문화발전소로서 잠재력을 갖추게 된 역사적 과정에는, 틀에 박힌 삶을 거부하고 자유롭고 즐거운 삶의 공간을 새롭게 창출하고자 하는 다양한 주체들의 의식적인 이성과 무의식적인 욕망이 공존한다. 즉, 지배적인 사회체제와 규범을 부정, 비판하고 아래로부터 창조적이고 생산적인 문화를 창출해 내려는 언더 · 인디적 욕망, 자신이 하고픈 일과 꿈을 마음껏 펼쳐 보이겠다는 자유 · 펑크적 욕망, 지역문화와 공간 · 환경을 스스로 만들어 가겠다는 공동체적 욕망이 곳곳에 스며 있다.

라이브클럽에서 밴드들이 자유롭게 공연을 할 수 있기까지는 밴드의 연주를 불법시하였던 제도적 현실에 대응한 '개클련(개방적 클럽 연대)'의 '땅밑 달리기' 행사로 대표되는 라이브클럽의 합법화 투쟁이 있었다. 2004년까지도 춤추는 것이 금지되어 불법공간으로 낙인찍히고, 그로 인해 홍대문화지구 지정 논의에서 비문화업종으로 배제될 위기에 처해 있는 댄스클럽이 아직까지 존속될 수 있었던 것은 '클럽연대'와 비영리민간단체인 '공간문화센터'의 클럽데이 행사로 대표되는 수년간의 댄스클럽 합법화 운동이 있었기 때문이다.[2)]

음악과 춤을 매개로 새로운 감수성과 삶의 공동체를 창출하기 위한 클럽 문화 주체들의 보이지 않는 실험과 도전은 지금도 계속되고 있다. '놀이, 문화, 경제, 지역'의 커뮤니티 비즈니스 모델로서의 가능성과, 무경계 디지털 시대의 미래지향적인 문화공간이자 무한감성 팽창의 정서적 실험공간으로서 자리매김할 수 있는 클럽의 가능성과 실험은 여전히 지속되고 있다.

무미건조하고 획일화된 일상을 벗어나 내 취향대로, 내 방식대로, 내 스타일대로 새로운 삶을 즐기고 창조할 수 있는 에너지를 얻기 위해 오늘도 사람들은 클럽으로 발길을 옮길 것이다. 대안적 문화발전소, 클럽에서 송전되는 그 에너지를 바탕으로 삶의 다양성이 보장되는 사회공간 시스템을 만드는 문화엔진, 그것이 바로 클럽문화다. 이제 클럽은 개인으로 하여금 문화교양을 경험하게 하고, 관계 측면에서는 다양성과 차이성을 체득하게 하는 온전하고 원초적인 교육현상이 벌어지는 공간이며 시간인 셈이다.

---

2) 자유롭게 이용할 수 있는 연습장과 번듯한 야외공연장 하나 없이 개런티도 제대로 못 받으며 열악한 시설의 클럽들을 전전하고 있는 밴드들, 테크노샤먼이라 불릴 만큼 음악의 연금술을 통해 클러버들의 몸과 마음을 어루만져 주는 전문 턴테이블 뮤지션이면서도 아직까지 아티스트로 인정받지 못한 채 판돌이로 폄하되고 있는 DJ들, 우리의 일상 속에서 독특한 소리를 찾아 자신만의 음악세계를 창조하고 있지만 공연기회마저 제대로 갖지 못하고 있는 테크노 뮤지션들, 답답하고 눅눅한 지하공간에서 자기 세계에 몰입해야만 하는 클러버들, 상업적 영세성에도 불구하고 오로지 음악이 좋아 업종을 변경하지 않고 묵묵히 클럽을 지키는 클럽주들, 유흥퇴폐공간으로 매도되고 있는 클럽을 문화공간으로 자리매김시키고 그 존재가치를 사회적으로 인정받기 위해 자원활동을 하고 있는 문화기획가들, 클럽문화 생성의 실질적 주체인 이들이 처한 현실은 아직은 버겁기만 하다.

18

새로운 문화 콘텐츠: 테마카페

포스트모던한 사회환경은 전통교육에 대한 반성적 성찰을 촉구하고 있다. 이제 교육은 학교, 학원 등과 같이 정형화된 기관에 국한될 필요가 없어졌다. 과거와 같이 책상에 앉아서 머리를 쥐어짜며 고뇌하는 학습유형은 고시원의 풍경에나 적합할 것이다. 학습량이 성취도를 좌우하던 정적인 학습활동은 경험을 바탕으로 하는 동적인 것으로 전환되어야 한다.

경험학습(learning by experience)이란 교사가 교과서를 통해 가르치는 것을 간접적으로 받아들이는 학습이 아니라, 현실사회 또는 자연과 접촉하며 생활하는 가운데 얻은 경험을 바탕으로 하는 학습을 말한다. 이것은 경험에서 시작하여 경험학습으로 끝맺는 학습이고, 학습자에게 생생한 동기를 부여하며, 학습을 생활화, 사회화, 문화화시킨다. 경험학습은 전통적인 교육에서 행해진 간접경험에 대하여 직접경험을 체득하게 하는 학습이다.

이미 오래전 루소는 독서로부터의 해방과 실존사물을 통한 자율학습의 중요성을 강조한 바 있다. 즉, 개인의 경험에 근거한 학습을 중시하고 생활 중심의 교육을 주장한 것이다. 경험은 즉각적인 학습효과를 유발하기보다는 장기적인 측면에서 볼 때 학습의 토대와 재료를 제공하는 데 더 큰 의의가 있다. 따라서 현장에서 체득된 다양하고 풍부한 경험은 학습의 최대 자본이라 할 수 있다.

이 같은 경험학습유형 중 테마파크, 테마여행, 테마축제 등은 여가–문화–교육의 기본 카테고리에 포함되어 있었으나, 테마카페는 그다지 중요하게 인식되지 않았다. 명확하고 긍정적인 효과를 발휘하는 테마(주제)와 접목된다면, 카페 또한 문화교양의 의미를 충족시킬 수 있을 것이다.

카페의 유래와 내력을 살피는 과정에서 발견된 카페의 고전적 역할들이 여가교육 측면과 맞물리면서 그 가치가 충분히 확인되었다. 카페는 지성사의 현장이며 문화의 최전선이다. 카페 프로코프에서 커피 한 잔을 마시며 볼테르나 몽테스키외의 흔적을 느껴 본다면, 그것이야말로 살아 있는 지성사의 체험 아닌가? 테마카페 역시 카페문화 발달사의 연장선상에 놓인 과도기 단계이며, 유익한 전인적 경험을 얻을 수 있는 중요한 학습장소로 재발견되고 있다.

1. 카페의 성장과 고전적 기능

우리나라에서 테마카페의 등장은 그 역사가 깊지 않을뿐더러 외국의 그것에 비해 시기적으로도 뒤처진다. 따라서 외국의 경우, 특히 카페문화의 원산지라 할 수 있는 프랑스를 중심으로 카페의 시작과 발달을 고찰하면서 카페가 지니는 고전적 기능에 대해 살펴보자.

1) 카페의 시작과 성장

'카페' 라고 부를 수 있는 최초의 건물들은 16세기에 메카, 카이로, 이스탄불 등의 도시에서 출현하였다. 초기 카페들은 저렴한 비용에 흥겨운 분위기, 다양한 사람들과의 의견교환, 트릭트랙이나 서양장기와 같은 게임, 시 낭송, 유용한 사교모임 등이 가능한 장소였다.

카페라고 하면 프랑스 파리를 연상하지만, 유럽 최초의 카페는 커피라는 기호음료가 유럽 대륙에 등장한 이후, 1652년 런던에서 문을 연 '파스카 로제 하우스' 다. 이후 커피하우스는 급속도로 퍼져 1683년 당시 런던에만 3,000여 곳이 있었으며, 대부분 상업지구에 개점되었다. 영국에서 카페가 일반화되어 가고 있을 때, 프랑스에서는 1689년 이탈리아 출신 프란시스코 프로코피오 데이 콜델리에 의해 파리에 최초의 '커피 마시는 집' 이 탄생하였다. 미국은 1668년 유럽에서 커피를 수입함으로써 다음해 뉴욕에서 '런던 커피하우스' 가 개점되었다. 프랑스의 경우 프로코프가 처음 문을 연 뒤, 파리에는 카페가 우후죽순처럼 등장하여 1721년에는 파리에만 300개의 카페가 생겼고, 18세기 말에는 2,000개로 늘어나는 등 기하급수적으로 그 수가 증가하였다.

이러한 '커피 마시는 집' 들은 귀족을 중심으로 퍼져 나가고 있었는데, 그들은 단지 커피를 집에서 즐기기보다 하나의 문화생활처럼 일정 장소에 모여 다른 사람과 함께 마시기를 원하였다. 카페는 귀족들의 호사스런 살롱(salon)과 서민의 허름한 술집 카바레(cabaret) 사이 어딘가에 위치해 있다.

살롱의 고답적 관습과 카바레의 천박함을 깨뜨릴 대안으로 등장했던 카페는 살롱의 사교기능과 카바레의 술집 기능까지 흡수하며 그 규모를 확대해 갔다. 이렇게 귀족과 노동자계층까지 포섭한 카페는 세력을 확대해 제1차 세계대전 직전 프랑스 내에 50만 곳이 성업할 만큼 성장하였다. 카페는 단순히 사람을 만나고 차를 마시는 커피숍을 넘어 식당이자 사랑방, 술집, 도박장, 식료품점이었다.

한편, 커피를 마시며 담소하는 공간으로 인식된 카페는 동양에 전해지면서 상업적인 의도에 따라 다소 의미가 달라졌다. 우리나라의 경우 고종 때 러시아 공관에 손택(孫澤)이라는 독일계 여인이 고종을 시중하였다. 그 뒤 고종은 손택을 위하여 호텔을 열도록 해 주었는데, 그

곳에서 처음으로 커피를 팔았고, 이것이 한국 커피 다방의 시초가 되었다. 그 후 3 · 1운동이 지나고 일본인들이 명동에 '멕시코' 라는 다방을 개점하였는데, 이것이 문화인들이 차를 마시며 환담하는 장소로 발전하게 되었다.

처음에는 서양풍의 고급 커피숍이나 소규모 바(bar) 형태의 술집을 카페라고 불렀다. 그 후에 여급이 있는 술집으로 변모하였으며, 커피 등의 차를 파는 집을 일컬어 다방 혹은 커피숍이라고 하였다(http://www.rubysky.co.kr/e/main6.asp).

2) 카페의 고전적 기능과 역할

(1) 사교의 마당이며 삶의 안식처

영국에서는 17~18세기 무렵 런던을 중심으로 3,000여 개의 커피숍이 생겨나 문인, 정객들의 사교장 구실을 하였다. 이것이 오늘날 영국에서는 퍼브(pub: public house), 즉 술집(bar)으로 변모하여 대중들의 사교장이 되고 있다. 카페는 당시로서는 파격적인 공간이었는데, 그 이유는 가정에만 묶여 있던 여성들도 카페에 출입할 수 있었기 때문이다. 카페에서는 커피뿐 아니라 코코아나 차, 새로운 음료를 팔았고, 점차 가벼운 케이크나 잼 등을 판매하면서 대중적인 사교장소로 발전하였다.

카페는 간단한 식사를 할 수도 있고, 낮에는 신문이나 잡지를 읽으면서 쉴 수 있는 편한 장소이며, 친구들 간 혹은 사업상의 대화가 가능한 실용적인 약속장소였다. 과거 카페의 단골손님은 주로 농민과 일꾼들이었는데, 하루의 스트레스와 피곤함 등을 해소할 수 있었기 때문이다. 즉, 집처럼 편안한 삶의 안식처인 것이다. 당시의 카페는 소박한 장식만을 가지고 있었지만, 그것이 오히려 사람들에게 편하게 느껴졌다.

카페가 편안함을 선사하는 안식처이기 때문에 대부분의 사람들에게는 자주 가는 카페가 정해져 있었다. 때문에 카페에는 단골들끼리 단출한 식구가 생기기도 했다. 이들은 서로 별명을 부르고 지낼 정도로 친밀하였다. 이러한 모습들에서 알 수 있듯이, 당시의 동네 카페들은 작은 공동체를 형성하고 있었다. 사람들은 공동체의 일원이 되어 다른 이들과의 커뮤니케이션을 통해 삶의 애환과 괴로움을 달랠 수 있었다. 카페는 안락함을 제공했을 뿐 아니라 인간적인 유대관계를 형성하는 역할을 수행하였다.

(2) 예술적 감흥 발현의 마당

지식인들과 예술인들은 카페에 모여 연극과 문학에 대해 비평을 하고 토론을 벌였다. 새로운 문화나 예술작품이 나올 때마다 그것을 대상으로 이루어지는 토론으로 작품의 성패가 좌우되는 것도 흔한 일이었다. 이렇게 토론의 장으로서의 역할을 한 카페 덕분에 프랑스는 문학적, 예술적으로 많은 발전을 이루었다.

그들은 카페 내에서 자유인이었고, 마치 그곳이 자기 집인 것처럼 항상 파묻혀 예술활동을 펼치기도 하였다. 이러한 과정에서 마네, 드가와 같은 유명한 예술가들이 배출되기도 하였다. 하지만 무엇보다도 카페가 이들을 사로잡은 이유는 이곳에서 영감을 얻을 수 있었기 때문이었다. 예술가들이 카페를 자주 찾은 것은 그곳에서 자신이 경험해 보지 못한 다채로운 삶을 관찰할 수 있기 때문이다. 카페에는 사람들의 살아 있는 대화와 역동적인 삶이 있었다. 예술가들은 사람들과 하나가 되어 세상을 몸으로 체험하면서 새로운 영감의 숨결을 느낄 수 있었다. 그들은 카페를 작업실 삼아 그곳에서 얻은 감정과 감동을 종이나 캔버스에 옮겨 표현하였으며, 때로는 카페가 작업실의 역할을 대신하기도 하였다.

화가들은 카페에 작품을 내걸기도 하였다. 음악가들은 테라스에서 실력을 뽐냈고, 시인은 손님 중에 끼여 있을 출판사 관계자를 의식하며 시를 낭송했다. 이러한 예술가들의 자취는 지금까지도 이어져, 카페가 단순히 음료를 마시기 위한 곳이 아닌 만남과 철학, 예술의 정취가 배어나는 곳으로 기억되게 하고 있으며, 오늘날까지도 사람들이 카페를 즐겨 찾는 이유가 되고 있다.

(3) 취미와 담론, 지성의 산실

커피하우스는 초창기 지식인이 담론하는 사교장이었다. 사람들은 그 단골들을 '커피하우스 인텔리' 라고 부르며, 경원하기도 하였다. 17~18세기 회화작품과 19세기의 사진에 담긴 커피하우스의 실내풍경에는 한 사람이 신문잡지를 읽고, 그를 둘러싼 많은 손님들이 귀 기울이는 장면이 자주 목격된다. 지식인들의 사교장은 어느덧 지식에 눈을 뜬 민중들의 열린 정보센터가 되고 있었다(http://www.munhwa.co.kr/speview).

초기 파리 최초의 카페 프로코프에서 이루어진 담론주제는 문학이었다. 시가 낭송되고, 새로 발표되는 문학작품을 둘러싼 비평이 좌중을 뜨겁게 했기에 프로코프는 '문학카페' 로 불린다. 17세기가 우아한 취미의 시대였다면, 18세기는 담론의 시대였다. 전자는 귀부인 중심의 살롱문화를 꽃피우고, 후자는 문인, 철학자를 둘러싼 카페문화를 낳았다.

거리의 열린 살롱 문학카페 프로코프는 계몽의 세계를 상징하는 철학카페가 되었다. 사람들은 그곳에서 신분과 종파, 이데올로기와 직업을 불문하고, 모두가 담론을 향유하는 철학자가 되었다. 형이상학에서부터 취미에 이르기까지 신학자의 스콜라적 논의에서 교역의 물품, 여인의 머리 패션에 이르기까지 백과전서파가 다룬 모든 문제, 세계와 국가, 사회와 개인의 사사로운 삶, 문명의 모든 문제가 담론에 올랐다.

프랑스에서 카페는 교양(문학카페)과 담론(철학카페)의 터전이 되고 행동하는 지성의 모태가 되었다. 그렇듯 카페문화는 교양과 지식 및 정치, 경제의 현실사회 간에 다리를 놓고 그것들을 하나로 묶는 데 크게 이바지하였으며,

그 중심에 문인과 철학자가 자리하였다. 그들은 취미의 교사, 진실과 여론의 메신저, 새로운 사회의 안내자가 되었다. 이미 17세기에 들어서면서 프랑스는 18세기 담론문화를 통해 근대세계의 인도자가 되었으며, 그 모태와 요람이 바로 카페와 카페문화였다(http://www.wolganmisool.com/02wolgan/serv/200212/05_article/main02.php).

지식인과 문화의 전통이 남아 있는 프랑스의 카페에 철학카페가 등장하여 철학, 문학, 예술을 꽃피운 프랑스 카페의 전통을 이어 가고 있다. 철학카페는 1992년 철학자 마르크 소테에 의해 출현하였다. 철학교수인 마르크 소테는 언제부터인가 매주 일요일, 친구들과 바스티유 광장 한쪽의 카페 '카페 데 파르'에 모여 인생과 철학에 대한 대화를 나누곤 했다. 관심 있는 친구들이 늘어 가면서 이 모임은 철학토론회로 발전했고, 일요일이면 이 카페는 소테 씨의 철학모임으로 성황을 이루게 되었다. '카페 데 파르'의 일요 철학토론회는 바스티유의 명물이 되었다. 한 카페에서 더 이상 사람들을 수용할 수 없게 되자, 대학가를 중심으로 철학카페가 잇따라 개점되었고, 지방으로 확대되었다. 현재 파리에만 철학카페가 20곳 이상이고, 전국에 50~60군데는 족히 넘는다고 한다.

철학카페가 프랑스인들의 문화공간으로 자리매김한 것은 새로운 문화현상이다. 철학에 관심을 가진 사람이면 누구나 부담 없이 참석할 수 있다. 고교생과 은퇴한 노인이 세대차를 뛰어넘어 인생에 대한 이야기를 나누기도 하고, 각계각층의 다양한 사람들의 의견을 생생하게 접할 수 있다.

2. 카페의 다양화, 전문화

1) 테마카페의 등장과 활성화

오늘날 카페는 흔히 찾아볼 수 있는 공간이 되었다. 사람들은 오다가다 일상적으로 카페를 들른다. 이러한 카페는 음료를 마시는 공간을 넘어, 사람들과 호흡하며 동시대의 문화를 반영한다. 개인을 중시하는 사회적 요구에 따라 카페 주인들도 나름의 상상력과 역동성을 보여 주어야만 했다.

젊은 세대를 끌어들이기 위해 다수의 카페가 'pup'으로 변질되었지만, 예전의 카페처럼 흥겨운 분위기를 재현해야 했다. 주인들은 볼거리를 마련했다. 이른바 주제(theme)가 있는 카페가 등장하게 되었다. 철학을 논하는 카페가 생겼고, 시를 커다란 목소리로 낭송할 수 있는 카페가 생겼다. 심지어 서점과 같은 카페도 생겼다.

국내에서 테마카페가 본격화된 시기는 1990년대 후반으로 볼 수 있다. IMF 경제공황이 발생한 시기에 소비자들은 문화소비 및 외식비 지출을 우선적으로 줄이는 경향이 짙었다. 카페 역시 운영상의 타격을 피하지 못하였고, 새로운 생존전략을 구상해야 했을 것이다. 기존의 카페와는 차별되는 특별한 장치를 구비하지 않으면 안 되었다. 단순히 사람을 만나서 차를 마시고 문을 나서는 카페스크립트는 소비자의 구매욕을 자극하지 못하게 된 것이다.

바야흐로 이 시대 카페의 키워드는 '기능성'이다. 보드게임카페, 마술카페, 인형카페, 골프카페, 애견카페, 플라워카페 등 특별한 주제가 있는 카페는 우리에게 특별한 즐거움을 제공한다. 이제 우리는 레저를 즐기고 좋아하는 것을 공유하며, 색다른 체험을 위해 테마카페로 간다.

테마카페는 여러 요소들이 혼재하는 현상의 산물로서 일상의 단면으로 자리 잡게 되었다. 예전의 아이템만으로는 현실에 적합성을 갖추기에는 역부족이다. 이제는 동네의 구멍가게 하나라도 운영하려면 기발한 경영전략이 필요한 시대다. 그만큼 경쟁이 치열해지고, 고객의 만족을 얻기 위하여 갖가지 아이디어로 변화에 적응하려고 하기 때문이다.

따라서 도심에서 단순히 차만 마시거나 먹고 즐기는 공간이 아닌, 독특하게 쉴 수 있는 공간이 지속적으로 등장하고 있다. 이들은 취미나 레크리에이션을 즐기며, 기존의 틀을 거부하는 젊은이들의 취향에 맞춰 새로운 문화코드로 자리매김하고 있다. 한때 여유 있는 사람이 심심풀이와 멋으로 인테리어에 막대한 돈을 투자하여 카페를 운영하던 시대는 이미 막을 내렸다. 단지 시각적인 멋만을 따졌던 예전 카페들은 그 실용성을 따지지 못하였을 뿐만 아니라 하나의 상업적 수단만을 중요시하였다. 그러나 근래에 와서 카페뿐만 아니라 다른 종류의 창업을 하더라도 구시대적인 발상과 운영전략으로는 그 영업의 성공을 담보할 수 없다. 소비자의 욕구가 다양해지면서 기존의 카페들과 차별화된 이른바 테마카페들이 각광받고 있다.

좀 더 전문가적인 입장에서 보고 듣고 공부해서 과학적이고 주제가 명확할 수 있는 테마카페가 불황기에도 생존할 수 있는 대안이라는 전망에 따라, 예비창업자들은 테마카페를 통한 프랜차이즈 사업에 주목하고 있다. 테마카페는 단지 생겨남에서 끝이 아니라 그 주제의 전문성을 부각시켜 보다 더 큰 문화생활공간으로서의 발전을 위해 노력하고 있다.

카페를 이용하는 소비자는 여가공간으로서만이 아니라 지식 · 정보습득공간으로서 활용하게 되고, 영업주로서는 소자본으로서 많은 이윤을 남기게 됨에 따라 테마카페 창업 붐이 일고 있다. 실제로 개성과 주제에 따른 카페들은 일반 카페보다 경쟁력에서 우위를 점하게 되고, 단골고객 확보에 따라 수입도 안정적인 것으로 조사되었다. 서울 강남의 압구정, 신촌과 이대, 패션 1번지라고 할 수 있는 명동 등의 카페들은 이미 포화상태다.

최근 카페들을 살펴보면, 차를 마시면서 포켓볼을 칠 수 있는 카페라든가, 카페에서 쇼핑을 즐길 수 있는가 하면, 연극과 영화를 감상하거나 스포츠를 즐길 수 있는 카페, 전원을 만끽할 수 있는 산속의 카페도 있다. 또한 애견카페, 과일카페, 커플카페 등 하나의 아이템으로 특정 고객을 유혹하는 이색카페들이 최근 잇따라 문을 열고 있다.

PC 보급과 인터넷 열풍에 따라 사이버 세대를 겨냥한 사이버카페, 인터넷카페, 21세기 게임세대를 겨냥한 3차원 게임카페도 속속 등장하고 있다 (http://www.foodguide.co.kr/best%20food%20merchant /cafe/korea_ cafe.htm).

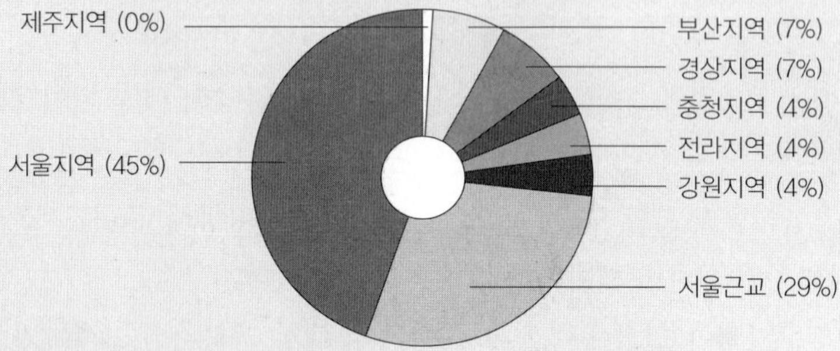

* 출처: 카페인포, 2004. 5.

그림 18-1 국내 지역별 등록 카페 비율

2) 테마카페의 카테고리

현재에도 다양한 테마를 내세운 카페들이 개점하고, 그와 반대로 문을 닫고 있다. 이제 그 많은 테마카페들을 테마별로 구분 지을 필요가 있다. 테마카페를 분류하는 데 있어 그 기준이 다소 모호한 점이 있으나, 테마의 성격에 따라 나름대로 적합도를 부여하여 분류할 수 있다.

2005년 현재 테마카페의 정확한 수치를 집계한 기록은 없다. 대략적으로 1,000여 곳의 테마카페가 성업 중인 것으로 추산하고 있을 뿐이다. 하루에도 수십 군데가 개점되고 운영상의 실패로 정리되기 때문이다.[1)]

분류 결과를 통해서도 테마카페의 현황과 관련하여 몇 가지 양상을 발견하게 된다. 수적으로는 물론 서울 · 경기를 둘러싼 수도권지역에 압도적으로 분포함을 알 수 있는데, 지방의 경우 관광이나 여행을 겨냥한 전원카페, 라이브카페 등이 상대적으로 높은 비율을 차지하고 있다. 주변의 아름다운 경치, 독특한 외관 등으로 먼 거리에서도 사람들의 시선을 유인하고 가족단위,

1) 카페인포(www.cafeinfo.co.kr)와 114 CAFE(114cafe.info) 웹사이트에 등록된 수치로 추정한다. 기존의 일반 카페와 테마카페에 관계없이 혼재되어 있는 점을 감안하여 대강의 현황 파악에 도움이 된다.

표 18-1 테마카페 분류(예시) (단위 : 개)

<table>
<tr><td colspan="2">언 어</td><td>외국어카페(6)</td></tr>
<tr><td rowspan="2">예 술</td><td>음 악</td><td>라이브카페(126), 락카페(17), 재즈카페(53)</td></tr>
<tr><td>미 술</td><td>공예/도자기카페(2), 갤러리카페(27)</td></tr>
<tr><td colspan="2">전 통</td><td>떡/한과카페(5), 전통차카페(84)</td></tr>
<tr><td colspan="2">취 미</td><td>분장카페(2), 마술카페(5), 북카페(17), 댄스카페(16), 애견카페(23), 사진카페(7), 십자수카페(1)</td></tr>
<tr><td colspan="2">웰 빙</td><td>산소카페(1), 유기농카페(24), 허브카페(10)</td></tr>
<tr><td colspan="2">음 식</td><td>빙수카페(107), 요구르트카페(78), 커피전문카페(117), 과일카페(10), 요리전문카페(183), 케이크전문카페(39)</td></tr>
</table>

친구나 연인들의 여행 및 데이트 코스로 활용되는 것이 이들의 일반적인 운영전략이다.

대도시 경우에는 유동인구가 많을 뿐 아니라 여가-문화생활의 대표적인 주체인 20~30대 젊은층의 인구비율이 높아, 이들이 참여하고 즐길 수 있는 다양한 아이템을 내세운 카페들이 개점, 운영되고 있다. 화려한 인테리어보다 토속적인 시골풍의 분위기로 도시민에게 휴식공간으로서 안락함을 제공하는 카페들도 성황을 이룬다.

한편, 카페산업에도 '웰빙'이라는 시대적 풍조의 영향이 창업에 직결되고 있음이 관찰되었다. 이른바 웰빙카페로 분류된 곳들은 이러한 트렌드와 부합하여 생겨난 테마카페 가운데서도 신종 아이템이라고 할 수 있다. 국내의 철학카페는 정치적 사상과 인생을 담론하는 카페로, 선진국의 그것과는 상이한 개념으로 점을 봐 주고 고객에게 인생상담을 논하는 사주카페의 성격이 짙다.

3. 테마카페의 교육기능

우리가 테마카페 체험을 통하여 얻을 수 있는 것은 무엇일까? 그 많은 테마카페를 모두 체험한다는 것은 불가능하며, 그로부터 도출 가능한 효과들을 일일이 나열하는 것도 부적절하다. 그러나 대략 다음의 몇 가지 기능과 효과를 기대할 수 있을 것이다.

1) 다양한 이색문화체험(주류와 비주류의 경계 파괴)

포스트모더니즘 시대를 맞아 여가-문화생활에 있어서도 장르가 해체, 혼합되고 주류와 비주류 간의 경계가 파괴되는 경향이 있다. 외국어카페, 마술카페, 분장카페, 헬로키티카페, 사진카페, 전통카페, 사주카페, 재즈카페, 라이브카페 등 사람들이 어느 정도 관심을 가지는 테마는 오프라인 카페를 통해 접할 수 있다.

예전에는 오프라인 카페가 없었기 때문에 온라인 카페에서 '번개' 나 '정모' 를 통해 접했지만, 지금은 인터넷 검색을 통해 오프라인 카페를 찾아 다양한 문화체험을 할 수 있다. 이는 마치 TV나 온라인의 실시간 동영상으로 문화공연을 보다가 현장체험을 통해 획득되는 정신적 감흥과도 연결된다.

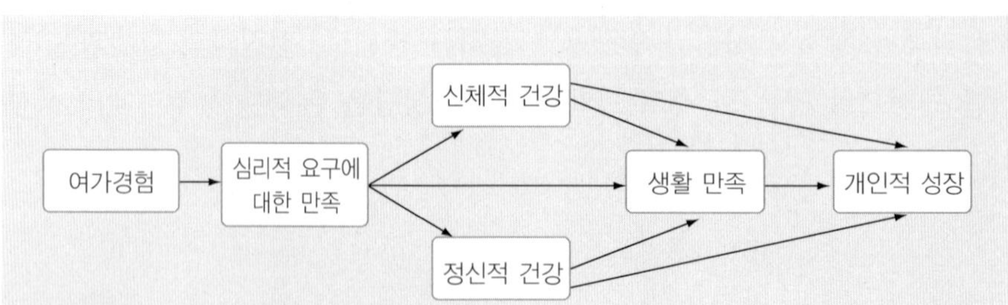

그림 18-2 건전한 여가선용의 효과

또한 아직 경험하지 못하여 막연하게 알고 있던 어떠한 문화(특정 테마)에 대해, 경험을 통해서 문화의 본질에 한층 더 다가서고 알게 되는 계기가 되는 것이다. 어른이 장난감을 취미로 삼는다거나, 남자가 애완동물에 애착하는 경우 다른 사람들의 거부반응을 일으킬 수 있는데, 동일한 취미를 가진 사람들과 만나서 취미에 관하여 이야기하고 정보를 교환하는 오프라인 공간으로서 테마카페를 이용할 수 있다.

이제 대학에서도 틀에 박힌 강의는 더 이상 학생들의 관심을 끌 수 없게 된 지 오래다. 이론 위주의 강의보다 적극적인 현장참여를 통해 명상, 요리, 댄스 등의 다양하고 이색적인 경험을 병행하는 사례가 늘고 있다. 자기 자신에게 보내는 자비명상, 타인에게 보내는 자비명상과 미움을 푸는 방법 등을 통해 '자기 마음 바로보기'를 실행할 수 있으며, 타 문화권의 이해를 위해 전문음식점을 방문하거나 해당 지역문화를 직접 체험하고 즐기는 방식을 택하기도 한다. 이러한 최근의 트렌드 역시 테마카페가 지향하는 다양한 이색문화체험과 같은 맥락에서 이해할 수 있겠다.

2) 능동적이고 자발적인 배움

여가-문화생활을 통해 자연스럽게 배움을 얻을 수 있다는 점 또한 테마카페가 지닌 매력이다. 테마카페를 언급함에 있어 온라인상에 개설된 카페와의 비교를 하지 않을 수 없다. 사이버공간상의 카페와 달리, 테마카페는 익명성이 아닌 대면상태(face-to-face)로 회원들과 관계를 형성한다.

물론 초기에는 서먹서먹하지만, 오프라인 카페를 찾은 사람들은 주로 적극적이고 다양한 모임에 참석한 경험이 있으며, 공통의 관심사를 지니므로 빨리 친숙해진다. 온라인처럼 회원 간의 등급차이가 없고, 카페의 참석자들은 정보를 소극적으로만 받아들이려고 하지 않고, 스스로 어떠한 동기에 의한 노력과 공부가 주(主)가 되는 능동적이고 자발적인 배움이 되는 것이다.

여기서 중요한 것은 사람들끼리 차를 마시며 특정 주제에 대해서 자유롭게(테마에 따라 활동하는 형태가 다르기 때문에) 토론하고 감상하고 보고 들으면서 자연스럽게 배우게 된다는 점이다. 이렇게 자유롭고 즐거운 분위기에서 테마에 대해 논하기 때문에 공부를 한다는 생각보다는 여가를 즐기고 문화생활을 향유한다는 생각으로 가볍고 즐겁게 배우게 되고, 내용 또한 지속적이다.

또한 외국어카페처럼 교육적인 카페의 경우는 자유로운 분위기에서 배우게 되는 것과 더불어, 모임이 공부하려는 주제별로 나누어지기 때문에 그 모임별로 일정한 스케줄과 목표가 수립되고, 그 모임에 꾸준히 참석함으로써 자신이 이루고자 하는 일정수준의 목표를 달성할 수 있다.

오프라인에 비해 신뢰감이 구축된 상태에서 여가와 문화가 이루어지며, 그를 통해 자연스럽고 즐겁게 배울 수 있고, 또한 정보공유도 상당히 빠른 편이다. 물론 모임의 만남이 정해진 편이기 때문에 중간에 생기는 급한 의문이나 전달사항은 회원들 간의 전화통화나(이미 신뢰감이 구축된 상태이므로) 메신저상으로도 해결이 가능하다. 이렇듯 온라인과 병행을 하게 되면 오프라인의 부족한 점을 채울 수 있는 좋은 수단이 된다.

또한 누구나 능동적으로 여가-문화생활에 참여하게 되므로 모임에 참여하는 사람을 더욱더 적극적이고 활발하게 변모시킬 수 있으며, 이는 다시 모임의 원동력이 되어 모임을 더욱더 효율적이고 건설적인 방향으로 나아가게 한다.

3) 심신이완, 생활의 활력 충전

스트레스는 현대인의 네메시스라고도 할 수 있다. 고도로 산업화된 시대에 살면서 인간은 그 어느 때보다 풍부하고 편리한 문명의 혜택을 누리고 있으나, 그 대가로 스트레스에 시달리게 되었다. 어쩌면 이 무한경쟁시대에서는 스트레스를 잘 이겨 내는 사람이 성공하고 스트레스에 굴복하는 사람은 실패자가 될지도 모른다.

다양하고 특이한 이벤트가 준비된 이색공간들은 복잡한 사회에서 일탈에 대한 욕구를 해소시켜 준다. 이곳에서는 규율에 얽매이지 않고 자유로운 분위기의 색다른 곳을 찾는 젊은이들의 모습을 볼 수 있다. 이러한 공간들은 획일적인 삶의 스타일을 재충전할 수 있는 기회를 제공한다.

놀이의 특징적인 양상은 현실의 제약이나 기존 생활질서로부터 벗어난 시간과 공간의 전개이자, 놀이체험을 통한 흥분과 유희다. 놀이의 기능 가운데 하나가 스트레스 해소를 통한 긴장완화다. 놀이를 통한 탈일상성의 짜릿한 경험이야말로, 사람들로 하여금 일상의 업무로 인한 스트레스, 긴상, 불안, 욕구좌절, 불만 등을 해소하고 일상으로의 회귀를 가능하게 한다. 이렇듯 놀이가 인간의 역동적 삶을 위한 활력소로 작용한다는 점에서 놀이활동에는 '새롭게 만든다', '재창조한다'는 의미의 레크리에이션(re-creation)의 기능이 포함된다고 볼 수 있다.

4) 현장체험학습

온라인상으로, 가령 마술에 관심이 있는 사람이 마술을 배우려고 하면, 이미지나 동영상으로 등록된 콘텐츠를 이용할 수밖에 없고, 스크린상으로는 도저히 이해가 불가한 부분은 포기하든지 아니면 Q&A에 질문을 남기고 답변을 기다려야 하는 것이 일반적이다. 오프라인 교류를 통해 온라인상에서 얻을 수 있는 효율성을 극대화시킬 수 있다. 가장 효과적인 커뮤니케이션은 나와 상대방이 직접 대면하는 대화방식이다. 즉각적인 반응과 신속한 피드백(feedback)은 정보 전달과 인적 교류를 가능케 함으로써 온라인의 맹점을 극복할 수 있다.

이처럼 현장체험학습은 다른 곳에서 얻을 수 있는 그 어떠한 학습보다 더 효율적이다. 여러 카페의 체험을 통해 그 속에서 삶의 지혜를 배우고, 자신의 해야 할 일들을 찾을 수 있는 책임감을 기르고, 사회현상을 간접적으로 경험할 수 있다. 영어카페에서의 현장체험을 통해 영어를 알기 쉽고 편안하게 수용할 수 있을 뿐 아니라, 처음 대면하는 타인들과의 접촉과 교류 안에서 사회생활에 필요한 인간관계의 필요성을 실감할 수 있다. 또한 전통 떡 · 한과카페의 체험을 통해 평소 음식으로만 여겼던 떡의 유래와 제조방법 등 다양한 문화적 경험을 얻을 수 있다.

카페의 창업 동기도 이러한 여가와 문화의 공간을 동시에 접할 수 있는 유익성과 교육적인 효과를 겨냥하여 많은 변화를 꾀하고 있다. 현장체험학습의 장점으로 가장 효율적인 측면은 문화의 개념을 직접 느낄 수 있고, 여러 사람들과의 만남을 통해 대인관계 증진에 이바지할 수 있다는 점이다.

5) 정보교환, 기술 습득, 공유의 한마당

테마카페는 이 시대의 건전한 관심사들을 한 곳에 집합시킨 하나의 장이라 할 수 있다. 테마카페의 주요 이용고객이 대부분 젊은층이라는 한계가 있으나, 예전의 건전한 놀이문화로서의 모습을 찾기 힘든 상황에서 테마카페의 존재는 어쩌면 시대적 요청이라고 할 수 있다.

인터넷이 급속히 보급되면서 사이버공간의 동호인 모임이나 그 공간 자체를 '카페'라고 명명하고 있다. 공통관심과 취미를 가진 사람들이 사이버상으로 연결되어 정보교환과 의견개진이 이뤄진다는 의미에서 그렇게 되었다. 앞서 언급한 대로 현재의 테마카페가 활성화된 데에는 온라인 카페를 통해 결성된 동호인들의 역할이 컸다.

오늘날 테마카페는 동호인 중심으로 운영되면서 정보를 공유하게 되고, 전문인으로서의 조언과 자문을 바탕으로 하나의 테마에 관해서 그 입지를 굳혀 가고 있다. 동호회와 같이 정보공유를 통한 집합체로서의 자리매김은 마치 카페를 통한 작은 사회(small community)의 형성과도 같다.

비록 작은 공간에서의 활동이지만 단순히 여가, 취미활동에만 국한된 것이 아니라 자신만의 독특하고 특별한 주제를 가지고 취미, 여가, 오락을 통해 문화교양과 지식을 얻게 된다. 즉, 획일적이고 틀에 박힌 생활을 벗어나 사람들을 사귀며, 새로운 지식 획득을 가능케 한다.

6) 대인관계망 확대

굳이 테마카페가 지닌 사교적 기능을 지적할 필요없이, 유사 취향을 지닌 상대방과 대인 커뮤니케이션을 통해 친밀관계를 형성하고자 하는 것은 인간이 지닌 관계지향적 속성에 기인한 자연스러운 결과다. 테마카페의 주된 이용층은 같은 취미를 가진 동호회원들이나 취미에 대한 정보습득을 원하는 사람들이다.

사진카페에는 사진을 좋아하고 배우려는 사람이 많이 오고, 애견카페는 개를 비롯한 애완동물에 관한 지식을 얻기 위해, 영어카페는 영어를 좋아하고 배우려는 사람들이 활용한다. 자신의 관심 분야를 따라 이용자들이 집중되기 때문에 자연히 대화가 수월해지고 필요한 정보교환도 가능해진다. 실례로 갤러리카페에서는 카페에서 맺은 인연으로 지속적인 관계를 맺으며, 그림을 공부하는 사람들도 있다.

이처럼 자신과 공통점이 있는 사람들을 만나 함께 대화할 수 있다는 점에서 테마카페가 미치는 영향은 상당하다. 사진카페와 떡카페처럼 카페주인들은 그에 관련도 취미를 갖고 운영하는 경우가 대부분이다. 단순히 경제적인 이유가 아니라 전문적 지식을 기반으로 하는 운영으로 인해, 자신과 같은 관심을 가진 사람들과의 만남이 자연스럽게 형성되어 삶의 색다름을 만끽할 수 있다.

하고 싶은 일을 마음껏 하되, 어느 정도 경제적인 문제를 해결해 주는 아이템이나 기회가 있다면 그 누가 마다하겠는가? 이제 철학적 담론의 장, 예술 교류의 장에서 출발한 카페는 오늘날 만남의 작은 공동체, 관심을 공유하는 작은 사회가 되고 있다. 오로지 스트레스만을 유발하는 직장생활을 벗어나 자유로움, 인간다움, 심미감을 만끽할 수 있는 공간이야말로 현대인들이 그리는 웰빙으로 무장된 유토피아가 아니겠는가?

종합적 논의: 교육저항의 함의

오랫동안 학교교육을 통한 성취는 치열한 직업지위경쟁에서 독점적 역할을 해 왔다. 이렇게 획득한 직업지위는 곧 그 사람의 삶을 조형하는 결정적인 요인이었다. 학교 다닐 때 남보다 10분 더 한 공부가 장차 자신의 직업과 배우자를 결정하는 데 영향을 미친다는 우스갯소리가 낯설지 않았다. 그러나 시대정신(zeitgeist)이 변했다. 두터운 뿔테 안경을 끼고 많은 책을 옆에 끼고 캠퍼스를 누비는 고시생에게 호감을 느끼던 매력유인가도 이젠 사라졌다. 대신에 화려한 외모와 멋진 스포츠카를 굴리는 것이 '멋'이 되어 버렸다. 공부 잘하는 것이 성공을 보장하는 모던한 교육은 이제 종언을 고하고 있다.

그렇다면 개인의 성공과 행복을 결정하는 요인은 무엇인가? 오래전 콜맨(Coleman)은 가정의 사회경제적 지위(SES)가 개인의 지능(IQ)이나 학업성취도(SA)보다 더 큰 영향을 미친다는 보고서를 발표한 적이 있지만, 공교육론자들에 의하여 무시되었다. 그들은 공부 잘하는 사람만이 오로지 성공을 담보할 수 있다고 하였고, 기업체도 이를 피할 수 없이 용인하였다. 그리하여 학업성취도, 일류학교, 높은 성취수준을 선발과 배치의 판단준거로 삼았던 것이다. 이 같은 공교육의 교활한 선전에 많은 교육소비자들이 '교육=학교'란 도그마에 마취되어 졸업장 열병에 시달려 왔던 것이다.

그러나 이제 이 같은 모던한 교육이데올로기는 해체의 징후를 보이고 있다. 교육적 성취는 개인적 행복과 성공의 필요조건이 아니라 충분조건으로 인식되고 있으며, 극단적으로 공교육에 대한 '저항' 운동이 도처에서 발흥하고 있다. 졸업장이 개인의 성공을 보증하는 자격증이 아니라, 자신의 경험과 창의성을 바탕으로 하는 문화교양이야말로 미래의 성공을 가늠하는 잣대가 되는 포스트모던 교육환경으로 빠르게 변모하고 있다.

이 같은 패러다임 쉬프트(paradigm shift)의 경향은 삶의 모습에도 영향을 미쳐 다운쉬프트(down shift)로 나타나고, 학교교육에서 얻어지는 보증수표를 과감하게 포기하는 사람들이 증가하고 있다. 겉만 치장하는 가식적인 인문교양이 아니라 삶의 경험으로 체현된 '문화교양'으로 중무장한 신인문교육의 필요성이 대두하였다.

미래학적 연구에 의하면, 자조(自助)적 삶과 신공동체주의가 두드러질 것으로 예견된다. 교육된 자(educated man)보다는 스스로 교육하는(self directing) 사람이 새로운 종특성을 발휘하게 될 것이다. 이제 행복의 근거는 개인의 경험을 바탕으로 하는 심리적 만족과 더불어 몸과 마음이 전일적(holistic)으로 통합된 인간상에 있다.

행복, 만족감, 성취감, 성공 등은 과연 무엇에 근거하는가? 모던한 사회에서 교육적 성취는 이들의 획득과 향유에 절대적이었다. 그러나 포스트모던 환경은 전통적 교육과 직업에 대한 인식과 태도를 전향적으로 수정할 것을

행복과 성공의 척도

모던 사회	포스트모던 사회
• 교육적 성취	• 비교육적 성취
• 가족의 경제적 지위 세습	• 개인적 경험
• 인문교양	• 문화교양
• 지위집단 경쟁의 승자	• 개인적 수월성의 신장
• 조직력, 대응력, 적응력	• 파괴력, 지도력, 창의력

종용하고 있다.

여기서 우리가 주목해야 할 부문은 바로 공교육에 대한 교육소비자들의 저항적 태도와 운동이다. 거대교육소비자인 학생, 학부모, 기업체 등은 공교육의 주체인 국가가 설계하고 제공하는 교육 프로그램에 대하여 부정, 반감, 저항, 비판하는 데 서슴지 않고, 극단적으로 '교육아나키즘'을 선언하게 되었다. 공교육에 대한 위기는 다양한 방법과 차원에서 개진되거나 운동으로 공론화되고 있다.

물론 이미 오래전부터 학교라는 공교육체제에 대한 대안적 비평이 있어 왔던 것은 사실이다. 이들의 담론이 공통적으로 담지하고 있는 사상은 기왕의 공교육이 실패한 '공동체교육, 인간교육, 자유교육, 생태교육'을 구현하기 위한 탈학교성, 즉 아나키즘(anarchism)이다. 이는 교육체제상의 무정부주의인 셈이며, 그것은 교육의 획일화에 대한 저항운동 혹은 해체선언이다.

오랫동안 교육의 이념과 실천에서 공공성의 담론과 기제는 가히 절대적이었다. 이 같은 현상은 교육실천의 미시적 · 거시적 측면에 영향을 미쳤다. 18~19세기를 지배한 국가주의 이데올로기에서 비롯된 공교육화는 교육의 폭은 넓혔지만, 그 깊이는 얕게 만들었다. 그리하여 교육의 집단적 전체성은 강화된 반면, 교육된 전인으로서의 전일성은 간과되거나 무시되었다.

근본적으로 공교육은 '생산성, 경쟁력, 효과성' 등에 있어 수월성이 있었다. 그리하여 누구에게나 빠르고 쉽게 배울 수 있는 것으로서 오랫동안 교육으로부터 소외되었던 대중들로 하여금 교육의 획일화에 열광하게 하였고, 그것의 정당성을 용인받았다. 그 결과 교육의 '이념, 형식, 과정, 결과'가 모두 획일화되고, 자연히 '온전한 인간교육'으로부터 멀어져 갔다.

경쟁과 효율의 신화 속에서 교육의 수월성은 교육의 생산성과 같은 개념으로 오용되거나 왜곡되었다. 즉, 교육의 수월성은 모집단을 규준(norm)으로 하는 수행력(achievement)으로 확인되거나 비판받았다. 안타깝게도 여기서 개인의 수월성은 아무런 의미가 없게 되었다. 이 같이 오도된 상황 속에서 공교육에 대한 비판과 도전의 가능성은 항상 닫혀 있었다. 그러나 교육이 교육다울 수 있고 아름다울 수 있는 조건은 '다양성의 공존' 이다. 이것은 단위 교실상황은 물론이거니와 공교육체제, 심지어 교육에 있어서의 국제관계에까지 두루 적용되는 원칙이다. 교육은 무한대의 생존게임이나 신분상승의 사다리가 아니라, 서로 다른 타자(他者)들이 어우러져 서로 모범이 되는 기운과 형식 속에 놓여 있을 때만 진정한 교육일 수 있다. 불행히도 공교육은 이를 무시해 왔다.

그러나 이 같은 공교육이 하드웨어는 물론 소프트웨어에서도 붕괴의 조짐이 드러나고 있고, 명민한 교육학자(물론 교육학자가 아닌 사람도 있지만)들의 시선에 포착되어 공적인 학술담론으로 강력히 개진되고 있다(N. Postman, 1995; N. Chomsky, 2001; 河上亮一, 1999; F. Mandel, 1993; 조혜정, 1994; 1996).

특히, 반델(Wandel)의 극단적 명제인 '학교는 학생을 환자로 만드는가?', 포스트만(Postman)의 자조적인 질문, 즉 '학교는 꼭 필요한가?' 를 통하여 공교육에 대한 저항의 단면을 엿볼 수 있다. 그들의 공통된 교육실천은 '학교를 넘어서-자퇴-집으로(탈학교의 상상력/학교거부)' 이다.

공교육과의 정면대결을 선언한 '학생-학부모-교사' 들은 공교육과 궤를 멀리하거나, 달리하는 길을 새로이 만들거나, 기왕에 잊혀진 길을 복구하고 있다. 공교육이 거대교육소비자로 규정하고 그들에게 무한대의 교육 서비스를 천명했음에도 불구하고, 아이러니컬하게도 그들이 공교육을 부정한 셈이다. 이는 교육의 전체성에 대한 거센 반동이며, 교육의 다양성에 대한 진지한 도전이다.

촘스키(Chomsky, 2001)에 의하면, 공교육은 '길들이기, 거짓말 가르치기' 등을 통하여 이미 실패하고 말았다. '교육위기, 교육붕괴, 교육공황, 교육종말' 등의 표현으로 단죄되는 교육학적 질책은 '왕따, 체벌, 학교폭력, 원조교제, 가출, 자살, 성폭력' 등 학교나 학생과 관련된 다양한 문화적 코드들을 통하여 쉽게 확인된다. 그렇다면 이제 이 같은 문제점의 근본적인 원인이 무엇인가를 진지하게 따져 보아야 할 것이다.

푸코(M. Foucault)에 의하면, 학교는 교도소, 정신병원, 군대와 더불어 반인간적, 비교육적, 반역사적, 반문화적 프로그램을 정당화하는 배반적인 공간이다. 공교육 프로그램에 대한 저항은 오히려 단순하다. 그 이유에는 다음의 이데아가 자리하고 있다.

첫째, 미래 사회환경에서 제도교육을 통해 거둔 성취는 개인의 성공과 행복을 보증하지 못한다.

둘째, 인성과 창의성을 위해서는 집단이 아니라 개인적 차원으로 교육을 환원시켜야 한다.

셋째, 학력(學歷)이 아니라 학력(學力)이 교육의 이념과 실천이 되어야 한다.

넷째, 교육은 소유가 아니라 존재를 위한 인간의 본유적 활동이어야 한다.

이제 소유에서 존재로 교육을 되돌리고, 성취가 아니라 경험을 통한 자아의 재발견을 위한 교육이데아야말로 사람을 사람답게 만들거나 살아가게 만들 것이다. 개인적 주도성(leadership)을 기반으로 하는 교육적 경험이야말로 개인의 행복을 결정짓는다. 최근 보도에 의하면, 일본은 조기 영유아교육의 목적을 아동의 사회성에 두고 있는 반면, 우리나라는 리더십을 지향하고 있다. 전자가 원만한 관계의 법칙과 훈련이라면, 후자는 지위경쟁을 통해 반드시 성취해야 할 소유의 교육적 경험이다.

우리의 삶을 행복하게 만드는 것들에 대한 적극적인 발굴과 경험이 요원하다. 졸업장이 지위집단경쟁의 보증수표가 되고, 고소득이 풍요로운 여가를 담보하는 행태는 이제 사라질 것이다. 우리는 누구나 행복할 권리가 있다. 학교교육을 받지 않아 행복해질 수 있다면 과감히 의무교육에 저항할 권리도 함께 소유한다.

그렇다고 학교교육을 무조건 부정하거나 저항할 것이 아니라, 학교교육을 개인의 성장과 잠재능력을 효율적으로 개발하기 위한 최적의 기능과 과정으로 재구성하는 자구적인 노력이 선행되어야 함도 동시에 고려해야 할 것이다. 학교의 교육 프로그램은 범재를 천재로 만들며, 동시에 천재를 범재로 길들이는 이중적인 기제임을 자각하여 스스로 판단하는 능력을 기르도록 도와주는 것이, 기성세대가 성장세대에 제공할 수 있는 교육적 처치의 최대공헌이다.

학교를 벗어난다고 해서 무한한 자유와 행복이 보장되는 것만은 아니다. 공부로 행복의 원천을 삼으려는 모범생에게 탈학교를 부추겨서는 안 된다. 역사적으로 책상 위에서 이루어진 위대한 발명이 얼마나 많았던가! 기왕의 교육이 지닌 최대 약점은 단순히 뇌의 활성화와 시각, 청각을 최대화하는 데 있다. 미래의 교육은 오감(五感)을 최적으로 활성화하는 데 정향(定向)되어야 한다. 그것은 바로 여가와 문화, 그리고 교육이 하나가 되는 개인적, 문화적, 사회적, 교육적 체험을 통로로 하는 행복한 경험이다.

미래의 성공과 행복을 담보 삼아 현재의 고통을 인내하도록 종용하는 현재의 학교교육에 비판적으로 저항하고, 현재도 행복하고 미래도 역시 이것이 외연적으로 확대되는 지속 가능한 가치를 기반으로 하는 경험을 재구성하는 것이 여가-문화-교육의 학습목적이며, 기능인 것이다. 이제 우리는 행복과 성취감을 제공하는 개인적인 경험들을 스스로 발굴하고 널리 공유하도록 힘써야 할 것이다.

참고문헌

Attali, J. (저), 유재천(역)(1993). *Millennium Winners and Losers in the Coming World Order.* 21세기의 승자: 다가오는 세계질서에서의 도전과 응전. 서울: 다섯수레.

Attali. J. (저), 편혜원 외(역)(1999). 21세기 사전. 서울: 중앙 M&A.

Bainton, R. H. (저), 박종숙(역)(1998). 에라스무스. 서울: 현대지성사.

Beck, D. M. (저), 박영원(역)(2005). 여유의 기술. 서울: 행복한 책가게.

Bell, D. (저), 송미섭(역)(1994). 교양교육의 개혁. 서울: 민음사.

Bell, D. (저), 고종원(역)(1995). 사라진 제국 다가올 제국. 서울: 조선일보사.

Benner, D. (Hrsg)(1990). *Bilanz für die Zukunft:Aufgaben, Konzepte, und Forsung in der Erziehungswissenschaft.* Weinhein und Basel: Beltz Verlag.

Bloom, A. (저), 이원희(역)(1989). 미국정신의 종말. 서울: 범양사출판부.

Bosshartt, D. (저), 박종대(역)(2001). 소비의 미래-21세기 시장 트렌드. 서울: 생각의 나무.

Botkin, J. W. 외(저), 김도수 외(역)(1998). 한계 없는 학습. 서울: 양서원.

Breuel, B. (Hrsg), 윤선구(역)(2000). *Agenda 21.* 아젠다 21. 서울: 생각의 나무.

Caillois, R. (저), 이상률(역)(1994). 놀이와 인간. 서울: 문예출판사.

Chomsky, N. (저), 강주헌(역)(2001). *Miseducation.* 실패한 교육과 거짓말. 서울: 아침이슬.

Dahncke, H. (Hrsg)(1988). *Bewahrung des Menschlichen: Zukunftsfragen der Erziehung im Spiegel der Wissenschaften.* Bad Heilbrunn: Klinkhardt.

Derrida, J. (저), 김성도(역)(1996). 그라마톨로지. 서울: 민음사.

Dertouzos, M. L. (저), 이재규(역)(1997). *What will be: How the new world.* 21세기 오디세이. 서울: 한국경제신문사.

Descombes, V. (저), 박성창(역)(1993). 동일자와 타자-현대프랑스철학. 서울: 인간사랑.

Drucker, P. F. (저), 김용국(역)(1994). *The New Realities.* 새로운 현실. 서울: 시사영어사.

Drucker, P. F. (저), 이재규 외(역)(1999). *The Organization of the Future.* 미래의 조직. 서울: 한국경제신문사.

Drucker, P. F. (저), 이재규(역)(1993). Post-Capitalist Society. 자본주의 이후의 사회.

서울: 한국경제신문사.

Drucker, P. F. (저), 이재규(역)(1996). *Managing in a Time of Great Change.* 미래의 결단. 서울: 한국경제신문사.

Drucker, P. F. (저), 이재규(역)(2002). *Management Challenges for the 21st Century.* 21세기 지식경영. 서울: 한국경제신문사.

Drucker, P. F. (저), 이재규(역)(2003). *Managing in the Next Society. Next Society.* 서울: 한국경제신문사.

Drucker, P. F. (저), 이재규(역)(2003). *The Age of Discontinuity.* 단절의 시대. 서울: 한국경제신문사.

Drucker, P. F. 외(저), 이신우(역)(1995). *The Time of Challenges & Reinventing.* 미래를 향한 결단. 서울: 중앙일보사.

Drucker, P. F. (저), 김용국(역)(1994). 새로운 현실. 서울: 시사영어사.

Drucker, P. F. (저), 고병국(역)(1992). *Meaning for the Future.* 미래기업. 서울: 한국경제신문사.

Dryden, G. 외(저), 김재영 외(역)(1999). 학습혁명. 서울: 해냄.

Duderstadt, J. J. (저), 이철우 외(역)(2004). 대학혁명. 성균관대학교출판부.

Ferry, L. & Renaunt, A. (저), 구교찬 외5(역)(1995). 68사상과 현대프랑스철학. 서울: 인간사랑.

Fukuyama, F. (저), 이상훈(역)(1992). *The End of History and the Last Man.* 역사의 종말: 역사의 종점에 선 최후의 인간. 서울: 한마음사.

Fukuyama, F. (저), 류화선(역)(2001). *The Great Disruption: Human Nature and the Reconstitution of Social Order.* 대붕괴 신질서. 서울: 한국경제신문.

Gannon. M. J. (저), 최윤희 외(역)(2003). 세계문화이해. 서울: 커뮤니케이션북스.

Gates, B. (저), 이규행(역)(1996). *The Road Ahead.* 미래로 가는 길. 서울: 도서출판 삼성.

Gates, W. H. (저), 안진환(역)(1999). *The Speed of Thought.* 생각의 속도. 서울: 청림출판.

Gibson, R. (편), 형선호(역)(1997). *Rethinking the Future: Business, Principles, Competition, Control, Leadership, Markets and the World.* 미래를 다시 생각한다. 서울: 금호문화.

Giddens, A. (저), 이윤희, 이현희(역)(1991). 포스트모더니티. 서울: 민영사.

Glasersfeld, E. (저), 김판수 외(역)(1999). 급진적 구성주의. 서울: 원미사.

Griffin. C. (저), 김수일(역)(1987). 평생교육과정. 서울: 대한교과서주식회사.

Hartman, G. H. (1981). *Saving The Text: Literature, Derrida, Philosophy.* Baltimore:

The Johns Hopkins University Press.

Heidegger, M. (저), 이기상(역)(1993). 기술과 전향. 서울: 서광사.

Hicks, D(1994). *Educating for Future: A Practical Classroom Guide.* WWF. UK.

Huizinga, J. (저), 권영빈(역)(1983). 놀이하는 인간. 서울: 홍성사.

Huntington, S. P. (저), 이희재(역)(1997). *The Clash of Civilizations.* 문명의 충돌. 서울: 김영사.

Hutcheon, L. (1988). *A Poetics of Postmodernism: History, Theory, Fiction.* New York: Routledge.

Hutchins, R. (저), 최혁순(역)(1984). 학습사회. 서울: 범조사.

Jaspers, K. (저), 이수동(역)(1997). 대학의 이념. 서울: 학지사.

Kamuf, P. ed. (1991). *A Derrida Reader: Between the Blinds.* New York: Columbia University Press.

Kennedy, P. (저), 변도은 외(역)(1993). *Preparing for the Twenty-First Century.* 21세기 준비. 서울: 한국경제신문사.

Kimmerle, H. (1988). *Derrida zur Einf hrung.* Hamburg: Junius Verlag.

Knoke, W. (저), 황태호(역)(1996). *Bold New World: The Essential Road Map to the Twenty-First Centry.* 21세기 쇼크. 서울: 경향신문사.

Lovell, R. B. (저), 김영채(역)(1988). 성인학습. 서울: 교육출판사.

Lyotard, J. F. (저), 유정완 외2(역)(1993). 포스트모던의 조건. 서울: 민음사.

Mcluhan, M. (저), 박정규(역)(2001). 미디어의 이해-인간의 확장. 서울: 커뮤니케이션북스.

McRae, H. (저), 김광전(역)(1995). *The World in 2020.* 2020년 어떤 지역, 어떤 나라가 어떻게 되나? 서울: 한국경제신문사.

Mehrtens, S. E. & Maynard, H. B. (저), 한영환(역)(1995). *The Fourth Wave.* 제4물결. 서울: 한국경제신문사.

Montaigne (저), 손우성(역)(1976). 수상록. 서울: 동서문화사.

Naisbitt, J. (저), 한국경제신문외신부(역)(1983). *Megatrends: The new directions transforming our lives.* 대변혁의 물결. 서울: 동광출판사.

Nietzsche, F. (저), 박준택(역)(1987). 즐거운 지식. 서울: 박영사.

Parker, S. (저), 이연택 외(역)(1995). 현대사회와 여가. 서울: 일신사.

Patterson, C. H. (1973). *Humanistic Education.* New Jersey: Prentice-Hall, Inc.

Postman, N. (저), 차동춘(역)(1999). *The End of Education.* 교육의 종말. 서울: 문예출판사.

Popenoe, O. & Popenoe, C. (저), 이천우(역)(1993). **세계의 공동체마을**. 서울: 정신세계사.

Rassekh, S. & Vaideanu, G. (1987). *The concepts of education: A worldwide view of their development from the present to the year 2000.* UNESCO.

Rojek, C. (저), 최석호 외(역)(2002). **포스트모더니즘과 여가**. 서울: 일신사.

Rosenau, P. M. (1992). *Post-Modernism and The Social Sciences.* New Jersey: Princeton University Press.

Rosovsky, H. (저), 이형행(역)(1996). **대학, 갈등과 선택**. 서울: 삼성경제연구소.

Rötzer, F. (저), 박진희(역)(2000). *Megamaschine Wissen.* **거대기계 지식**. 서울: 생각의 나무.

Ruggles, R. & Holtshouse, D. (저), 매일경제지식부(역)(2001). *The Knowledge Advantage.* **지식사회의 미래**. 서울: 매일경제신문사.

Saussure, F. (저), 최승언(역)(1992). **일반언어학강의**. 서울: 민음사.

Schmidt, J. J. (저), 박여성(역)(1995). **구성주의**. 서울: 까치.

Schofield, H. (저), 이명준(역)(2001). **분석적 교육철학**. 서울: 원미사.

Schwartz, T. (저), 김라경(역)(1994). **미디어 제2의 신**. 서울: 도서출판 리을.

Senge, P. 외(저), 박광량 외(역)(1996). *The Fifth Discipline Fieldbook.* **학습조직의 5가지 수련**. 서울: 21세기북스.

Silberman, C. E. (저), 배영사(역)(1977). *Crisis in the Classroom.* **교실의 위기**. 서울: 배영사.

Silverman, H. (저), 윤호병(역)(1992). **포스트모더니즘-철학과 예술**. 서울: 고려원.

Silverman, H. J. ed. (1989). *Derrida and Deconstruction.* New York: Routledge.

Spencer, J. M. (저), 성기산(역)(1994). *Educational Philosophy for the Future.* **미래를 위한 교육철학**. 서울: 집문당.

Spengler, O. (저), 양우석(역)(1998). **인간과 기술**. 서울: 서광사.

Steffe, L. P. & Gale, J. (저), 조연주 외 (역)(1998). **구성주의와 교육**. 서울: 학지사.

Steffe, L. P. 외(저), 조연주 외(역)(1998). **구성주의와 교육**. 서울: 학지사.

Thurow, L. C. (저), 한기찬(역)(1999). *Building Wealth.* **지식의 지배**. 서울: 생각의 나무.

Toffler, A. (저), 이규행(역)(1992). *Future Shock.* **미래 쇼크**. 서울: 한국경제신문사.

Toffler, A. (저), 이규행(역)(1994). *The Adaptive Corporation.* **적응기업**. 서울: 한국경제신문사.

Toffler, A. (저), 이규행(역)(1994). *War and Anti-War.* **전쟁과 反전쟁**. 서울: 한국경제신문사.

Toffler, A. (저), 이규행(역)(1995). *Power Shift.* 권력이동. 서울: 한국경제신문사.

Toffler, A. (저), 이규행(역)(1995). *Previews & Premises.* 예견과 전제. 서울: 한국경제신문사.

Toffler, A. (편), 최정호(역)(1982). *Futurist.* 미래주의자. 서울: 주우.

Toffler, A. (저), 김태선 외(역)(1987). *The Third Wave.* 제3의 파도. 서울: 홍성사.

Toffler, A. (편), 이상주 외(역)(1976). *Learning for Tomorrow.* 미래를 위한 학습. 서울: 배영사.

Toffler, A. (저), 이규행(역)(1992). 미래쇼크. 서울: 한국경제신문사.

Ward, C. (저), 김정아(역)(2004). 아나키즘, 대안의 상상력. 서울: 돌베개.

Winfried & Heinz Sunkerhrsg. (1992). *Kritische Erziehungswissenschaft Moderne-Postmoderne.* Weinheim: Deutscher Studien Verlag.

香山建一(저), 최림(역)(1977). 미래학. 서울: 현암사.

小林康夫 外(저), 이근우 외(역)(1997). 知の 倫理. 서울: 경당.

小林康夫(저), 오상현(역)(1996). 知の 技法. 서울: 경당.

小林康夫(저), 유진우 외(역)(1999). 知の 論理. 서울: 경당.

小林康夫(저), 이근우(역)(2000). 知の 現場. 서울: 경당.

立花隆(저), 이정환(역)(2002). 도쿄대생은 바보가 되었는가. 서울: 청어람미디어.

坪田知己(저), 양영유 외(역)(1994). 멀티미디어 조직혁명. 서울: 가람기획.

틱낫한(저), 진우기(역)(2003). 힘(*Power*). 서울: 명진출판.

강인애(1997). 왜 구성주의인가-정보화시대와 학습자중심의 교육환경. 서울: 문음사.

강준만(2000). 대중문화의 겉과 속. 서울: 인물과 사상사.

김규원(2000). 몸의 확장. 서울: 가산출판사.

김보현(편역)(1996). 해체. 서울: 문예출판사.

김수병(2000). 사이언티픽 퓨처. 서울: 한송.

김종문 외(1998). 구성주의 교육학. 서울: 교육과학사.

김진탁 외(1997). 현대 여가-위락론. 서울: 학문사.

김춘일(1997). 교육현상학의 기초. 서울: 태학사.

김태수(편역)(1996). 구조주의이론. 서울: 인간사랑.

김형국 편(1996). 한국의 미래와 미래학. 서울: 나남출판.

김형효(1993). 데리다의 해체철학. 서울: 민음사.

김호근, 최성(2002). 21세기 사이버대학 가이드. 서울: 한국경제신문.

노용구(2001). 여가학. 서울: 대경북스.
대안교육을 생각하는 모임(1995). 새로운 학교 큰 교육 이야기. 서울: 내일을 여는 책.
매일경제 지식프로젝트팀(1999). 두뇌강국보고서. 서울: 매일경제신문사.
목영해(1994). 후현대주의 교육학. 서울: 교육과학사.
박정호(1999). 지식의 세계. 서울: 동녘.
서울대학교교육연구소(1998). 교육학대백과사전. 서울: 하우동설.
소두영(1988). 구조주의. 서울: 민음사.
손대현(2001). 재미론. 서울: 형설출판사.
송수남(1997). 무용교육의 이론과 실제. 서울: 학연사.
신태진, 고요한(2001). 교육이해의 구조적 탐구. 서울: 교육과학사.
신태진, 고요한(2003). 교육이해의 다양성 탐구. 서울: 교육과학사.
오인탁(1995). "포스트모던의 교육학". 교육진흥, 제29권, PP. 158-181.
원융희(1999). 관광과 문화. 서울: 학문사.
이광래(1989). 해체주의란 무엇인가. 서울: 교보문고.
이상인(1994). 트렌드를 읽으면 미래가 보인다. 서울: 푸른산.
이석우(1998). 대학의 역사. 서울: 한길사.
이장영 외(2004). 여가. 서울: 일신사.
이재규(2001). 피터 드러커 평전. 서울: 한국경제신문.
이정우(편역)(1990). 구조주의를 넘어서. 서울: 인간사.
이종각(2000). 인간과 레크레이션. 서울: 보경문화사.
이진우(편)(1993). 포스트모더니즘의 철학적 이해. 서울: 서광사.
이철원(2001). 여가의 재해석. 서울: 대한미디어.
이철원(2002). 현대여가학. 서울: 대한미디어.
장상호(1991). 삐아제(*Piaget*)-발생적 인식론과 교육. 서울: 교육과학사.
전득주 외(1992). 미래학 입문: 그 이론과 실제. 서울: 평민사.
정범모(1989). 미래의 선택. 서울: 나남.
정범모(편)(1992). 교육난국의 해부. 서울: 나남.
정범모, 이상주(편)(1976). 미래. 서울: 배영사.
정정호, 강내희(1991). 포스트모더니즘의 쟁점. 서울: 터.
최상진 외(2003). "한국문화에서의 여가의 의미". 한국여가문화학회. 여가학연구, 제1권 제2호. pp. 33-41.
하인호(1984). 미래사회의 가치관과 교육: 후기 산업사회를 위한 준비와 선택. 서

울: 교음사.

한국미래학회(1970). 미래를 묻는다. 한국미래학회.

한국여가문화연구회(1997). 한국인의 놀이의식과 놀이문화. 서울: 집문당.

한준상 외(1998). 앤드라고지(Andragogy)-현실과 가능성. 서울: 학지사.

한준상(1999). 호모 에루디티오. 서울: 학지사.

한준상(2001). 학습학. 서울: 학지사.

한준상(2003). "행복한 사람들 그리고 여가에 관한 그들의 이해". 한국여가문화학회. 여가학연구, 제1권 제1호. pp. 3-22.

한준상(편)(1998). 앤드라고지 현실과 가능성. 서울:학지사.

한준상, 최항석(2004). "주5일제와 여가교육". 한국여가문화학회, 2004년도 학술대회논문집, pp. 59-67.

황주홍(2002). 미래학 산책. 서울: 조선일보사.

찾아보기

인 명

내 용

저자 소개

신태진(申泰鎭)

연세대학교 문과대학 교육학과(문학사). 연세대학교 대학원 교육학과(교육학석사). University of Toronto(M.Ed./Ph.D.). OISE-The World Bank Project Co-researcher. 연세대학교 교육연구소 전문연구원 역임. 현재 연세대학교 문리대학 교양교직과 교수.

주요 저(역)서로는 『교육이해의 구조적 탐구』(공저, 2001), 『교육이해의 다양성 탐구』(공저, 2003), 『교육과학입문』(공역, 2004) 등이 있다. SCI급 연구물로는 "The Connections between Educational National Development in East Asian Countries", "Who cares about the brain-drain?: A theoretical approach on the relation between education and migration", "한국 대학들의 대학촌(Campus Town) 개발과 활성화를 위한 행정적 발전방안", "국제화시대 한국 대학들의 해외 학술교류 활성화를 위한 고등교육기관의 행정적 과제: 교환학생제도를 중심으로", "약학대학 학제개선의 교육학적 타당성"(공동), "대학동문회 활동의 활성화를 위한 고등교육 행정의 제 방안", "수도권 소재 종합대학 지방캠퍼스의 학생동아리 활성화를 위한 고등교육기관의 행정적 지원방안", "고등교육기관의 평생교육 활성화를 위한 교육행정적 과제", "국제화시대 주한 외국문화원의 사회교육적 기능탐색 및 고등교육기관과의 협력체제 방안을 위한 시사점", "한국의 고등교육개혁-정부의 고등교육 개혁추진의 평가와 전망", "한국 현대 고등교육 발전 반세기의 평가와 반성", "대학입학 전형에서 종합생활기록부의 활용방안" 외 다수의 논문이 있음.

고요한(高耀翰)

연세대학교 교육학과(문학사). 연세대학교 대학원 교육학과(교육학석사/교육학박사). 한국교원대학교 조교. 연세대·배재대·서원대·대전대·공주교대·상명대 강사. 연세대학교 교육연구소 전문연구원 역임. 현재 연세대학교 문리대학 교양교직과 조교수.

주요 저(역)서로는 『교육의 수월성과 평등』(1989), 『교육이해의 구조적 탐구』(공저, 2001), 『교육이해의 다양성 탐구』(공저, 2003), 『교육의 역사와 사상』(2004), 『교육과학입문』(공역, 2004), 『비교교육철학』(2005), 『교육학연구의 논리』(공저, 2006) 등이 있다. SCI급 연구물로는 "여성 안드라고지(Andragogy)로서의 전통 부학(婦學)에 대한 교육인간학적 재구성", "노마드(Nomad) 사회의 새로운 교육문화-여가, 문화, 성인교육의 혼화", "청소년 교육론에 대한 비교교육학적 연구", "예(禮)담론의 전개 및 예학(禮學)의 교육인간학적 재구성", "약학대학 학제개선의 교육학적 타당성"(공동) 외 다수의 논문이 있음.

포스트모던 문화교양과 여가교육

2007년 3월 10일 1판 1쇄 발행
2009년 10월 20일 1판 2쇄 발행

지은이 • 신태진 고요한
펴낸이 • 김 진 환
펴낸곳 • ㈜학지사
121-837 서울시 마포구 서교동 352-29 마인드월드빌딩 5층
대표전화 • 02) 330-5114 팩스 • 02) 324-2345
등록번호 • 제313-2006-000265호
홈페이지 • http://www.hakjisa.co.kr
커뮤니티 • http://cafe.naver.com/hakjisa

ISBN 978-89-5891-447-1 93370

정가 15,000원